ELISABETH LICHTENBERGER (HSG.)

ÖSTERREICH ZU BEGINN DES 3. JAHRTAUSENDS

ÖSTERREICHISCHE AKADEMIE DER WISSENSCHAFTEN
INSTITUT FÜR STADT- UND REGIONALFORSCHUNG

BEITRÄGE ZUR STADT- UND REGIONALFORSCHUNG
HERAUSGEGEBEN VON ELISABETH LICHTENBERGER

BAND 9

VERLAG DER ÖSTERREICHISCHEN AKADEMIE DER WISSENSCHAFTEN
WIEN 1989

ELISABETH LICHTENBERGER (HSG.)

ÖSTERREICH ZU BEGINN DES 3. JAHRTAUSENDS

Raum und Gesellschaft
Prognosen, Modellrechnungen und Szenarien

VERLAG DER ÖSTERREICHISCHEN AKADEMIE DER WISSENSCHAFTEN
WIEN 1989

Vorgelegt von w. M. ELISABETH LICHTENBERGER in der Sitzung am 13. Jänner 1989

ISBN 3 7001 1560 1

Datenkonvertierung und Druck: Druckerei G. Grasl, A-2540 Bad Vöslau

Inhaltsverzeichnis

Vorwort:
Die Stellung der Forschungskooperation: Raum und Gesellschaft im Rahmen der Zukunftsforschung in Österreich von Elisabeth LICHTENBERGER, Wien 11

1. **Österreich: Gegenwart und Zukunft von Raum und Gesellschaft** von Elisabeth LICHTENBERGER, Wien 15

1.1. Zur Zukunftsforschung in Österreich 15
1.2. Österreich: Der Staat zwischen West und Ost 17
1.2.1. Externe politische Effekte 17
1.2.2. Räumliche Effekte der politisch-administrativen Gliederung: Zentralismus versus Föderalismus 23
1.2.3. Die Effekte der Primate City Wien 25
1.2.4. Die Kleinstädte als Zentrale Orte 26
1.2.5. Die kleinen Gemeinden und die Probleme des ländlichen Raums . 27
1.2.6. Der segmentierte Wohnungsmarkt 28
1.2.7. Die räumliche Segmentierung der Freizeitgesellschaft 32
1.2.8. Der segmentierte Arbeitsmarkt 34
1.2.9. Spezifische Institutionen und Begleiteffekte der österreichischen politischen Landschaft 38
1.3. Österreich zu Beginn des 3. Jahrtausends: Raum und Gesellschaft. Die programmierte und die ungewisse Zukunft. 42
1.3.1. Das Ende eines polit-ökonomischen Produktzyklus? Ein Rückblick. 42
1.3.2. Die programmierte Zukunft: Das „eiserne Gesetz der Lebenserwartung“ der Bevölkerung und der Siedlung. 45
1.3.3. Die ungewisse Zukunft: Szenarien zur Gesellschafts- und Siedlungsentwicklung 51
Literaturverzeichnis 59

2. **Prognosemodelle und Szenarien zur räumlichen Bevölkerungsentwicklung Österreichs bis 2030** von Michael SAUBERER, Wien 73

2.1. Einleitung 73
2.2. Der Rückgang der Fertilität – ein europäisches Phänomen 74
2.3. Die Phasen der regionalen Bevölkerungsentwicklung in Österreich seit 1945 76

2.4. Das derzeitige regionaldemographische Regime in Österreich 80
2.5. Die Ergebnisse der Trendprognose 1981–2001 80
2.6. Thesen, Annahmen und Ergebnisse der Modellrechnungen zur Bevölkerungsentwicklung 2001–2031 85
2.6.1. Thesen zur Fertilität und den Wanderungsbewegungen 85
2.6.2. Annahmen der Modellrechnungen 88
2.6.3. Interpretation der wichtigsten Ergebnisse der Modellrechnungen . 89
2.7. Zusammenfassung 93
Anhang . . . .
Literaturverzeichnis 96

3. **Die Effekte des Geburtenrückgangs: Prognosen und Modellrechnungen zur Entwicklung des österreichischen Volksschulwesens bis 2011** von Peter MEUSBURGER, Heidelberg 101

3.1. Einleitung 101
3.2. Analyse der Leitbilder und Strategien der Standortplanung von Volksschulen 102
3.3. Analyse der Bedingungen der Auflösung von Volksschulen in der Nachkriegszeit 104
3.4. Prognosen und Modellrechnungen zu den Entwicklungstendenzen bis 2011 108
3.4.1. Prognose der Schülerzahlen 108
3.4.2. Modellrechnungen zur Größenstruktur der derzeit bestehenden Volksschulen 110
3.5. Analyse der Konsequenzen von Modellrechnungen 112
3.6. Zusammenfassung 114
Literaturverzeichnis 115

4. **Die Zukunft des österreichischen Arbeitsmarkts: Modellrechnungen zur Angebotsentwicklung und zum sektoralen Strukturwandel auf dem Arbeitsmarkt bis 2011** von Heinz FASSMANN, Wien 119

4.1. Einleitung 120
4.2. Indikatoren der Arbeitsmarktstruktur 121
4.3. Modellrechnungen zur Angebotsentwicklung auf dem Arbeitsmarkt bis 2011 123
4.3.1. Zur Fragestellung 123
4.3.2. Erwerbsbeteiligung und Erwerbsprognosen 124
4.3.3. Prognoserechnung A der Angebotsentwicklung auf dem Arbeitsmarkt mit Bundesländerquote 127
4.3.4. Prognoserechnung B der Angebotsentwicklung auf dem Arbeitsmarkt mit Wiener Erwerbsquote 128
4.3.5. Prognoserechnung C: Der Bedarf an Arbeitsplätzen 130
4.3.6. Schlußfolgerungen zur Mengenproblematik 131
4.4. Modellrechnungen zum sektoralen Strukturwandel 132

4.4.1. Die Zunahme des Dienstleistungssektors 132
4.4.2. Sektorale Prognose der Nachfrageentwicklung 132
4.4.3. Anpassung der Erwerbsbevölkerung an den sektoralen Wandel der Wirtschaft 134
4.4.3.1. Kohortenabfolge und sektorale Mobilität 134
4.4.3.2. Fortschreibung der sektoralen Anpassung 137
4.5. Zusammenfassung 140
Anhang 142
Literaturverzeichnis 142

5. **Die Zukunft der österreichischen Landwirtschaft in der Phase der Überproduktion: Prognosen und Szenarien bis zum Jahr 2000** von Hugo PENZ, Innsbruck 147

5.1. Einleitung: Die Agrarpolitik am Scheideweg 148
5.2. Bisherige Entwicklungstendenzen und gegenwärtige räumliche Struktur der österreichischen Landwirtschaft 148
5.2.1. Die Dominanz von Kleinbetrieben und Nebenerwerbsbetrieben . 148
5.2.2. Bergbauerngebiete und agrarische Vorranggebiete 149
5.2.3. Von der Selbstversorgung zu Agrarüberschüssen 152
5.3. Prognosen und Szenarien bis zum Jahre 2000 154
5.3.1. Der prognostizierte Rückgang der Erwerbstätigen 154
5.3.2. Status-quo-Prognose der landwirtschaftlichen Betriebe 157
5.3.3. Die räumliche Differenzierung der Status-quo-Prognose 157
5.3.4. Die räumlichen Effekte von Nebenerwerbsmöglichkeiten und Zuschüssen 160
5.4. Auswirkungen einer Umstellung der Landwirtschaft auf hochtechnisierte Vollerwerbsbetriebe 162
5.4.1. Der Mansholt-Plan 162
5.4.2. Status-quo-Prognose zu den Folgen der Umstellung auf hochtechnisierte Vollerwerbsbetriebe 163
5.4.3. Die räumlichen Auswirkungen 164
5.5. Künftige Leitbilder der Landwirtschaft 167
5.5.1. Das Problem der Überschußproduktion 167
5.5.2. Die technisierte, betriebswirtschaftlich orientierte Landwirtschaft 167
5.5.3. Die ökologisch ausgerichtete Landwirtschaft 170
5.6. Zusammenfassung 171
Literaturverzeichnis 172

6. **Ende des Wachstums und Umbau des Fremdenverkehrs: Szenarien und Modellrechnungen zum österreichischen Fremdenverkehr im Jahr 2000** von Friedrich ZIMMERMANN, Klagenfurt 177

6.1. Einleitung 177
6.2. Die West-Ost-Differenzierung des österreichischen Fremdenverkehrs . . 178
6.3. Der österreichische Fremdenverkehr im Jahr 2000 182

6.3.1. Annahmen der Modellrechnungen 182
6.3.2. Veränderungen der Rahmenbedingungen 183
6.3.3. Die Betriebsstruktur im Kommerzialisierungsszenario 183
6.3.4. Die touristische Nachfrage zur Jahrtausendwende 187
6.3.5. Das Bundesrepublik Deutschland-Szenario 188
6.3.6. Das „West-Szenario „ 191
6.3.7. Das „Ost-Szenario" 194
6.3.8. Die Entwicklung der Nachfrage bis 2000 194
6.4. Mögliche Auswirkungen eines Vollbeitritts zur EG für den Tourismus in Österreich 196
Anhang 197
Literaturverzeichnis 199

7. **Szenarien und Modellrechnungen zur Entwicklung des Zweitwohnungswesens in Österreich bis zum Jahr 2011** von Herbert BAUMHACKL, Wien . 203

7.1. Einleitung: Das Zweitwohnungswesen in Österreich 204
7.2. Die regionale Differenzierung des Zweitwohnungswesens 205
7.3. Zweitwohnungsszenarien 207
7.3.1. Rahmenbedingungen der zu erwartenden Entwicklung des Zweitwohnungswesens in Österreich 207
7.3.2. Bevölkerungsentwicklung und Zweitwohnungswesen 207
7.3.3. Einfluß der Wohnungspolitik und des Wohnungsmarktes auf die Entwicklung des Zweitwohnungswesens 209
7.3.4. Gesellschaftlicher und sozialer Wandel 209
7.3.5. Auswirkungen technologischer Entwicklungen 210
7.3.6. Effekte der städtischen Entwicklung 211
7.3.7. Einflüsse des Staates auf die Entwicklung des Zweitwohnungswesens 211
7.4. Szenarien für Kernstädte, Stadtumländer und periphere Räume 212
7.4.1. Szenario für das Zweitwohnungswesen in den Kernstädten 212
7.4.2. Szenario des Zweitwohnungswesens im Stadtumland (ganzjährige Benützbarkeit) 213
7.4.3. Szenario des Zweitwohnungswesens im Stadtumland (saisonal nutzbare Zweitwohnungsformen) 214
7.4.4. Szenario des Zweitwohnungswesens in peripheren Räumen 215
7.5. Modellrechnungen zum Zweitwohnungswesen der Wiener bis zum Jahr 2011 215
7.5.1. Aktueller Bestand und Entwicklung: Rechtsformen und Bautypen 215
7.5.2. Modellrechnungen zum Zweitwohnungswesen der Wiener bis zum Jahr 2011 218
7.5.3. Regionale Entwicklungstendenzen der Zweitwohnungen der Wiener 221
7.6. Das Ausländerzweitwohnungswesen in Österreich 223
7.6.1. Gegenwärtige legistische Situation 223

7.6.2. Szenarien des Ausländerzweitwohnungswesens 225
7.7. Zusammenfassung 228
Anmerkungen 229
Literaturverzeichnis 231

8. **Optionen für Europa** von Elisabeth LICHTENBERGER, Wien 237

Literaturverzeichnis 247
Zusammenfassung 250
Summary by Elisabeth LICHTENBERGER, Vienna
(Übersetzung D. Mühlgassner) 257

Kartenverzeichnis 265

Tabellenverzeichnis 266

Abbildungsverzeichnis 269

Schlagwortverzeichnis 271

Kurzbiographien der Autoren 275

Vorwort:

Die Stellung der Forschungskooperation: Raum und Gesellschaft im Rahmen der Zukunftsforschung in Österreich

von Elisabeth LICHTENBERGER, Wien

Die geographische Forschung hat bisher den Schritt in die Zukunft nicht getan und die Zukunftsforschung den Vertretern systematischer Disziplinen und Statistikern überlassen. Globale bzw. nationale Modelle waren das Ergebnis. Die vorliegende Publikation bietet erstmals räumlich disaggregierte Aussagensysteme zu wichtigen Grundkategorien der Gesellschaft, wie Bildung, Wohnen und Arbeiten, sowie Sektoren der Wirtschaft, nämlich Landwirtschaft, Fremdenverkehr und Industrie.

Prognosen, Modellrechnungen und Szenarien bedürfen der gründlichen Sachkenntnis. Es ist eine glückliche Fügung, daß sich eine Reihe von österreichischen Kollegen bereit erklärt hat, an dieser Forschungskooperation mitzuarbeiten. Sie entstand, ohne offiziösen Forschungsauftrag und ohne Einreichung eines Forschungsprojekts, auf der informellen wissenschaftlichen Kontaktebene von universitären Fächern, an einer Forschungsfront der Disziplin, dort, wo es darum geht, historische und aktuelle Fragen der räumlichen Organisation und der räumlichen Veränderung von Gesellschaft und Wirtschaft auch in die Zukunft zu projizieren und damit in den Bereich von Forschungsaufgaben vorzustoßen, wo die Probleme selbst, wenn überhaupt, erst teilweise bekannt sind, vorhandene Theorien nur unzureichend greifen und das methodische Instrumentarium in den Anfängen steckt.

Derartige wissenschaftliche Aufgaben bedürfen der Bereitschaft, aus der Sicherheit der Denkschemata, welche die Gewinnung historischer und aktueller Erkenntnisse ermöglichen, herauszugehen und die Unsicherheit des Wissens über künftige Entwicklungen und Strukturen von raumrelevanten gesellschaftlichen Phänomenen in Kauf zu nehmen. Seit Beginn der Zusammenarbeit bestand ein stimulierendes Diskussionsklima. Es bot die notwendige Voraussetzung für die Formulierung von normativen Zielvorstellungen, analytisch überprüfbaren Hypothesenketten bis hin zu den nur idealtypisch ausgrenzbaren räumlichen Phänomenen von Gesellschaft und Wirtschaft. Die zahllosen Rückkopplungsschleifen zur Verknüpfung und Erweiterung der Detailergebnisse, die stundenlangen Gruppen- und Einzelgespräche, die mühevollen Umarbeitungen wären ohne die allgemeine intellektuelle Begeisterung nicht möglich gewesen.

Die Forschungskooperation entstand im Herbst 1986. In einer ersten Etappe wurden im Rahmen des Deutschen Geographentages in München im Herbst 1987 „Szenarien der West-Ost-Entwicklung in Österreich als Beitrag der Geographie zur

Zukunftsforschung“ in einer ausgezeichnet besuchten Fachsitzung vorgestellt. Die rechentechnische Grundlage bot das in jahrelanger Arbeit entwickelte multiregionale Bevölkerungsprognosemodell von M. SAUBERER. Es bildete die Grundlage für die Analyse der Konsequenzen des Geburtenrückgangs sowie für Szenarien der Berglandwirtschaft (H. PENZ) und des Fremdenverkehrs (F. ZIMMERMANN). Nur das Szenario der Entindustrialisierung (G. PALME) mußte sich davon abkoppeln, da der Produktionsfaktor Arbeit immer mehr gegenüber dem Produktionsfaktor Kapital an Bedeutung verliert.

Nicht zuletzt aufgrund des Erfolgs dieser Veranstaltung gelang es, in einer zweiten Etappe weitere Kollegen zur Mitarbeit zu gewinnen, und zwar zu Fragen der Bildung (P. MEUSBURGER), des Arbeitsmarktes (H. FASSMANN) und des Zweitwohnungswesens (H. BAUMHACKL). Segmente der auf der Ebene von Politischen Bezirken disaggregierten Prognoseergebnisse über die Bevölkerung gingen ein in die Prognosen zur Erwerbsbevölkerung und der Schulpflichtigen. Mit der Bevölkerungsprognose ist eine Haushaltsprognose verknüpft, welche Aussagen über die Entwicklung des Siedlungssystems und den Vorgang der Aufspaltung der Wohnfunktion in Arbeits- und Freizeitwohnungen gestattet.

Die Daten der Bevölkerungsprognose allein hätten jedoch nicht für die Gewinnung sachspezifisch interessanter Ergebnisse ausgereicht. Diese beruhen vielmehr auf den umfangreichen Datensets, welche von den einzelnen Kollegen in die Forschungskooperation eingebracht wurden. Sie sind aus dem Schema zu entnehmen.

Gesellschaftliche und wirtschaftliche Phänomene besitzen eine unterschiedliche räumliche Stabilität und eine große Spannweite im Tempo der Veränderungen. Es ist daher einsichtig, daß die einzelnen Sachkategorien auf insgesamt drei Prognosehorizonte ausgerichtet sind. Bevölkerungsprognosen bieten die am besten abgesicherten Ergebnisse. Die einmal geborene Bevölkerung unterliegt dem „eisernen Regime der Absterbeordnung“. Sie ist daher mittels multiregionaler Bevölkerungsmodelle mit sehr guter Wahrscheinlichkeit auch für einen längeren Zeitraum prognostizierbar. Während staatliche Stellen Status-quo-Prognosen präferieren, da sie von den politischen Entscheidungsträgern aufgrund des aus der gegenwärtigen österreichischen Situation resultierenden Nullsummenspiels am besten akzeptiert werden, liegt für den Wissenschaftler der Reiz der Aufgabe in der Setzung von extremen Alternativen für Fertilitäts- und Wanderungsquoten. In diesem Sinne hat M. SAUBERER mit seinen Modellrechnungen bis zum Jahr 2030 vorgegriffen.

Eine mengenmäßige Abschätzung der Entwicklungstrends im Laufe einer Generation, d.h. bis zum Jahre 2011, ist für alle Sachbezüge möglich, die in direktem Bezug zum Altersaufbau der Bevölkerung stehen, wie das Volksschulwesen, den Arbeitsmarkt und das Siedlungssystem selbst. Eine Verkürzung des Prognosezeitraums bis zum Jahr 2000 erwies sich dort als unumgänglich notwendig, wo konjunkturelle Zyklen der Wirtschaft die Betriebsseite betreffen. Dies gilt für die Landwirtschaft, die überdies in hohem Maße von agrarpolitischen Entscheidungen determiniert wird, und den Fremdenverkehr, bei dem Investitionszyklen und Urlaubsstile in immer rascherer Folge einander ablösen. Würde man der Wohnbevölkerung, Arbeitsbevölkerung und Freizeitbevölkerung im Hinblick auf die künftige

Schema zur Gesamtorganisation der Forschungskooperation

VERBUND DER MODELLRECHNUNGEN ÜBER DIE MULTIREGIONALE BEVÖLKERUNGSPROGNOSE (M. SAUBERER)	Datensets des ÖIR
AUFSPALTUNG DER WOHNFUNKTION IN FREIZEIT- UND ARBEITSWOHNUNGEN (E. LICHTENBERGER)	ISR Datenbank Österreich; MAB-Projekt
Modellrechnungen zur Erwerbsstruktur der Bevölkerung (H. FASSMANN)	Karrierepfade des segmentierten Arbeitsmarktes (Mikrozensus)
Prognose der landwirtschaftlichen Wohnbevölkerung und Berufstätigen (H. PENZ)	landwirtschaftliche Primärdaten über rinderhaltende Betriebe, Nebenerwerbslandwirtschaften
Prognose der Schulpflichtigen (P. MEUSBURGER)	Primärdaten über die österreich. Volksschulen (Klassengrößen, Schülerzahlen)
Zweitwohnungen von Wienern und Ausländern (H. BAUMHACKL)	Großenquete über die Zweitwohnungen der Wiener; Mikrozensus
Modellrechnungen zum Angebot im Fremdenverkehr (F. ZIMMERMANN)	Gemeindebefragung über Angebot und Nachfrage im Fremdenverkehr, Delphi-Befragung

Verortung ihrer Standorte in räumlichen Systemen „Standorttreue“ als Meßkriterium für Prognosezwecke zuordnen, so steht außer Zweifel, daß die räumliche Allokation der Freizeitgesellschaft in der Zukunft, wenn man vom Zweitwohnungswesen absieht, am schwierigsten zu prognostizieren ist.

Die räumliche Struktur Österreichs ist gegenwärtig durch das scheinbar festzementierte, infolge der Grenzziehungen der Nachkriegszeit entstandene West-Ost-Gefälle definiert. Die Aufgabe der Prognosen, Modellrechnungen und Szenarien ist von vornherein zweigeteilt. Sie besteht einerseits in einer Fortschreibung der regionalen Persistenzen von Bevölkerung, Siedlung und Wirtschaft und andererseits in der Einbringung von Alternativen aufgrund der Berücksichtigung des Wirksamwerdens von externen politischen Einflüssen. Zwei Extremszenarien bilden die Optionen Österreichs für Europa ab: Ein West-Szenario mit der Eingliederung Österreichs als Vollmitglied in die EG auf der einen Seite, in dem der Phantasie des Wissenschaftlers aufgrund des Neutralitätsstatus des österreichischen Staates freilich Grenzen gesetzt sind, und ein Ost-Szenario mit einer weiteren Öffnung Österreichs gegenüber den COMECON-Staaten und einer Rückgewinnung der zentralen Position Wiens in der Mitte Europas.

Es ist ein historischer Zufall, daß die Ergebnisse der im Herbst 1986 begonnenen Forschungskooperation als wissenschaftliche Information zu einem Zeitpunkt vorliegen, in dem in Kürze die politische Entscheidung über das Beitrittsansuchen Österreichs an die EG zu treffen ist.

Am Abschluß der Forschungsarbeit gilt mein Dank zuerst allen Kollegen für die Mitarbeit und gleichzeitig für die Nachsicht mit der Herausgeberin, welche mit Rücksicht auf die Gesamtkonzeption der Arbeit stets fordernd und fördernd in die Strukturierung der Sachinhalte eingegriffen hat. Mein besonderer Dank gilt Herrn Doz. Dr. Michael SAUBERER für die Zurverfügungstellung der Bevölkerungsprognosedaten. Am Institut für Stadt- und Regionalforschung (bis 31. 12. 1988: Kommission für Raumforschung) der Österreichischen Akademie der Wissenschaften hat Frau Bettina STANGL eine übergreifende kleine Datenbank für die Forschungsarbeit geschaffen sowie gemeinsam mit Herrn Mag. Gerhard HATZ einen Teil der statistischen Analysen und die EDV-Kartographie durchgeführt. Frau Uschi REEGER hat mit großem Einsatz beim Finish geholfen, Herr Mag. Andreas ANDIEL den Umschlagtitel entworfen. Frau Dr. Dietlinde MÜHLGASSNER, wiss. Oberrat am Institut für Geographie der Universität Wien, hat in bewährter Weise die Endfassung der Publikation mitgelesen und mich entscheidend beim unter großem Zeitdruck erfolgten EDV-mäßigen Finish unterstützt.

Wien, im Jänner 1989 Elisabeth Lichtenberger

1. Österreich: Gegenwart und Zukunft von Raum und Gesellschaft

von Elisabeth LICHTENBERGER

Inhaltsverzeichnis

1.1. Zur Zukunftsforschung in Österreich
1.2. Österreich: Der Staat zwischen West und Ost
  1.2.1. Externe politische Effekte
  1.2.3. Räumliche Effekte der politisch-administrativen Gliederung: Zentralismus versus Föderalismus
  1.2.3. Die Effekte der Primate City Wien
  1.2.4. Die Kleinstädte als Zentrale Orte
  1.2.5. Die kleinen Gemeinden und die Probleme des ländlichen Raums
  1.2.6. Der segmentierte Wohnungsmarkt
  1.2.7. Die räumliche Segmentierung der Freizeitgesellschaft
  1.2.8. Der segmentierte Arbeitsmarkt
  1.2.9. Spezifische Institutionen und Begleiteffekte der österreichischen politischen Landschaft
1.3. Österreich zu Beginn des 3. Jahrtausends: Raum und Gesellschaft. Die programmierte und die ungewisse Zukunft.
  1.3.1. Das Ende eines polit-ökonomischen Produktzyklus? Ein Rückblick.
  1.3.2. Die programmierte Zukunft: Das „eiserne Gesetz der Lebenserwartung" der Bevölkerung und der Siedlung.
  1.3.3. Die ungewisse Zukunft: Szenarien zur Gesellschafts- und Siedlungsentwicklung
  Literaturverzeichnis

1.1. Zur Zukunftsforschung in Österreich

Die Zukunftsforschung stammt aus Nordamerika. Technologischer Fortschritt und analytisch-spekulatives Denken trafen sich an den altetablierten Elite-Universitäten in einem für neue Sichtweisen äußerst offenen intellektuellen Milieu; der Club of Rome fungierte als spiritus rector, die wirtschaftliche Rezession der sechziger Jahre mag als unmittelbarer Anstoß gewertet werden.

Im deutschen Sprachraum übernahm zuerst die Schweiz die wissenschaftliche Innovation im Jahr 1972 mit der Gründung der Vereinigung für Zukunftsforschung. Nur ein Jahr später folgte Österreich. Gerhart BRUCKMANN gründete, von Optimismus getragen, die Gesellschaft für Langfristige Entwicklungsforschung (Zukunftsforschung). In einem Staat, wo das Denken in Budgetjahren, wie es Beamten eigen ist, auch die Sichtweisen breiter intellektueller Schichten in pragmatische oder politisch-ideologische Verhaltensweisen verändert, sind wissenschaftliche Disziplinen wie die Zukunftsforschung (oder auch die Entwicklungsländerforschung) keine Wachstumsbranchen. Es ist daher auch nicht weiter erstaunlich, daß trotz des nationalen und internationalen Bekanntheitsgrades von G. BRUCKMANN die von ihm gegründete Gesellschaft als Abteilung der Österreichischen Statistischen Gesellschaft angeschlossen werden mußte. Wohl eher der herannahenden Jahrtausendwende mag es zuzuschreiben sein, daß im April 1987 die Stadt Wien die Wiener Akademie für Zukunftsfragen eröffnet hat.

In den meisten Staaten der westlichen Welt hat die Wende zum dritten Jahrtausend umfangreiche Prognosen und Szenarien entstehen lassen. Österreich schließt sich diesem Trend an. Die Veröffentlichungen weisen manche Gemeinsamkeiten mit den in der Bundesrepublik Deutschland erschienenen Werken auf, darunter dem PROGNOS-Bericht „Bilder einer Welt von Morgen – Modelle bis 2009“ und dem sogenannten ABEL-Projekt, in dem die Auswirkungen der Bevölkerungsentwicklung auf die künftigen Lebensbedingungen in der Bundesrepublik Deutschland zusammengefaßt werden. Die Publikation trägt den Titel „Leben im Jahr 2000 und danach“.

Ebenso wie in Fernsehserien des ORF stehen das Wirtschaftswachstum und der technologische Fortschritt im Vordergrund der Information und Präsentation. Die prognostizierte Bevölkerungsabnahme wird zwar erwähnt, aber nicht wirklich in ihren langfristigen Konsequenzen zur Kenntnis genommen. Externe politische Effekte werden weitgehend ausgeblendet. Hierzu zählt das potentielle Problem einer Zuwanderung von Ausländern und die ganz wesentliche Tatsache, daß die Bundesrepublik Deutschland einer Staatengemeinschaft, nämlich den EG, angehört, in der ab 1992 volle Freizügigkeit für die Bewegung von Waren, Dienstleistungen, Personen und Kapital in einem Raum mit 320 Millionen Menschen bestehen wird.

Es ist erstaunlich und erfreulich zugleich, feststellen zu können, daß die politische Option des EG-Beitrittsansuchens Österreichs bereits sehr viele Stellungnahmen und Szenarien ausgelöst hat.

Nun die Besonderheiten von Österreich in der Zukunftsforschung:

1. Sie bestehen im hohen Stellenwert der Bevölkerungsprognosen, welche, zum Teil unabhängig voneinander, von drei Stellen durchgeführt werden:
- dem Österreichischen Statistischen Zentralamt,
- dem Österreichischen Institut für Raumplanung im Auftrag der Österreichischen Raumordnungskonferenz und
- dem Österreichischen Institut für Wirtschaftsforschung.

Die Ergebnisse dieser Studien, vor allem im Hinblick auf die ungünstige Bevölkerungsentwicklung und den Rückgang der Geburtenziffern, wurden zum Teil bereits in den Medien reflektiert und haben auch bei den jüngsten Klausurtagungen der großen politischen Parteien zur Pflichtlektüre gehört, ohne daß bisher die sich daraus langfristig ergebenden Konsequenzen in politische Grundsatzüberlegungen eingegangen wären. Es war vielmehr sogar die Meinung zu hören, daß eine Reduzierung der Kinderzahl auch die Kosten erniedrigt, welche von der Erwerbsbevölkerung für die Mantelbevölkerung aufgebracht werden müssen, so daß der Wohlstand der Bevölkerung bei abnehmender Bevölkerungszahl nicht beeinträchtigt wird.

2. Die wichtige Aufgabe der Wirtschaftsprognosen wird zum Unterschied von den Bevölkerungsprognosen jedoch nicht vom Statistischen Zentralamt, sondern nahezu ausschließlich vom Institut für Wirtschaftsforschung wahrgenommen, das hierzu auch eine eigene Datenbank aufgebaut hat und dessen Mitarbeiter sich an internationalen Theorie- und Methodenmaßstäben orientieren.

3. Die Entagrarisierung hat in Österreich später eingesetzt als in den Nachbarstaaten im deutschen Sprachraum. Noch immer ist der Anteil der Agrarbevölkerung höher als dort und der Bezug breiter Bevölkerungskreise zum bäuerlichen Lebensraum noch vorhanden. Die Landwirtschaft verfügt über den mit Abstand umfangreichsten, sachlich und räumlich tief gegliederten statistischen Datenpool, ein eigenes Ministerium, eine Universität, Kammern, Verbände, Vereine, Genossenschaften, eine eigene Kranken- und Pensionsversicherungskasse – somit über einen im Verhältnis zum weiter sinkenden Anteil der in der Landwirtschaft tätigen Bevölkerung äußerst mächtigen Überbau des tertiären und quartären Sektors. Es ist daher auch nicht erstaunlich, daß Szenarien zur Zukunft der österreichischen Landwirtschaft bereits in Form von zwei umfangreichen Sammelbänden vorliegen und weitere Publikationen aufgrund des beabsichtigten EG-Beitritts zu erwarten sind.

1.2. Österreich: Der Staat zwischen West und Ost

1.2.1. Externe politische Effekte

Asymmetrische externe politische Effekte bestimmen die Entwicklung Österreichs seit dem Ersten Weltkrieg.

1. *Österreich ist ein „gedrehter" Staat.* In der Ostregion des Staates lag in der k. k. Monarchie der Kernraum der österreichischen Reichshälfte. Hier lebten rund 57 v. H. der Bevölkerung des heutigen Staatsgebietes (vgl. Tabelle 1.1). Die Zerschlagung der Monarchie, eines Großreiches mit 52 Millionen Menschen, nach dem Ersten Weltkrieg brachte die erste schwere Zäsur für die Bevölkerungsentwicklung der Ostregion (Wien, Niederösterreich, Burgenland) des neuen Kleinstaates und eine für Nachgeborene kaum mehr vorstellbare Wirtschaftskrise (1934 war die Hälfte der Arbeiter in Wien arbeitslos).

Erst die Ziehung des Eisernen Vorhangs erzwang jedoch eine nahezu völlige wirtschaftspolitische Umorientierung des Staates und seiner aus einer Mittelpunktlage in eine extreme Randlage gerückten Hauptstadt. Es darf ferner daran erinnert werden, daß für ein Jahrzehnt, zwischen 1945 und 1955, die Ostregion (Niederösterreich, Burgenland), das Mühlviertel in Oberösterreich sowie der östliche und südliche Sektor Wiens der sowjetischen Besatzungsmacht unterstellt waren. Die Verluste an Bevölkerung durch die Ost-West-Wanderung und ebenso die Kapitalverluste aufgrund des erst nach dem Staatsvertrag 1955 einsetzenden Wiederaufbaus konnten nicht wettgemacht werden (vgl. Karte 1.1).

Nun ist diese Ost-West-Wanderung längst zu Ende, und es wäre eine irrige Annahme, die anhaltende Bevölkerungsabnahme im Osten Österreichs auf Abwanderungsvorgänge zurückzuführen. Die Ursache liegt vielmehr in der hier sehr viel früher und massiver einsetzenden Geburtenbeschränkung, die, von Wien ausgehend, zuerst das Burgenland und schließlich Niederösterreich erfaßt hat. Die scheinbar festgeschriebenen Ost-West-Gegensätze beruhen daher ganz wesentlich auf der unterschiedlichen Geburtenbilanz und werden aufgrund des Altersaufbaus der Bevölkerung und der Absterbeordnung auch in die Zukunft fortgeschrieben.

2. *Markante Grenzgürteleffekte* kennzeichnen die Grenzen Österreichs gegen die ČSSR, Ungarn und Jugoslawien. Bevölkerungsabnahme zählt ganz allgemein zu den Merkmalen peripherer Räume und kennzeichnet gleicherweise extern bedingte (Grenzgürtel-) Peripherien wie „zentrale Peripherien" des österreichischen Staates. Daraus folgt die Frage: Was ist das Spezifikum der Grenzgürtelperipherie? An Hand von drei Indikatoren sei eine Antwort versucht:

1. Die Karte 1.2 des Anteils der Häuser (Wohnungen) in Eigennutzung belegt, daß diejenigen Teile der Bevölkerung im Grenzgürtel verbleiben, welche über Grund und Boden sowie Hausbesitz verfügen. Der beachtlich über dem österreichischen Mittel (rund 50 v.H.) gelegene Anteil von über 75 v.H. von Häusern (Wohnungen) in Eigennutzung des Besitzers belegt dies nachdrücklich. Das „ländliche

Tabelle 1.1: **Die Bevölkerungsentwicklung in den Großregionen Österreichs 1910 bis 1981**

	Ostregion (davon Wien)		Ober-österr.	Süd-österr.	West-österr.	Österreich
	Einwohner in Tausend bzw. v. H.					
1910	(2.084)	3.800	853	1.338	663	6.648
v. H.	*(31,6)*	*57,5*	*12,8*	*19,8*	*9,9*	*100*
1934	(1.935)	3.702	903	1.420	743	6.760
v. H.	*(28,6)*	*54,7*	*13,3*	*21,0*	*11,0*	*100*
1951	(1.616)	3.293	1.109	1.583	948	6.933
v. H.	*(23,3)*	*47,5*	*16,0*	*22,8*	*13,7*	*100*
1981	(1.531)	3.227	1.269	1.722	1.303	7.525
v. H.	*(20,3)*	*42,9*	*16,9*	*22,9*	*17,3*	*100*

Quelle: Österr. Statist. Zentralamt (Hsg.), 1982. Statistisches Handbuch der Republik Österreich 1982. Wien.

Karte 1.2: EIGENNUTZUNG DER WOHNUNGEN 1981

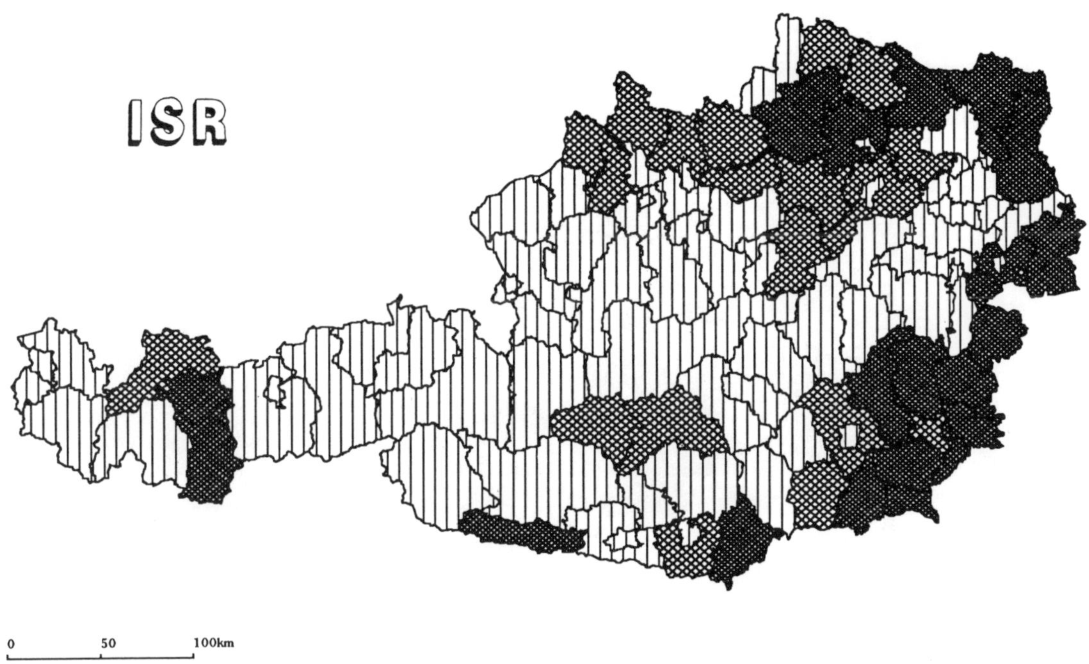

Quelle: ISIS-Datenbank v.H. aller Wohnungen

EDV-GRAPHIK: B. STANGL THEMATIK: E. LICHTENBERGER

Proletariat“ ohne Haus- und Wohnungseigentum wandert in überdurchschnittlichem Maße ab. Für die Regionalpolitik und Raumordnung ergibt sich die Konsequenz, in den Grenzlandgebieten alle besitzstabilisierenden Faktoren legistisch und finanziell zu unterstützen und Maßnahmen zur Eigentumsbildung zu setzen, selbst wenn dadurch gerade infolge der „Abwanderung auf Zeit“ während des Erwerbsabschnitts des Lebens zunächst Zweitwohnungen entstehen sollten. Die Diskriminierung von Zweitwohnungen (-häusern) in Grenzgürteln würde noch stärkere Entleerungseffekte zur Folge haben.

2. Ist somit dem Haus- und Grundbesitz ein gewisser Stabilisierungseffekt in Grenzsäumen zuzuschreiben, so ist andererseits die ökonomische (betriebliche) Instabilität ein trotz aller Bemühungen der Regionalpolitik nicht zu beseitigendes Defizit. Die Karte 1.3 belegt mittels der Gründungs- und Stillegungsraten von Industriebetrieben im Zeitraum von 1974 bis 1986, daß Industrieansiedlungsprogramme in den siebziger Jahren durchaus erfolgreich waren, sich aber viele Betriebe in der Rezession nicht halten konnten.

Karte 1.3: UMSATZRATE VON INDUSTRIEBETRIEBEN 1974 - 1986

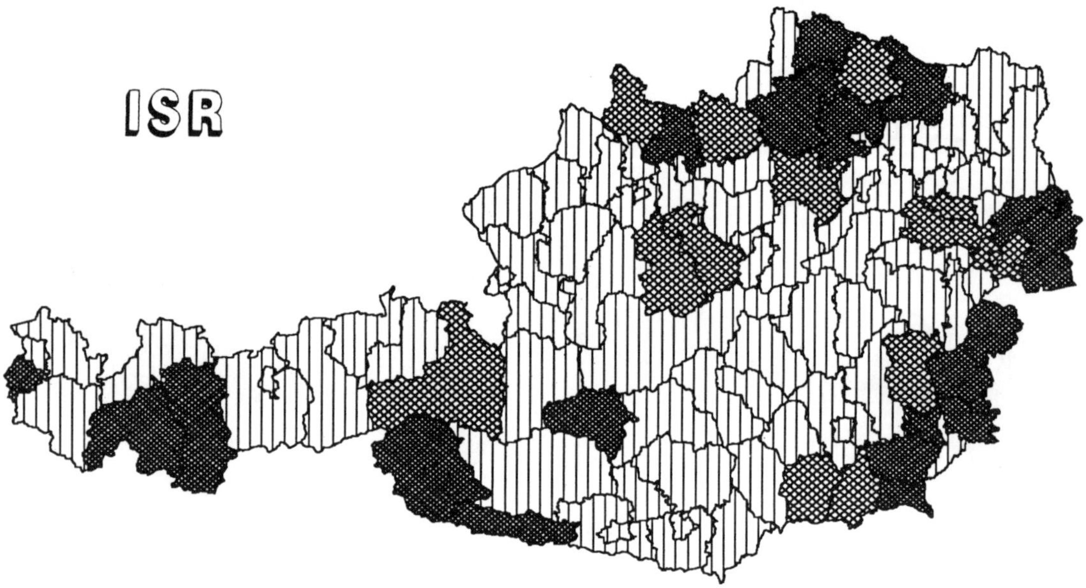

Umsatz = Gründungsrate + Stillegungsrate

Quelle: Industriestatistik

< 2.5 > 2.5 > 4.5

1974 = 100

EDV-GRAPHIK: B. STANGL THEMATIK: G. PALME

3. In sozialwissenschaftlichen Theorien werden periphere Gebiete mit deutlicher Abnahme der Bevölkerung mit dem Syndrom einer „sozialen Erosion" ausgestattet. Zumindest in einem Teilbereich des sozialen Lebens, nämlich dem Volksschulwesen, läßt sich diese Auffassung widerlegen. Als Indikator dient der Feminisierungsgrad im Volksschullehrerberuf. P. MEUSBURGER hat sich mit diesem für den ländlichen Raum Österreichs sehr wichtigen Phänomen wissenschaftlich beschäftigt. Aus einer noch unveröffentlichten Untersuchung stammt die Karte 1.4, welche zwei wichtige Aussagen enthält: Sie belegt, erstens, daß die Grenzzone gegen die COMECON-Staaten hin wesentlich niedrigere Femininisierungsquoten aufweist als die „zentrale Peripherie" der inneren Gebirgs- und Talräume der Ostregion, und dokumentiert, zweitens, daß die westlichen Bundesländer Österreichs aufgrund der Einflußmöglichkeiten der Landesschulräte auf die Stellenbesetzung die von Wien ausgehende Femininisierung des Volksschullehrerberufs etwas abgestoppt haben.

Man darf somit für die Grenzlandbereiche vermuten, daß, mitbedingt durch den hohen Anteil von Hausbesitzern, z. T. auch eine Rückkehr von ortsbürtigen Lehrern nach Abschluß der Ausbildung stattfindet und diese auch einen Teil der traditionell

Karte 1.4: GERINGERE FEMINISIERUNG DER VOLKSSCHULLEHRER 1981

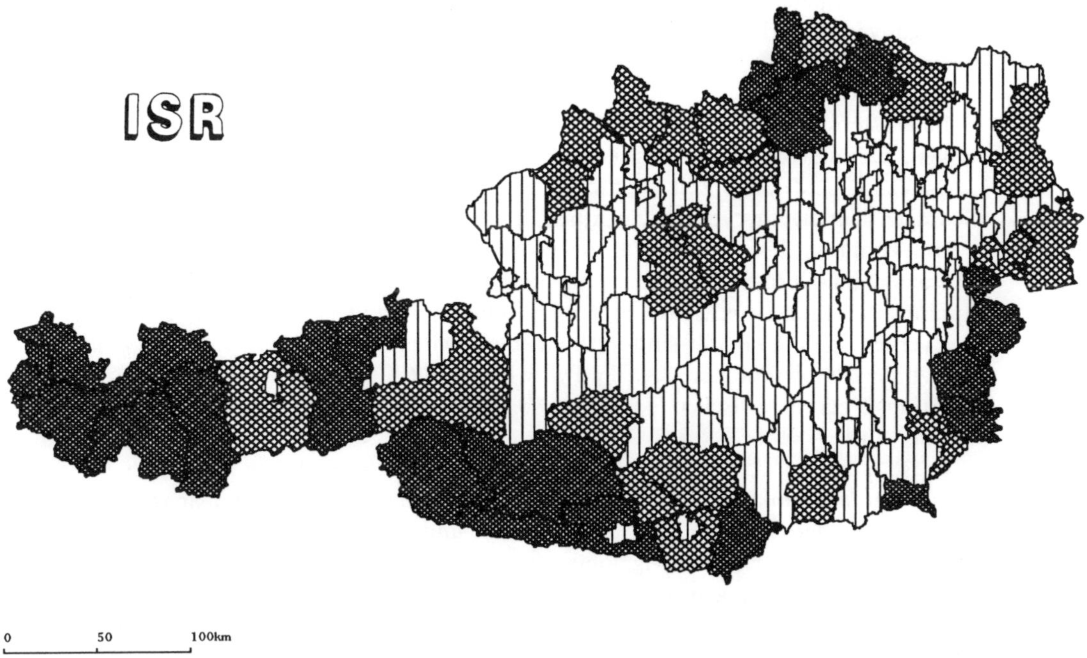

Quelle: Österr. Schulstatistik 1987-88 — < 70.0 — > 70.0 — > 75.0 — Anteil der weiblichen Volksschullehrer

EDV-GRAPHIK: B. STANGL — THEMATIK: P. MEUSBURGER

vielfältigen sozialen Funktionen wahrnehmen, so daß die soziale Erosion möglicherweise erst am Anfang steht. Landschaftliche Indikatoren hierfür sind freilich vorhanden. Hierzu zählt die „Sozialbrache" im agrarökologischen Gunstgebiet des Mittleren und vor allem Südlichen Burgenlandes, die deutlichen Dorfverfallserscheinungen in den nicht durch Grenzlandförderung der Landesregierung subventionierten Interstitien zwischen den von der Bundeshauptstadt und den Landeshauptstädten ausstrahlenden Verkehrstrassen von Straße und Bahn in Niederösterreich usf.

3. *Österreich ist das Transitland Westeuropas.* Die österreichische Verkehrspolitik steht unter dem massiven Druck der vom Kernraum der EG ausgehenden, Nord-Süd und Nordwest-Südost gerichteten Verkehrsströme. Allein im PKW-Verkehr werden jährlich 60 Millionen Grenzübertritte gezählt (1988). Aufgrund der Stoßrichtung dieser Ströme entstehen Luv- und Leeseiteneffekte. Der Verkehrsstau an den Grenzstationen des Straßenverkehrs ist zum Normalzustand geworden. Kaum bekannt sind die luvseitigen Staueffekte im bayrischen Alpengebiet. Die Fremdenverkehrskarte im Tirol-Atlas dokumentiert recht eindrucksvoll die weit hö-

here Fremdenverkehrsintensität der bayrischen Fremdenverkehrszentren am Alpenfuß im Vergleich mit den österreichischen.

Negative Auswirkungen einer Leesituation betreffen vor allem das im „Verkehrsschatten" liegende Südösterreich, d.h. die Bundesländer Kärnten und Steiermark sowie Osttirol.

Innerösterreichische Verkehrsbedürfnisse, wie der Ausbau der West-Ost-Verbindungen, darunter der Verkehrsstrecken in der nördlichen und in der südlichen Längstalzone sind lange Zeit ebenso vernachlässigt worden wie der Ausbau des „Schrägen Durchgangs" durch die Alpen, der Triesterstraße und der Südbahn.

Die Tradition der westlichen Bundesländer Tirol und Salzburg als historische Paßstaaten im Nord-Süd-Verkehr über die Alpen brachte föderalistische Rückkopplungsschleifen (wie: „Tirol darf nicht umfahren werden") in die österreichische Verkehrspolitik ein. Sie sind letztlich ebenso vom EG-Raum her gesteuert wie der Bau der Autobahntrasse über die Pyhrnstrecke nach Graz, welche dem Gastarbeitertransitverkehr zwischen der Bundesrepublik Deutschland und Jugoslawien bzw. der Türkei dient.

Es ist zu hoffen, daß mit dem Konzept der Neuen Bahn und dem darin enthaltenen Programmpunkt der Errichtung des Semmeringbasistunnels nunmehr wieder die Interessen der Ostregion ins Spiel kommen, und zwar durch die Verbesserung der Erreichbarkeit der Wiener Agglomeration für die Obersteiermark. Damit würde sich für dieses Problemgebiet der Grundstoffindustrie eine ähnliche Lösung abzeichnen, wie sie Frankreich durch den Ausbau von Hochleistungsstrecken der Bahn von Paris in die nördlichen Montanindustriegebiete des Staates schon vor mehr als eineinhalb Jahrzehnten gefunden hat.

4. *Österreich ist ein Land des Ausländer-Fremdenverkehrs* mit einem durch die abgelaufenen Jahrzehnte hindurch gleich breit gebliebenen Nachfragespektrum, das rund drei Viertel ausländische Gäste (darunter wieder fast zwei Drittel aus der Bundesrepublik Deutschland) aufweist. Die Asymmetrie der wirtschaftlichen Verflechtungen hat das durch das Absinken der Gipfelhöhen der Alpen von Westen nach Osten z.T. im freizeitökologischen Potential vorgezeichnete West-Ost-Gefälle des Fremdenverkehrs wesentlich verstärkt. Mit „ausländischem" Kapital ist letztlich der enorme Ausbau der Siedlungen vor allem in Tirol und Salzburg erfolgt, der ganz wesentlich zu dem Ost-West-Gefälle beiträgt. Ein wichtiger Faktor für das Zurückbleiben der östlichen Staatshälfte ist nämlich im weitgehenden Fehlen des Ausländerfremdenverkehrs zu suchen. Rechnet man nämlich die Fremdenbetten als „Touristenpotential" zur Wohnbevölkerung hinzu, so verschlechtert sich der Anteil der Ostregion gegenüber den westlichen Bundesländern. Während dieser Anteil 1910 57,8 v.H. versus 42,2 v.H. betrug, hat er sich im Jahr 1981 in 38,5 v.H. versus 61,5 v.H. umgepolt.

Diese schlichten Zahlen verdecken zwei konträre Probleme Westösterreichs:

1. die ungeheuer starke Abhängigkeit der österreichischen Fremdenverkehrsgebiete vom weiter anhaltenden Zustrom ausländischer Gäste und den dadurch ausgeübten Zwang für die Wirtschaft, die Investitionsspirale weiter nach oben zu drehen,

2. die bereits jetzt enormen und weiter expandierenden Folgekosten für die notwendigen kulturtechnischen Maßnahmen in den Fremdenverkehrsgebieten, die den Budgets der Länder zugeschoben werden.

1.2.3. Räumliche Effekte der politisch-administrativen Gliederung: Zentralismus versus Föderalismus

Die politische Landkarte von Österreich kann auf zwei Ebenen durch Gegensatzpaare beschrieben werden:

1. durch die komplementären Funktionen von Zentralismus und Föderalismus und

2. durch die Dichotomie im Siedlungssystem zwischen der Millionenagglomeration Wien mit ihren sehr spezifischen Problemen und den insgesamt rund 2.500 kleinen Gemeinden, denen die Verfassung mit der Gemeindeautonomie einen auch budgetär abgesicherten politischen Entscheidungsfreiraum garantiert. Dieser fehlt der mittleren administrativen Ebene der Politischen Bezirke und den Bezirkshauptorten (Zentralen Orten der mittleren Ebene), welche damit von der Zuteilungsstrategie der Länder in Form der Einrichtung und Ausstattung öffentlicher Dienste abhängig sind.

Der Vergleich mit der Bundesrepublik Deutschland legt die Stärken des österreichischen Zentralismus offen. Zwar ist der österreichische Staat ein junges Gebilde: Er wurde erst im Friedensvertrag von St. Germain-en-Laye 1919 geschaffen und vereint den überwiegenden Teil der deutschsprachigen Länder der Österreichisch-Ungarischen Monarchie. Von dieser übernahm er jedoch bereits im aufgeklärten Absolutismus unter Maria Theresia und Joseph II. eingerichtete Institutionen, welche in der modernen Informationsgesellschaft einen noch weit höheren Stellenwert erhalten haben: das Katasterwesen, die staatliche Landesaufnahme und die amtlichen Großzählungen. Die Zweite Republik steht in diesen Bereichen im internationalen Spitzenfeld mit

- der Errichtung des Bundesrechenzentrums,
- dem Aufbau eines räumlichen Informationssystems über Bevölkerung und Wirtschaft (ISIS-Datenbank) beim Statistischen Zentralamt,
- der Automatisierung des Grundstückkatasters mit über 12 Millionen Liegenschaften und
- der Einrichtung eines digitalen Höhenmodells bei der amtlichen Landesaufnahme.

Vielfach unbemerkt von der Öffentlichkeit ist damit in Österreich das bereits in Grundzügen vorhandene staatliche Informationsmonopol weiter ausgebaut worden.

Der österreichische Zentralismus hat darüber hinaus noch ein zweites sehr wichtiges altes Monopol nicht aus der Hand gegeben, nämlich die Bildung. Das höhere Schulwesen sowie die Universitäten sind, durch zwei Ministerien verwaltet,

Angelegenheit des Bundes geblieben. Nur das Pflichtschulwesen und Einrichtungen der sozialen Infrastruktur, wie Kindergärten, Altersheime, Spitäler, zählen ebenso wie die technische Infrastruktur der Versorgung und Entsorgung zum Aufgabenbereich der Länder bzw. der Gemeinden.

Nun zu den Ländern. Zum Unterschied vom österreichischen Staat sind sie – vom Burgenland abgesehen – ins Mittelalter zurückreichende Territorien mit relativ früh festgeschriebenen Grenzen und beachtlichen Unterschieden in den Elementen der Kulturlandschaft, im Sozialverhaltens, in der Eßkultur und der Mundart. Nicht der Bund, sondern die Länder sind zuständig für die „Erhaltung und Gestaltung der Kulturlandschaft". Landesgesetze regeln Raumordnung und Raumplanung. Für eine Bundesraumordnungspolitik gibt es weder Mittel noch Instrumente. Die Österreichische Raumordnungskonferenz dient ausschließlich als Informationsgremium, in dem in institutionalisierten Gesprächen auf der Ebene hoher Beamter eine Vereinheitlichung des Informationshorizontes erzielt und eine gewisse Konsensbildung über Strategien angestrebt wird.

Die Maßnahmen selbst gehören zu den Aufgaben der Regionalplanung, deren Organisationziele und -instrumente sich freilich von Bundesland zu Bundesland sehr wesentlich unterscheiden. Von Vorarlberg abgesehen, bestehen nur Entwicklungspläne im Übersichtsmaßstab. Es fehlen legistisch verbindliche Zwischenglieder von „Bezirkswidmungsplänen", welche das Bindeglied zu den mit Parzellenschärfe ausgestatteten Flächenwidmungsplänen der Gemeinden wären. Dieses Defizit bedeutet in weiterer Folge, daß die föderalistische Administration des österreichischen Staates damit partikuläre kleinräumige Lösungen und eine Taktik der kleinen Schritte begünstigt.

Tabelle 1.2: **Reichweite und Ausmaß der Wanderung 1976–1981**

Wanderungsbereiche	Zahl der Wanderungen	v. H. der Wohnbevölkerung
Einzugsbereiche der Zentralen Orte Mittlerer Stufe	176.555	*2,5*
Einzugsbereiche der Landes- und Viertelshauptstädte	177.061	*2,5*
Wanderung innerhalb der Bundesländer	353.616	*5,0*
zwischen Bundesländern	161.234	*2,3*
aus dem Ausland	95.964	*1,3*
insgesamt	610.814	*8,6*

Quelle: ÖROK, 5. Raumordnungsbericht 1987, S. 37.

Auch auf dem Arbeitsmarkt weisen die Bundesländer eine gewisse Selbständigkeit auf. Sie besitzen Arbeitsämter, und es sind auf die jeweiligen Landeshauptstädte zentrierte, mehr oder minder geschlossene Arbeitsmarkt- und Wanderungsregionen entstanden. Zwei Drittel der an sich geringen österreichischen Binnenwanderung verbleiben innerhalb der Landesgrenzen (vgl. Tabelle 1.2). Die Ländergrenzen sind damit zu Wanderungsgrenzen geworden.

Die Aussagen über die Aufgaben der Länder hinsichtlich der sozialen Infrastruktur und der Raumordnung sollen nicht darüber hinwegtäuschen, daß der Zentralismus in Österreich im Vergleich zur Schweiz eine wesentlich größere Kontrollfunktion über die Staatsfinanzen besitzt, so daß die Möglichkeiten der Länder, eine selbständige Wirtschaftspolitik zu betreiben, schon auf Grund der knapperen monetären Ressourcen eingeschränkt sind. Nur 27 v. H. des Steueraufkommens gehen an die Länder, 18 v. H. an die Gemeinden, 55 v. H. verbleiben dem Bund.

1.2.3. Die Effekte der Primate City Wien

War Wien mit 2,2 Millionen Menschen im Jahr 1918 viel zu groß für die Erste Republik, ein „Wasserkopf", dessen internationale und anonyme Gesellschaft von der Bevölkerung der Bundesländer abgelehnt wurde, so ist in der Zweiten Republik eine Umbewertung der Funktionen für den österreichischen Staat erfolgt. Man hat erkannt, daß Wien wichtige internationale Transferaufgaben zwischen Ost und West wahrnehmen kann und daß es nur dieser ehemaligen Weltstadt ohne Hinterland zu verdanken ist, wenn Österreich international nicht in die Bedeutungslosigkeit eines Kleinstaates abgesunken ist.

Dazu kommt eine regionalökonomische Einsicht: Wien wird nunmehr geradezu als Modellbeispiel eines Wachstumspols angesehen, ohne den die Ostregion des Staates längst in weit größere ökonomische Schwierigkeiten geraten wäre.

Als drittes ist ein innenpolitischer Effekt zu nennen. Ohne Wien wäre die sozialdemokratische Alleinregierung nicht möglich gewesen. Sie verdankt den Wiener Wählern ihre Existenz. 17 Jahre sozialdemokratischer Regierung (1970–1987) haben ferner von Wien aus eine mächtige „weiche Welle" des Sozialismus zum Laufen gebracht und über die Massenmedien so wirksam verbreitet, daß, über die politischen Lager hinweg, eine tiefgreifende Beeinflussung von breiten Bevölkerungsschichten erfolgt ist. Hierzu haben auch die Bundesländer-Ausgaben der großen Boulevardblätter „Krone" und „Kurier" ganz wesentlich beigetragen.

Aus der Problemsicht der Bevölkerung Wiens sind daher auch sehr viele gesellschaftspolitische Maßnahmen von seiten der Regierung für ganz Österreich getroffen worden, während andererseits Fragen des ländlichen Raums und der kleinen Gemeinden am Rande des Interesses blieben, so daß hier sehr spezifische, auch wiederum „österreichische" und zum Teil auch föderalistische Lösungen entstehen konnten.

Als letztes wären schließlich die Effekte anzuführen, die von Wien als Arbeitsstättenzentrum ausgehen. Wien sitzt wie die Spinne im Netz in der Mitte von Niederösterreich. Die historischen Viertelshauptstädte dieses Bundeslandes,

Wiener Neustadt, Krems und St. Pölten, von denen die letztgenannte in den Rang der Landeshauptstadt erhoben wurde, übernehmen daher, wie es der Nähe zu einer großen Agglomeration entspricht, dank der Ansiedlung von Arbeitsstätten des sekundären und tertiären Sektors zunehmend Trabantenfunktionen. Die Wiener Arbeitsmarktregion greift aber über Niederösterreich hinaus und umspannt die gesamte Ostregion, in jüngster Zeit zieht sie in steigendem Maße auch Fernpendler aus der Steiermark und aus Kärnten an.

1.2.4. Die Kleinstädte als Zentrale Orte

Österreich ist ein Land der Klein- und Zwergstädte. In ihnen leben rund 1,5 Millionen Einwohner und damit ebensoviele Menschen wie in der Kernstadt von Wien. Als Bezirkshauptorte (nach BOBEK 1978: Mittlere Stufe der Zentralen Orte) sind sie das tragende Element der Versorgung im ländlichen Raum. Im Abstand von rund 25 km gelegen, bedienen sie ein Umland von 50.000 bis 80.000 Menschen (vgl. Tabelle 1.3).

Tabelle 1.3: **Zentrale Orte, zentralörtliche Bereiche und öffentliche Dienste der Mittleren und Unteren Stufe in Österreich 1981**

Zentrale Orte			Zentralörtliche Bereiche	
Rang	Zahl	Durchschnittl. Einwohnerzahl		Öffentliche Dienste
Bezirksorte (Mittlere Stufe nach H. BOBEK)				Bezirkshauptmannschaft Finanzamt Arbeitsamt
sehr gut ausgestattet	25	13.000	65.000	Arbeitsgericht
mäßig ausgestattet	39	8.500	40.000	Vermessungsamt
schwach ausgestattet	29	7.500	26.000	Bezirksschulrat Bezirksgendarmeriekommando
insgesamt	93	9.400	46.000	
Gerichtsorte (Untere Stufe nach H. BOBEK) sehr gut bis gut ausgestattet	105	5.000	11.000	Bezirksgericht Sitz eines Bautrupps der Post- und Telegraphendirektion

Zusammenstellung: M. BOBEK-FESL

Transferiert man das System der Zentralen Orte und ihrer Einzugsbereiche in die West-Ost-Differenzierung des Staates, so gelangt man zu der keineswegs überraschenden Aussage, daß in den westlichen Bundesländern sämtliche Stufen der zentralörtlichen Hierarchie am Wachstum partizipieren, während in der Ostregion zahlreiche Orte der Unteren Stufe durch die Bevölkerungseinbußen der ländlichen Gemeinden so stark betroffen sind, daß sie entweder stagnieren oder sogar Bevölkerung verlieren, und sich die Versorgungsspirale nach unten dreht.

Das System der Zentralen Orte in Österreich läßt sich bereits in die territoriale Organisation des Mittelalters zurückverfolgen. Es ist bei der Einrichtung von Politischen Bezirken im 19. Jahrhundert berücksichtigt worden und hat bisher eine außerordentliche Stabilität besessen. Zu den lokalen Eliten zählen Kleinunternehmer, Gewerbe- und Handelsbürger, Angehörige der freien Berufe und leitende Beamte der staatlichen Einrichtungen. Ihre Lebensinteressen begegneten sich aufgrund der vielfach vorhandenen Einheit von Wohnhaus und Betrieb mit den Intentionen des staatlichen Denkmalschutzes und führten zu beispielhaften Revitalisierungen von mittelalterlicher und barocker Bausubstanz, so daß viele Kleinstädte eine beachtliche architektonische Attraktivität besitzen, die freilich häufig nicht mehr von einer adäquaten Wirtschaftskapazität begleitet ist.

Darüber hinaus sind vor allem die Bezirkshauptorte die Investitionszentren der föderalistischen Regionalpolitik der späten sechziger und frühen siebziger Jahre gewesen. Die gezielten Ansiedlungen von Höheren Schulen, Krankenhäusern und dergl. haben zwar eine recht gleichmäßige „soziale Infrastruktur-Decke" über den ländlichen Raum gebreitet und die interregionalen Disparitäten reduziert, gerade durch den massiven Ausbau des höheren Schulwesens jedoch neue Transferstellen für die Wanderung in die Verdichtungsräume geschaffen.

1.2.5. Die kleinen Gemeinden und die Probleme des ländlichen Raums

Österreich ist nicht nur ein Staat der Zwerg- und Kleinstädte, sondern auch ein Staat der kleinen Gemeinden. Nahezu die Hälfte der Bevölkerung lebt in Gemeinden mit weniger als 10.000 Einwohnern. Die österreichische Gemeindeverfassung aus dem Jahr 1848 fußt in der territorialen Organisation auf mittelalterlichen Siedlungsstrukturen, Talschaften, Dörfern, Kirchsprengeln. Umstürzende Reformen der administrativen Landkarte, wie in Großbritannien, Nordeuropa und in der Bundesrepublik Deutschland, sind nicht erfolgt. Der österreichische Föderalismus konnte im Westen des Staates selbst die Bestrebungen der Gemeindezusammenlegung negieren, welche in den siebziger Jahren das Ziel hatte, die vielfach noch ehrenamtlich geführte Verwaltung in eine verbeamtete überzuleiten. Nur in Ostösterreich, Steiermark und Kärnten wurden Gemeindezusammenlegungen durchgeführt. Diese betrafen zumeist Zwerggemeinden mit weniger als 1.000 Einwohnern.

Österreich ist aber nicht nur ein Staat der Kleingemeinden, sondern überdies ein Staat, in dem Streusiedlungen weithin – mit Ausnahme des Alpenrandes im Osten und in den inneralpinen Becken und Tälern – vorherrschen. Es ist ferner mit knapp neunzig Einwohnern pro Quadratkilometer ein dünnbesiedelter Staat, in dem in manchen Gebieten der Boden noch nicht als knappe Ressource betrachtet wird.

In den ländlichen Gemeinden außerhalb der Zentralen Orte (rund 1,5 Millionen), der Kernstädte (rund 2,7 Millionen) und der Umlandbereiche (rund 1,4 Millionen) leben rund 1,9 Millionen Menschen, konfrontiert mit Defiziten in der Versorgung und vor allem mit Defiziten an gut erreichbaren Arbeitsplätzen. Hierzu sei angemerkt, daß die Zentrale Orte-Politik im Osten Österreichs indirekt zu einer Aussiebung von Einrichtungen und Dienstleistungen in den ländlichen Siedlungen beigetragen hat und daß ferner in Zukunft das Arbeitsplatzdefizit noch größer werden wird, da eine Substitution von Arbeitsplätzen in der Landwirtschaft durch Arbeitsplätze im sekundären und tertiären Sektor nicht zu erwarten ist.

1.2.6. Der segmentierte Wohnungsmarkt

Die Aussage über Österreich als „Staat zwischen West und Ost" auf der Landkarte Europas gilt auch für die Strukturen des Wohnungs- und Arbeitsmarktes, in denen große Teile der Einwirkung von privatkapitalistischen Marktmechanismen entzogen sind. Auf die Konsequenzen der Herausnahme von Segmenten aus der Steuerung durch Angebot und Nachfrage sei zuerst beim Wohnungsmarkt eingegangen.

Der Wohnungsmarkt von Staaten ist ganz allgemein abhängig von den nationalen Besonderheiten der Gesellschaftspolitik, den speziellen Formen der Steuergesetzgebung, der Privilegierung bestimmter sozialer oder demographischer Gruppen und den tradierten, über das Sozialprestige auch im Bewußtsein der Bevölkerung fortgeschriebenen Wohnbauformen.

Die Segmentierung des österreichischen Wohnungsmarktes läßt sich, sehr verkürzt, in zwei Formeln fassen. Die erste lautet: „Wien versus übriges Österreich". Ihr entspricht die Gliederung der Tabelle 1.4. Als zweite Formel, für die Bundesländer, gilt: „Rund die Hälfte der Bevölkerung besitzt (und wohnt in) Einfamilienhäuser(n), die andere Hälfte ist auf kleine Teilsegmente sehr unterschiedlicher Rechtsformen von Wohnungen aufgesplittert". Im folgenden einige Detailaussagen.

Der Wiener Wohnungsmarkt wird noch immer entscheidend von der Mieterschutzgesetzgebung bestimmt, welche den privaten Miethaus-Altbestand und den kommunalen Wohnungsbau reglementiert. Die Konsequenzen dieser Gesetzgebung sind:

- die jahrzehntelange Versteinerung des Wohnungsmarktes,
- das Ablösewesen als Ersatz für einen kapitalisierten Mietzins,
- die Immobilisierung der Bevölkerung und das damit zusammenhängende Hintanhalten von Segregation,
- die Entwertung des privaten Miethausbesitzes und das dadurch bewirkte Fehlen von Reinvestitionen in den Hausbestand,
- die Verhinderung der Bildung von großen Kapitalgesellschaften zur Aufschließung und Vermarktung von Grund und Boden.
- die Verhinderung einer profitorientierten Wohnbauentwicklung.

Die Niedrigmietenpolitik hat, last not least, die Entstehung des Zweitwohnungswesens, vor allem im Wiener Umland, ab den sechziger Jahren entscheidend „mitsubventioniert“ und die Aufspaltung der Wohnfunktion in eine Hauptwohnung und in eine Zweitwohnung (= Ersthaus) gefördert (vgl. u.).

Tabelle 1.4: **Die Segmentierung des Wohnungsmarktes in Österreich 1981**

Rechtsform	Wien		übrige Bundesländer		Österreich	
	in Tausend	*v. H.*	in Tausend	*v. H.*	in Tausend	*v. H.*
Eigenbenützung des Hauseigentümers	40,5	*5,7*	1.016,8	*51,4*	1.057,3	*39,3*
Eigentumswohnungen	79,0	*11,0*	146,8	*7,4*	225,8	*8,4*
Genossenschaftswohnungen	57,3	*8,0*	109,2	*5,5*	166,5	*6,2*
Mieterschutzwohnungen	438,8	*61,6*	321,8	*16,3*	760,6	*28,3*
Wohnungen mit freier Mietenvereinbarung	45,0	*6,3*	168,7	*8,5*	213,7	*7,9*
Dienst-, Natural- und sonstige Wohnungen	52,4	*7,4*	214,9	*10,9*	267,3	*9,9*
Summe	713,0	*100*	1.972,2	*100*	2.691,2	*100*
Bauperiode: Nachkriegszeit	302,0	42,3	1.234,0	62,6	1.536,0	57,1

Quelle: Österr. Statist. Zentralamt (Hsg.), 1983 ff. Häuser- und Wohnungszählung 1981. Hauptergebnisse. Beiträge zur Österr. Statistik 640/9 und 10.

Zum unter Mieterschutz stehenden Altbaubestand trat seit der Zwischenkriegszeit in Wien und später auch in anderen Städten ein sehr forcierter sozialer Wohnungsbau, dessen Standortwahl zu einem Instrument der Wahlgeometrie von sozialdemokratischen Gemeindeverwaltungen wurde. Eigentums- und Genossenschaftswohnungen, Wohnungen für Staatsbeamte und Werkswohnungen – vor allem bei den staatlichen Großbetrieben – tragen weiter zur Vielfalt des Marktes bei. Jede neue Regelung spaltet ihn weiter auf und erzeugt weitere Subsegmente.

Nun zu den Einfamilienhäusern.

1. Die Spannweite in den Bauformen und in der Ausstattung ist außerordentlich groß. Die Statistik der Grundsteuermeßbeträge belegt eindrucksvoll die Wertunterschiede der Einfamilienhäuser im West-Ost-Profil durch Österreich (vgl. Tabelle 1.5).

Das Burgenland erreicht nur 55 v. H., Niederösterreich 66 v. H. des österreichischen Durchschnitts, dagegen weist Tirol im Vergleich zu diesen östlichen Bundesländern etwa den dreifachen Wert auf. Die Einnahmen aus dem Fremdenverkehr stehen zu Buche. Die unterschiedlichen Investitionen in den Einfamilienhausbau in

Tabelle 1.5: **Der relative Wert der Einfamilienhäuser in den österreichischen Bundesländern 1973**

	Fälle in v. H.	Grundsteuer-meßbetrag in v. H.	relativer Wert Österreich = 100
Vorarlberg	*4,4*	*5,6*	127
Tirol	*6,0*	*10,6*	177
Salzburg	*4,6*	*7,2*	157
Kärnten	*7,6*	*8,5*	112
Steiermark	*15,3*	*15,8*	103
Oberösterreich	*15,1*	*16,9*	112
Niederösterreich	*33,9*	*22,4*	66
Burgenland	*7,1*	*3,9*	55
Wien	*6,0*	*9,1*	152
Österreich	*100,0*	*100,0*	100
absolut	560.807	72.286	870 Schilling

Quelle: Österr. Statist. Zentralamt, 1978. Statistisches Handbuch der Republik Österreich 1978, S.428.

den österreichischen Bundesländern sind selbst für den flüchtigen Reisenden im Siedlungs- und Baubild zu erkennen.

2. Während die Werteskala der Einfamilienhäuser stufenförmig von Westen nach Osten absinkt, gestattet die räumliche Verteilung des Anteils der Einfamilienhäuser am Wohnungsbestand (vgl. Karte 1.5) die keineswegs paradoxe Aussage: „Je geringer der Wert von Einfamilienhäusern ist, desto größer ist der Anteil der Bevölkerung, die am Eigenheimbau partizipieren kann." Derart umgürtet ein breiter Bogen mit einem hohen Anteil von Einfamilienhäusern die östlichen Ausläufer der Alpen. Im Anteil der Einfamilienhäuser führt somit die Ostregion, an erster Stelle steht das Burgenland, gefolgt von großen Teilen Niederösterreichs. Von hier zieht ein Streifen längs des Alpenvorlands nach Salzburg. Der Zusammenhang mit der Suburbanisierung im Anschluß an die Kernstädte und die Verdichtungsräume ist sowohl hier als auch im Grazer, Klagenfurter und Villacher Umland aufgrund des räumlichen Musters unmittelbar einsichtig.

Die Erklärung des Verteilungsmusters mit Suburbanisierungsvorgängen reicht jedoch nicht aus. Ebensowenig läßt sich ein räumlicher Zusammenhang mit dem oben beschriebenen Grenzgürtelphänomen der Eigennutzung von Häusern herstellen, es besteht ferner auch kein räumlicher Konnex mit der Verteilung der Neubautätigkeit, in der wiederum die westlichen Bundesländer und die Gebiete des Ausländerfremdenverkehrs die Führungsposition innehaben. Daraus ergibt sich die nächste Aussage:

Karte 1.5: ANTEIL DER EINFAMILIENHÄUSER 1981

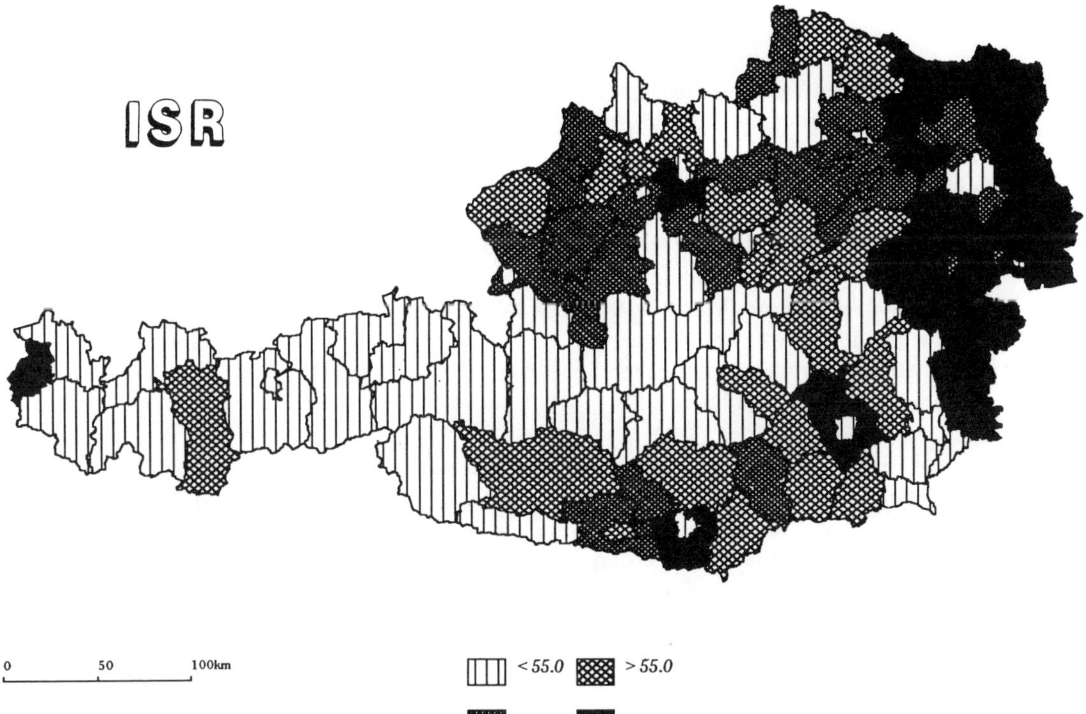

Quelle: ISIS-Datenbank

EDV-GRAPHIK: B. STANGL THEMATIK: E. LICHTENBERGER

3. Die enorme Neubautätigkeit der Nachkriegszeit hat entsprechend der Bevölkerungsentwicklung vor allem in den westlichen Bundesländern zu einer flächenhaften Erweiterung bestehender Siedlungen, zu teilweise chaotischen Zersiedlungsvorgängen im ländlichen Raum geführt. Sie hat sich jedoch nicht, wie man vermuten würde, in höherem Ausmaß als die vorangegangenen Bauperioden der Bauform des Einfamilienhauses bedient. Die Häuser- und Wohnungszählung 1981 belegt vielmehr, daß der Anteil der Einfamilienhäuser am Wohnungsbestand aus den Bauperioden der Gründerzeit, Zwischenkriegszeit und Nachkriegszeit ungefähr rund die Hälfte beträgt und unabhängig von der Wirtschaftsentwicklung eine nahezu konstante Größe darstellt. Es bleibt damit die Frage offen, wieso die Ostregion bei stagnierender bzw. abnehmender Bevölkerung einen so beachtlichen Neubau von Einfamilienhäusern aufweist. Die Antwort führt hinein in das folgende Kapitel.

1.2.7. Die räumliche Segmentierung der Freizeitgesellschaft

Die Unterbringung der Freizeitgesellschaft wird in der westlichen Welt normalerweise über das Gesetz von Angebot und Nachfrage reguliert. Die Herausnahme großer Teile des Wohnungsmarktes in Österreich aus den Marktmechanismen wirkt sich jedoch auch auf die Unterbringung der Freizeitgesellschaft aus. Es sind zwei spezifische Segmente der Unterbringung entstanden, bei denen Marktregulative fehlen bzw. nur partiell vorhanden sind: das Zweitwohnungswesen für die inländische Bevölkerung und die Privatzimmervermietung. Bereits oben wurde darauf hingewiesen, daß die Mieterschutzgesetzgebung im Verein mit der Niedrigmietenpolitik die Zweitwohnungen der Wiener Bevölkerung entscheidend mitsubventioniert hat. Als komplementäre Wohnform zum Wohnen im Massenmiethaus entstanden Zweitwohnungen als „Ersthäuser" im engeren und weiteren Umland von Wien. Es ist deren beachtliche Zahl von rund 110.000 Objekten, welche entscheidend die oben beschriebene „Ostlastigkeit" des Anteils von Einfamilienhäusern bedingt.

Ein weiteres für Österreich spezifisches Marktsegment bildet die Privatzimmervermietung, bei der zumindest ursprünglich ökonomische Rationalität und Renditedenken nicht die leitenden Motive der Privatvermieter waren, sondern der Bau eines Eigenheims finanziert werden sollte. Mit der Privatzimmervermietung entstand ferner ein spezifisches Arbeitsmarktsegment für Frauen, für die in den ländlichen Räumen nicht nur das Arbeitsplatzangebot völlig unzureichend ist, sondern denen es zumeist infolge der schlechten Verkehrserschließung schlichtweg überhaupt unmöglich wäre, die Haushaltsführung mit einer Pendelarbeit zu verbinden. Die Palette der Arbeitsplätze reicht vom „Kleinunternehmertum" bis hin zu Teilzeitjobs und Einstiegsposten in gastgewerbliche Berufe. Anders als in der vom kommerziellen Tourismus beherrschten Schweiz wurde der Aufschwung der Privatzimmervermietung nicht durch die Hotellerie verhindert und sogar von föderalistischer Seite gefördert. In räumlicher Hinsicht bildet die Privatzimmervermietung ein Peripheriephänomen von Fremdenverkehrsrevieren und -regionen, da die Wohnbevölkerung aufgrund der hohen Bodenpreise in den Zentren beim Bau von Eigenheimen peripher abgedrängt wurde.

Das dritte und mengenmäßig wichtigste Hauptsegment für die Unterbringung der Freizeitbevölkerung sind die kommerziellen Betriebe. Die österreichische Situation ist gekennzeichnet durch das kleinbetrieblich strukturierte Angebot und die beachtliche Ortsständigkeit der Betriebsinhaber. Es ist eine von den lokalen Eliten getragene betriebliche Struktur entstanden, in die bisher nur in geringem Maße internationale Hotel- und Restaurantketten Eingang gefunden haben, wenn man vom neuen Urlaubsstil des Städtetourismus absieht. Auf weitere Teilsegmente für spezifische Freizeitformen soll nicht eingegangen werden.

Entscheidend für die Ausstilisierung aller drei Segmente war und ist jedoch das Fehlen von großkapitalistischen Aufschließungsgesellschaften. Die Schweiz eignet sich als Studienobjekt für die spekulative Vermarktung von Freizeitwohnungen, Appartements, Bungalows usf. durch das private Bankenwesen mittels ausländischen Fluchtkapitals. Ortsständige Gesellschaft und Freizeitgesellschaft separieren sich räumlich. Die Konsequenzen für die landlose Bevölkerung in den Nachfragegebieten sind „Proletarisierung“ bzw. Abwanderung.

Der „österreichische Weg“ in der Unterbringung der Freizeitgesellschaft zeichnet sich aus durch die Partizipation breiter lokaler Bevölkerungsschichten am Dienstleistungsmantel für die ortsfremde Freizeitbevölkerung und die Gewinnung von Haupt- oder Zusatzeinkommen aus den sehr vielfältigen benötigten Tätigkeiten in gewerblicher Produktion, Handel, Verkehr und konsumentenorientiertem Service. Lokale Bevölkerung und ortsfremde Freizeitbevölkerung segregieren sich nur in geringem Maße (vgl. MAB-Programm).

Im folgenden einige Angaben zur Mengenproblematik in räumlicher Hinsicht. Vorausgeschickt sei, daß es sich insgesamt bei der Freizeitgesellschaft um eine „Bevölkerung auf Zeit“ handelt, deren Auftreten eine „Aufstockung der Wohnbevölkerung“ bewirkt. Unter der „Etikette“ der „aufgestockten Bevölkerung“ wird im folgenden einerseits die Zweitwohnbevölkerung und andererseits das Potential der Fremdengäste, gemessen an der Bettenzahl, einschließlich der Wohnbevölkerung subsummiert.

Legt man die Angaben der amtlichen Statistik für 1981 zugrunde, so gelangt man zur Aussage, daß zu diesem Zeitpunkt Österreich insgesamt eine aufgestockte Bevölkerung von 9,3 Millionen Menschen aufgewiesen hat (vgl. Tabelle 1.6).

Tabelle 1.6: **Die Wohnbevölkerung und die „aufgestockte Bevölkerung“ in den Großregionen Österreichs 1981**

	Ostregion	Oberösterr.	Südösterr.	Westösterr.	Österreich
		in Tausend und v. H.			
Wohnbevölkerung	3.227 *42,9*	1.269 *16,9*	1.722 *22,9*	1.303 *17,3*	7.572 *100*
Fremdengäste	122 *10,3*	96 *8,0*	319 *26,7*	653 *54,8*	1.193 *100*
Zweitwohnbevölkerung	353 *58,8*	71 *11,8*	95 *15,8*	81 *13,5*	600 *100*
Aufgestockte Bevölkerung	3.702 *39,7*	1.436 *15,4*	2.136 *22,9*	2.037 *21,9*	9.318 *100*

Quelle: eigene Berechnungen nach Österr. Statist. Zentralamt (Hsg.), 1982 ff. Die Ergebnisse der Volkszählung 1981. Beiträge zur österr. Stastistik 610. Wien.

Aus der Tabelle 1.6 und der Karte 1.6 ist der regional außerordentlich unterschiedliche Aufstockungsgrad der Wohnbevölkerung durch die Freizeitgesellschaft zu entnehmen. In der Ostregion (Niederösterreich, Burgenland) einschließlich der Oststeiermark, wo das Zweitwohnungswesen der Wiener dominiert, überschreiten die Anteile der aufgestockten Bevölkerung kaum 30 v. H., während andererseits in Tirol die Aufstockung durch ausländische Fremdengäste auf der Basis von Politischen Bezirken bereits die Zahl der Wohnbevölkerung erreicht und auf Gemeindebasis sogar öfters überschreitet. Dazwischen liegt ein „Vakuum" mit nur geringem Anteil der Freizeitgesellschaft, in dem die ortszentrierte Bevölkerung dominiert. Große Teile von Oberösterreich und der Steiermark gehören ihm an. Hier fehlt damit der monetäre Transfer von der Freizeitbevölkerung zur ortsständigen Bevölkerung. Es handelt sich nun interessanterweise um Gebiete, in denen die Arbeitsbevölkerung vorwiegend in verstaatlichten Großbetrieben der Grundstoffindustrien beschäftigt ist. Abstoßungseffekte emittierender Großanlagen und Anhebung der Einkommen und des Lebensstandards der Beschäftigten, zum Teil über jahrzehntelange Subventionierung aus dem generellen Steueraufkommen, haben die Entstehung der für den ländlichen Raum Österreichs sehr charakteristischen Mengung von ortsständiger und Freizeitbevölkerung verhindert bzw. hintangehalten.

Mit dieser Aussage sei zu der für Österreich außerordentlich wichtigen Segmentierung des Arbeitsmarktes in einen öffentlichen (geschützten) und einen privaten Sektor übergeleitet.

1.2.8. Der segmentierte Arbeitsmarkt

Der österreichische Arbeitsmarkt ist hinsichtlich des Eigentums an Produktionsmitteln und im Hinblick auf die sozialrechtliche Position der Arbeitnehmer in mehrere Segmente geteilt. Im folgenden wird nur auf die Eigentumsverhältnisse eingegangen. Der Dualismus von geschütztem und privatem Sektor bildet ein Spezifikum des österreichischen Arbeitsmarktes.

In der amtlichen Arbeitsstättenstatistik werden die Eigentumsverhältnisse nicht ausgewiesen. Die Aufstellung in Tabelle 1.7 über die Beschäftigten des geschützten Arbeitsmarktsegments kann daher nur Größenordnungen vermitteln und weist eher zu geringe Werte auf.

Aus der Tabelle ist zu entnehmen, daß ein bedeutender Anteil der Arbeitsplätze auf gemeinwirtschaftliche Unternehmen entfällt. Hierzu zählen die Großbetriebe der Grundstoffindustrie und weitere Großbetriebe ehemals deutscher Firmen (sogenanntes „deutsches Eigentum" in der zwischen 1945 und 1955 russisch besetzten Zone Ostösterreichs) sowie fast alle Bergbauunternehmen. Besonders wichtig ist die Verstaatlichung nahezu des gesamten Bankensektors. Nur im Versicherungssektor haben private (zum Großteil ausländische) Unternehmen einen höheren Anteil.

Einschließlich der staatlichen Verwaltung und der Einrichtungen der sozialen und technischen Infrastruktur werden insgesamt 40,3 v. H. aller Arbeitnehmer, d. h. über 1,1 Millionen Beschäftigte, weitgehend vor den Risken des Arbeitsmarktes be-

Tabelle 1.7: **Das geschützte Arbeitsmarktsegment in Österreich**

Arbeitgeber	Beschäftigte Gesamtzahl	Anteil d. geschützten Sektors v. H.
Bund (1)	296.401	*100,0*
Länder und Gemeinden (2)	262.449	*100,0*
Sozialvers., Interessenvertretungen und religiöse Einrichtungen (3)	55.663	*100,0*
Gemeinwirtschaft (4)	491.125	*25,1*
davon:		
Verkehr, Nachrichtenübermittlung	154.264	*75,1*
Industrie, verarbeitendes Gewerbe	153.853	*19,0*
Geld- und Kreditwesen, Versicherung	80.233	*62,7*
Energie- und Wasserversorgung	36.159	*95,9*
Handel, Lagerung	33.553	*9,3*
Pers., soziale und öffentl. Dienste	12.307	*16,8*
Bergbau, Steine- und Erdengewinnung	10.404	*66,3*
Bauwesen	7.309	*3,4*
Beherbergungs- und Gaststättenwesen	2.884	*2,6*
Insgesamt	1,105.479	*40,3*

Quellen: (1) Stat. Handbuch für die Republik Österreich, 1986: 133.
(2) Stat. Handbuch für die Republik Österreich, 1987: 151.
(3) ISIS – Datenbank des ÖStZ.
(4) Die österreichische Gemeinwirtschaft im Jahre 1983. Beiträge zur öst. Statistik, ÖStZ, Heft 797.
Zusammenstellung: H. Fassmann.

wahrt. Dies ist ein Spitzenwert in der westlichen Welt. Er macht das Credo aller Parteien von der Arbeitsplatzsicherheit ebenso verständlich wie die Tatsache, daß die hohe Arbeitslosigkeit innerhalb der Europäischen Gemeinschaften Österreich bisher nur randlich erreicht hat.

Die österreichische Wirtschaft ist gekennzeichnet durch die Dichotomie von verstaatlichten Großbetrieben auf der einen Seite und zahlenmäßig weit überwiegenden privaten Klein- und Mittelbetrieben auf der anderen Seite. Lediglich zehn Unternehmen beschäftigen mehr als 10.000 Personen, davon sind sieben gemeinwirtschaftlich organisiert (Österreichische Bundesbahn, VÖEST-Alpine, Post, Konsum, Siemens, Wiener Stadtwerke, Steyr-Daimler-Puch). Im Vergleich mit der Bundesrepublik Deutschland ist ihre Größe bescheiden. Die VÖEST-Alpine würde in der westdeutschen Rangliste der umsatzstärksten Unternehmen die 18. Stelle einnehmen, die Österreichische Mineralölverwaltung – als zweite in der Umsatzreihe Österreichs – den 26. Platz erhalten.

Die Struktur der österreichischen Industrie ist unausgeglichen und mit dem Erbe zweier Großstaaten belastet. Ebenso ist es eine historische Tatsache, daß Österreich niemals den Industrialisierungsgrad der anderen Staaten des deutschen Sprachraums erreicht hat. Ausländische Konzerne eröffneten nach dem Zweiten Weltkrieg in erster Linie Zweigwerke. Industrieansiedlungsprogrammen in entwicklungsschwachen Räumen (u.a. Burgenland, Waldviertel) war nur kurzfristiger Erfolg beschieden.

Ein integrativer Produktionsverbund zwischen den verstaatlichten Großbetrieben, in erster Linie der Grundstoffindustrie, und den privaten Klein- und Mittelbetrieben ist nur ansatzweise entstanden. Durch die Verstaatlichung sind die betrieblichen Interessenvertretungen der österreichischen Montanindustrie besonders eng mit der Politik verflochten. Immer wieder wurden Rationalisierungsmaßnahmen verzögert und Stillegungen verhindert. Produktivitätsrückstände, hohe Lohnstückkosten und das Fehlen großer Abnehmer im Inland beeinträchtigen die internationale Konkurrenzfähigkeit. Die aktuelle Krise des Montansektors umfaßt zwei Standortgenerationen, von denen die ältere, aus der Gründerzeit, in der obersteirischen Mur-Mürz-Furche weit schwerer betroffen ist als die zweite Standortgeneration an der Wasserstraße der Donau, mit dem Schwerpunkt in Linz. Die gegenwärtige umfassende Reorganisation wird den internen Konkurrenzkampf der Betriebe und Standorte erhöhen. Desinvestitionspläne betreffen vor allem das obersteirische Industrierevier.

Ohne daß die Möglichkeiten der Sachgüterproduktion ausgeschöpft worden wären, setzte in Österreich im privatwirtschaftlichen Sektor bereits in den siebziger Jahren die Entindustrialisierung ein, zu einem Zeitpunkt, als der sekundäre Sektor in der Erwerbsstruktur nur wenig über 40 v.H. erreicht hatte. Zwischen 1974 und 1986 gingen pro Jahr durchschnittlich 1,6 v.H. der Arbeitsplätze verloren, wobei sich in den achtziger Jahren die Verluste verstärkten (2,1 v.H.) (vgl. Tabelle 1.8).

Die Entindustrialisierung hat vor allem die Wiener Agglomeration und damit auch Niederösterreich erfaßt, dessen Entwicklung sich im Schatten der Wiener Arbeitsmarktregion vollzieht. In Wien und in Niederösterreich hatte der Bekleidungssektor aufgrund der Konkurrenz in den Billiglohnländern einen starken Rückbau zu verzeichnen. In den Wachstumsbranchen des Technologiesektors, in dem Österreich bei kapitalintensiver Produktion durch die kleinen Betriebsgrößen gegenüber multinationalen Unternehmen benachteiligt ist, wird von diesen die Wiener Agglomeration (und z.T. auch andere Zentralräume) aufgrund der niedrigeren Arbeitskosten für Facharbeiter und Angestellte im Vergleich zum westlichen Ausland als Standort genützt. Die Adaptierungsfähigkeit der Wiener Industrie wird durch den hohen inneren Tertiärisierungsgrad der Betriebe, der weit über dem österreichischen Durchschnitt liegt (Angestelltenquote 40 v.H.), belegt.

Von der Entindustrialisierung besonders betroffen wurden auch die peripheren Räume in der Ostregion, wo in den sechziger Jahren multiregionale Unternehmen des Bekleidungs- und Schuhsektors sowie des Versorgungssektors investiert hatten,

Tabelle 1.8: **Die Entwicklung der Industriebeschäftigten nach Bundesländern 1974 – 1986**

	Industriebeschäftigte		Veränderung (1974 = 100)	Angestellte 1974	Durchschnittl. jährliche Veränderungsraten 1974 – 1986				
	1974	1986							
	in Tausend			Quote	Insges.	Montan	Technologie	Bekleidung	Versorgung
Vorarlberg	37	35	94,6	29,5	– 0,8	1,5	2,0	– 2,7	1,3
Tirol	29	30	103,4	29,1	*– 0,2*	*– 1,6*	*2,2*	*– 2,4*	*– 0,4*
Salzburg	24	25	104,2	28,8	*– 0,4*	*– 0,3*	*0,3*	*– 1,0*	*– 1,0*
Kärnten	31	31	100,0	21,7	*– 0,4*	*– 2,5*	*1,4*	*0,1*	*– 1,8*
Steiermark	107	95	88,8	19,1	*– 1,4*	*– 2,9*	*0,0*	*0,0*	*– 2,0*
Oberösterreich	138	137	99,3	25,4	*– 0,4*	*– 0,8*	*0,7*	*– 2,0*	*– 1,4*
Niederösterreich	122	101	82,8	22,2	*– 2,3*	*– 2,8*	*– 0,8*	*– 5,4*	*– 2,0*
Burgenland	12	11	91,7	14,3	*– 1,8*	*3,1*	*0,0*	*– 3,6*	*– 1,3*
Wien	166	118	71,1	40,4	*– 3,2*	*– 6,7*	*– 2,0*	*– 7,7*	*– 3,3*
Österreich	668	583	87,3	27,6	*– 1,6*	*– 2,4*	*– 0,4*	*– 3,2*	*– 1,8*

Quelle: Österr. Statist. Zentralamt (Hsg.), 1975 bzw. 1987. Statist. Handbuch der Republik Österreich 1975 bzw. 1987. Unveröffentlichte Daten des WIFO (vgl. G. Palme 1987).

wobei die Subventionen der Regionalpolitik die Amortisationszeit für die privaten Investoren verkürzten.

In den westlichen Bundesländern hat bisher die Entindustrialisierung noch nicht eingesetzt, in Tirol und Salzburg hat die Zahl der Arbeitskräfte sogar schwach zugenommen. Selbst der Textilsektor konnte sich in Vorarlberg dank rascher Technisierung und Spezialisierung auf dem Markt behaupten. Die Angestelltenquote von ca. 30 v. H. belegt, daß adaptive Kapazitäten vorhanden sind, um die Beziehungen zu den dynamischen Märkten im westlichen Ausland intensivieren zu können.

Österreich hat den Weg in die Dienstleistungsökonomie früh angetreten. Der Dienstleistungssektor hat im abgelaufenen Jahrzehnt die Beschäftigungseinbußen der Sachgüterproduktion sowie die Abwanderung aus der Land- und Forstwirtschaft nicht nur wettmachen können, sondern sogar einen Beschäftigungszuwachs bewirkt. 1985 arbeiteten bereits über 58 v. H. der unselbständig Beschäftigten im tertiären Sektor. Er trägt in Österreich überdies spezifische Züge dadurch, daß in den Alpen die Arbeitskraft der ortsansässigen Bevölkerung für eine europäische Freizeitgesellschaft international vermarktet werden kann, wodurch rund ein Zehntel der Erwerbsbevölkerung Arbeitplätze findet.

Nun wird in der gesamten westlichen Welt die Tertiärisierung der Wirtschaft entscheidend vom Privatkapital getragen. In Österreich hat sich jedoch auch staatliches Kapital über gemeinwirtschaftliche Unternehmen in diese Expansion eingeschaltet. Damit zeichnet sich erneut ein „österreichischer Weg" ab, indem einerseits dem politischen Druck einer nunmehr neoklassisch inspirierten Wirtschaftpolitik gegenüber der verstaatlichten Industrie nachgegeben wird, um andererseits den Aufbau eines geschützten Arbeitsmarktsegments des tertiären und quartären Sektors umso zügiger betreiben zu können.

1.2.9. Spezifische Institutionen und Begleiteffekte der österreichischen politischen Landschaft

In Österreich ist eine zentralistisch-föderalistische Verfassung mit Teilelementen des Staatskapitalismus östlicher Prägung sowie mit privatkapitalistischen Organisationsformen zu einem spezifischen Amalgam verschmolzen.

Die gegenwärtige föderalistische Struktur des Staates hat die im 19. Jahrhundert geschaffene administrative Landkarte grundsätzlich beibehalten. Damit bestehen in der institutionellen und räumlichen Hierarchie folgende Defizite weiter:

1. Fehlen einer mittleren Ebene,
2. Fehlen übergreifender komplementärer Organisationsformen,
3. Überforderung der Entscheidungsträger in den kleinen Gemeinden.

ad 1. Ebenso wie den Spitzen der zentralistischen und föderalistischen Bürokratie eine beachtliche Entscheidungsbefugnis hinsichtlich der Zuteilungsstrategien der ressortgebundenen Mittel eingeräumt wird, die Durchführung jedoch unteren Beamten obliegt, damit also eine mittlere Transformatorenebene der Mittelvergabe und Entscheidungsfindung fehlt, ebenso fehlt in der räumlichen Hierarchie der Administration zwischen dem Bund, den Ländern und den Gemeinden eine mit finanziellen Mitteln und echten Entscheidungsbefugnissen ausgestattete mittlere räumliche Einheit, die an sich in Form der Politischen Bezirke vorhanden wäre, mit diesen Funktionen jedoch nie ausgestattet wurde. In der Millionenstadt Wien ist dies ein besonders schweres Defizit. Nur als Einschub sei vermerkt, daß die historische Viertelsgliederung der Länder sowie deren Zentrale Orte, die Viertelshauptstädte (nach H. BOBEK), durch die administrative Neuordnung des Liberalismus beiseitegeschoben wurden.

ad 2. Es fehlt aber nicht nur die mittlere sachliche bzw. räumliche Ebene, sondern es fehlen auch übergreifende Verbände zwischen den oligarchischen Strukturen von Ministerien, Kammern, Körperschaften, Interessenvereinigungen usf. In räumlicher Hinsicht fehlen entsprechende Organisationsstrukturen für Reviere und Agglomerationen, wie sie in der Bundesrepublik Deutschland bereits vorhanden sind.

ad 3. Die beschriebene Zweiteilung der Mittel und Befugnisse zwischen Ländern und Gemeinden überfordert vielfach die letzteren. Nur in einem einzigen Bundesland, in Vorarlberg, ist es auf dem Wege der direkten Demokratie, wie sie in der Schweiz praktiziert wird, gelungen, einen Konsens zwischen dem Land und den Gemeinden über die in Zukunft von Verbauung freizuhaltenden Flächen und das potentielle Bauland zu erzielen.

Die institutionelle Struktur der Zweiten Republik weist drei Besonderheiten auf:

1. die spezifisch österreichische Institution der Sozialpartnerschaft,

2. den straff zentralistisch organisierten Gewerkschaftsbund als unsichtbaren Teilhaber an der Regierung und

3. die Bedeutung der Parteizugehörigkeit und des Parteibuchsystems.

ad 1. Seit 1957 besteht die Einrichtung der Sozialpartnerschaft. Sie umfaßt Vertreter der Arbeitgeber- und Arbeitnehmerorganisationen, Industriellenvereinigung, Präsidentenkonferenzen der Landwirtschaftskammern und Kammern der Gewerblichen Wirtschaft, Vertreter des Gewerkschaftsbundes, Regierungsvertreter, Ressortminister usw. und unternimmt es, in außerparlamentarischer Arbeit, die hinter verschlossenen Türen stattfindet, alle wesentlichen Probleme an der Schnittstelle von Gesellschafts- und Wirtschaftspolitik im Konsens zu lösen. Der in Österreich in der Zweiten Republik bisher vorhandene soziale Friede, um den man diesen kleinen Staat aus der Sicht vieler großer EG-Staaten, wie Frankreich, Großbritannien und Italien, nur beneiden kann, ist mit ein Verdienst dieser gesetzlich nicht verankerten paritätischen Kommission.

ad 2. Einen unsichtbaren Teilhaber an der Regierung bildet der straff zentralistisch organisierte Österreichische Gewerkschaftsbund, der mit rund 1,7 Millionen Mitgliedern fast 60 v. H. aller unselbständig Beschäftigten erfaßt. Sehr bemerkenswert ist die West-Ost-Differenzierung der politischen Landkarte Österreichs im Hinblick auf den Organisationsgrad der Beschäftigten (vgl. Tabelle 1.9).

Tabelle 1.9: **Die Gewerkschaftszugehörigkeit der unselbständig Beschäftigten und der Organisationsgrad der SPÖ-Wähler in den österreichischen Bundesländern 1987**

	Unselbst. Beschäftigte 1986	ÖGB-Mitglieder 1987*	in v. H. der Beschäftigten	Wähler 1986 (gültige Stimmen)	SPÖ-Anteil in v. H. NR 1987	SPÖ-Mitglieder 1987*	in v. H. der SPÖ-Wähler
	in Tausend			in Tausend		in Tausend	
Vorarlberg	120	34	*28,1*	184	*25,5*	5	*10,5*
Tirol	229	80	*34,9*	374	*29,2*	13	*12,1*
Salzburg	190	77	*40,0*	270	*36,8*	23	*23,7*
Kärnten	191	99	*51,9*	361	*47,2*	52	*30,6*
Steiermark	39	236	*59,1*	798	*44,1*	96	*27,5*
Oberösterreich	43	292	*61,8*	813	*42,0*	101	*29,7*
Niederösterr.	41	273	*61,8*	950	*42,4*	133	*33,4*
Burgenland	65	48	*73,4*	185	*49,0*	30	*33,1*
Wien	751	532	*70,8*	912	*52,3*	215	*45,1*
Österreich	2.861	1.671	*58,4*	4.852	*43,1*	670	*33,4*

Quelle: ÖGB – Österreichischer Gewerkschaftsbund, SPÖ – Sozialistische Partei Österreichs (* unveröff. Unterlagen),
Österr. Statist. Zentralamt (Hsg.). Statistisches Handbuch der Republik Österreich 1987. Wien.

Die de facto vorhandene „Zwangsmitgliedschaft“ in allen Groß- und Staatsbetrieben äußert sich in der bemerkenswerten Abnahme des Organisationsgrades in den westlichen Bundesländern, wodurch indirekt die dort vorhandene größere Bedeutung der Privatwirtschaft zum Ausdruck kommt.

Zum Österreichischen Gewerkschaftsbund kommen ferner als Selbstverwaltungskörperschaften mit Pflichtmitgliedschaft die großen Kammern der Arbeiter, des Handels (Gewerbliche Wirtschaft) und die – nur auf der föderalistischen Ebene bestehenden – Landwirtschaftskammern sowie der indirekte Einfluß der riesigen Wirtschaftsgenossenschaften, wie „Raiffeisen“, auf die Landwirtschaft, den Banken- und Versicherungssektor, ferner des „Konsum“ im Groß- und Einzelhandel mit 1,6 bzw. 0,8 Millionen Mitgliedern.

ad 3. Es ist schwierig abzuschätzen, in welchem Umfang das aus der dualen Ökonomie des Staates resultierende Sicherheitsdenken der österreichischen Bevölkerung auch in dem sehr hohen Organisationsgrad der Parteien einen Niederschlag gefunden hat. Rund 30 v.H. der Österreicher besitzen ein Parteibuch. Es herrscht Konsens unter Politikwissenschaftlern darüber, daß in Österreich die Parteizugehörigkeit – zumindest bisher – vielfach in der Generationenfolge „weitervererbt“ wurde. Umfangreiche Vorfeldorganisationen, wie Sportklubs, Autoklubs, Mieterverbände, Jugendklubs und Seniorenvereine, gehören zu den organistorischen Instrumenten beider Großparteien. Aufgrund des Proporzes bei den Nationalratswahlen werden die Einflußsphären abgesteckt und „anteilig Plätze vergeben“ bei der Einstellung von Beamten und Lehrern, beim Management in den verstaatlichten Betrieben, bei den Gebietskörperschaften, der Sozialversicherung, bei den Kammern, selbst beim ORF (Österreichischer Rundfunk).

Ebenso wie bei der Gewerkschaftszugehörigkeit besteht auch in der Parteibuchlandschaft ein deutliches und sogar noch ausgeprägteres Ost-West-Gefälle. Der hohe durchschnittliche Organisationsgrad der SPÖ wird durch die Wiener Parteibuchinhaber bewirkt, welche den weit niedrigeren Organisationsgrad der westlichen Bundesländer – allen voran Vorarlbergs – ausgleichen.

Durch den beschriebenen Umfang des staatlichen und gemeinwirtschaftlichen Sektors ist partiell ein Staatskapitalismus östlicher Prägung – wenn auch beschränkt auf die Reglementierung des Finanzmarktes – entstanden. Die Konsequenzen sind tiefgreifend:

1. Bekanntlich werden durch den Staatskapitalismus marktwirtschaftliche Gleichungssysteme außer Kraft gesetzt. Es erfolgt eine partielle Immobilisierung des Produktionsfaktors Kapital, ferner über die Immobilisierung der Beschäftigten (vgl. u.) auch ein partielles „Einfrieren“ des Humankapitals, so daß die zum technologischen Fortschritt notwendige Zusammenführung von Informationen, technischen Mitteln und qualifizierten Arbeitnehmern Schwierigkeiten bereitet, da die Marktregulative fehlen.

2. In regionaler Hinsicht sind alle Maßnahmen auf Disparitätenabbau und im Hinblick auf das Wohnmilieu auf Anti-Segregations-Strategien ausgerichtet. Sie werden aus dem allgemeinen Steueraufkommen finanziert.

Wie oben beschrieben, haben sozialpolitische Maßnahmen die Marktmechanismen auf den Arbeits- und Wohnungsmärkten teilweise außer Kraft gesetzt. In ihrem Schatten sind eine Reihe von sehr spezifischen Sicht- und Verhaltensweisen der Bevölkerung entstanden. Sie sind – vereinfacht – auf die Formel zu bringen, daß die in kapitalistischen Systemen anerzogene Spekulations- und Risikofreudigkeit sowie die ökonomische Rationalität und Gewinnmaximierung im Arbeits- und Wohnverhalten weitgehend diskriminiert und somit eliminiert wurden.

1. Diese jahrzehntelange Diskriminierung kapitalistischen Rendite-und Profitdenkens hat die ökonomischen Kalküle des Durchschnittsösterreichers lange Zeit auf die sogenannte „sichere Kapitalanlage" im Einzelparzellenbesitz und eine „Sparbuch-Mentalität" reduziert und alle mit Risiko und höherem Profit verbundenen Anlageformen, wie Aktien, ebenso wie Investitionen in den Miethausbesitz aus den Überlegungen ausgeschlossen. Daher ist es schwierig abzuschätzen, ob und wieweit die jüngsten wirtschaftspolitischen Tendenzen einer Privatisierung von verstaatlichten Großunternehmen (Österreichische Fluggesellschaft AUA, Österreichische Mineralölverwaltung ÖMV) tatsächlich greifen und ob und in welchem Umfang die sehr starken Bestrebungen des Wiener Magistrats, private Miethausbesitzer an der Stadterneuerung zu beteiligen, langfristig Erfolg haben werden.

2. Die „Sicherheit des Wohnstandortes" hat mit den Instrumenten des steuerlich begünstigten Einfamilienhausbaus und der Mieterschutzgesetzgebung zu einer weitgehenden regionalen Immobilisierung der Bevölkerung geführt. Sehr spezifische nicht-ökonomische Verhaltensweisen sind beim Einfamilienhausbau entstanden. Vielfach erfolgt eine im einzelnen nicht nachvollziehbare Substitution von Kapital durch Arbeitskraft in einem informellen Interaktionsverbund. Hinsichtlich des Einsatzes von Mitteln überwiegen nicht-ökonomische Motive, wie die Weitergabe des Besitzes in der Generationenfolge, der persönliche Freizeitwert und/oder die architektonische Selbstdarstellung der Bauherren. Berechnungen über den Wiederverkaufswert werden zumeist nicht angestellt, so daß die Investitionen häufig den Marktwert überschreiten.

3. Die Kapitalisierung potentieller Erträge durch ein weitverbreitetes Ablösewesen ist ein weiteres Kennzeichen des österreichischen Wirtschaftsstils. Dieses umfaßt nicht nur – allgemein bekannt und trotz Verbots stillschweigend toleriert – Mieterschutzwohnungen, sondern ebenso Schrebergärten, selbst solche auf Pachtland, ferner Apotheken, Notariatskanzleien und Arztpraxen. Als jüngste Erscheinung wäre das Einkaufen in Milchkontingente bei den lokalen Molkereien von seiten der Bergbauern anzuführen.

4. Die geringe ökonomische Rationalität wird ferner durch ein Budgetdenken charakterisiert, in dem nicht säuberlich der Arbeitseinsatz pro Zeiteinheit kalkuliert, sondern nur mit der Summe des verfügbaren Einkommens gerechnet wird. Dies ist für weite Bevölkerungskreise – und nicht nur, wie manche Ökonomen meinen, für Gastarbeiter – kennzeichnend, wobei es zum Teil den Betreffenden recht gleichgültig ist, aus welchen Quellen und aus welcher Arbeit tatsächlich die einzelnen Bestandteile des Haushaltseinkommens stammen.

5. In diesem Zusammenhang sind zwei für die österreichische Wirtschaft wichtige Segmente von Doppelexistenzen anzuführen. Es handelt sich um die bereits beschriebene Privatzimmervermietung (rund 400.000 Betten in über 60.000 „Betrieben") und die Nebenerwerbslandwirtschaften (rund 180.000 Betriebe, d.h. 60 v.H. aller landwirtschaftlichen Betriebe). Beide Segmente bieten in erster Linie Frauen im ländlichen Lebensraum Verdienstmöglichkeiten, während die Männer aus der Schattenwirtschaft im Baugewerbe und damit zusammenhängenden Branchen sowie im Transportgewerbe ein Zusatzeinkommen erwirtschaften können. Derart sind in weiten Teilen des ländlichen Raums im Schatten des österreichischen Sozialstaates ebenfalls sehr spezifische österreichische Lösungen entstanden.

6. Sie heben sich recht deutlich ab von der Lebensidylle eines „sozialistischen Kleinbürgers", die sich vom Ursprungsort der sozialdemokratischen Bewegung, der Millionenstadt Wien, ausgebreitet hat, und bei der sich der Wunsch nach noch mehr „social overhead" mit dem Wunsch nach einer privaten Mikrosphäre, nach einem Schrebergarten, einer Zweitwohnung und/oder einem Eigenheim verbindet. Es bleibt die Frage offen, welche Persistenz dieses politische Produkt einer Alleinregierung haben wird.

1.3. Österreich zu Beginn des 3. Jahrtausends: Raum und Gesellschaft. Die programmierte und die ungewisse Zukunft

1.3.1. Das Ende eines polit-ökonomischen Produktzyklus? Ein Rückblick

Szenarien über die zukünftige Entwicklung benötigen Distanz zur Vergangenheit. Diese These sei an den Anfang gestellt und damit zum Ausdruck gebracht, daß sich erst beim Abschluß der Forschungskooperation und als Folge von letzten Rückkopplungsschleifen in der wissenschaftlichen Diskussion und mitbedingt durch die in jüngster Zeit in Bewegung geratene politische Szene aufgrund der Optionen eines potentiellen EG-Beitritts Österreichs der Überlegungshorizont, von dem aus die Forschungskooperation begonnen wurde, verschoben hat. Es sind neue Einsichten entstanden, die gleichzeitig in manchem auch die gewonnenen Perspektiven verrücken und zu neuen Fragen führen.

Als erstes sei aus der angesprochenen Distanz zur Vergangenheit die Feststellung formuliert, daß Österreich sich in der Endphase eines polit-ökonomischen Produktzyklus befindet, dessen Verlauf auch durch die Summation der Leistungen im Arbeitsleben der sogenannten „Aufbaugeneration" entscheidend bestimmt wurde. Diese befindet sich nun im Weggang bzw. ist bereits aus dem Erwerbsleben und den Entscheidungspositionen ausgeschieden. Damit ist der abgelaufene Zeitraum der Nachkriegszeit nicht nur als eine Abfolge von Jahrzehnten aufzufassen, bei denen zufällig ein durch die statistische Datenlage vorgegebener Querschnitt als

Ende einer Longitudinalanalyse gewählt wurde, sondern vielmehr als eine Periode, in der eine ganze Reihe von Entwicklungen mit zum Teil unterschiedlichem Tempo, teils gebündelt mit, teils unabhängig vom Hauptzyklus des polit-ökonomischen Systems abgelaufen sind.

Hierzu im folgenden einige Stichworte für den räumlichen Kontext:

1. Aufgrund der Koppelung von Gesellschafts- und Wirtschaftspolitik ist einerseits ein pragmatisch definierter sozioökonomischer und räumlicher Disparitätenausgleich erfolgt. Segregationsprozesse sind sowohl im gesellschaftlichen Aufbau selbst als auch im räumlichen Zusammenhang hintangehalten worden.

2. Bedingt durch das Fehlen einer staatlichen Raumplanungsinstanz und die historisch verbriefte Raumordnungsautonomie der Länder in Komplementärität mit den Gemeinden ist der teils ererbte, teils im Zuge des Staatsvertrags entstandene Staatskapitalismus nicht – wie in den COMECON-Staaten – zu einer aktiven Standortpolitik imstande gewesen. Im wissenschaftstheoretischen Jargon könnte man sagen, er hat keine neuen Standorte produziert. Großsubventionen in bereits vorhandene Betriebe kamen den jeweiligen Bundesländern zugute. Auf der föderalistischen Ebene erfolgte die Zuteilung von Einrichtungen der sozialen Infrastruktur, die tatsächlichen Investitionen wurden jedoch durch die kommunale Hoheit über Flächenwidmungspläne vor Ort abgefangen.

3. Auf dem Gebiet des Wohnbaus ist dadurch mit staatlichen Mitteln eine sehr spezifische Entwicklung in Gang gekommen, welche nunmehr im Auslaufen ist. Auf die enorme Bautätigkeit der Nachkriegszeit könnte man, wie auf die glanzvolle Periode der Barockzeit in der Habsburgermonarchie nach den Türkenkriegen, den Satz anwenden, daß breite Kreise der Bevölkerung drei Jahrzehnte lang „vom und für das Bauen“ gelebt haben.

Aufgrund des Fehlens von privaten Kapitalgesellschaften im gesamten Aufschließungs- und Grundverwertungssektor hat trotz der partiell großbetrieblich organisierten Bauwirtschaft diese enorme Bautätigkeit, durch welche bei der Zählung 1981 nahezu sechs Zehntel des Wohnungsbestandes als „nach 1945 entstanden“ dokumentiert werden, nicht zu planmäßigen Großanlagen, zu Konzeptionen von Satelliten- oder Trabantensiedlungen und Neuen Städten geführt, wenn man von der „programmierten Segregation“ des kommunalen Wohnbaus in Wien und einigen auf dem Experimentierfeld verbliebenen Anlagen, wie der „Südstadt“ im Raum Maria Enzersdorf im Süden von Wien, absieht. Trotz der ungeheuren Expansion des Siedlungsraumes für den Fremdenverkehr sind auch keine wirklich neuen Freizeitstädte entstanden. Eine „chaotische Urbanisation“, d.h. eine Zersiedlung der Landschaft durch den individuellen Grundstücktransfer, ist das Ergebnis. Hierbei werden alle Aufschließungsprobleme als Folgekosten der öffentlichen Hand zugeschoben. Die historische Siedlungsstruktur der zentralörtlichen Hierarchie bildete vielmehr das Skelett für die gesamte Bautätigkeit. Sie erhielt neue Funktionen, welche durch die „Etiketten“ „Arbeitsmarktzentren“ bzw. „Freizeitzentren“ definiert werden können. Eine neue rurbane Peripherie wurde rings um die Verdichtungsräume abgesteckt.

4. Auf dem staatlichen Sektor des Arbeitsmarktes sind zwei Entwicklungen abgelaufen:

(1) ein von den Öffentlichkeit kaum zur Kenntnis genommener Ausbau der öffentlichen Verwaltung und des gesamten staatlichen Dienstleistungssektors, angefangen vom Spitalswesen bis zum Bildungssektor.

(2) Viel stärker im Rampenlicht der Medien vollzog sich der Ausbau der verstaatlichen Großindustrie.

Durch staatliche Subventionen lange Zeit aufgeschoben, ist nunmehr der notwendige massive Rückbau (vgl. oben) der Grundstoffindustrie nicht mehr aufzuhalten. Der Produktzyklus des Stahlsektors ist auch in Österreich in die Endphase eingetreten. Betroffen sind zwei Standortgenerationen und damit zwei Gebiete, freilich in unterschiedlichem Ausmaß, nämlich der Oberösterreichische Zentralraum und die Obersteiermark.

5. Auf dem privaten Sektor des Arbeitsmarktes zeichnen sich ebenfalls zwei Rückbauphänomene ab. Das eine, nämlich das Ende des Wachstums des Fremdenverkehrs, ist in der Mengenproblematik noch nicht exakt abschätzbar. Es mag sich um ein Nullsummenspiel handeln, bei dem die Abnahme der Nachfrage in der Sommersaison durch einen entsprechenden Gewinn in der Wintersaison – zumindest in den Einnahmen – ausgeglichen werden mag. Wie immer – Kommerzialisierungstendenzen und Bedeutungsverlust schlecht ausgestatteter Angebotskategorien sind klar prognostizierbar geworden. Das zweite Rückbauphänomen ist lange im Hintergrund der Szene geblieben. Es handelt sich um die Entindustrialisierung. Sie begann in der Wiener Kernstadt und wurde hier zuerst als ein Suburbanisierungsprozeß aufgefaßt, bevor man erkennen mußte, daß der Rückgang der Zahl der in der Industrie Beschäftigten über die Kernstadt hinaus auch nach Niederösterreich ausgreift. Wie der hohe innere Tertiärisierungsgrad der Wiener Industriebetriebe belegt, wurde überdies, und dies liegt in der Wirtschaftsgeschichte der Stadt begründet, rechtzeitig und sehr viel früher als im übrigen Österreich, der Weg in eine Dienstleistungsökonomie angetreten, zum Teil, und dies führt wieder zum Titel zurück, unter sehr starkem staatlichem Kapitaleinfluß.

6. Im vorangegangenen Kapitel wurde auf die Schatteneffekte der von der Wiener Problematik bestimmten Gesellschafts- und Wirtschaftspolitik Österreichs im ländlichen Raum hingewiesen. Hier sind zwei Formen der sozioökonomischen Doppelexistenz entstanden, nämlich die Privatzimmervermietung und die Nebenerwerbslandwirtschaft. Beide benötigten zu ihrem Entstehen und ihrem Take-off die staatliche Förderung ebenso wie die aufgrund des dualen ökonomischen Milieus entstandene „Nischensituation“ und – last not least – von seiten der Träger auch die Bereitschaft zu einem partiellen Konsumverzicht (sprich: Freizeitverzicht). Ein Rückbau aufgrund des Generationenwechsels ist zumindest im ersten Fall bereits im Gang. Das Schicksal der Nebenerwerbslandwirtschaft wird dagegen von der künftigen Agrarpolitik des österreichischen Staates bestimmt werden.

7. Im Überblick wurde darauf hingewiesen, daß das Schlagwort von der West-Ost-Differenzierung des österreichischen Staates unrichtig ist. Es handelt sich hierbei um eine verkürzte Beschreibung des de facto vorhandenen Gegensatzpaares von Westösterreich (Bundesländer Vorarlberg, Tirol, Salzburg) und der sogenannten Ostregion (Bundesländer Wien, Niederösterreich, Burgenland), welche von der Millionenstadt Wien als internationaler Metropole des tertiären und quartären Sektors und als Arbeitsstättenzentrum für die Ostregion mehr oder minder bestimmt wird.

Die Unterschiede haben sich aus mehreren Gründen akzentuiert: Hierzu zählen in Westösterreich die Gunst der topographischen Lage gegenüber dem westlichen Europa, die ökologische Attraktivität für die Freizeitgesellschaft, vor allem aber im gesellschaftlichen Bereich das Festhalten an traditionellen Werten des familialen Verbandes und der kleinzügigen territorialen Organisation von Gemeinden, Talschaften usf. in den ökonomischen Bezügen. Ein Nach-oben-Drehen der wirtschaftlichen Spirale erfolgte jedoch weitgehend über den enormen Geldtransfer durch den Ausländertourismus. Die Prosperität des westlichen Staatsraums, definiert durch die im Siedlungsbild gleichsam sichtbar gewordenen Investitionen, verschleiert die enorme Abhängigkeit vom entsprechenden weiteren Zufluß von Kapital in den Fremdenverkehr und ebenso in die ökologischen Folgekosten in der Landschaft.

Vergessen in der Diskussion um das West-Ost-Gefälle blieb stets Südösterreich, das alte Innerösterreich, die Bundesländer Steiermark und Kärnten, mit ihrer gemeinsamen historischen Existenzgrundlage von Wald und Eisen. Im Verkehrsschatten zur Bundesrepublik Deutschland und zur Ostregion sind hier schon früh gravierende Arbeitsplatzdefizite aufgetreten, die jedoch in der zentralistisch gesteuerten Medienlandschaft kaum wahrgenommen wurden, wenn man von den Problemen des verstaatlichten Montansektors in der Obersteiermark absieht. Auch Oberösterreich ist, wenn auch mit sehr viel besseren Zukunftschancen, hier einzureihen.

Zusammenfassend können wir feststellen, daß, mit der „Drehung des Staates" im Zusammenhang stehend, eine Akzentuierung der sozialgeographischen Differenzierung auf föderalistischer Ebene eingetreten ist. Diese Verstärkung von Unterschieden wurde jedoch aufgrund der vereinheitlichenden Decke des sozialen Wohlfahrtsstaates kaum wahrgenommen.

1.3.2. Die programmierte Zukunft: Das „eiserne Gesetz der Lebenserwartung" der Bevölkerung und der Siedlung

Bereits im Vorwort wurde darauf hingewiesen, daß gesellschaftliche und wirtschaftliche Phänomene eine unterschiedliche räumliche Persistenz bzw. Spannweite im Tempo der Veränderungen besitzen. Es sei daher zunächst auf die Sachbereiche eingegangen, welche die am besten abgesicherten Ergebnisse von Prognosen und Modellrechnungen bieten. Es handelt sich im wesentlichen um die Bereiche der Bevölkerung und Siedlung.

1. Die Bevölkerung unterliegt dem „eisernen Regime der Absterbeordnung", d.h. daß sich die einmal geborene Bevölkerung unter der in Österreich bestehenden Voraussetzung geringer räumlicher Mobilität für spezifische Raumeinheiten über einen längeren Zeitraum hinweg mittels einer Trendprognose gut vorausschätzen läßt und Abweichungen davon nur aufgrund einer Veränderung der Fertilität und von (internen und externen) Wanderungsbewegungen erfolgen können.

Hieraus ergibt sich in weiterer Konsequenz, daß alle direkt mit dem Lebenszyklus zusammenhängenden Phänomene gut abschätzbar sind, wie das Schulwesen, der Arbeitsmarkt, der Bedarf an Einrichtungen für die verschiedenen Altersklassen usf.

2. Ein zweites, ebenfalls einem eisernen Regime unterliegendes System ist die Siedlung selbst. Hier kann die „Absterbeordnung" zum Unterschied von der Bevölkerung zwar durch Planungseingriffe und Restriktionen bzw. Investitionen verzögert oder beschleunigt werden, im allgemeinen gilt jedoch in der europäischen Siedlungslandschaft mit ihren tradierten, auf hohen Standard achtenden Baunormen die Regel, daß die gebaute Substanz eine höhere „Lebenserwartung" besitzt als die Bevölkerung.

Auf diese beiden persistenten Systeme sei daher zuerst eingegangen. Zunächst die Ergebnisse der Trendprognose für die Bevölkerung bis 2011 (vgl. Tabelle 1.10).

Tabelle 1.10: **Die Bevölkerungsentwicklung in den Großregionen Österreichs 1910 – 1981 – 2011**

	Ostregion	Oberösterr.	Südösterr.	Westösterr.	Österreich
		Einwohner in Tausend und v. H.			
1910	3.800	853	1.328	663	6.648
v. H.	*57,5*	*12,8*	*19,8*	*9,9*	*100*
1981	3.227	1.269	1.722	1.303	7.525
v. H.	*42,9*	*16,9*	*22,9*	*17,3*	*100*
2011	2.964	1.344	1.630	1.564	7.522
v. H.	*39,6*	*17,8*	*21,6*	*20,7*	*100*

Quelle: Österr. Statist. Zentralamt (Hsg.), 1982. Statistisches Handbuch der Republik Österreich 1982. Wien. – Berechnungen M. SAUBERER

Das Gesamtergebnis reflektiert das bereits angesprochene „Nullsummenspiel". Die räumliche Differenzierung der Wanderungs- und Geburtenbilanz legt jedoch folgende für die zukünftige Entwicklung wichtige Prozesse offen (vgl. Karte 1.7):

1. das Entstehen eines zentralen „Bevölkerungskraters" im Raum der Obersteiermark,

2. im Anschluß daran Schatteneffekte zur Bundesrepublik Deutschland in Südösterreich, insbesondere in Kärnten, wo flächige Bevölkerungsentleerungen und Siedlungsverfall im gesamten Gebirgsraum zu erwarten sind,

3. das Entstehen von kleineren „Bevölkerungskratern" in den Großstädten, allen voran in Wien, wo nur durch eine entsprechend umfangreiche Zuwanderung von Ausländern der beachtliche Bevölkerungsrückgang zu kompensieren ist,

4. eine positive Wanderungsbilanz, in erster Linie mitbedingt durch die günstige Geburtenrate, in Westösterreich und längs der Hauptverkehrsachse nach Oberösterreich hin.

5. Die Gewinner der Bevölkerungsverluste der Kernstädte sind die jeweiligen Umlandgemeinden, in denen die Suburbanisierungsvorgänge weitergehen, in besonders ausgeprägtem Maße in der Wiener Stadtregion.

Die Verknüpfung zwischen Bevölkerung und Siedlungsstruktur erfolgt über die Abschätzung der Entwicklung von Haushalten und dem daraus resultierenden Wohnungsbedarf. Die Entwicklung von Haushalten ist jedoch ebenso wie der künftige Wohnungsbedarf sehr viel schlechter abschätzbar als die Absterbeordnung der Bevölkerung und ein Alterungsmodell der Bauobjekte selbst. Diese Tatsache wird in den vorhandenen Prognosen und Modellen viel zuwenig herausgestellt. Es erscheint daher notwendig, in aller Kürze das Problem zu umreißen.

1. Die Abfolge von Dreigenerationenfamilien über Kernfamilien bis zu Trümmerhaushalten hin läßt sich auch in anderen Staaten des westlichen Europa beobachten. Sie hängt letztlich zusammen mit der dramatischen Trendwende im Fertilitätsverhalten der westlichen Gesellschaft. Daraus ergibt sich bereits jetzt die völlig eindeutige Aussage, daß die Überalterungsquote auch der österreichischen Bevölkerung – selbst bei steigender Fertilität in der nächsten Generation – nicht mehr abgebaut werden kann.

2. Dieser in der Trendprognose angenommene Fortbestand der zu niedrigen Fertilitätsrate berechtigt andererseits zur Aussage, daß die Haushaltsgröße weiter abnehmen wird. Demographen sprechen bereits davon, daß in naher Zukunft die Fertilität eine regional undifferenzierte Quote sein wird und daß dadurch eine regionale Demographie keine Forschungsaufgaben mehr besitzt. Diese Auffassung ist jedoch sicher unrichtig. Die regionaldemographischen Parameter sind nämlich keineswegs primär über die Fruchtbarkeit definiert, sondern sowohl in der Stadt-Land-Relation als auch im West-Ost-Verhältnis in Österreich durch die aus den Anspruchsprofilen der Haushalte und Altersklassen definierten Siedlungsmilieus bestimmt. Selbst in weitgehend oder nahezu perfekt verstädterten Siedlungssystemen, wie in den USA, bestehen Segregationsmechanismen von Haushalten nicht nur über ethnische und ökonomische, sondern – gerade in jüngster Zeit – über Alterklassen-Parameter fort und verstärken sich sogar. Diese Unterschiede in der Altersklassenstruktur der Haushalte werden sich daher – dies ist die feste Überzeugung der Verfasserin – auch im österreichischen Siedlungssystem auswirken, wobei die Verteilung von spezifischen Haushaltstypen freilich von der Gesamtmenge an Haushalten und damit von der Bevölkerungszahl Österreichs insgesamt abhängen wird.

Im folgenden zunächst die Angaben zum Mengenproblem. Sie beruhen, erstens, auf einer Prognose des Österreichischen Statistischen Zentralamts im Verein mit dem Österreichischen Institut für Raumplanung und, zweitens, auf einer Berechnung unter Zugrundelegung der gegenwärtigen Wiener Haushaltsquote. Die Spannweite der beiden Berechnungen liegt zwischen einer Zunahme der Zahl der Haushalte um rund 500.000 und um etwa 850.000 (vgl. Tabelle 1.11).

Tabelle 1.11: **Die Zunahme der Haushalte in den Großregionen Österreichs durch Haushaltsteilungen 1961 – 1981 – 2011**

	Ostregion	Oberösterr.	Südösterr.	Westösterr.	Österreich
			Haushalte in Tausend und v. H.		
			Haushaltsentwicklung 1961 – 1981		
Haushalte insg.					
1961	1.209	341	470	286	2.306
1981	1.320	432	571	441	2.764
Zunahme					
1961 – 1981	111	91	101	155	458
v. H.	*9*	*27*	*21*	*54*	*20*
			Haushaltsprognose ÖROK 1981 – 2011		
Haushalte insg.					
2011	1.389	554	682	642	3.267
Zunahme					
1981 – 2011	69	122	111	201	503
v. H.	*5*	*28*	*20*	*46*	*18*
			Haushaltsprognose Wiener Quote 1981 – 2011		
Haushalte insg.					
2011	1.434	646	784	751	3.615
Zunahme					
1981 – 2011	114	214	213	310	851
v. H.	*9*	*49*	*37*	*70*	*31*

ÖROK-Haushaltsprognose 1988; eigene Berechnungen

Aus der Tabelle und der Karte 1.8 ist die regionale Differenzierung von potentiellen Haushaltsgründungen bis 2011 zu entnehmen. Aufgrund der gegenwärtig durchschnittlich größeren Haushalte im Westen Österreichs sowie in vorwiegend

Karte 1.9: SUBSTANDARDWOHNUNGEN 1981

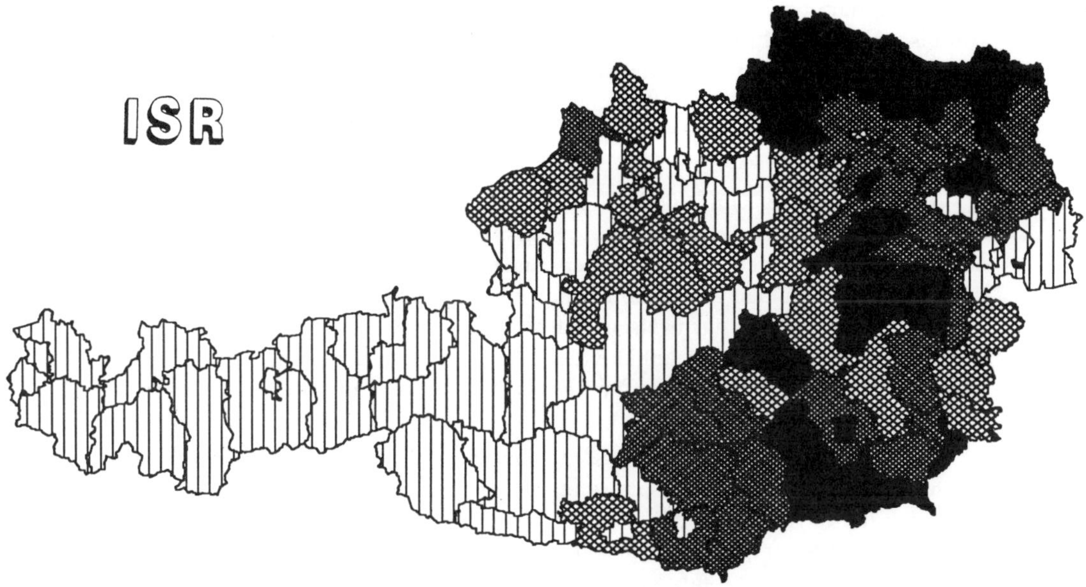

0 50 100km

< 20.0 > 20.0

Quelle: ISIS-Datenbank > 23.2 > 27.0 v.H. aller Wohnungen

EDV-GRAPHIK: B. STANGL THEMATIK: E. LICHTENBERGER

ländlichen Bezirken käme es bei anhaltendem Trend von Haushaltsteilungen zu einem enormen Wohnungsbedarf vor allem im Westen Österreichs.

Der Wohnungsbedarf resultiert als Mengenproblem jedoch aus zwei Komponenten, nämlich:

1. Aufspaltung von Haushalten und
2. Komfortansprüchen.

Berücksichtigt man letztere, so muß in der Ostregion des Staates der Sanierungsbedarf bei Substandardwohnungen, welcher gebietsweise über 30 v.H. des bisherigen Wohnungsbestandes beträgt, in die Berechnungen eingeschlossen werden.

Dieser potentielle Erneuerungsbedarf aufgrund der derzeitigen Verteilung von Substandardwohnungen ist aus Karte 1.9 zu entnehmen. Die „Ost- und Südlastigkeit“ des Problems ist daraus deutlich zu erkennen. Fügt man die Mengenaussagen über die Haushaltsteilungen und den Erneuerungsbedarf zusammen, so erhält man den potentiellen Wohnungsbedarf auf der Ebene der Politischen Bezirke (vgl. Karte 1.10).

Die geradezu dramatischen Belastungen des Siedlungsraumes im Westen Österreichs sind damit dokumentiert. Offen bleibt allerdings das Ausmaß des Transfers von bisher von der Freizeitgesellschaft benütztem Wohnraum in Form der Privatzimmervermietung und des Zweitwohnungswesens in Richtung auf eine Nutzung durch die ortsständige Bevölkerung. Dieser Transfer wird sicher stattfinden. Ausmaß und regionale Differenzierung können derzeit jedoch nicht abgeschätzt werden.

Wie bereits in der Untersuchung der Stadtentwicklung von Wien nachgewiesen werden konnte, kommt es durch die weitere Aufspaltung und damit Verkleinerung der Haushalte zu einer grundsätzlichen Änderung des Wohnungs- und damit des Baubedarfs, der in den künftigen Proportionen noch viel zuwenig berücksichtigt wird. In Wien läßt sich nachweisen, daß trotz der Stagnation bzw. schwachen Abnahme der Bevölkerung ein anhaltender Wohnungsbedarf besteht, freilich an gut ausgestatteten Kleinwohnungen für die als Nachfrager auf den Markt tretenden Einpersonenhaushalte.

Überträgt man nun die obige Aussage über die Wiener Situation in eine prognostische Perspektive für den Gesamtstaat, so ergibt sich daraus das völlig neue Problem, daß der durch die Bautätigkeit der Nachkriegszeit bisher geschaffene Baubestand für die nachfragenden Haushalte der nächsten Generation zum Teil nicht mehr adäquat ist, da er aufgrund einer „familienfreundlichen" Wohnungspolitik entstanden ist, daher in vielen Fällen zu große Einheiten anbietet bzw. auch nicht den räumlichen Kontext (Nähe zu den Arbeitsstätten) offeriert, der vor allem von berufstätigen Kleinhaushalten angestrebt wird. Wir müssen zur Kenntnis nehmen, daß die Familien- und damit Haushaltsstruktur, für welche die beschriebene Neubautätigkeit der Nachkriegszeit erfolgt ist, aufgrund der Absterbeordnung der österreichischen Bevölkerung in einer Generation nicht mehr vorhanden sein wird.

Noch eine zweite Entwicklung ist nicht abschätzbar, nämlich welches Mengenproblem der derzeit vorhandene „Unterbesatz" in der Zukunft bilden wird. Derzeit ist es in einem partiell von nichtkapitalistischen Prinzipien regulierten Wohnungsmarkt möglich, daß alleinstehende ältere Menschen in den Wohnungen (und Häusern) verbleiben, die sie im Verband eines größeren Haushalts bezogen haben. Es fehlen einerseits die Push-Faktoren „östlicher" Wohnungszuteilungsmechanismen und andererseits von strikt privatkapitalistischen Wohnungsmarktmechanismen. Diese Persistenz in der Beibehaltung von Wohnungen bei der Verkleinerung von Haushalten stellt jedoch – und dies ist den wenigsten bewußt – ein spezifisch österreichisches Phänomen dar, das abhängig ist einerseits von Schutzmechanismen auf dem Weg über die Eigentumsbildung und den Mieterschutz und andererseits von den fehlenden Push-Faktoren von seiten anderer Nachfrager. Es ist nicht abzuschätzen, ob und in welchem Umfang dieser lebenszyklisch bedingte „Unterbesatz" von Wohnungen und Häusern in der Zukunft beibehalten werden kann.

Der Wohnungsbedarf an der Schnittstelle von Bevölkerungsentwicklung und Wohnbauentwicklung weist jedoch noch andere Perspektiven auf, die bisher im allgemeinen in den Überlegungen weggeschoben wurden, nämlich die Zuwanderung von ausländischer Bevölkerung, sei es als künftige Arbeitsbevölkerung oder aber, im Falle eines EG-Beitritts Österreichs, als künftige Freizeitbevölkerung. Mit diesen beiden Aussagen betritt man freilich bereits den spekulativen Boden der Optionen Österreichs in Europa.

Während es möglich ist, für die Bevölkerungs- und Siedlungsentwicklung Größenordnungen zu berechnen, sind drei Bereiche der Wirtschaft, wo Konjunkturzyklen die Betriebsseite betreffen, schlecht abschätzbar. Es handelt sich um die Landwirtschaft, die in hohem Maße von künftigen agrarpolitischen Entscheidungen abhängig ist, den Fremdenverkehr, bei dem, wie im Vorwort bereits betont, Investitionszyklen und Urlaubsstile in immer rascherer Folge einander ablösen, und den Vorgang der Entindustrialisierung (vgl. Kapitel 8).

1.3.3. Die ungewisse Zukunft: Szenarien zur Gesellschafts- und Siedlungsentwicklung

Im Überblick über die abgelaufenen Jahrzehnte der Nachkriegszeit wurde der polit-ökonomische Produktzyklus der Ausformung eines sozialen Wohlfahrtsstaates par excellence als heuristisches Prinzip für die Interpretation der Entwicklungszusammenhänge von sehr verschiedenen Sachbezügen verwendet.

Auch Szenarien zur Gesellschafts- und Siedlungsentwicklung in einer ungewissen Zukunft bedürfen eines politischen Paradigmas. Es lautet: Wir stehen vor einem Zyklus der Liberalisierung der Gesellschafts- und Wirtschaftspolitik, der staatliche Einfluß wird abgebaut, private wirtschaftliche Intentionen werden gefördert, dem einzelnen Bürger wird wieder mehr „Lebensverantwortung" zugemessen; elitäres Denken und Effizienz sind wieder gefragt. Besitz und Vermögen werden wieder als Statussymbole akzeptiert.

Nun ist diese Liberalisierung an sich ein „Importprodukt", wie viele dazugehörige Details zeigen, die, wie die meisten Innovationen in Österreich, verspätet, zum Teil abgeschwächt, auftreten und vielfach auf „endogener Grundlage" zu „österreichischen Lösungen" umgeformt werden.

Zunächst einige grundsätzliche Aussagen zu den möglichen Konsequenzen einer Liberalisierung und eines partiellen Abbaus der Soziallasten.

Eine Liberalisierung hat Auswirkungen auf den Grundstück-, Arbeits- und Kapitalmarkt. Sie hebt die immobilisierenden Sperren auf, welche durch die Restriktionen auf diesen Märkten entstanden sind. Es müßten danach mehr Grundstücke, Häuser, Wohnungen als bisher angeboten werden und damit auch die Bevölkerung wieder mobilitätsfreudiger werden. Gelingt es, wieder in breiteren Bevölkerungskreisen Risikofreude und Profitdenken zu erzeugen, so würde daraus ein innovativeres Betriebsgründungsklima entstehen.

Welche Auswirkungen hätte eine Liberalisierung auf das Siedlungssystem?

1. Jede Liberalisierung reduziert Maßnahmen des Disparitätenabbaus und ebenso Anti-Segregationstendenzen. In weiterer Konsequenz führt sie damit zur Auseinanderschichtung von Nutzungen und Bevölkerungsgruppen, d.h. zu Segregationsprozessen in sozialer, ethnischer und demographischer Hinsicht.

2. Es erfolgt damit eine stärkere Marginalisierung von spezifischen Gruppen sowie eine weitere „Peripherisierung" bereits jetzt abgelegener Gebiete.

3. Im zentralörtlichen System kommt es zu einer Vergrößerung der Einzugsbereiche in den verkehrsgünstig (Autobahnknoten, Schnellzugstation) gelegenen, bereits jetzt gut ausgestatteten Zentralen Orte der Mittleren Stufe, diese schließen zu den Viertelshauptstädten auf, welche am meisten durch die Neugründung von wirtschafts- und konsumentenorientierten Betrieben profitieren. Schon gegenwärtig unzureichend und mäßig ausgestattete Zentrale Orte verlieren rasch an Bedeutung. Blight-Erscheinungen (vgl. u.) treten auf. Mehr als zwei Drittel der Zentralen Orte der Unteren und Mittleren Stufe werden der Härte des Konkurrenzkampfes nicht gewachsen sein und ihre Marktgebiete nicht halten können.

4. In den Verdichtungsräumen kommt es bis zur Ebene der Landeshauptstädte und Viertelshauptstädte zu einer Vergrößerung der Arbeitsmarktregionen. Dies wird in besonderem Maße in Wien der Fall sein: Es ist z.B. nicht utopisch, eine Einbeziehung großer Teile der Obersteiermark in die Wiener Arbeitsmarktregion anzunehmen.

5. Die Vergrößerungstendenzen auf dem Arbeitsstättensektor versteilen ganz allgemein die Zentrum-Peripherie-Gradienten in zentrierten Siedlungssystemen und bewirken daher auch durch Konzentration der Arbeitsplätze in verkehrsgünstigen Lagen eine Verstärkung der bereits vorhandenen, zum Teil gravierenden Arbeitsplatzdefizite im ländlichen Raum. Es besteht damit kaum die Aussicht, die Gebiete mit struktureller Arbeitslosigkeit zu sanieren, wenn man von Maßnahmen zentralistischer Planungsstrategie via Tele-Arbeit im Stil des Manufakturzeitalters absieht.

6. Durch die Reduzierung regionalpolitischer Maßnahmen und stärkeren ökonomischen Druck würden gewisse Siedlungsteile sehr rasch von „Blight"-Phänomenen betroffen werden. Dieser Begriff stammt aus der Stadtforschung. Man versteht darunter das Auftreten nicht mehr funktionsfähiger, desolater Siedlungsteile, wobei verschiedene Formen von Blight entstehen können:

(1) Residential Blight, d.h. das Leerstehen von Wohnhäusern, ist in peripheren Räumen aufgrund der starken Abwanderung, Überalterung und abnehmender Wirtschaftskraft in den Siedlungsverbänden überall dort zu erwarten, wo sich die Investitionsspirale nach unten dreht. Bereits jetzt stehen z.B. in niederösterreichischen Dörfern ganze Häuserzeilen leer. Sobald von seiten der Regionalplanung keine besitzstabilisierenden Maßnahmen mehr finanziert werden, würde dieses Phänomen sich sehr rasch ausbreiten, den gesamten Grenzgürtel und vor allem Streusiedlungsgebiete betreffen.

(2) Commercial Blight tritt dort auf, wo die kleinen Geschäfte und Gewerbebetriebe der Konkurrenz von größeren Unternehmen nicht gewachsen sind bzw. die Kunden abwandern oder „wegsterben". Er hat bisher in erster Linie den gründerzeitlichen Stadtraum von Wien betroffen, wo er eine Folge der Bevölkerungsabnahme war, während er in Zukunft auch durch die weitere Neugründung von randlichen Shopping Centres weiter verstärkt werden wird. Aufgrund der durch die Liberalisierung zu erwartenden Neugründung von Einkaufsmärkten an erstklassigen Verkehrsstandorten, z.T. in der Nähe von Bundesländergrenzen, wird ein

durchgreifender Commercial Blight-Prozeß alle Groß-, Mittel- und Kleinstädte, ebenso aber auch ältere Suburbs ergreifen. Von diesem Niedergang der kleinbetrieblichen Unternehmen ist vor allem die nicht autobesitzende Bevölkerung, in erster Linie alte Leute und ärmere Bevölkerungsschichten, betroffen.

(3) Industrial Blight wird in den alten Industriegebieten mit stillgelegten Betrieben, Halden, Gleisanlagen, Werkstätten, Lagerhallen usf. auftreten. Als Nachfolgenutzung wären – dem Beispiel des Ruhrgebiets folgend – große Erholungsparks anzulegen. Auch diese Maßnahme würde öffentlicher Mittel bedürfen. Nur in verkehrsgünstiger Lage zur Wiener Agglomeration bzw. längs der Verkehrstrasse im Alpenvorland ist eine Wiederbesiedlung über multinationale Konzerne, z.T. in Form von Industrieparks, zu erwarten.

(4) Gebiete mit Fremdenverkehrs-Blight werden aufgrund des raschen „Modewechsels" im Tourismus zu einem spezifischen Problem werden. Nicht nur einzelne Betriebe, Freizeiteinrichtungen, Areale und Siedlungsteile, sondern selbst ganze Orte werden durch den Wechsel der Urlaubsstile die Nachfrager verlieren. In allen dicht besiedelten Gebieten mit wachsender Zahl an neu auf den Markt tretenden Wohnungsnachfragern lautet die einfache Lösung: Umwandlung in Wohnungen (bzw. Häuser) für die einheimische Bevölkerung. Auch diese bisher nur in Zweitwohnungsregionen spontan aufgetretene Sukzession würde zweifellos gewisse staatliche Starthilfen benötigen. In verkehrsmäßig erstklassig aufgeschlossenen Gebieten ist auch eine Sukzession durch extern organisierte Tele-Arbeit möglich.

(5) Primär durch Umwelt-Schäden bedingt, in seiner ökonomischen Konsequenz der reduzierten Lagerente jedoch ebenfalls hier einzureihen, ist der Umwelt-Blight. Er wird vermutlich die größte Bedeutung besitzen. Das Ausmaß wird entscheidend davon abhängen, mit welchen Gesetzen und budgetären Mitteln zentralistische und föderalistische Umweltinstanzen in den Gebieten Maßnahmen setzen, die bereits jetzt deutliche Schäden aufweisen. Hierzu zählen aufgrund der Grundwasserverseuchung Becken und Tallagen, wie insbesonders große Teile des Wiener Beckens, ferner über die Imissionsbelastung der Luft und die Inversionslagen im Winter die Talzonen der österreichischen Alpen, insbesonders das Inntal und das Rheintal in Vorarlberg. Die vorhandene ökologische Gunst der Mittelgebirgsterrassen im Inn-, Enns- und Drautal sowie der höheren Bergländer im Wiener Raum (Waldviertel, Bucklige Welt) wird sich andererseits „verstärken".

Ein beachtlicher Teil des Umwelt-Blight wird durch den Individualverkehr erzeugt, wodurch eine Umkehrung der bisher von der Erreichbarkeit abhängigen Bodenpreisgradienten erfolgen kann. Die Abwertungseffekte, die von den Standorten bestimmter Einrichtungen der technischen Infrastruktur ausgehen, werden stärker als bisher peripheren Gebieten bzw. sozial marginalisierten Siedlungsräumen zugeschoben werden.

Nach diesen bewußt eher die negativen Effekte der Liberalisierung akzentuierenden Ausführungen zurück zur Wachstumseuphorie. Sie wird stark getragen von den Kohorten der Fünfzigjährigen und Mittdreißigjährigen, und zwar vielfach von denjenigen Mitgliedern dieser Kohorten, welche bei der drastischen Reduzierung der Kinderzahl vorangegangen sind und durch Verminderung des Degressionseffekts von familialen Haushalten recht beträchtliche Einkommensteile nunmehr dem eigenen Konsum zuschreiben können. Eine neue, „indirekte" Wohlstandswelle ist die Folge. Das Problem einer schleichenden Abnahme der Bevölkerungszahl wird ebenso wie das potentielle Problem der Zuwanderung von Ausländern gleichsam ausgeblendet und damit der nächsten Generation zugeschoben, welche aber aufgrund des „eisernen Regimes der Absterbeordnung" einer Bevölkerung diese Hypothek der drastischen Reduzierung von ganzen Altersklassengruppen im Altersaufbau der Bevölkerung nie „stornieren" kann und ebensowenig imstande sein wird, die heute in ihrem mengenmäßigen und qualititativen Umfang nicht abschätzbaren Integrationsprobleme von kulturell und ethnisch andersartigen Bevölkerungsteilen zu lösen. Auf beide Probleme sei im räumlichen Kontext eingegangen.

Für die drastische Reduzierung der Fertilität in den westlichen europäischen Gesellschaften und ebenso für die sozialen und räumlichen Konsequenzen gibt es keine Analogien. Die Erfahrungshorizonte der Wiener Bevölkerung aus der Zwischenkriegsgszeit sind nicht vergleichbar – die Reduzierung der Kinderzahl (GFR rund 1,0) erfolgte damals vor dem Hintergrund einer für Nachgeborene kaum mehr vorstellbaren Wirtschaftskrise und Arbeitslosigkeit, eines Gesetzes gegen das Doppelverdienertum und damit einer äußerst niedrigen Erwerbsquote der Frauen, da das „Mietverdienen" der Ehefrauen praktisch abgeschafft wurde.

Die Aussagen für die künftige Entwicklung bei gleichbleibend niedriger Fertilität und beim Vorherrschen von Ein-Kind-Familien, kinderlosen Ehepaaren und Lebensgemeinschaften lauten nun:

1. Die weibliche Erwerbsquote steigt, hiedurch kommt es zu einer Zunahme der Erwerbsbevölkerung. Da Frauen eine „Pufferfunktion" auf dem Arbeitsmarkt besitzen, ist freilich ungewiß, wieweit diese Erwerbsquote – jeweils in Abhängigkeit von der regionalen Nachfrage – tatsächlich „aufgedreht" wird.

2. Die Einkommen der neu in den Arbeitsmarkt eintretenden weiblichen Berufstätigen und die Abnahme der Zahl der zu erhaltenden Familienmitglieder bewirken zusammen einen weiteren, z.T. sehr beachtlichen Wohlstandszuwachs. Der Konsumstandard wird angehoben. Es ist ungewiß, ob und in welchem Ausmaß gleichzeitig ein Diversifizierungsschub bei der Nachfrage nach Gütern und Dienstleistungen eintritt, in welcher Form sich das Ausgabenverhalten ändert und ob eine raschere Rotation von Gütern oder aber höhere Qualität präferiert werden. Bei stärkerer Liberalisierung ist eine verstärkte Differenzierung in den Branchen des konsumentenorientierten Handels- und Dienstleistungssektors im Hinblick auf die Verstärkung von sozialgruppenspezifischen Angebotssortimenten zu erwarten.

3. Auf der anderen Seite steigt die Überalterung der Bevölkerung an und belastet auf Grund der langfristig zu erwartenden Reduzierung der Erwerbsbevölkerung im voraus berechenbar in zunehmendem Maße die staatlichen Pensionskassen. Von der Diskussion über die Nichtfinanzierbarkeit der Pensionen führt der Weg zu Reformen, bei denen ein Teil der Verantwortung und der finanziellen Lasten für die Altersversorgung vom Staat und von der Gesellschaft wieder auf die einzelne Person übertragen wird.

4. Mit diesen liberalen Lösungen werden auch die bisher beibehaltenen traditionellen Verhaltensnormen verschwinden, wonach asymmetrische intergenerationale Geldflüsse von den Pensionisten an die im Ausbildungs- oder Erwerbsalter stehenden Kinder und Enkelkinder gehen und zur Anhebung von deren Konsumstandard beitragen. Die im dritten Lebensalter befindliche Bevölkerung wird auch ihr Ausgabenverhalten ändern und als eine neue, bisher kaum umworbene Konsumentengruppe für kommerzialisierte Freizeitformen – Golfplätze, Gesundheitsfarmen u. dgl. – auftreten.

Die bereits jetzt vorhandene Segregation der Altersklassen im Freizeitverhalten wird sich verstärken und eine diversifizierte Nachfragepalette erzeugen, welche ihrerseits auf die räumliche Segregation von spezifischen Freizeit- und Fremdenverkehrseinrichtungen in bestimmten Orten und Regionen zurückwirken wird. Wenn z. B. keine Overspill-Effekte von den ungarischen Badeorten ausgehen, könnten an der Thermenlinie am Ostabfall der Alpen bei entsprechender Verkehrserschließung vom Wiener Becken bis ins Südliche Burgenland und die Steiermark derartige Gesundheitszentren – auch für einen internationalen Tourismus – entstehen.

5. Nun sind bei steigendem Wirtschaftswachstum in bezug auf die Siedlungssubstanz Bevölkerungsreduzierungen so lang ohne nennenswerte negative Auswirkungen, als es gelingt, diese durch steigenden Flächenbedarf für die einzelnen Funktionen des Wohnens, des Arbeitens, der Freizeit usf. zu kompensieren. Dies setzt voraus, daß diese Zunahme vom einzelnen finanzierbar ist und eine gute Erreichbarkeit aller Teile des Siedlungssystems bestehen bleibt. Der Zuwachs beim Pro-Kopf-Einkommen müßte ferner in den Ausbau und die Aufrechterhaltung des Zustands der baulichen Struktur investiert werden. Diese Annahme ist im Hinblick auf die notwendige Realisierung auf der individuellen und institutionellen Ebene über einen längeren Zeitraum hin eher unwahrscheinlich. So hat im nordamerikanischen Siedlungssystem der individuelle Flächenkonsum seit Ende der sechziger Jahre kaum mehr zunehmen können und sich vom Wirtschaftswachstum abkoppeln müssen, das in erster Linie einem Kapitalzuwachs bei Großinstitutionen und damit den Investitionen in neue Großtechnologien zugute gekommen ist. Nach diesen allgemeinen Aussagen nun zur spezifischen Problematik der Ostregion.

In Österreich ist die Reduzierung der Kinderzahl von Wien ausgegangen und hat erst jüngst die westlichen Bundesländer erreicht. Der zeitliche Unterschied von mehr als einer halben Generation bewirkt über die Absterbeordnung eine Fortschreibung der unterschiedlichen natürlichen Bevölkerungsentwicklung in der Ostregion und in Westösterreich bis weit in das nächste Jahrtausend. Die Schere der Bevölkerungsentwicklung öffnet sich weiter zuungunsten der Ostregion (vgl. M. SAUBERER). In ihr selbst öffnet sich dagegen – unter der Voraussetzung einer Liberalisierung des Wohnungsmarktes – verstärkt die Schere zwischen Angebot und Nachfrage einerseits in der Kernstadt Wien, auf deren spezifisches Nachfrageproblem der Kleinhaushalte schon hingewiesen wurde, und, umgekehrt, zwischen Nachfrage und Angebot in den in weiten Teilen Niederösterreichs vorherrschenden Einfamilienhausgebieten. Zuerst einige Aussagen zu letzteren:

1. Aufgrund der Zunahme kinderloser Haushalte reißt die Kette in der inter-

generationalen Weitergabe von Haus-und Grundbesitz vielfach ab. Diese Aussage betrifft den sehr hohen Bestand an Einfamilienhäusern in ländlichen, suburbanen und kleinstädtischen Gebieten der Ostregion, weniger die neuerbauten „Zweithäuser“, welche weit überwiegend von Familien errichtet wurden und häufig aufgrund des „sozialen Überschichtungsphänomens“ komfortabler ausgestattet sind als die Häuser der lokalen Wohnbevölkerung.

2. Die Sukzession der Nutzungen in diesen Einfamilienhausgebieten ist offen. Sie weisen nur selten eine Umfeldausstattung für künftige Freizeitbedürfnisse von Zwei-Personen-Haushalten im Erwerbsalter auf. Bei einer Liberalisierung des Immobilienmarktes ist vielmehr zu erwarten, daß moderne Freizeitanlagen als „wohlsortiertes Paket“ von Bungalows, Appartements und Freizeiteinrichtungen in guter Verkehrslage am Rande der Wiener Agglomeration errichtet werden.

3. Entsprechend der steigenden Segregation werden sich die Lagerenten in den Einfamilienhausgebieten zunehmend differenzieren. Die Distanzgradienten der Bodenpreise werden steiler, während die Objektwerte aufgrund der Ausstattungsansprüche generell sinken werden.

4. Es ist ungewiß, ob in der nächsten Generation noch der derzeit wichtige Vorgang der Rückwanderung von Wien in die Heimatgemeinden in Niederösterreich stattfinden wird. Wenn nicht, werden derartige Abwanderungsdörfer als Siedlung nicht mehr zu halten sein und verfallen.

5. Der Rückgang der Schülerzahlen und die Schließung von hunderten Volksschulen im ländlichen Raum wird die Einstellung zahlreicher Schulbusse, des zumeist einzigen öffentlichen Verkehrsmittels, zur Folge haben (P. MEUSBURGER). Auch dies wird die Verfallserscheinungen in allen peripheren Gebieten beschleunigen.

Wenden wir uns Wien zu. Hier, in der Kapitale des Munizipalsozialismus, ist es schwierig abzuschätzen, ob ein Aufbrechen des über zwei Generationen bestehenden geschützten Wohnungsmarktes erfolgen wird, zu tief sind die Verhaltensweisen der Bevölkerung davon geprägt, zu stark ist bisher die sozialdemokratische Mehrheit in der Stadtregierung verankert. Es muß auch darauf hingewiesen werden, daß eine Liberalisierung des Wohnungsmarktes eine ganz wesentliche Seite der urbanen Qualität der Stadt gefährden würde, nämlich die demographische Integration von verschiedenen Haushaltstypen und Altersgruppen im gründerzeitlichen Miethausbestand. Ferner würde es auch zur stärkeren Ausbreitung von sozialen Desorganisationserscheinungen aller Art sowie Tendenzen zur ethnischen Ghettoisierung kommen, wie sie im westlichen Ausland in den Millionenstädten die Regel sind, in Wien aber bisher weitgehend fehlen.

Ein Szenario der zukünftigen Entwicklung von Wien kann auch nicht die Argumentationsmuster „Reduzierung der Kinderzahl“ und „Aufspaltung der Haushalte“ verwenden, da die Bevölkerung dieser Stadt bereits in der Zwischenkriegszeit eine Reduzierung der Kinderzahl praktiziert hat wie keine andere in Europa, und letzlich hier aus dem Problem der Haushaltsteilungen und der dadurch bedingten enormen Wohnungsnot der Arbeiterbevölkerung der kommunale Wohnungsbau entstanden ist. Die bevölkerungsmäßige Zukunft ist auch nicht mehr von Überalterung überschattet. Der „Altersbauch“ der Bevölkerungspyramide in den siebziger Jahren, der noch als „Hypothek des Todes" auf die Zuwanderungswelle vor dem Ersten Weltkrieg und die damals große Kinderzahl dieser Zuwanderer zurückging, ist inzwischen abgebaut worden. Eine neue Überalterungswelle ist nicht in Sicht. Von dieser Seite aus ist eine Prognose günstig.

In einer die Zukunft Wiens voll ins Blickfeld rückenden Sichtweise ist jedoch nicht zu verhehlen, daß der „lange getragene Mantel" einer sehr spezifischen Form einer sozialdemokratischen Stadtregierung erneuert werden muß, um die seit seiner „Anfertigung" völlig neu entstandenen Probleme wieder überdecken zu können. Im folgenden einige Stichworte zur programmierten und zur ungewissen Zukunft von Wien:

1. Vorausberechenbar ist die Abnahme der „Wien-zentrierten" Bevölkerung, welche, ringförmig konzentriert, in den Wohnanlagen der Nachkriegszeit lebt und ein „Reservoir von Stammwählern" für die Sozialdemokratie bildet.

2. Nur unpräzise abschätzbar ist die vermutlich weiter wachsende Zahl von „Bewohnern auf Zeit", welche in der Kernstadt von Wien nur mehr ihre Arbeitswohnungen haben und, dem rhythmischen Phänomen der wöchentlichen Blockfreizeit folgend, die Stadt über das Wochenende in Richtung der Freizeitwohnung, des „Ersthauses", verlassen.

3. In der Stadtentwicklungspolitik wurde bisher die — nicht zuletzt dank der Bildungspolitik des sozialen Wohlfahrtsstaates — enorm angewachsene Zahl von Studierenden aller Genres kaum beachtet. Mit bereits heute rund 150.000 Mitgliedern stellen sie eine äußerst wichtige Gruppe dar, die verschiedene Funktionen ausüben wird:

(1) möglicherweise im politischen Entscheidungsfeld,

(2) bei der Zwischennutzung von Wohnungen,

(3) als Reservoir für den weiter expandierenden tertiären und quartären Sektor.

4. Wien hat als Arbeitsstättenzentrum kaum Einbußen zu erwarten, im Gegenteil. Um die Arbeitsplätze zu füllen, ist aufgrund der Abnahme der ortsständigen Erwerbsbevölkerung ein weiterer Zustrom notwendig. Dieser kann einerseit über die Erweiterung der Arbeitsmarktregion erfolgen, andererseits über die Zuwanderung von Arbeitskräften.

Nun sind in Österreich selbst kaum Reserven vorhanden, auch wenn man annimmt, daß ein Teil der in den westlichen Bundesländern verstärkt neu in den Arbeitsmarkt eintretenden Berufstätigen, die in den heimischen Betrieben keinen Arbeitsplatz finden, nach Wien wandern wird.

Diese Frage bleibt daher offen. Damit sei zurückgeblendet auf das zweite europäische Bevölkerungsproblem der Zukunft, die Zuwanderung von Ausländern. Wien besitzt aufgrund der geographischen Lage in Europa eine sehr spezifische Position. Zunächst einige Angaben zur gegenwärtigen Situation:

1. Es handelt sich nicht bzw. nur in eingeschränktem Maß um ein Wiederaufleben der Gastarbeiterwanderung. Für die seit Beginn der achtziger Jahre einsetzende Zuwanderung von Ausländern sehr unterschiedlicher ethnischer und religiöser Herkunft besitzt auch die für die jugoslawischen Gastarbeiter entwickelte Theorie vom „Leben in zwei Gesellschaften" keine Gültigkeit.

2. Es handelt sich derzeit um einen Vorgang des Einsickerns von Einzelper-

sonen, Haushalten und Gruppen, der nur gelegentlich über das Herkunftsland – und dann zumeist in einer Art rentenkapitalistischem Klientelsystem – organisiert wird, wie bei den philippinischen Krankenschwestern, der Teilzeitarbeit ägyptischer Zeitungsverkäufer und chinesischer Beschäftigter im Gastgewerbe usf.

3. Dieser Sickervorgang hat in jüngster Zeit an Intensität gewonnen, das nationale Spektrum der Zuwanderer sich durch Angehörige der COMECON-Staaten Polen und Ungarn ebenso wie durch Zuwanderer aus Entwicklungsländern wesentlich verbreitert.

4. Es handelt sich um eine offiziell nicht erwerbsorientierte Zuwanderung. Die Zuwanderungsmotive selbst sind sehr vielfältig. Z.T. besitzen die Zuwanderer auch eine hochqualifizierte Ausbildung und werden in Berufszweige mit starker Nachfrage, wie die Mikroelektronik, strömen. Das Tätigkeitsspektrum umfaßt jedenfalls sehr viele Branchen und reicht – aufgrund der in Wien angesiedelten UNO-Einrichtungen – bis in Oberschichtenbereiche hinauf.

Unter den Bedingungen einer Liberalisierung sind folgende Annahmen keineswegs utopisch:

1. Die verschiedenen „Ethnien" ziehen rasch weitere Bevölkerungsgruppen aus dem Herkunftsland nach.

2. Über das damit auftretende Mengenproblem – so kann mit einigen hunderttausend Ausländern bereits um die Jahrtausendwende gerechnet werden – kommt es bei einzelnen Gruppen zu primären Ghettoisierungseffekten. Es bilden sich Subkulturen mit lokalen Märkten, Geschäftszentren und territorialen informellen Organisationsstrukturen aus.

3. Entscheidend für das Ausmaß von Segregationsvorgängen werden zweifellos der Grad der Akzeptanz und der Toleranz der Wiener Bevölkerung sein. Der Verfasserin sei es gestattet, in diesem Zusammenhang die These von einem „Toleranzverlust" im Vergleich zur k.k. Monarchie zu vertreten, zu deren Staatssystem die Multinationalität gehört hat. Wenn diese These richtig ist, so bedeutet sie in weiterer Konsequenz, daß Akkulturierungskonflikte im Wohnumfeld und im Schulwesen auftreten werden, wobei über eine Liberalisierung auf dem Wohnungsmarkt auch die aus der amerikanischen Stadtentwicklung bekannten „Fluchtreaktionen" der einheimischen Bevölkerung die Ghettoisierungsvorgänge beschleunigen und verstärken würden.

4. In räumlicher Hinsicht käme es zu einer Ansiedlung der Ausländer in der „grauen Zone" im Citymantelbereich sowie zu einer flächenhaften Okkupation des Erdgeschosses, wo bereits jetzt aufgrund von Commercial und Residential Blight sehr viele Geschäfte, Lagerräume und Wohnungen leerstehen.

5. Diese Zuwanderung würde in Zukunft jedoch insgesamt die räumlichen Muster der Zuwanderung in der k.k. Monarchie aufleben lassen. Gründerzeitliche Baugebiete in guter Erreichbarkeit von den Arbeitsstätten, möglicherweise auch die Trabantensiedlungen der Agglomeration, können von der Zuwanderung betroffen sein. Es ist derzeit völlig ungewiß, ob durch eine Liberalisierung des Grenzverkehrs gegen Ungarn auch der Grazer Raum eine Zuwanderungswelle aus den COMECON-Staaten erhalten wird.

Blenden wir von der Zukunftsvision für Wien über zu der für den Gesamtstaat, so gelangen wir zur Aussage, daß nach Jahrzehnten einer gewissen Angleichung, man könnte auch sagen „Provinzialisierung", Wien in Zukunft aufgrund der zu erwartenden Internationalisierung von der Bevölkerungsseite her ganz andere Probleme zu erwarten hat als die anderen Bundesländer. Nach einer Zeit der starken Angleichung unter der beschriebenen „sozialen Decke" müssen zwangsläufig Problem- und damit Interessenunterschiede zwischen der wieder internationalen Metropole und den Bundesländern aufbrechen.

In den westlichen Bundesländern mit nach wie vor wachsender Bevölkerung ist das „Fremdenproblem" anders definiert. Hier ist die Zukunft nicht von der Ausbreitung räumlicher Blight-Phänomene, sondern vom enormen Druck auf den Boden- und Grundstückmarkt bestimmt. Freilich werden sich auch hier im Zuge einer Liberalisierung, selbst wenn die Grundverkehrsgesetze nicht angetastet werden, einheimische Bevölkerung und ausländische Freizeitbevölkerung stärker segregieren als bisher. Transitprobleme des europäischen Güter- und Personenverkehrs, Investitionszwang in der Privatindustrie und im Fremdenverkehr werden ferner Umwelt-Blight-Phänomene von bisher unbekanntem Ausmaß erzeugen. Unterschiede zwischen einer noch in Familientraditionen verhafteten Bevölkerung und einer weitgehend in Trümmerhaushalte aufgesplitterten in Wien werden weitere mentale Barrieren gegenüber der Bundeshauptstadt aufbauen.

Es wird großer Anstrengungen von seiten der politischen Entscheidungsträger, auch neuer Formen föderalistischer Verankerung in zentralistischen Entscheidungsprozessen und der Partizipation der Länder an gesellschafts- und wirtschaftspolitischen Aufgaben bedürfen, um die zwischen den Großregionen Österreichs aufbrechenden Unterschiede zu überbrücken.

Literaturverzeichnis

1. Zukunftsforschung

AFHELDT, H. (Hsg.), 1984. Bilder einer Welt von morgen – Modelle bis 2009. Basel.

AFHELDT, H., 1987. 2030: 800 Arbeitsstunden pro Jahr? Technische Rundschau 51.

AFHELDT, H. et al., 1987. Der Staat als Pionier? Initiativen, Impulse, Innovationen. Stuttgart: Poller.

AKADEMIE F. RAUMFORSCHUNG UND LANDESPLANUNG (Hsg.), 1987. Räumliche Wirkungen der Telematik. Forschungs- und Sitzungsberichte 169. Hannover.

BELL, D., 1976 (2. Aufl.). Die nachindustrielle Gesellschaft. Frankfurt/M.

BIRNBACHER, D., 1988. Verantwortung für zukünftige Generationen. Stuttgart.

BRUCKMANN, G., 1973. Die Zukunft der Zukunftsforschung. Almanach der Österr. Akademie der Wissenschaften 1973 (Jg. 123): 39-54.

BRUCKMANN, G., 1978 (2. Aufl.). Langfristige Prognosen. Wien.

BRUCKMANN, G. (Hsg.), 1978. Perspektiven für Österreich. Grundüberlegungen zu sozioökonomischen Alternativen. Schriftenreihe des Instituts für sozio-ökonomische Entwicklungsforschung 2. Wien.

BRUCKMANN, G. (Hsg.), 1981. Existenzfragen Österreichs in den 80er Jahren. Wien.

BRUCKMANN, G., 1984. Die Zukunft Österreichs. Das Leben im Jahr 2019. Wien.

BRUCKMANN, G., 1984. Statistik und Prognostik. In: ADAM, A. (Hsg.). Festschrift für Wilhelm Winkler 1 (= Schriftenreihe d. Österr. Statist. Gesellsch. Wien).

BRUCKMANN, G., 1988. Mega-Trends für Österreich. Wege in die Zukunft. Wien.

BUSCH, G. M., 1980. Ausblick auf die 80er Jahre. Bevölkerungsstruktur in Österreich in den nächsten dreißig Jahren und ihre volkswirtschaftlichen Folgen. Österr. Institut für Wirtschaftsforschung. Wien.

CHALOUPEK, G., u. J. LAMEL, 1983. Die zweifelnde Gesellschaft. Perspektiven des Fortschritts. Wien.

CHALOUPEK, G., LAMEL, J., u. J. RICHTER, (Hsg.), 1988. Bevölkerungsrückgang und Wirtschaft. Szenarien bis 2051 für Österreich. Heidelberg.

BUNDESKAMMER DER GEWERBLICHEN WIRTSCHAFT (Hsg.), 1986. Szenarien der Österreichischen Wirtschaft bis 2000 – Simulationen mit dem Input-Output-Modell AUSTRIA III. Wien, unveröffentlicht.

CLUB OF ROME, Austrian Chapter, 1988. Zukunft der Arbeit (Diskussionsbeiträge). Wien.

DONAUBAUER, E., FEICHTINGER, G., RIEDL, R., RUCKERBAUER, P., SCHLENGER, W., u. H. ZEMANEK, 1986. Evolution, Mensch, Technik – Perspektiven für das nächste Jahrzehnt. Wien.

DONJAK, G., u. J. HUBER, 1988. Die Berufe mit Zukunft: Countdown ins dritte Jahrtausend. trend. Das österreichische Wirtschaftsmagazin 19/7, 118-124, 124-127, 130-132, 134, 137-139, 141.

DUN & BRADSTREET (Hsg.), 1982. Österreich 2000 – Die zweitausend größten Unternehmungen Österreichs. Wien.

ENGELHARDT, A., 1986. Bundesrepublik 2000 – Umbruch – Alternativen – Zukunft. Köln.

EUROPEAN ECONOMIC COMMISSION (ECE) (Hsg.), 1987. Long Term Perspectives for Human Settlements Development in the ECE Region. ECE/HBP/65, Geneve.

FERRAROTTI, F., 1986. Five Scenarios for the Year 2000. New York.

FINDL, P., HOLZMANN, R., u. R. MÜNZ, 1987. Bevölkerung und Sozialstaat – Szenarien bis 2050. Schriftenreihe des Ludwig-Boltzmann-Instituts für ökonomische Analysen wirtschaftspolitischer Aktivitäten 2. Wien.

FLECHTHEIM, O. K., 1987. Ist die Zukunft noch zu retten? Hamburg.

FRIEDRICH, G. (Hsg.), 1988. Konzepte für Österreich. Materialien zum ORF-Schwerpunkt Österreich 2000. Wien.

GASPARI, C., u. H. MILLENDORFER, 1973. Prognosen für Österreich: Fakten und Formeln der Entwicklung. Wien.

GRYCZAN, W. (Hsg.), 1984. Bundesrepublik Deutschland 2000 – Global 2000. Konsequenzen für die Raumordnungspolitik. Dortmund.

HAFEMAN, M., u. D. SCHLOEPEN, 1986. Technotopia – das Vorstellbare, das Wünschbare, das Machbare. Weinheim.

HOFER, P., ECKERLE, K., FRANZEN, D., u. H. WOLFF (Hsg.), 1986. Die Bundesrepublik Deutschland 1990–2000–2010. Die Entwicklung von Wirtschaft und Bevölkerung in der Bundesrepublik und in den Bundesländern bis 2010. PROGNOS-Report 12. Stuttgart: Verlag Bonacker.

HOCHGERNER, J., 1987. Perspektive 2000. Vorschau auf Veränderung und Technik, Beschäftigung und Berufsstrukturen. Schriftenreihe der Arbeiterkammer, Wien.

INSTITUT IPSO IN ZÜRICH, 1988. Probleme von Wirtschaft und Gesellschaft um die Jahrtausendwende. Im Auftrag des Schweizerischen Wissenschaftsrats in Bern. Bern.

JAENICKE, M. (Hsg.), 1985. Vor uns die goldenen Neunziger Jahre? Langzeitprognosen auf dem Prüfstand. München.

JUNGK, R., u. H. J. MUNDT (Hsg.), 1968. Der Weg ins Jahr 2000. Perspektiven, Prognosen, Modelle. Reihe „Modelle für eine neue Welt" 8. München-Wien-Basel.

KAGER, M., u. H. KEPPLINGER, 1980. Forschung und Entwicklung in Österreich – Analysen und Perspektiven. Schriftenreihe des Ludwig-Boltzmann-Instituts für Wachstumsforschung 6, Wien: 7-8.

KAHN, H., 1980. Die Zukunft der Welt 1980–2000. Wien.

KAHN, H., SCHNEIDER, E., u. J. TRAMMEL, 1983. Österreich, Europa und die Welt in den achtziger Jahren. Zentralsparkasse und Kommerzialbank Wien (Hsg.). Perspektiven, Berichte, Analysen – 1. Teil einer Studie über die Zukunft Österreichs. Wien.

KNAUER, P., 1986. Szenarien zur funktionsräumlichen Arbeitsteilung – ökologische Aspekte. In: Akademie für Raumforschung und Landesplanung (Hsg.): Funktionsräumliche Arbeitsteilung III: 56-92. Hannover.

KLEINEWEFERS, H., 1985. Reformen für Wirtschaft und Gesellschaft – Utopien, Konzepte, Realitäten. Frankfurt/Main.

KOHLER, B., u. R. NAGEL, 1968. Die Zukunft Europas. Reihe „Europäische Schriften des Bildungswerks Europäischer Politik" 19. Köln.

KUNZ, J., u. G. FRIEDRICH, (Hsg.), 1988. Bevor die Zukunft vorbei ist – Österreich 2000. ORF-Schwerpunktprogramm. Wien.

LUTZ, R., 1987. Ökopolis – Eine Anstiftung zur Zukunfts- und Umweltgestaltung. München.

MACKENSEN, R., UMBACH, E., u. R. JUNG (Hsg.), 1984. Leben im Jahr 2000 und danach. Perspektiven für die nächsten Generationen. Berlin.

MAYR, H., u. K. SEITLINGER, 1984. Das zweigeteilte Österreich. Wien.

MANDL, Ch. (Hsg), 1982. Österreich – Prognosen bis zum Jahr 2000. Wien.

MANDL, C., 1982. Methoden und Modelle zu den Österreichprognosen bis zum Jahr 2000. München.

MASUDA, V., 1981. The Information Society as Postindustrial Society. Washington: World Future Society.

MATZNER, E., 1982. Der Wohlfahrtsstaat von morgen. Wien.

MERTENS, P., 1973. Prognosenrechnung. Wien-Würzburg.

MILLENDORFER, H., 1969. Systemtheoretische Aspekte der mittelfristigen Prognose. Zeitschrift für Nationalökonomie 29.

MILLENDORFER, H., 1973. Prognosen für Österreich. Fakten und Formeln der Entwicklung. Wien.

NAISBITT – ABURDENE, 1986. Megatrends des Arbeitsplatzes. Bayreuth.

NAISBITT, J., 1986. Megatrends – 10 Perspektiven, die unser Leben verändern werden. München.

NOVOTNY, E., u. H. TIEBER (Hsg.), 1986/87. Perspektive 90. (Österreich). Eine sozialdemokratische Wirtschaftspolitik. Eine Diskussion. Wien.

OMMI PUBLICATIONS, 1986. Das wird morgen sein. München.

PICHT, G., 1971. Prognose, Utopie, Planung, die Situation des Menschen in der Zukunft der technischen Welt. Stuttgart.

REIBNITZ, U. von, 1987. Szenarien, Optionen für die Zukunft. Hamburg.

ROBERTSON, J., 1985. Future Works: Jobs, Self Employment and Leisure After the Industrial World. New York.

TIETZ, B., 1987 (2. Auflage). Optionen bis 2030 – Szenarien und Handlungsalternativen für Wirtschaft und Gesellschaft in der Bundesrepublik Deutschland. Stuttgart.

VAK, K. (Hsg.), 1985. Strukturen der Zukunft (Österreich). Wien.

WEIZÄCKER, C. F. v., et al., 1986. Bilder einer Welt von morgen – Modelle bis 2009. Eingeleitet und herausgegeben von Heik AFHELDT. Stuttgart.

WILD, W., 1985. Die technologische Herausforderung der 80/90er Jahre. Innovation 6/85 (Bundesrepublik Deutschland).

WILLIS, R. E., 1987. A Guide to Forecasting for Planners and Managers. Englewood Cliffs, New Jersey.

ZENTRALSPARKASSE UND KOMMERZIALBANK (Hsg.) und ASPEN INSTITUTE FOR HUMANISTIC STUDIES, 1987. Österreich in den achtziger Jahren. Erbe der Vergangenheit, Konturen der Zukunft. Wien.

ZUKUNFTSFORSCHUNG. Offizielles Organ der Schweizerischen Vereinigung für Zukunftsforschung (SZF), Zürich, seit 1972.

2. Österreich: Geographie, Raumordnung

2.1. Bibliographien

HUSA, K., 1975 FF. Österreich-Bibliographie. Mitteilungen der Österreichischen Geographischen Gesellschaft 118 ff. (seit 1977 jährlich)

LICHTENBERGER, E., 1975. Forschungsrichtungen der Geographie. Das österreichische Beispiel 1945–1975. Österreich. Geographie, Kartographie, Raumordnung 1945–1975. Hsg. von der Österr. Geogr. Gesellschaft anläßlich des 40. Deutschen Geographentages Innsbruck 1975 (= Mitt. ÖGG 117/I-II): 1-115.

LICHTENBERGER, E., 1988. Geographical Research in Austria at the Universities and the Commission for Regional Research at the Austrian Academy of Sciences. In: Contemporary Essays in Austrian and Hungarian Geography. Proceedings of the First Austro-Hungarian Geographical Seminar Vienna, 17-19 November 1986. Studies in Geography in Hungary 22: 11-48.

LICHTENBERGER, E., 1988. Standort und Entwicklung der österreichischen Geographie 1975 bis 1986. Geographischer Jahresbericht 45: 41-80.

ÖSTERREICHISCHE RAUMORDNUNGSKONFERENZ (ÖROK) (HSG.), 1977 ff. Literatur zur Raumforschung und Raumplanung in Österreich. ÖROK-Dokumentation 1977/1 ff. (jährlich)

STIGLBAUER, K., 1975. Raumordnung und Geographie in Österreich (1945 – 1975). Bemerkungen zu einem Literaturverzeichnis. Mitteilungen der Österreichischen Geographischen Gesellschaft 117/I-II: 215-260.

2.2. Einschlägige Veröffentlichungen

ARNOLD, K., 1989. Industrielle Entwicklungsprozesse in Kern-Peripherie-Räumen. Produkt-Lebenszyklustheorie und regionalwirtschaftliche Effekte. Wiener Geographische Schriften. (Im Druck).

BAUMHACKL, H., 1976. Der Kapitaleinsatz im Fremdenverkehr. Tagungsbericht und wissenschaftliche Abhandlungen, 40. Dt. Geographentag Innsbruck 1975. Wiesbaden: 696-705.

BAUMHACKL, H., 1988. The Phenomenon of Second Homes within the Framework of Housing Markets: The Vienna Example. In: LICHTENBERGER, E., u. M. PECSI (Hsg.). Contemporary Essays in Austrian and Hungarian Geography. Proceedings of the First Austro-Hungarian Geographical Seminar Vienna, 17-19 November 1986. Studies in Geography in Hungary 22: 225-240.

BERNT, D., 1981. Möglichkeiten und Grenzen der alpinen Raumordnung. Situationsskizze – Entwicklungstendenzen – Lösungsansätze. Österr. Institut für Raumplanung (Hsg.), Wien.

BOBEK, H., 1975. Österreichs Regionalstruktur im Spiegel des Atlas der Republik Österreich. Mitteilungen der Österreichischen Geographischen Gesellschaft 117/I-II: 117-164.

BOBEK, H., 1964 – 1980. Atlas der Republik Österreich. Herausgegeben von der Kommission für Raumforschung der Österr. Akademie der Wissenschaften unter der wissenschaftlichen und entwurfskartographischen Gesamtleitung von H. BOBEK. Wien.

BOBEK, H., u. J. STEINBACH (unter Mitarbeit v. K. EHRENDORFER), 1975. Die Regionalstruktur der Industrie Österreichs. Beiträge zur Regionalforschung 1. Komm. f. Raumforschung der Österr. Akademie der Wissenschaften, Wien.

BOBEK, H., u. M. FESL, 1978. Das System der Zentralen Orte Österreichs. Eine empirische Untersuchung. Schriften der Kommission für Raumforschung der Österr. Akademie d. Wissenschaften 3. Wien-Köln.

BOBEK, H., u. E. LICHTENBERGER, 1979. Wien. Bauliche Gestalt und Entwicklung seit der Mitte des 19. Jahrhunderts. Schriften der Kommission für Raumforschung der Österr. Akademie d. Wissenschaften 1 (2. Auflage). Wien-Graz-Köln.

BOBEK, H., u. A. HOFMAYER, 1981. Gliederung Österreichs in wirtschaftliche Strukturgebiete. Beiträge zur Regionalforschung 3. Komm. f. Raumforschung der Österr. Akademie der Wissenschaften, Wien.

BODZENTA, E., SEIDEL, H., u. K. STIGLBAUER, 1985. Österreich im Wandel. Gesellschaft, Wirtschaft, Raum. Wien-New York.

FASSMANN, H., 1986. Aspekte beruflicher Chancen im ländlichen Raum. In: Ziele und Methoden der Regionalforschung und Regionalplanung von ländlichen Gebieten. Wissenschaftliche Mitteilungen des Instituts für Geographie und Geoökologie der Akademie der Wissenschaften der DDR 19: 87-100.

FASSMANN, H., 1987. Zur Geographie des städtischen Arbeitsmarktes. In: Tagungsbericht und wissenschaftliche Abhandlungen 45. Deutscher Geographentag Berlin 1985. Stuttgart: 298-305.

FASSMANN, H., 1988. Spatial Information Systems for the Social Sciences in Austria. In: LICHTENBERGER, E., u. M. PECSI (Hsg.). Contemporary Essays in Austrian and Hungarian Geography. Proceedings of the First Austro-Hungarian Geographical Seminar Vienna, 17-19 November 1986. Studies in Geography in Hungary 22: 79-90.

FESL, M., u. H. BOBEK, 1983. Zentrale Orte Österreichs II. Ergänzungen zur Unteren Stufe, Neuerhebung aller Zentralen Orte Österreichs 1980/81 und deren Dynamik in den letzten zwei Dezennien. Beiträge zur Regionalforschung 4. Komm. für Raumforschung der Österr. Akademie der Wissenschaften, Wien.

FRIEDRICHS, J., HÄUSSERMANN, H., u. W. SIEBEL (Hsg.), 1986. Süd-Nord-Gefälle in der Bundesrepublik? Sozialwissenschaftliche Analysen. Opladen.

GERSTBACH, G., 1988. Spatially Oriented Information Sytems of Geoscientific Disciplines in Austria. In: LICHTENBERGER, E., u. M. PECSI (Hsg.). Contemporary Essays in Austrian and Hungarian Geography. Proceedings of the First Austro-Hungarian Geographical Seminar Vienna, 17-19 November 1986. Studies in Geography in Hungary 22: 67-78.

HALLER, M. (Hsg.), 1982. Klassenbildung und soziale Schichtung in Österreich. Analysen zu Sozialstruktur, sozialen Ungleichheit und Mobilität. Frankfurt.

HEINRITZ, G., and E. LICHTENBERGER (eds.), 1986. Proceedings of the International Symposium on „The Take-off of Suburbia and the Crisis of the Central City“. Erdkundliches Wissen 76. Stuttgart.

JÄGER, W., 1984. Länderregion Ost – Beiträge zu einem räumlichen Leitbild. Planungsgemeinschaft Ost (PGO, Wien) 1984/3.

JUNG, H.-U., 1987. Das wirtschaftliche Süd-Nord-Gefälle in der Bundesrepublik Deutschland. Geographische Rundschau 39/7-8: 443-448.

KANIAK, J., 1983. Das West-Ost-Gefälle der wirtschaftlichen Entwicklung in Österreich – Teil der europäischen Peripherie. Österr. Zeitschrift für Soziologie 8/3: 114-116.

LEITNER, H., 1983. Gastarbeiter in der städtischen Gesellschaft – Zum Problem der Segregation, Integration und Assimilation von Arbeitsmigranten am Beispiel der jugoslawischen Gastarbeiter in Wien. Campus-Forschung 307. Frankfurt-New York.

LICHTENBERGER, E., 1965. Das Bergbauernproblem in den österreichischen Alpen. Erdkunde 19/1: 39-57. (Wiederabdruck in: Zur Entwicklung der vergleichenden Geographie der Hochgebirge. Wissenschaftliche Buchgemeinschaft Darmstadt, 1984: 309-343.)

LICHTENBERGER, E., 1975. The Eastern Alps. Problem Regions of Europe Series (ed. by D. I. SCARGILL). Oxford.

LICHTENBERGER, E., 1976. Der Massentourismus als dynamisches System: das österreichische Beispiel. In: Tagungsbericht und wissenschaftliche Abhandlungen 40. Deutscher Geographentag Innsbruck 1975. Wiesbaden: 673-695. (Wiederabdruck in: Geographie des Freizeit- und Fremdenverkehrs. Wissenschaftliche Buchgemeinschaft Darmstadt, 1984: 345-372.)

LICHTENBERGER, E., 1979. Die Sukzession von der Agrar- zur Freizeitgesellschaft in den Hochgebirgen Europas. Innsbrucker Geographische Studien 5 (= Festschrift für A. Leidlmair): 401-436.

LICHTENBERGER, E., 1980. Die Stellung der Zweitwohnungen im städtischen System – Das Wiener Beispiel. Berichte zur Raumforschung und Raumplanung 24/1: 3-14.

LICHTENBERGER, E., 1981 (1983). Perspektiven der Stadtentwicklung. Geogr. Jahresbericht aus Österreich 40: 7-49.

LICHTENBERGER, E., 1982. Der ländliche Raum im Wandel. In: Das Dorf als Lebens- und Wirtschaftsraum. Internationales Symposium in Mieders vom 28. bis 30. Sept. 1981, veranstaltet v. d. Österr. Ges. f. Land- und Forstwirtschaftspolitik. Wien, 16-37.

LICHTENBERGER, E., 1982. Urbanization in Austria in the 19th and 20th centuries. In: Cities in development, 19th – 20th centuries. 10th International Colloquium Spa, 2-5 Sept. 1980: 259-276.

LICHTENBERGER, E., 1984. Gastarbeiter – Leben in zwei Gesellschaften. (Unter Mitarbeit von Heinz FASSMANN, EDV-Technologie). Wien-Graz-Köln.

LICHTENBERGER, E., 1984. Geography of Tourism and the Leisure Society in Austria. GeoJournal 6/1: 41-46.

LICHTENBERGER E., 1984. Les Alpes dans l'Europe – The Alps in Europe. In: Les Alpes-The Alps-Die Alpen-Le Alpi. 25e Congres International de Geographie Paris-Alpes 1984: 281-294.

LICHTENBERGER, E., 1985. The Crisis of Rural Settlement and Farming in the High Mountain Region of Continental Europe. In: TEJ VIR SINGH, JAGDISH KAUR, IVES, J. D., and B. MESSERLI (eds.). Integrated Mountain Development. (Wiederabdruck aus Geographica Polonica 38: 131-140).

LICHTENBERGER, E., 1986. Zweitwohnungen im Stadtumland. In: Berliner Geographische Arbeiten, Sonderheft 4 (Jubiläumskonferenz 1986 der Sektion Geographie der Humboldt-Universität zu Berlin): 68-74.

LICHTENBERGER, E., FASSMANN, H., u. D. MÜHLGASSNER, 1987. Stadtentwicklung und dynamische Faktorialökologie. Beiträge zur Stadt- und Regionalforschung 8. Komm. f. Raumforschung der Österr. Akademie d. Wissenschaften, Wien.

LICHTENBERGER, E., u. M. PECSI (Hsg.), 1988. Proceedings of the First Geographical Symposium Austria – Hungary 1986. Studies in Geography in Hungary 22, Budapest.

LICHTENBERGER, E., u. H. FASSMANN, 1988. Österreich – der Staat zwischen West und Ost. Geographische Rundschau 40/10: 6-12

LICHTENBERGER, E., 1988. Die Stadtentwicklung von Wien. Probleme und Prozesse. Geographische Rundschau 40/10: 20-27.

LICHTENBERGER, E., 1988. The Succession of the Agricultural Society to a Leisure Society: The High Mountains of Europe. In: ALLAN, N. J. R., KNAPP, G. W., and Ch. STADEL (eds.). Human Impact on Mountains. New Jersey: 218-227.

LICHTENBERGER, E., 1988. Einführung zur Fachsitzung: Szenarien der West-Ost-Entwicklung in Österreich: Ein Beitrag der Geographie zur Zukunftsforschung. In: Tagungsbericht und wissenschaftliche Abhandlungen 46. Deutscher Geographentag München 1987. Stuttgart: 369-372.

MEUSBURGER, P., 1975. Die Auswirkungen der österreichisch-schweizerischen Staatsgrenze auf die Wirtschafts- und Bevölkerungsstruktur der beiden Rheintalhälften. Mitteilungen der Österreichischen Geographischen Gesellschaft 117/III: 303-333.

MEUSBURGER, P., 1979. Die regionale Verbreitung von Arbeitsplätzen für weibliche und männliche Berufstätige nach dem Ausbildungsniveau. Schriftenreihe zur sozialen und beruflichen Stellung der Frau 10. Wien.

MEUSBURGER, P., 1980. Beiträge zur Geographie des Bildungs- und Qualifikationswesens. Regionale und soziale Unterschiede des Ausbildungsniveaus der österreichischen Bevölkerung. Innsbrucker Geographische Studien 7.

MEUSBURGER, P., and K. HÖFLE, 1984. Regional variations of education and differences according to qualifications between „Centre" and „Periphery" in Austria. Some results of the „geography of education". Österreichische Beiträge zur Geographie der Ostalpen anläßlich d. 25. Internationalen Kongresses f. Geographie Paris-Alpen 1984, hsg. v. H. PASCHINGER. Wiener Geogr. Schriften 59/60: 73-93.

ÖSTERREICHISCHES BUNDESKANZLERAMT, 1981. Eigenständige Regionalentwicklung – ein Weg für strukturell benachteiligte Gebiete in Österreich. Raumplanung in Österreich 1. Wien.

ÖSTERREICHISCHE RAUMORDNUNGSKONFERENZ (Hsg.), 1975. Die Grenzgebiete Österreichs. ÖROK Schriftenreihe 7. Wien.

ÖSTERREICHISCHE RAUMORDNUNGSKONFERENZ (Hsg.), 1978. ÖROK-Regionalpolitik in den Ost-Grenzgebieten. ÖROK Schriftenreihe 13. Wien.

ÖSTERREICHISCHE RAUMORDNUNGSKONFERENZ (Hsg.), 1981. Österreichisches Raumordnungskonzept. ÖROK Schriftenreihe 28. Wien.

ÖSTERREICHISCHE RAUMORDNUNGSKONFERENZ (Hsg.), 1987. Entwicklungsmöglichkeiten des Fremdenverkehrs in Problemgebieten. Gutachten des Österreichischen Instituts für Raumplanung. ÖROK Schriftenreihe 53. Wien.

ÖSTERREICHISCHE RAUMORDNUNGSKONFERENZ (Hsg.), 1987. Zweitwohnungen in Österreich. Formen und Verbreitung, Auswirkungen, künftige Entwicklung. ÖROK Schriftenreihe 54. Wien.

ÖSTERREICHISCHE RAUMORDNUNGSKONFERENZ (Hsg.), 1987. Fünfter Raumordnungsbericht. ÖROK Schriftenreihe 55. Wien.

ÖSTERREICHISCHE RAUMORDNUNGSKONFERENZ (Hsg.), 1988. Dorferneuerung in Österreich. Stand und ausgewählte Rahmenbedingungen. ÖROK Schriftenreihe 62. Wien.

ÖSTERREICHISCHE RAUMORDNUNGSKONFERENZ (Hsg.), 1988. Regionale Haushaltsprognose 1981–2011 nach Strukturmerkmalen. ÖROK Schriftenreihe 70. Wien.

ÖSTERREICHISCHES INSTITUT FÜR RAUMPLANUNG und ÖSTERREICHISCHE RAUMORDNUNGSKONFERENZ (ÖROK, Hsg.), 1984 ff. Atlas der räumlichen Entwicklung Österreichs. Wien.

PALME, G., 1984. Standortanforderungen und regionalwirtschaftliche Wirkungen industrieller Betriebsgründungen am Beispiel der Obersteiermark. In: BLAAS, W., RÜSCH, G., u. W. SCHÖNBÄCK (Hsg.). Regionalökonomische Analysen für Österreich. Wien: 177-203.

PALME, G., 1986. Tourismus in der Steiermark – ein Produktzykluskonzept. WIFO-Gutachten. Österreichisches Institut für Wirtschaftsforschung. Wien.

PALME, G., 1987. Cluster- und Strukturanalyse der Industrie in ländlichen Gebieten am Beispiel des Burgenlandes. Aktuelle Beiträge zur angewandten Humangeographie (= Festschrift für H. Bobek). ÖIR-Forum B/7: 63-82.

PALME, G., 1987. Strukturpolitische Aspekte einer Betriebsansiedlungspolitik. Monatsberichte des WIFO 2. Wien: 91-109.

PALME, G., 1988. Räumliche Entwicklungsmuster der österreichischen Industrie. Monatsberichte des WIFO 8. Wien: 473-490.

PEVETZ, W., 1984. Die ländliche Sozialforschung in Österreich 1972–1982. Schriftenreihe der Bundesanstalt für Agrarwirtschaft Wien 41.

PENZ, H., 1978. Die Almwirtschaft in Österreich. Münchner Geographische Studien zur Sozial- und Wirtschaftsgeographie 15.

PENZ, H., 1985. Zum aktuellen Strukturwandel im Bergbauerngebiet Österreichs. Entwicklungstendenzen am Beispiel der Veränderung der Zahl der Rinderhalter 1974–1983. In: SCHAFFER, F., u. W. POSCHWATTA (Hsg.). Angewandte Sozialgeographie (= Festschrift für K. Ruppert). Augsburger Geographische Studien, Sonderband: 147-162.

PENZ, H., 1988. Austrian Alpine Farming between Agriculture and Tourism. In: LICHTENBERGER, E., u. M. PECSI (Hsg.). Contemporary Essays in Austrian and Hungarian Geography. Proceedings of the First Austro-Hungarian Geographical Seminar Vienna, 17-19 November 1986. Studies in Geography in Hungary 22: 209-224.

PLANUNGSGEMEINSCHAFT OST (PGO) (Hsg.), 1981. Symposium: Die Länderregion Ost – wirtschaftliche Probleme und Chancen. PGO – Berichte und Veröffentlichungen 2.

PRISCHING, N., 1985. Die Stagnation von Regionen und Branchen. Eine Theorie sozioökonomischer Anpassungsprozesse. Wirtschaft und Gesellschaft 11/2: 175-194.

SAUBERER, M., 1986. Jüngste Tendenzen der regionalen Entwicklung in Österreich ÖIR-Forum B6: 37-42.

SAUBERER, M., 1988. Geographical Information Systems in Austria. In: LICHTENBERGER, E., u. M. PECSI (Hsg.). Contemporary Essays in Austrian and Hungarian Geography. Proceedings of the First Austro-Hungarian Geographical Seminar Vienna, 17-19 November 1986. Studies in Geography in Hungary 22: 91-98.

SCHULZ, H., 1986. Planungsgemeinschaft Ost (PGO) – Entwicklung, Aufgaben und Leistungen Der Aufbau 1986/2.

SEGER, M., 1976. Sozialgeographische Aspekte der Privatzimmervermietung. Tagungsbericht und wissenschaftliche Abhandlungen, 40. Dt. Geographentag Innsbruck 1975. Wiesbaden: 706-722.

STEINBACH, J., 1980. Bewertung und Simulation der regionalen Verkehrserschlossenheit, dargestellt am Beispiel einer Untersuchung der „regionalen Versorgungsqualität" Österreichs. Beiträge zur Regionalforschung 2. Komm. f. Raumforschung der Österr. Akademie d. Wissenschaften, Wien.

STIGLBAUER, K., 1984. Regional Policy for Austria's Alpine Region. In: Les Alpes-The Alps-Die Alpen-Le Alpi. 25e Congres International de Geographie, Paris 1984: 243-252.

WURZER, R. (HSG.), 1970. Strukturanalyse des österreichischen Bundesgebiets. 3 Bände. Österreichische Gesellschaft für Regionalforschung und Regionalplanung, Wien.

ZIMMERMANN, F., 1988. Phenomena and Types of Tourism in Austria: Results of a Multivariate Analysis. In: LICHTENBERGER, E., u. M. PECSI (Hsg.). Contemporary Essays in Austrian and Hungarian Geography. Proceedings of the First Austro-Hungarian Geographical Seminar Vienna, 17-19 November 1986. Studies in Geography in Hungary 22: 171-184.

Karte 1.1: DIE BEVÖLKERUNGSENTWICKLUNG ÖSTERREICHS 1961 - 1981

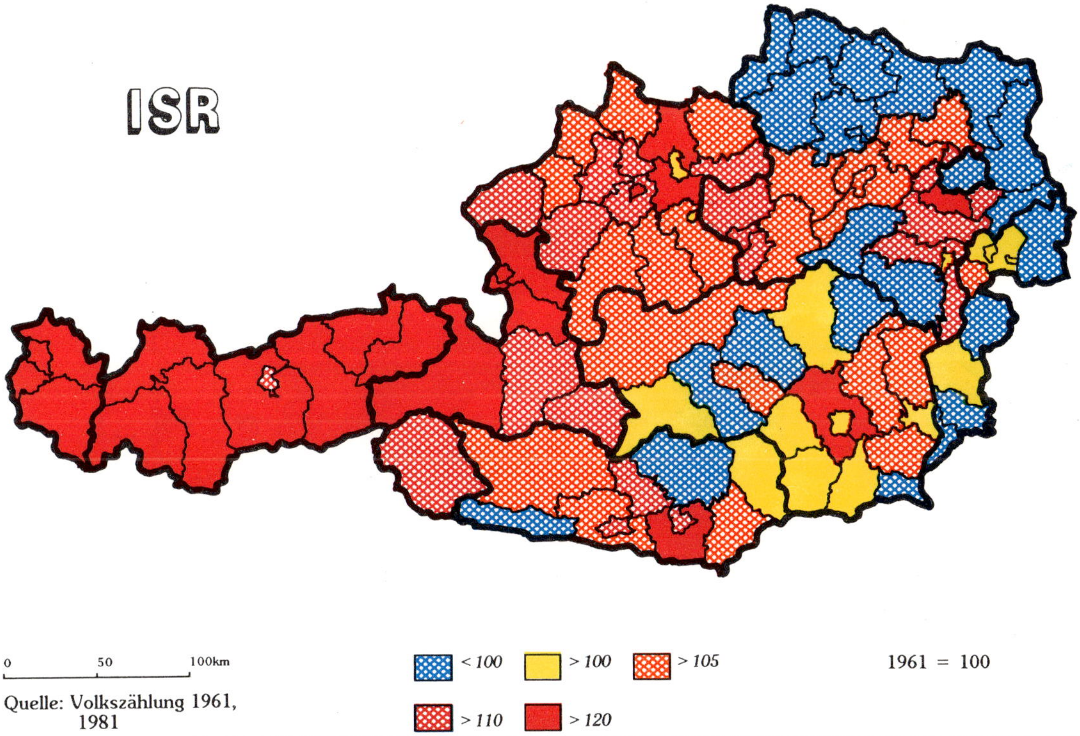

Quelle: Volkszählung 1961, 1981

EDV-GRAPHIK: R. MAXWALD THEMATIK: M. SAUBERER

Karte 1.6: WOHNBEVÖLKERUNG UND AUFGESTOCKTE BEVÖLKERUNG 1981

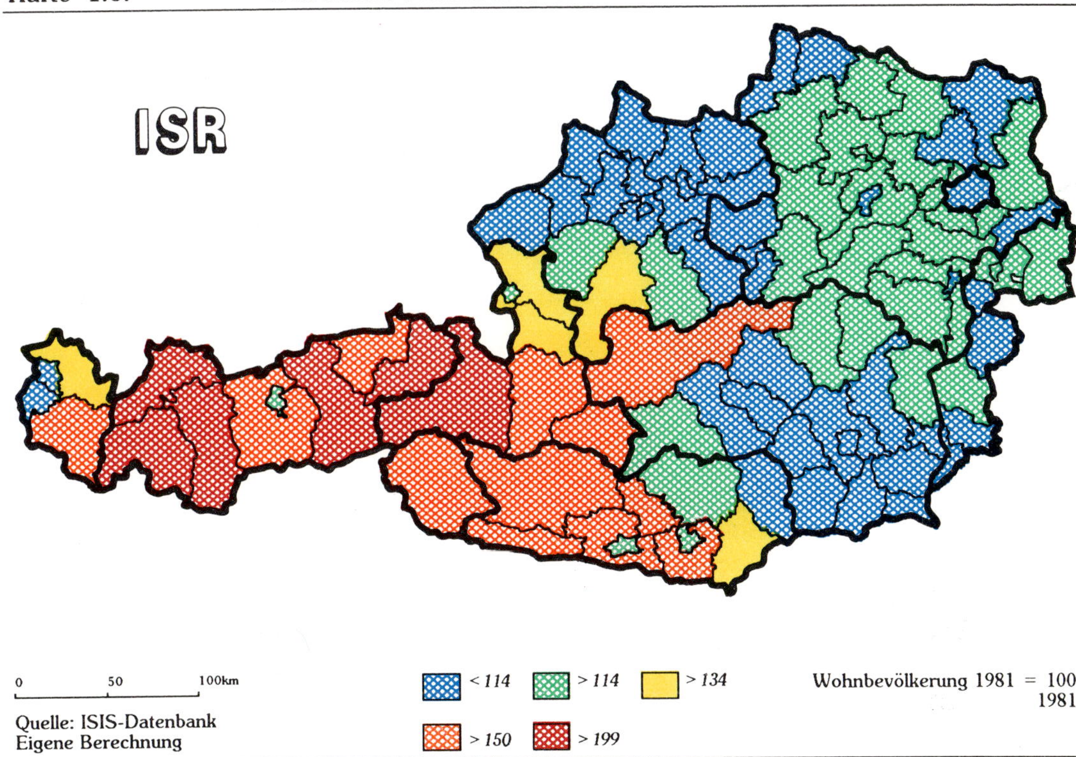

Quelle: ISIS-Datenbank
Eigene Berechnung

EDV-GRAPHIK: R. MAXWALD THEMATIK: E. LICHTENBERGER

Karte 1.7: DIE BEVÖLKERUNGSENTWICKLUNG ÖSTERREICHS 1981 - 2011

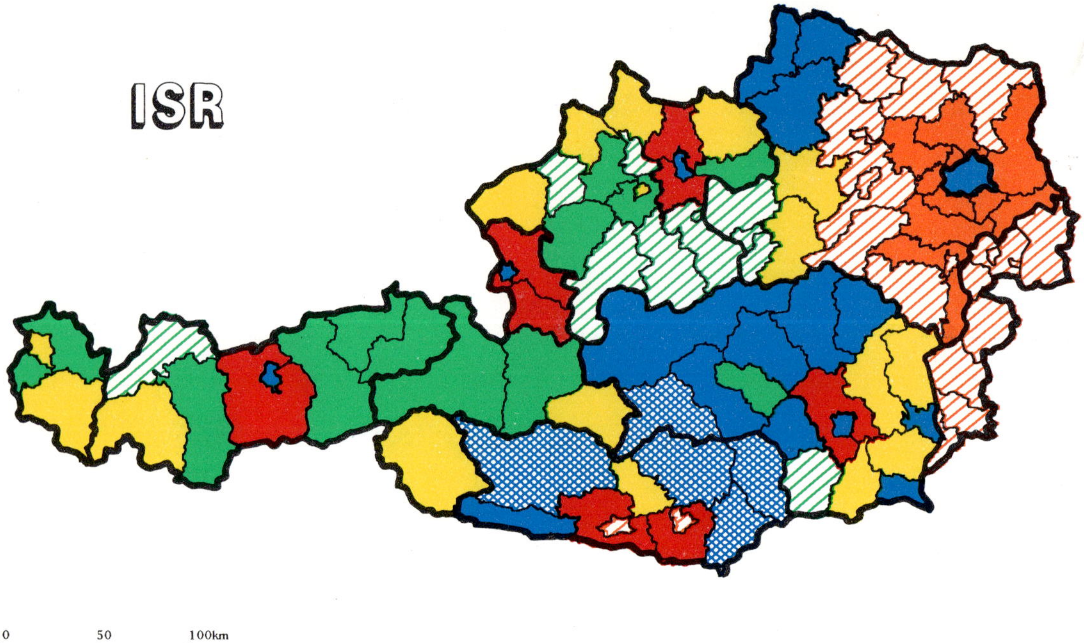

Quelle: ÖROK-Prognose

EDV-GRAPHIK: R. MAXWALD THEMATIK: E. LICHTENBERGER

Karte 1.7: LEGENDE

SUBURBANISIERUNG:

Bevölkerungszunahme:	Starke Suburbanisierung und positive Geburtenbilanz	(rot)
	Starke Suburbanisierung und negative Geburtenbilanz	(orange)
Bevölkerungsabnahme:	Mäßige Suburbanisierung und negative Geburtenbilanz	(orange schraffiert)

WEST - OST - EFFEKTE DES FRUCHTBARKEITSVERHALTENS:

Bevölkerungszunahme stark:	durch positive Geburtenbilanz und Wanderungsbilanz	(grün)
mäßig:	durch positive Geburtenbilanz und Wanderungsbilanz	(grün schraffiert)
mäßig:	bei negativer Wanderungsbilanz	(gelb)
Bevölkerungsabnahme:	trotz positiver Geburtenbilanz bei starker Abwanderung	(blau gemustert)
	bei negativer Geburten und Wanderungsbilanz	(blau)

EDV-GRAPHIK: R. MAXWALD THEMATIK: E. LICHTENBERGER

Karte 1.8: HAUSHALTSGRÜNDUNGEN ALS MOTOR DES WOHNUNGSBEDARFS BIS 2011

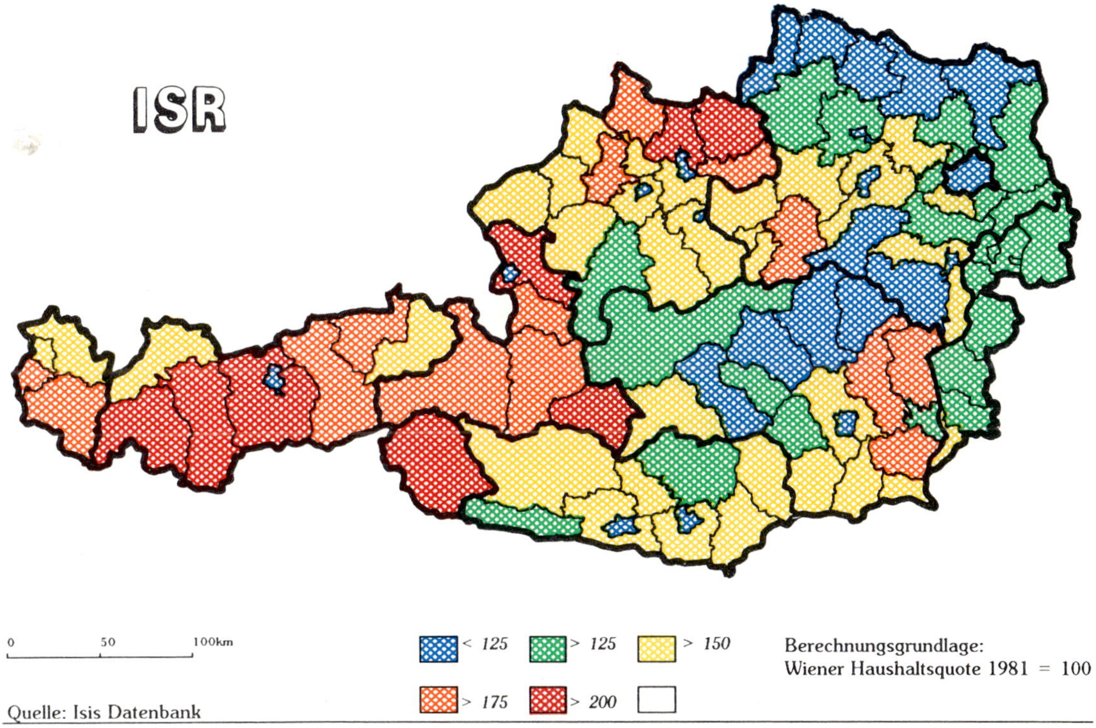

Quelle: Isis Datenbank

EDV-GRAPHIK: R. MAXWALD

THEMATIK: E. LICHTENBERGER

Karte 1.10: DER WOHNUNGSBEDARF AUFGRUND DER HAUSHALTSAUFSPALTUNG UND DES SANIERUNGSBEDARFS AN WOHNUNGEN 2011

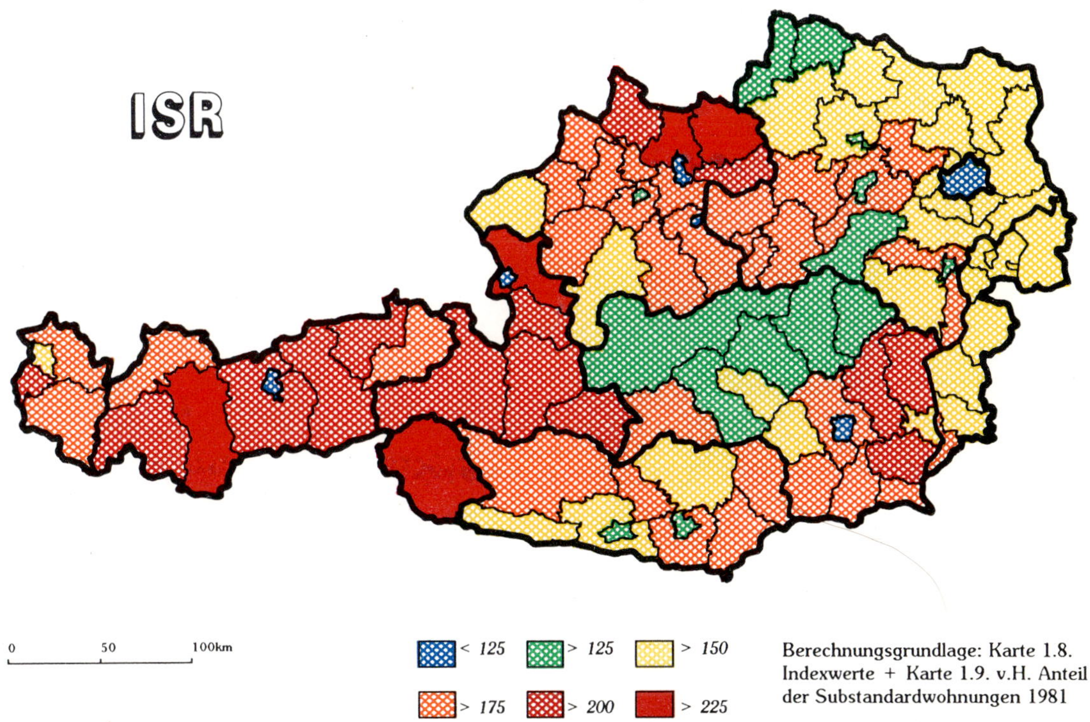

EDV-GRAPHIK: R. MAXWALD

THEMATIK: E. LICHTENBERGER

Karte 2.1: TRENDPROGNOSE DER BEVÖLKERUNG 1981 - 2001

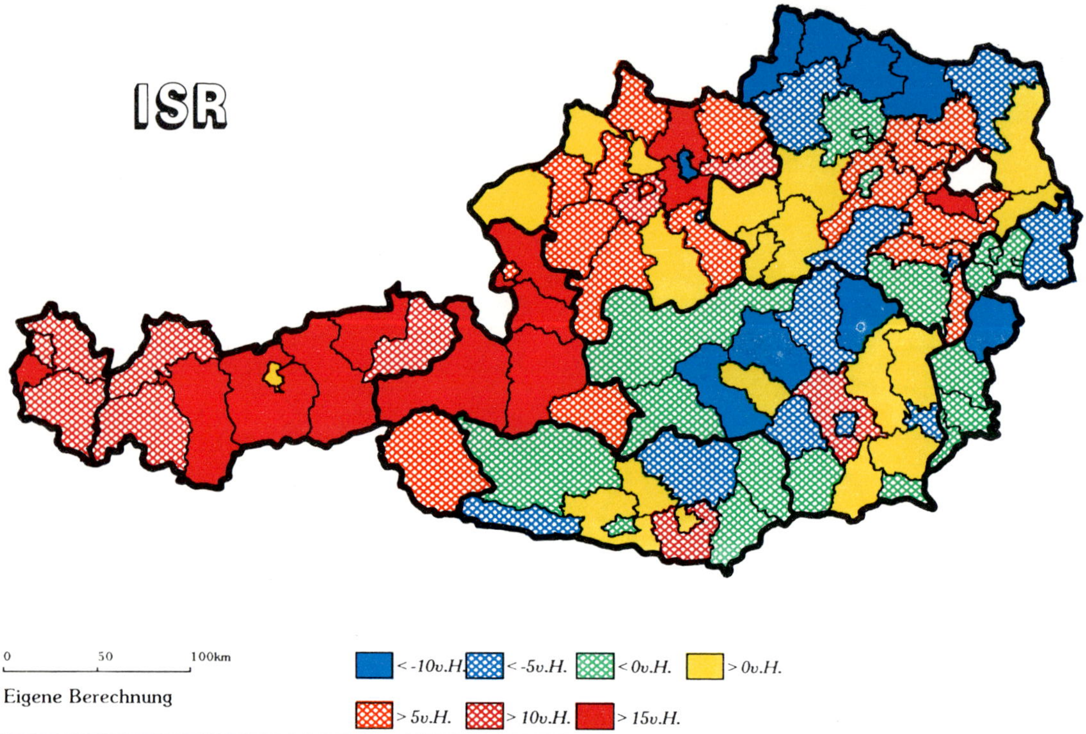

EDV-GRAPHIK: R. MAXWALD THEMATIK: M. SAUBERER

Karte 2.4: MODELLRECHNUNG ZUR BEVÖLKERUNGSENTWICKLUNG 2001 - 2031 OHNE WANDERUNG = ALTERSSTRUKTUREFFEKTE

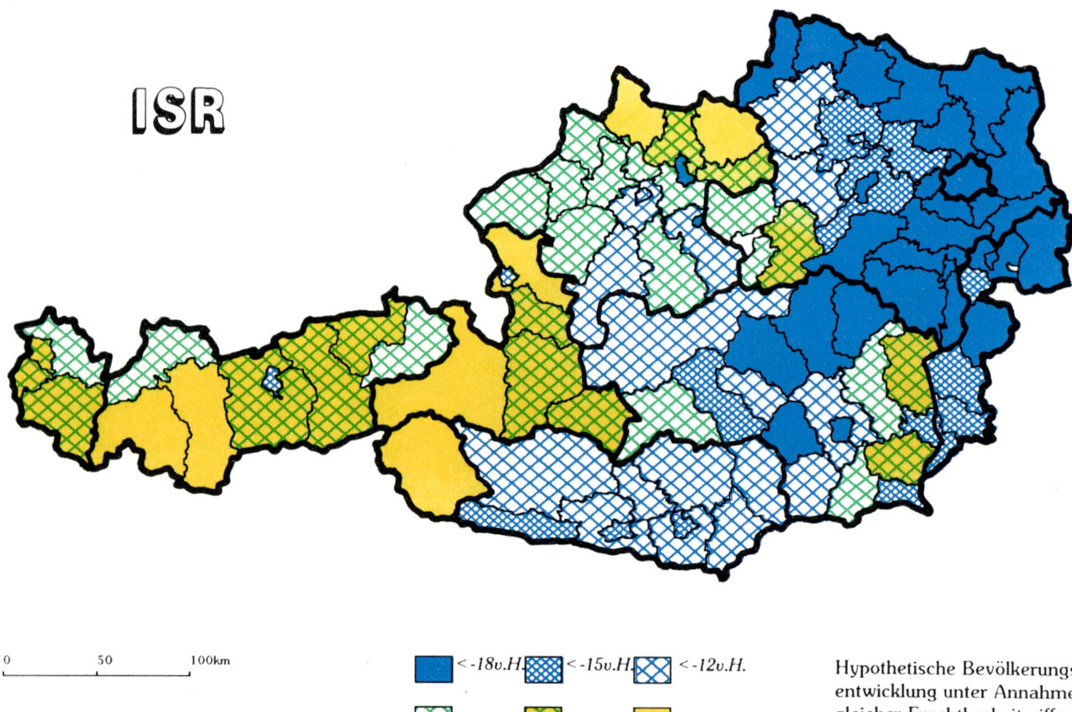

Hypothetische Bevölkerungsentwicklung unter Annahme gleicher Fruchtbarkeitsziffern

Eigene Berechnung

EDV-GRAPHIK: R. MAXWALD THEMATIK: M. SAUBERER

2. Prognosemodelle und Szenarien zur räumlichen Bevölkerungsentwicklung Österreichs bis 2030

von Michael SAUBERER, Wien

Inhaltsverzeichnis

2.1. Einleitung
2.2. Der Rückgang der Fertilität – ein europäisches Phänomen
2.3. Die Dezennien der regionalen Bevölkerungsentwicklung in Österreich seit 1945
2.4. Das derzeitige demographische Regime
2.5. Die Ergebnisse der Trendprognose 1981 – 2001
2.6. Thesen, Annahmen und Ergebnisse der Modellrechnungen zur Bevölkerungsentwicklung 2001 – 2031
2.6.1. Thesen zur Fertilität und den Wanderungsbewegungen
2.6.2. Annahmen der Modellrechnungen zur Bevölkerungsentwicklung
2.6.3. Interpretation der wichtigsten Ergebnisse der Modellrechnungen 2001 bis 2031
2.7. Zusammenfassung
Anhang
Literaturverzeichnis

2.1. Einleitung

In der vorliegenden Arbeit wird ein Ausblick auf Alternativen der künftigen räumlichen Bevölkerungsentwicklung in Österreich gegeben und der Versuch unternommen, folgende inhaltliche Problembereiche miteinander zu verknüpfen:

1. die Phänomene des Fertilitätsrückganges und des demographischen Alterns, die in ihrer österreichbezogenen Perspektive gewissermaßen das Hauptmotiv der Arbeit sind,

2. Bedeutung und Wirkungsmechanismen der Wanderungsbewegungen Österreichs bzw. seiner Großräume mit dem Ausland und zwischen den Großräumen Österreichs,

3. die grundsätzliche Problematik der West-Ost-Gegensätze innerhalb Österreichs und deren mögliche Weiterentwicklung.

Der behandelte Zeitraum von 1981 bis 2031 wurde in zwei Abschnitte gegliedert, die methodisch unterschiedlich behandelt werden:

1. Für den Zeitabschnitt 1981–2001, der bei Abfassung dieses Berichtes schon zu zwei Fünftel abgelaufen ist, wird eine mit Hilfe des multiregionalen Bevölkerungsprognosemodells des ÖIR (vgl. SAUBERER 1982) für die einzelnen Politischen Bezirke berechnete Trendvariante dargestellt. In dieser Variante wird versucht, unter Berücksichtigung der demographischen Systemzusammenhänge möglichst genau den Trend der Entwicklung 1981–1984 fortzuschreiben. (ÖROK: Österreichische Raumordnungskonferenz – Veröffentlichung Variante IIb).

2. Aufbauend auf den Trendergebnissen für das Jahr 2001 werden mit Hilfe eines einregionalen („Cohort-Survival") Modells Simulationsrechnungen vor allem für die Bundesländergruppen bis zum Jahre 2031 durchgeführt. Hierbei wird der Schwerpunkt bewußt auf Extremvarianten gelegt.

2.2. Der Rückgang der Fertilität – ein europäisches Phänomen

Die Bevölkerungsentwicklung hat in den letzten Jahren erhöhte Aufmerksamkeit erlangt, weil die „demographischen Regimes" in den Mitgliedsstaaten des Europarates in eine in diesem Ausmaß in der jüngeren Bevölkerungsgeschichte einmalige Phase der Schrumpfung und des demographischen Alterns eingetreten sind. Kennzeichen dieser Phase sind rückläufige Fertilitätsziffern, die signifikant unter dem Reproduktionsniveau liegen, und steigende Lebenserwartung.

Aus Tabelle 2.1 ist zu entnehmen, daß die Gesamtfertilitätsziffern in allen Mitgliedsstaaten des Europarates mit Ausnahme von Irland (1983/84 : 2,58) deutlich unter dem Reproduktionsniveau von ca. 2,1 liegen. In den sozialistischen Staaten ist die Situation unterschiedlich. Wenngleich die jüngsten Daten z.T. noch nicht vorliegen, kann mit hoher Wahrscheinlichkeit geschätzt werden, daß die Gesamtfertilitätsziffer derzeit in der UdSSR, in Polen, Rumänien Jugoslawien und in der ČSSR über 2,0 liegt. Nur in der DDR und in Ungarn liegen die Ziffern unter dem Reproduktionsniveau.

Die Bundesrepublik Deutschland, Österreich und die Schweiz haben zusammen mit Dänemark derzeit die niedrigsten Fertilitätsraten der Welt, wodurch eine umfassende Untersuchung des Phänomens der schrumpfenden Bevölkerungsbewegung sowohl ursachen- wie auch wirkungsspezifisch besonders aktuell wird (vgl. Tabelle 2.2).

Wenngleich in den meisten Staaten Europas die Fertilität unter dem Reproduktionsniveau liegt, folgt die Entwicklung keineswegs einer asymptotisch abnehmenden Kurve. Vielfach treten nicht unerhebliche Schwankungen und, in allerjüngster Zeit, Wiederanstiege auf. In der Bundesrepublik Deutschland war 1986 ein

Tabelle 2.1: **Gesamtfertilitätsziffer in den Mitgliedstaaten des Europarates und in den sozialistischen Staaten Europas 1986**

Gesamtfertilitätsziffer 1986			
Mitgliedstaaten des Europarates		Sozialistische Staaten	
Irland	2,43	UdSSR*	2,30
Finnland	1,84	Polen	2,20
Frankreich	1,84	Rumänien*	2,20
Schweden	1,79	Jugoslawien*	2,10
England	1,78	CSSR	2,08
Griechenland	1,68	Bulgarien	2,00
Norwegen	1,63	Ungarn	1,83
Portugal	1,61	DDR	1,74
Spanien	1,60		
Niederlande	1,56		
Belgien	1,53		
Schweiz	1,53		
Dänemark	1,48		
Luxemburg	1,45		
Österreich	1,45		
Italien	1,42		
Bundesrepublik Deutschland	1,36		

Quelle: ÖSTZ: Demographisches Jahrbuch Österreichs 1986
* Schätzung nach ERMISCH, J. u. H. JOSHI, 1987.

fünfprozentiges Fruchtbarkeitswachstum zu verzeichnen, auch in Belgien und Luxemburg gab es nach einer Reihe von Jahren mit rückläufiger Entwicklung 1986 erstmals wieder eine Aufwärtsentwicklung. In den Niederlanden, in Dänemark, Schweden und Frankreich kann eine Erhöhung der Fertilität schon etwas länger beobachtet werden (vgl. ÖStZ 1988, S. 11). In Österreich unterscheidet sich die Entwicklung davon insoferne, als seit 1981 ein kontinuierlicher Rückgang (wenngleich mit wechselnden jährlichen Abnahmeraten) besteht. Das Ausmaß des jüngsten

Tabelle 2.2: **Entwicklung der Gesamtfertilitätsziffer in der Bundesrepublik Deutschland, in Österreich und der Schweiz 1970 – 1986**

	Gesamtfertilitätsziffer (GFZ)		
Staat	1970	1980	1986
Bundesrepublik Deutschland	2,01	1,45	1,36
Österreich	2,29	1,65	1,45
Schweiz	2,40	2,09	1,53

Quelle: HÖPFLINGER (1987) und Statistische Handbücher der angeführten Staaten.

Rückganges der Gesamtfertilitätsziffern ist jedoch wesentlich geringer als in den sechziger und siebziger Jahren (vgl. Tabelle 2.3).

Aussagen über den demographischen Prozeß des Alterns und der Schrumpfung können von der gesamtstaatlichen nicht analog auf die regionale Ebene übertragen werden. In den meisten Staaten Europas sind die innerstaatlichen Unterschiede des Niveaus und der Entwicklung der Fertilität wesentlich höher als im gesamtstaatlichen internationalen Vergleich. Durch die Wanderungen, deren innerstaatliches bzw. zwischenregionales Volumen wesentlich größer ist als das internationale, werden die Ungleichheiten der Bevölkerungsentwicklung verstärkt.

Tabelle 2.3: **Gesamtfertilitätsziffern in Österreich 1961 – 1986**

Jahr	Gesamtfertilitätsziffer
1961	2,78
1971	2,20
1973	2,00
1981	1,67
1982	1,66
1983	1,56
1984	1,52
1985	1,47
1986	1,45

Quelle: ÖStZ, 1988.

Der Geburtenrückgang und der Prozeß des demographischen Alterns haben langfristige Auswirkungen auf weite Bereiche des gesellschaftlichen, wirtschaftlichen und politischen Lebens. Auch von politischer Seite wird diesen Fragen verstärkte Aufmerksamkeit gewidmet (vgl. u.).

2.3. Die Dezennien der regionalen Bevölkerungsentwicklung in Österreich seit 1945

Zum Verständnis der künftigen demographischen Entwicklung ist eine detaillierte Analyse der Vergangenheit notwendig, da gerade in der Bevölkerungsentwicklung einschneidende Ereignisse in der Vergangenheit über die Veränderung der Altersstruktur langfristige Auswirkungen haben. Die regionale Bevölkerungsentwicklung Österreichs seit Ende des Zweiten Weltkrieges weist in den durch die Großzählungen abgegrenzten Abschnitten bzw. Dezennien folgende Tendenzen auf (vgl. Tabelle 2.4):

Tabelle 2.4: **Hauptphasen der regionaldemographischen Entwicklung Österreichs 1945 – 1988**

		1945 – 1951	1951 – 1961	1961 – 1971	1971 – 1981	1981 – 1988
NATÜRLICHE BEVÖLKERUNGSBEWEGUNG	Österreich insg. GFZ	2,3	2,4	2,6	1,7	1,45
	Österreich insg. /Jahr	+ 28.000	+ 25.000	+ 35.000	+ 0	+ 0
	regionale Differenzierung	Stadt-Land-Differenzierung höher als West-Ost-Differenzierung	relative Verbesserung der Städte	Beginn des Disparitätenabbaus	weiterer Disparitätenabbau durch Reduzierung d. GFZ der peripheren Gebiete	Ende des Rückganges der Fertilität in der Ostregion
WANDERUNGSBEWEGUNG	International	Wanderungsverlust bei hohem Wanderungsvolumen	Wanderungsverlust v. a. durch Auswandern (z. T. Übersee)	Wanderungsgewinn v. a. durch Gastarbeiterzustrom	Wanderungsgewinn durch Zuwanderung von Nicht-Erwerbstätigen (u. a. Familienzusammenführung)	wie 1971 – 1981
	großräumig	Ost-West-Wanderung	wesentliche Reduzierung d. Volumens, ausgeglichene Bilanz zwischen Ost und West	weitere Reduzierung	nochmalige leichte Reduzierung	wie 1971 – 1981
	Zwischenbez.	hohes Volumen, diffuse Trends kriegsfolgebedingte Wanderung überwiegt (displaced persons)	extrem starke Abwanderung aus agrar. Gebieten v. a. in Großstädte	Reduzierung d. Abwanderung aus peripheren Gebieten, Beginn der Stadt-Umland-Wanderung	verstärkte Stadt-Umland-Wanderung, ansonsten sinkende Moblität	Anzeichen eines Nachlassens der Stadt-Umland-wanderung
RÄUMLICHES VERTEILUNGSMUSTER		Dezentralisierung im Vgl. zur Vorkriegszeit	Konzentrationstendenz durch Zuzug in die Großstädte	Abschwächung des Konzentrationstrends, durch Stärkung regionaler Zentren dezentralisierte Konzentration	Beginn eines Dezentralisierungstrends	stabil gegenüber 1971 – 1981

Die unmittelbare Nachkriegszeit bis 1950 stand unter dem Vorzeichen des Rückstroms der während des Kriegs aus den Ballungsräumen evakuierten Bevölkerung.

Zwischen den beiden Volkszählungen 1951 und 1961 stieg die Einwohnerzahl Österreichs um rd. 140.000 auf 7,074 Mill. (2,0 v. H.) an. Dem Zuwachs aus der Geburtenbilanz (269.000 oder 3,9 v. H.) steht eine negative internationale Wanderungsbilanz (– 129.000 oder 2,0 v. H.) gegenüber. Österreich ist in diesem Jahrzehnt ein Auswanderungsland. Gleichzeitig findet eine starke räumliche Konzentration der Bevölkerung auf die Mittel- und Großstädte statt. Die kleinen Gemeinden mit weniger als 2.000 Einwohnern verlieren durch Abwanderung rd. 10 v. H. der 1951 in diesen Gemeinden wohnhaften Bevölkerung, d. s. 240.000 Einwohner, die Gemeinden mit mehr als 20.000 Einwohnern gewinnen durch Zuwanderung rund 160.000 Einwohner (= 6 v. H. der Wohnbevölkerung von 1951) (vgl. Tabelle 2.5).

Tabelle 2.5: **Bevölkerungsentwicklung 1951 – 1981 nach Gemeindegrößenklassen und Komponenten**

	Wohnbev. 1981		Bevölkerungsentwicklung 1951 – 1961 v. H.			Bevölkerungsentwicklung 1961 – 1971 v. H.			Bevölkerungsentwicklung 1971 – 1981 v. H.		
Gemeindegrößenklassen	in 1.000	v. H.	insg.	Geburtenbilanz	Wanderungsbilanz	insg.	Geburtenbilanz	Wanderungsbilanz	insg.	Geburtenbilanz	Wanderungsbilanz
bis 1.000	494	*6,5*	*– 3,1*	*8,6*	*– 11,7*	*8,6*	*12,5*	*– 4,0*	*5,6*	*6,0*	*– 0,4*
1.001 – 2.000	1.483	*19,7*	*1,6*	*10,0*	*– 8,4*	*6,3*	*9,7*	*– 3,7*	*3,7*	*3,7*	*0,1*
2.001 – 3.000	882	*11,7*	*2,1*	*8,6*	*– 6,5*	*5,9*	*8,6*	*– 2,6*	*2,1*	*2,7*	*– 0,6*
3.001 – 5.000	792	*10,5*	*4,8*	*7,5*	*– 2,7*	*10,4*	*8,2*	*2,1*	*3,6*	*1,9*	*1,7*
5.001 – 10.000	664	*8,7*	*8,0*	*5,8*	*2,2*	*9,0*	*7,1*	*1,9*	*1,9*	*0,8*	*1,1*
10.001 – 20.000	475	*6,3*	*4,6*	*3,8*	*0,8*	*8,5*	*5,8*	*2,7*	*1,4*	*0,1*	*1,3*
20.001 – 50.000	446	*5,9*	*6,3*	*2,5*	*3,8*	*6,9*	*4,4*	*2,6*	*1,1*	*– 1,4*	*2,5*
50.001 – 500.000	787	*10,4*	*5,8*	*1,3*	*4,5*	*9,1*	*2,7*	*6,4*	*0,6*	*– 1,3*	*1,9*
bis 1,000.000	1.531	*20,3*	*0,7*	*– 6,4*	*7,2*	*– 0,5*	*– 4,7*	*4,2*	*– 5,5*	*– 7,2*	*1,8*
Österreich	7.535	*100,0*	*+ 2,0*	*+ 3,9*	*– 1,9*	*5,9*	*4,8*	*1,1*	*0,9*	*– 0,1*	*1,0*

Quelle: ÖStZ 1988.

Vor allem periphere und agrarisch geprägte Politische Bezirke werden von den Folgewirkungen der „Landflucht" betroffen. Der Anteil der Bevölkerung in der Land- und Forstwirtschaft nimmt von 22 v. H. (1951) auf 16 v. H. (1961) ab. Neue nichtlandwirtschaftliche Arbeitsplätze entstehen mehrheitlich in den Ballungsräumen.

Bedingt durch die jüngere Altersstruktur und die höhere Fertilität kommt es zu einem West-Ost-Gefälle des Bevölkerungswachstums. Die sechziger Jahre sind die stärkste Wachstumsphase seit dem Ersten Weltkrieg, die Bevölkerungszahl Österreichs nimmt zwischen 1961 und 1971 um rd. 380.000 auf 7,456 Mill. zu (5,4 v. H.), in erster Linie aufgrund einer positiven Geburtenbilanz von rd. 341.000. Die internationale Wanderungsbilanz ist erstmals seit dem Zweiten Weltkrieg wieder positiv (+77.000, d.s. 1,1 v.H.).

Das räumliche Entwicklungsmuster ist durch Suburbanisierungstendenzen gekennzeichnet. In den ländlichen und peripheren Gebieten verringert sich der Wanderungsverlust. Die Erfolge der Regionalpolitik bei der Schaffung neuer Arbeitsplätze in peripheren Gebieten sind mitbedingt durch die günstige wirtschaftliche Gesamtentwicklung.

Die großräumige Bevölkerungsverteilung zeigt eine Fortsetzung der bereits zwischen 1951 und 1961 beobachteten Bevölkerungszunahme der westlichen Bundesländer Salzburg, Tirol und Vorarlberg (17,0 v.H.). Es besteht jedoch weiterhin keine ausgeprägte Ost-West-Wanderung; sowohl der Westen wie auch die Ostregion verzeichnen einen Wanderungsgewinn, der durch Zuwanderung aus dem Ausland und einen Wanderungsverlust der Bundesländer Steiermark und Kärnten entsteht.

Im Zeitraum 1971–1981 verstärkt sich die Suburbanisierung. Die Kernstädte von Wien, Linz, Graz und Innsbruck verzeichnen zum Teil beträchtliche Abnahmen der Einwohnerzahlen; teilweise ist die Stadtflucht in die Umgebungsbezirke bereits größer als die Zuwanderung. Es tritt somit neben dem Geburtendefizit auch ein Wanderungsverlust in den Kernstädten auf. Infolge des starken Rückgangs der Fertilität weist das gesamte Bundesgebiet seit 1975 ein schwaches Geburtendefizit auf, die Einwohnerzahl Österreichs steigt nur dank des internationalen Wanderungsgewinnes (+73.000 = 1,0 v.H.) geringfügig an und beträgt im Jahre 1981 rd. 7,555 Mill.

Die regionale Bevölkerungsverteilung ist somit nahezu ein „Nullsummenspiel" geworden. Die Gesamtzunahme der Wachstumsgebiete (d.s. vor allem die suburbanen Zonen sowie große Teile Westösterreichs) ist gleich groß wie die Abnahme in den peripheren Gebieten. Von den 95 Politischen Bezirken Österreichs weisen 30 im Jahrzehnt 1971–1981 eine Bevölkerungsabnahme auf (1961–1971 waren es nur 14 Bezirke).

Der „Umverteilungseffekt" der Wanderungsbewegung nach Gemeindegrößenklassen läßt allerdings generell stark nach. Die kleinen Gemeinden mit weniger als 2.000 Einwohnern weisen nur mehr einen verschwindend kleinen Wanderungsverlust auf, die Gemeinden bis 5.000 Einwohner verzeichnen erstmals einen Gewinn. Es überrascht besonders, daß die Zwerggemeinden bis 1.000 Einwohner mit 5,6 v.H. das höchste Wachstum aufweisen. Im Jahrzehnt 1951–1961 hatte diese Größenklasse den stärksten Bevölkerungsverlust.

2.4. Das derzeitige demographische Regime

Als Grundlage für die Prognose der künftigen Bevölkerungsentwicklung sind die Hauptparameter des demographischen Systems von Bedeutung, welche Fertilität, Mortalität und Migration sowie die Altersstruktur der derzeitigen Wohnbevölkerung beschreiben.

Das demographische System kann in der räumlichen Hierarchie nach folgenden Ebenen gegliedert werden:

1. die gesamtstaatliche Ebene
2. die Ebene von Bundesländern und Bundesländergruppen
3. die regionale Ebene (etwa Politische Bezirke).

Im Rahmen der vorliegenden Arbeit sind primär die ersten beiden Ebenen von Bedeutung, in abgeschwächtem Maße auch die regionale Ebene, vor allem um Zentrum-Peripherie-Muster zu erkennen.

Auf kürzeste Form zusammengefaßt, kann das gegenwärtige demographische System der relevanten räumlichen Ebenen durch folgende Merkmale beschrieben werden (hinsichtlich einer ausführlicheren Darstellung und Bewertung vgl. SAUBERER 1985):

1. eine weit unter dem Reproduktionsniveau liegende Fruchtbarkeitsziffer: Gesamtfruchtbarkeitsrate 1984 = 1,52, das ist die Ausgangsannahme für die Trendvariante (in der Zwischenzeit erfolgte ein weiterer Rückgang auf 1,43 im Jahre 1986), mit einer Spannweite der Politischen Bezirke von 1:1,84 und einem Ost-West-Unterschied im Ausmaß von 1:1,24,
2. eine durchschnittliche Lebenserwartung von 77,3 Jahren bei Frauen, 70,4 Jahren bei Männern,
3. im internationalen Vergleich niedrige Binnenwanderungsquoten. Der Anteil der Personen, die innerhalb von fünf Jahren den Wohnbezirk gewechselt haben, liegt bei 4,5 v. H.,
4. äußerst niedrige Wanderungen zwischen den Bundesländern, die Länderregion Ost ausgenommen. Die oft zitierte Ost-West-Wanderung ist in Wirklichkeit nicht vorhanden.

2.5. Die Ergebnisse der Trendprognose 1981 – 2001

Entsprechend den Ergebnissen der Trend-Prognose wird die Zahl der Wohnbevölkerung Österreichs zwischen 1981 und 2001 um 84.000 auf 7,639 Mill. zunehmen. Der Zuwachs wird ausschließlich durch den internationalen Wanderungsgewinn (rd. + 175.000) verursacht, die Geburtenbilanz ist negativ (rd. – 90.000).

Eines der markantesten Ergebnisse ist die ungleiche Entwicklung der Besetzung einzelner wichtiger Altersklassen. Dies ist eine Folge des mehrmaligen Wechsels der z. T. kriegsbedingten demographischen Hauptentwicklungsrichtung, verbunden mit Schwankungen vor allem der Fertilität. Wie Tabelle 2.6 zeigt, wird die Zahl der

Schulpflichtigen um 17 v. H. zurückgehen, die Zahl der Erwerbsfähigen zwischen 20 und 59 Jahren wird noch um 9 v. H. und die der Personen über 60 Jahre um 10 v. H. steigen.

Tabelle 2.6: **Trendprognose wichtiger Altersgruppen 1981 – 2001**

Altersgruppe	Entwicklung 1981 – 2001	Entwicklungsverlauf
Vorschulpflichtige (0 – 5 Jahre)	*– 8,3* (– 43.351)	bis 1991 leichte Zunahme,dann Abnahme
Schulpflichtige (6 – 14 Jahre)	*– 17,0* (– 168.082)	bis 1991 starke Abnahme, dann Stagnation
Erwerbsfähige (20 – 59 Jahre)	*+ 9,0* (+ 353.228)	bis 1996 starke Zunahme, dann Abnahme
Pensionsalter (60 Jahre und darüber)	*+ 9,7* (+ 141.027)	unregelmäßige Zunahme (1991 – 1996 Stagnation)

Quelle: eigene Berechnungen.

Großräumig wird es weiter zu einem Bevölkerungswachstum im Westen Österreichs kommen (+ 14,1 v. H.), die Ostregion wird weiterhin Bevölkerung verlieren (– 4 v. H.). Wie schon in der Vergangenheit ist diese Entwicklung ausschließlich eine Folge der bestehenden (und in der Trendvariante daher auch für die zukünftige Entwicklung angenommenen) regionalen Fertilitätsunterschiede und der Disparitäten im Altersaufbau. (vgl. Karte 2.1).

Betrachtet man das Zentrum-Peripherie-Gefälle, so werden die großstädtischen Zentren im Gesamtdurchschnitt 7 v. H. ihrer Bevölkerung verlieren. Die sogenannten zentralen Bezirke (im wesentlichen die Gebiete der Suburbanisierung) werden um 8 v. H. zunehmen, die peripheren Gebiete um knapp 1 v. H. Allerdings werden sich die letztgenannten Gebiete sehr unterschiedlich entwickeln. In Westösterreich (hohe Fertilität, junges Durchschnittsalter) kommt es zu einer Zunahme von 14 v. H., in Ostösterreich zu einer Abnahme von 6 v. H. (vgl. Tabelle 2.7).

Die Aufgliederung der Bevölkerungsentwicklung 1981 – 2001 nach Bundesländergruppen, Großstädten, zentralen und peripheren Bezirken läßt deutlich folgendes Muster erkennen:

1. In allen Typen des Siedlungssystems besteht ein West-Ost-Gefälle der Entwicklung.

2. Die höchsten Zunahmen verzeichnen die Umgebungsbezirke der Großstädte Wien, Linz, Salzburg und Innsbruck (z. T. über 30 v. H.).

3. Die höchsten Abnahmen polarisieren sich im Siedlungssystem und umfassen einerseits die Großstädte und andererseits periphere Gebiete Ostösterreichs, aber auch Teile der Obersteiermark und von Kärnten.

Tabelle 2.7: **Bevölkerungsentwicklung 1981–2001 nach Bundesländergruppen, Großstädten, zentralen und peripheren Bezirken**

	Großstädte	zentrale Bezirke	periphere Bezirke	Summe	
	v.H.	v.H.	v.H.	v.H.	absolut
Ostösterreich	*–8,5*	*+4,3*	*–5,7*	*–4,0*	–129.000
Südösterreich	*–4,5*	*–1,1*	*–0,7*	*–2,6*	–44.000
Oberösterreich	*–9,8*	*+11,3*	*+5,8*	*+5,5*	+70.000
Westösterreich	*+1,3*	*+20,2*	*+13,0*	*+14,1*	+187.000
Österreich	*–6,9*	*+7,7*	*+0,6*	*+1,1*	
absolut	–160.000	+209.000	+35.000	+84.000	

Quelle: Eigene Berechnungen.

Im räumlichen Muster unterscheiden sich allerdings die Geburtenbilanz und die Wanderungsbilanz im Zeitraum 1981–2001 sehr deutlich:

Die Geburtenbilanz zeigt

- ein deutlich ausgeprägtes Ost-West-Gefälle
- einen ausgeprägten Negativsaldo in den Großstädten, den peripheren Gebieten Ostösterreichs und den strukturschwachen Industriebezirken der Ostregion sowie der Obersteiermark (z.T. mit Werten von über –15 v.H.)

Die Wanderungsbilanz hat ein anderes Verteilungsmuster,

- Wanderungsgewinne haben das Umland von Wien und der größere Teil der Ostregion sowie die Mehrheit der Bezirke in Oberösterreich und Westösterreich zu erwarten.
- Große Teile Südösterreichs müssen dagegen mit Wanderungsverlusten rechnen.

Markante Differenzierungen ergeben sich bei einer altersspezifischen Disaggregation der Bezirksergebnisse. Der Prozeß der Bevölkerungsschrumpfung und des demographischen Alterns durchläuft mehrere Stadien in den einzelnen Bundesländergruppen Österreichs. Während in Ostösterreich die Schrumpfung bereits jetzt einsetzt, kommt es in Westösterreich zunächst zu einer Zunahme der Erwerbstätigen und dann der älteren Bevölkerung. Zusammenfassend kann von einem vom Osten westwärts voranschreitenden Prozeß des demographischen Alterns gesprochen werden. Im einzelnen sei das wellenförmige räumliche Muster der zeitlichen Entwicklung am Beispiel zweier markanter Altersgruppen (über 60 Jahre und Erwerbsfähige bzw. Berufstätige) anhand eines Dekadenvergleichs näher illustriert.

Wohnbevölkerung im Alter von 60 Jahren und darüber:

1971–1981: Zunahme im Westen, Abnahme im Osten. Österreich: +5 v.H.

1981–1991: Die Zunahme (bis 25 v.H.) erfaßt nahezu das gesamte Bundesgebiet, nur in Wien nimmt der Anteil dieser Altersgruppe stark ab. Österreich: +6 v.H.

1991–2001: Die Zunahmen schwächen sich ab. Eine Zunahme von über 10 v.H. verzeichnen nunmehr Westösterreich und die Umlandbezirke

Karte 2.2: TRENDPROGNOSE DER BERUFSTÄTIGEN 1981 - 1991

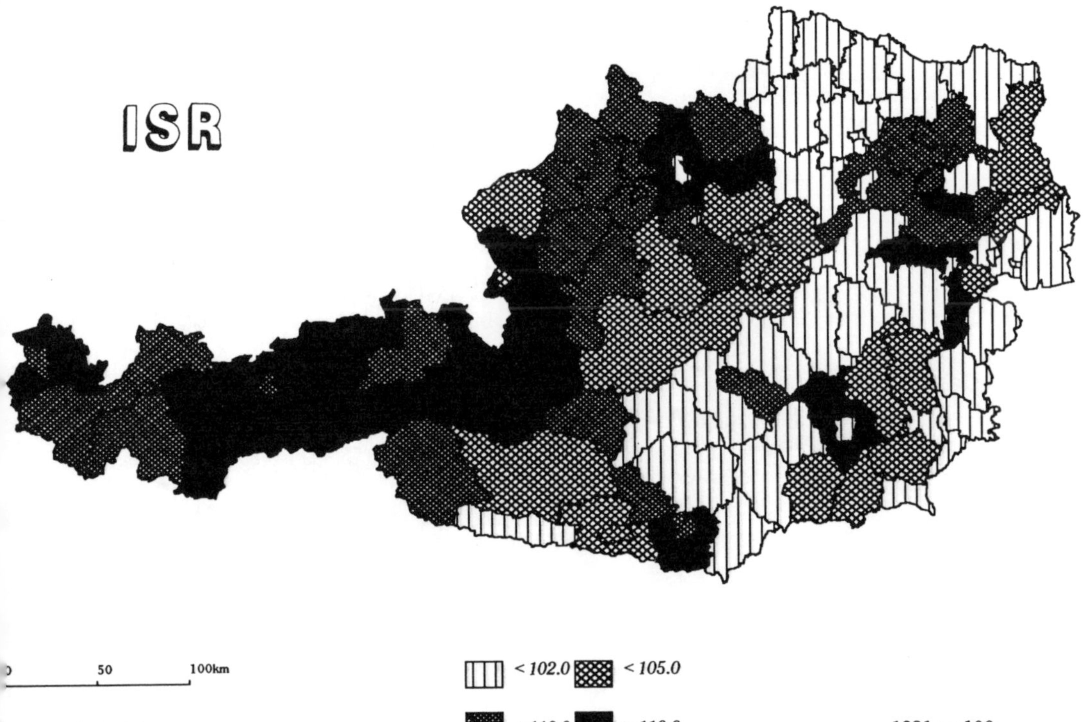

Quelle: ÖROK-Prognose 1981 = 100

EDV-GRAPHIK: B. STANGL THEMATIK: M. SAUBERER

der Großstädte. In allen Großstädten erfolgt eine z.T. starke Abnahme der Bevölkerung über 60 Jahren. Österreich : +4 v.H.

Wohnbevölkerung im erwerbsfähigen Alter bzw. Berufstätige:

1971–1981: Mit wenigen Ausnahmen (einzelne Bezirke im Ostgrenzgebiet) relativ starke Zunahme (bis zu 30 v.H.), Österreich: +9 v.H.

1981–1991: Die Gebiete mit Abnahmen dehnen sich aus (Großstädte, Ostgrenzgebiete, Obersteiermark), die mit starken Zunahmen werden kleiner (Stadtumlandbezirke, Salzburg, Tiroler Unterland), Österreich: +4 v.H. (vgl. Karte 2.2).

1991–2001: Der Trend der achtziger Jahre setzt sich fort. In Ost- und Südösterreich weisen im wesentlichen nur mehr die Umlandbezirke der Großstädte Zunahmen auf, in Ober- und Westösterreich schwächen sich die Zunahmen ab, Österreich – 1 v.H. (vgl. Karte 2.3). Damit wird um die Jahrtausendwende das Nullwachstum der Bevölkerung im erwerbsfähigen Alter erreicht.

Aus den skizzierten Ergebnissen lassen sich eine Reihe von Problemen ableiten:

1. Auf dem Arbeitsmarkt besteht kurzfristig weiterhin aufgrund der Alters-

Karte 2.3: TRENDPROGNOSE DER BERUFSTÄTIGEN 1991 - 2001

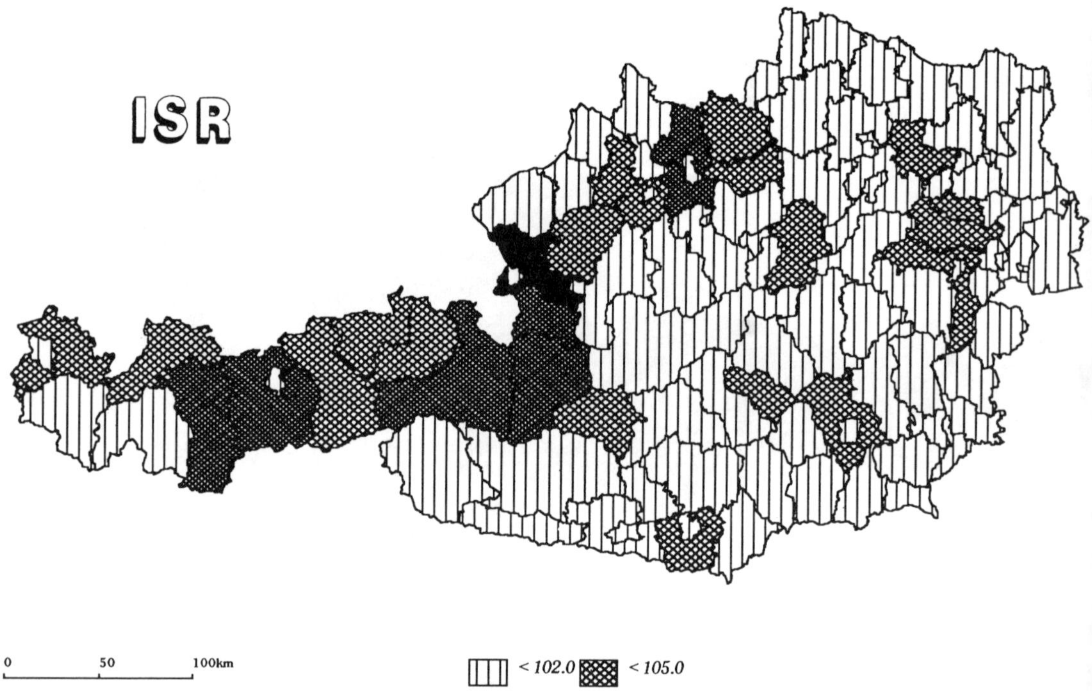

Quelle: ÖROK-Prognose 1991 = 100

EDV-GRAPHIK: B. STANGL THEMATIK: M. SAUBERER

struktur ein Bedarf an zusätzlichen Arbeitsplätzen. Von den im Zeitraum 1981–1996 benötigten 230.000 nichtlandwirtschaftlichen Arbeitsplätzen entfallen 40 v. H. auf Westösterreich und 55 v. H. auf die peripheren Gebiete. Längerfristig ist mit einer veränderten Situation zu rechnen, wenn sich ab Mitte der neunziger Jahre die Zahl der Berufstätigen in Summe rückläufig entwickelt. Da dieser Wendepunkt im Osten wesentlich früher eintritt, ist selbst bei nur durchschnittlicher Wirtschaftsentwicklung ab dem Jahr 2000 mit einer Arbeitskräfteknappheit in der Agglomeration Wien zu rechnen. In Westösterreich besteht hingegen ein langfristiger Bedarf an Arbeitsplätzen.

2. In den peripheren Gebieten wird ab der Jahrtausendwende die Erhaltung des Bevölkerungspotentials zu einem der gravierendsten Probleme. Die Organisation des Bildungswesens und des Verkehrs wird in den peripheren Regionen mit Bevölkerungsrückgang vor schwerwiegenden Problemen stehen.

3. Falls der steigende Verbrauch an Wohnungs- und Siedlungsflächen anhält, droht unter den gegebenen demographischen Entwicklungstrends eine bevölkerungsmäßige Entleerung der Altbaugebiete. Dies betrifft insbesonders die Ostregion und hier wieder sowohl die Kernstädte als auch periphere Räume.

2.6. Thesen, Annahmen und Ergebnisse der Modellrechnungen für die Bevölkerungsentwicklung 2001 – 2031

2.6.1. Thesen zur Fertilität und den Wanderungsbewegungen

Durch die nicht voraussehbare Entwicklung von Fertilität und Wanderungsbewegungen sind beachtliche Abweichungen von der Status-quo-Prognose der regionalen Bevölkerungsentwicklung denkbar:

Vorausgeschickt sei ferner, daß aus historischen Gründen in Österreich heute „Bevölkerungspolitik“ kein ganzheitlich anerkannter Politikbereich ist. Eine staatliche bevölkerungspolitische Konzeption mit umfassenden familien- und kinderfreundlichen Maßnahmen und dem Ziel einer Eingliederung von Zuwanderern aus dem Ausland könnte sehr wohl die Bevölkerungsentwicklung beeinflussen, wobei die internationale Erfahrung zeigt, daß weniger direkte monetäre Instrumente als vielmehr mittelbare Anreize eine große Wirkung zu entfalten vermögen.

Im folgenden einige Thesen zur Entwicklung von Fertilität und Wanderungsbewegung ab der Jahrtausendwende. Insgesamt ist es weit schwieriger, Aussagen zur möglichen langfristigen Entwicklung der Fertilität zu machen, als zur Wanderungsbewegung. Zuerst die Fertilität:

1. Insbesondere auf Grund der Erhebung der Kinderwünsche im Rahmen des österreichischen Mikrozensus (ÖStZA, 1987) entstehen Anhaltspunkte für die Vermutung, daß das derzeitige niedrige Fertilitätsniveau teilweise durch zeitliche Aufschübe in der Familienplanung bedingt ist. Die durchschnittliche Zahl der „gewünschten“ Kinder ist nämlich wesentlich weniger stark zurückgegangen als diejenige der tatsächlich Geborenen; ein vorstellbarer Grund der Steigerung der Fertilität wären daher „Nachholeffekte“ im generativen Verhalten („Timing-Effekte“). Der durchschnittliche Kinderwunsch aller im Mikrozensus 1987 befragten Frauen lag mit 2,12 in der Höhe des Reproduktionsniveaus und somit deutlich höher als die Gesamtfertilitätsziffer (1,41). Möglicherweise können Fertilitätsanstiege in einigen europäischen Staaten in der letzten Zeit (vgl. Abschnitt 1) im Sinne eines Timing-Effektes (vgl. oben) interpretiert werden.

2. Von entscheidendem Einfluß werden die Entwicklung des „demographischen Klimas“ (d.h. die familien- und kinderfreundliche öffentliche Meinung) und das künftige politische Handeln sein. Der Geburtenrückgang wird in einigen Jahren in vielen Bereichen des öffentlichen Lebens spürbar werden, etwa in Form von Schwierigkeiten im Schulbereich und in der Organisation des öffentlichen Verkehrs in dünnbesiedelten Gebieten. Die derzeit noch zu beobachtende „Abstinenz“ der öffentlichen Meinung und der Politik von Fragen des Geburtenrückganges wird sich mehr oder minder zwangsläufig ändern müssen.

3. Schließlich spricht auch die zu erwartende Zunahme der Zuwanderung aus dem Ausland für eine Erhöhung der Gesamt-Fertilität. Fast alle potentiellen Quellenländer der internationalen Zuwanderung besitzen ein höheres Reproduktionsniveau als Österreich.

4. Es existieren jedoch auch einige Gegenargumente für eine weiterhin rückläufige Entwicklung der Fertilität. Insbesondere ist auf die von BIRG (1987) hervorgehobenen „Arbeitsmarkt-Biographie-Effekte" zu verweisen. Die Auswirkungen der mit hoher Wahrscheinlichkeit zu erwartenden, auf lange Frist verhältnismäßig hohen Arbeitslosigkeit auf die Familienplanung sind heute noch kaum absehbar. Unter verschiedenen Begleitumständen (z. B. Einsparungen in der Sozial- und Familienpolitik) könnten neuerliche Geburtenrückgänge eintreten.

Thesen zur künftigen Entwicklung der Wanderungsbewegung sind für folgende drei räumliche Ebenen notwendig:

1. Internationale Wanderungen
2. Wanderungen zwischen den Bundesländergruppen Österreichs
3. Zwischenbezirkliche und kleinräumige Wanderungen

Zunächst drei Thesen:

1. Der internationale Wanderungsgewinn Österreichs wird wahrscheinlich langfristig zunehmen.

2. Das Muster der großräumigen Binnenwanderungsbilanz könnte sich in Richtung stärkerer Wanderungsgewinne der Ostregion verschieben.

3. Das Wanderungsvolumen auf regionaler und subregionaler Ebene dürfte weiterhin abnehmen.

Nachstehend werden einige Argumente zu These 1 und 2 dargestellt. Zunächst zum internationalen Wanderungsgewinn.

1. Hinsichtlich der künftigen Gastarbeiterwanderung spricht eine Reihe von Gründen dafür, daß diese langfristig zu einem erhöhten Wanderungsgewinn für Österreich führen wird. Die „Rückkehrquote" dürfte sich durch verschiedene Umstände stark verringern, wie z. B. die langfristig schwierige wirtschaftliche Situation in einigen Quellenländern, z. B. Jugoslawien, und das höhere Maß der gesellschaftlichen Integration der Gastarbeiter in Österreich.

2. Wie jüngste Schätzungen zeigen, ist bereits in den letzten Jahren die Zuwanderung von Ausländern nach Österreich stark gestiegen (ÖStZA 1987). Während im Durchschnitt der Jahre 1980 – 1982 der jährliche internationale Wanderungsgewinn Österreichs nur etwa 2.500 betrug, wurde er für das Jahr 1986 auf über 9.000 geschätzt (vgl. Tabelle 2.8).

Tabelle 2.8: **Kennziffern zur jüngsten Entwicklung der internationalen Wanderungsbilanz Österreichs**

	jährlicher Durchschnitt 1980 – 1982	1986
Internationale Wanderungsbilanz	+ 2.400	+ 9.100
davon Inländer	– 1.000	– 1.800
Ausländer	+ 1.400	+ 10.900
Wanderungssaldo mit der Bundesrepublik Deutschland	– 1.800	– 2.500

Quelle: ÖStZ 1986.

Die Zunahme der positiven internationalen Wanderungsbilanz ist ausschließlich auf eine erhöhte Zuwanderung ausländischer Staatsbürger zurückzuführen. Die vorliegenden Zahlen ergeben Hinweise darauf, daß sich ein neuer Trend einer (zumindest offiziell) nicht erwerbsorientierten Zuwanderung nach Österreich anbahnt. Hiebei spielt die verstärkte Familienzusammenführung von Gastarbeitern und die Zuwanderung aus Osteuropa sowie aus Entwicklungsländern eine Rolle. Es ist anzunehmen, daß ein nicht unwesentlicher Anteil dieser Emigranten in der Schattenwirtschaft tätig ist.

In vielen wirtschaftlichen Szenarien wird davon ausgegangen, daß die Schattenwirtschaft in Zukunft eine erhöhte Bedeutung erhält. Diese bietet in verschiedenen Bereichen Betätigungsmöglichkeiten für Zuwanderer aus dem Ausland mit niedrigem Qualifikationsgrad. Diese Zuwanderung kommt in erster Linie der Ostregion und der Agglomeration Wien zugute.

3. Eine Liberalisierung der Beziehungen zur ČSSR und zu Ungarn erhöht sicherlich auch die Attraktivität Ostösterreichs als Zuwanderungsziel gegenüber dem Westen. Jüngste Entwicklungen in Ungarn und Polen zeigen, daß die Ausreisemöglichkeiten aus den sozialistischen Ländern vor einer fast revolutionären Liberalisierung stehen. Längerfristig ist dadurch mit einer verstärkten Zuwanderung aus diesen Staaten zu rechnen. Die Zuwanderungsmotive werden vielfältig sein (familiäre Motive, wie z. B. Heirat, Ausbildung, offizielle Erwerbstätigkeit, Tätigkeit in der Schattenwirtschaft). Weiters ist damit zu rechnen, daß z. T. die Zuwanderer auch eine hochqualifizierte Ausbildung besitzen und in Berufszweige mit einer sehr starken Nachfrage nach Arbeitskräften strömen werden (z. B. in alle Folgeberufe der „Mikroelektronischen Revolution").

4. Auf Grund unterschiedlicher politischer Rahmenbedingungen ist Wien zu einem Zuwanderungsziel der Oberschicht auch für weite Teile der außereuropäischen Staaten geworden (z. B. arabischer Raum). Auch im Falle einer stärkeren Annäherung an die EG dürfte Wien seine Zuwanderungsattraktivität zumindest erhalten, wenn nicht sogar ausbauen können. Attraktive Großagglomerationen mit einer guten Erreichbarkeit im Flugverkehr haben im Rahmen der künftigen EG-Wirtschaftspolitik gute Entwicklungschancen. Die Ansiedlung verschiedener hochrangiger internationaler Organisationen ist hiefür sicherlich eine wichtige Ursache.

Zur Wanderung zwischen Bundesländergruppen sind folgende Gesichtspunkte anzuführen:

1. Die ungleiche Altersstruktur in den Bundesländern führt dazu, daß zur Jahrtausendwende in Ostösterreich die Zahl der wohnhaften Berufstätigen rückläufig sein wird. Im Westen Österreichs wird zu dieser Zeit die Zahl der neu auf dem Arbeitsmarkt auftretenden Berufstätigen immer noch steigen, ein Ansteigen der Zuwanderung von Westösterreich in den Raum Wien als Folge der unterschiedlichen demographischen Entwicklung ist durchaus denkbar. Hierzu kommt, daß die Strukturprobleme der Industrie im Osten Österreichs bis zu diesem Zeitpunkt überwunden sein dürften, während sich andererseits — entsprechend zyklentheoretischen Annahmen — in Westösterreich neue Probleme ergeben könnten. Auch die beschäftigungsstabilisierende Wirkung des Fremdenverkehrs dürfte in Zukunft eher abnehmen.

2. In der Ostregion werden derzeit die Grundsteine für einige Entwicklungsmaßnahmen langfristigen Charakters gelegt. Die wesentliche Verbesserung der Erreichbarkeit der Agglomeration Wien im öffentlichen Verkehr durch das Konzept „Neue Bahn“ und die wahrscheinliche Durchführung einer Weltausstellung Wien-Budapest sind in diesem Zusammenhang zu nennen.

2.6.2. Annahmen der Modellrechnungen

Um die Bandbreite der möglichen Entwicklung auszuloten, wurden – aufbauend auf der Bevölkerungsprognose der Österreichischen Raumordnungskonferenz für das Jahr 2001 – einige „Extremszenarien“ für den Zeitraum 2001–2031 gerechnet. Da diese Szenarien in erster Linie mögliche großräumige Bevölkerungsverschiebungen aufzeigen sollen, wurden neben der Österreichsumme auch die Einwohnerzahlen von West- und Ostösterreich ermittelt.

Die Berechnungen wurden mit Hilfe eines „einregionalen“ Cohort-Survival-Modells durchgeführt. Dies bedeutet, daß die Berechnung für Ost- und Westösterreich sowie Gesamtösterreich unabhängig voneinander erfolgte.

Als Ausgangsbevölkerung diente die nach fünfjährigen Altersgruppen aufgegliederte Wohnbevölkerung des Jahres 2001. Die Sterblichkeit wurde entsprechend der gesamtösterreichischen Sterbetafel des Österreichischen Statistischen Zentralamtes berechnet. Die Effekte der regional unterschiedlichen Sterblichkeit wurden somit aus der Untersuchung ausgeklammert.

Als Variationskriterien dienten somit

1. die Fertilität und
2. die altersspezifische Wanderungsbilanz.

Um einen Vergleich mit anderen Prognoserechnungen herstellen zu können, wurde auch eine Trendvariante berechnet (Fertilität und Wanderung wie um 1981).

Zur Fertilität:

Da die Mehrzahl der Argumente für einen Anstieg der Fertilität spricht, erfolgte eine asymmetrische Festlegung der Klassengrenzen in Richtung Steigerung der Gesamtfertilitätsrate.

Als untere Extremvariante wurde eine Reduzierung der Gesamtfruchtbarkeitsrate im österreichischen Durchschnitt um etwa ein Drittel angenommen (GFR = ca. 1,0). Diese Annahme entspricht etwa dem generativen Verhalten der Bevölkerung Wiens in der ersten Hälfte der dreißiger Jahre (= Var. F1).

Als obere Extremvariante wurde eine fünfzigprozentige Erhöhung der Gesamtfruchtbarkeitsrate angenommen (GFR = ca. 2,25); diese Annahme entspricht dem generativen Verhalten der österreichischen Bevölkerung am Beginn der siebziger Jahre (= Var. F2).

Bei der Wanderung spricht die Mehrzahl der Argumente für eine Zunahme des internationalen Wanderungssaldos und auch des Wanderungsgewinns der Großregion Wien:

In Variante W1 wird eine Zunahme um 50 v. H. gegenüber 1976 – 1981 angenommen,
in Variante W2 eine Zunahme um 100 v. H. gegenüber 1976 – 1981,
in Variante W3 eine Zunahme um 150 v. H. gegenüber 1976 – 1981.

Die Variante W3 wurde nur für die Ostregion gerechnet und würde einen Wanderungsfaktor wie in der Blütezeit der Österreichisch-Ungarischen Monarchie bedeuten. (vgl. Tabelle 2.9)

Tabelle 2.9: **Schema der Annahmen der Modellrechnungen für die Bevölkerungsentwicklung 2001 – 2031**

Fertilität ab 2001	Wanderung			
	WT Trend = 1976 – 81	W1 Zunahme um 50 v. H. ab 2001	W2 Zunahme um 100 v. H. ab 2001	W3 Zunahme um 150 v. H. nur für die Ostregion
FT Trend = 1976 – 81	FT.WT 7,001	FT.W1 7,359	FT.W2 7,717	
F1 Abnahme ein Drittel	F1.WT 6,342	F1.W1 6,668	F1.W2 6,994	
F2 Zunahme um 50 v. H.	F2.WT 8.070	F2.W1 8,479	F2.W2 8,887	

2.6.3. Interpretation der wichtigsten Ergebnisse der Modellrechnungen

Ein Vergleich der Ergebnisse mit den vom Österreichischen Statistischen Zentralamt durchgeführten Modellrechnungen für den Zeitraum von 1981 – 2050 legt die wesentliche Tatsache offen, daß nur, wenn man die optimistischen Annahmen über eine potentielle Steigerung der Fertilität wie in den eigenen Modellrechnungen zugrundelegt, die österreichische Bevölkerung im nächsten Jahrtausend zahlenmäßig zunehmen kann. (vgl. Tabellen 2.10 und 2.11)

Im folgenden die Hauptergebnisse der Modellrechnungen.

1. Die Trendvariante (= FT · WT) liegt mit 7,001 Mill. um nur 46.000 niedriger als die mittlere Variante der Langfristprognose des Statistischen Zentralamts. Sie dient als Orientierungslinie für die Interpretation. Demnach würde Österreich in der Zeitspanne von 50 Jahren zwischen 1981 und 2031 etwa 550.000 Einwohner

Tabelle 2.10: **Hauptergebnisse der Modellrechnungen des Österreichischen Statistischen Zentralamtes zur Bevölkerungsentwicklung 1981 – 2050**

Wohnbevölkerung (in Mill.)						
1981			2030			
Österr.	Ostöst.	Westöst.	Variante	Österr.	Ostöst.	Westöst.
7,555	3,228	1,334	niedrige	6,379	2,563	1,403
			mittlere	7,047	2,831	1,559
			hohe	7,634	3,058	1,686

Quelle: FINDL u. HANIKA (1988).

verlieren. Die Ostregion würde einen Bevölkerungsverlust von rd. 500.000 verzeichnen. Im gleichen Zeitraum würde die Zahl der Wohnbevölkerung in Westösterreich um 250.000 ansteigen.

2. Die Spannweite der Modellrechnungen der Langfristszenarien schwankt für das gesamte Bundesgebiet zwischen – 1,2 Mill. und + 1,35 Mill. Die maximale Zunahme für die Ostregion beträgt 200.000, die maximale Abnahme rd. 550.000. Der ersten Modellrechnung liegt eine Zunahme der Fertilität um 50 v. H. und der Zuwanderung um 100 v. H. ab 2001 zugrunde. Daraus läßt sich ableiten, daß ein gesicherter langfristiger Bevölkerungsgewinn für die Ostregion eine sehr hohe Zunahme der Fertilität und Zuwanderung zur Voraussetzung hätte. Westösterreich hätte hingegen bei allen in die engere Wahl gezogenen Varianten eine Zunahme zu verzeichnen. Die Spannweite liegt zwischen einem Bevölkerungswachstum von 90.000 und fast 900.000 zwischen 1981 und 2031.

Tabelle 2.11: **Hauptergebnisse der Modellrechnungen für die Wohnbevölkerung Österreichs im Jahr 2031 nach Varianten**

Wohnbevölkerung 2031						
	abs. (in Tausend)			v. H. von 2001		
Variante	Österr.	Ostöst.	Westöst.	Österr.	Ostöst.	Westöst.
F1.WT	6.342	2.486	1.422	*– 17,6*	*– 20,8*	*– 6,1*
F1.W1	6.668	2.618	1.561	*– 13,4*	*– 16,6*	*+ 3,1*
F1.W2	6.994	2.750	1.699	*– 9,2*	*– 12,4*	*+ 12,2*
FT.WT	7.001	2.733	1.589	*– 9,1*	*– 13,0*	*+ 4,9*
FT.W1	7.359	2.877	1.742	*– 4,4*	*– 8,4*	*+ 15,0*
FT.W2	7.717	3.021	1.895	*+ 0,2*	*– 3,8*	*+ 25,2*
F2.WT	8.070	3.135	1.858	*+ 4,8*	*– 0,2*	*+ 22,7*
F2.W1	8.479	3.298	2.034	*+ 10,1*	*+ 5,0*	*+ 34,3*
F2.W2	8.887	3.460	2.210	*+ 15,4*	*+ 10,1*	*+ 46,0*

Quelle: eigene Berechnungen.

3. Die Anteilsverschiebung zugunsten von Westösterreich setzt sich bei allen Varianten fort. Ab 2001 verlangsamt sich jedoch die Abnahme des Anteils der Ostregion spürbar zu Lasten Südösterreichs.

4. Die durchgerechneten Varianten nehmen jeweils für das gesamte Bundesgebiet die gleiche Veränderung der beiden Steuerungsparameter an. Selbstverständlich ist es möglich und aufgrund der obigen Argumentation auch wahrscheinlich, daß großräumig unterschiedliche Parameteränderungen eintreten. Die Tabelle 2.12 zeigt die Auswirkungen der Kombination unterschiedlicher Varianten auf das Verhältnis Ostösterreich zu Westösterreich.

Tabelle 2.12: **Mögliche Extremkonstellationen der Entwicklung Ostösterreichs im Verhältnis zu Westösterreich für das Jahr 2031**

Verhältnis der Wohnbevölkerung Ostösterreich zu Westösterreich 2031		Variante Ostösterreich	Variante Westösterreich
100	39	F3.W3	FT.WT
100	41	F2.W2	F1.WT
100	50	FT.W3	FT.WT
100	58	FT.WT	FT.WT
100	76	F1.WT	FT.W2
100	80	FT.WT	F2.W2
100	82	F1.WT	F2.W1
100	42	Verhältnis 1981	
100	46	Verhältnis 2001	

Quelle: eigene Berechnungen.

Wie aus der Tabelle hervorgeht, ist eine Anteilsverbesserung gegenüber 1981 zugunsten der Ostregion nicht sehr wahrscheinlich. Selbst wenn die für die Interpretation ausgeschiedene Extremvariante F3.W3 für die Ostregion einträte (Zunahme der Fertilität um 100 v. H. und der Zuwanderung um 150 v. H.), müßte in Westösterreich gleichzeitig ein Fruchtbarkeitsrückgang erfolgen, um zu einer leichten Verbesserung des Bevölkerungsanteils der Ostregion zu führen.

Zusammenfassend kann gesagt werden, daß die Wahrscheinlichkeit eines Fertilitätsanstieges und einer Zunahme der Zuwanderung in der Ostregion gegeben ist, jedoch mit einer nachhaltigen Anteilsverschiebung infolge des altersstrukturellen demographischen Trägheitsmoments nicht zu rechnen ist. Allerdings liegt die wahrscheinliche langfristige Bevölkerungsentwicklung der Ostregion eindeutig günstiger als die „Trendvariante". Für die Entwicklung Westösterreichs kann dies nicht gesagt werden.

Tabelle 2.13: **Ergebnisse der Modellrechnungen nach Altersgruppen für 2031**

	Anteil d. 0 – 14j.			Anteil d. 15 – 59j.			Anteil der über 60j.		
Variante	Österr.	Ostöst.	Westöst.	Österr.	Ostöst.	Westöst.	Österr.	Ostöst.	Westöst.
F1.WT	*8,8*	*8,4*	*10,9*	*54,9*	*54,0*	*58,0*	*36,3*	*37,6*	*31,1*
F1.W1	*9,0*	*8,7*	*11,3*	*56,1*	*55,1*	*59,7*	*34,9*	*36,2*	*29,0*
F1.W2	*9,3*	*9,0*	*11,7*	*57,1*	*56,0*	*61,1*	*33,6*	*35,0*	*27,2*
FT.WT	*12,8*	*12,3*	*15,4*	*54,3*	*53,5*	*54,7*	*32,9*	*34,2*	*27,8*
FT.W1	*13,1*	*12,6*	*15,9*	*55,3*	*54,5*	*55,8*	*31,6*	*32,9*	*25,9*
FT.W2	*13,4*	*12,9*	*16,3*	*56,2*	*55,3*	*56,7*	*30,4*	*31,8*	*24,3*
F2.WT	*18,4*	*17,8*	*21,5*	*53,0*	*52,4*	*56,8*	*28,6*	*29,8*	*23,8*
F2.W1	*18,7*	*18,1*	*22,0*	*54,9*	*53,2*	*58,2*	*27,4*	*28,7*	*22,2*
F2.W2	*19,0*	*18,4*	*22,4*	*54,6*	*53,8*	*59,7*	*26,4*	*27,8*	*20,9*
1981	*20,0*	*17,5*	*23,0*	*60,8*	*60,1*	*61,8*	*19,2*	*22,4*	*15,2*
2001	*16,4*	*15,1*	*19,1*	*61,4*	*60,3*	*62,9*	*22,2*	*24,6*	*18,0*

Quelle: eigene Berechnungen.

5. Infolge der gesetzten Extremannahmen unterscheiden sich die Varianten sehr stark in der Altersstruktur (vgl. Tabelle 2.13).

In der gesamtösterreichischen Entwicklung würde der Anteil der Kinder (0-14 Jahre) von 20 auf 9 v. H. fallen, wenn es zu einer Abnahme der Fruchtbarkeit um 30 v. H. käme (Var. F1.WT). Die umgekehrte Extremvariante F2.W2 brächte einen Anteil von 19 v. H., der Anteil des Jahres 1981 würde aber nicht erreicht werden. In der Ostregion schwankt der Kinderanteil je nach Variante zwischen 8,4 und 18,4 v. H. (1981: 17,5 v. H.). In Westösterreich liegt der Schwankungsbereich zwischen 10,9 und 22,4 v. H.; der Ausgangswert des Jahres 1981 (23,0 v. H.) könnte selbst bei Eintritt der Maximalvariante nicht gehalten werden.

Einschneidende Veränderungen zeigt auch der Anteil der Personen über 60 Jahre: Im Falle des Eintritts der Trendvariante würde er von 19,2 auf 33 v. H. ansteigen. In der Ostregion wäre (bei einem hohen Ausgangsniveau) der Zuwachs etwas geringer (22,4 auf 34,2 v. H.), der deutliche Vorsprung vor der Westregion würde bestehen bleiben (Anstieg von 15,2 auf 27,8 v. H.). Als wesentlich erscheint es, daß keine der in die Interpretation einbezogenen Varianten eine Verringerung des „Altenanteils" auf den derzeitigen Anteilswert bringen würde.

Im Rahmen der vorliegenden Langfristberechnungen wurde das Hauptaugenmerk auf die großräumige Bevölkerungsentwicklung gelegt. Kleinräumigere Langfristszenarien etwa für Politische Bezirke sind problematischer. Es fehlt noch an Erfahrung, vor allem hinsichtlich der Parameterfestlegung, die wesentlich differenzierter erfolgen muß als bei den großräumigen Prognosen oder bei kleinräumigen Prognosen mit kurzfristigem Prognosehorizont.

Dennoch wurde versucht, die Frage der bezirksweisen Entwicklung zumindest teilweise anzuschneiden, wobei unter Vernachlässigung interregionaler und internationaler Wanderungsströme Modellrechnungen der natürlichen Bevölkerungsbewegung unter Bezug auf die „bezirksständige“ Bevölkerung durchgeführt wurden. Sie wurden bezirksweise auf die Altersstruktur des Jahres 2001 aufgesetzt.

Mittels der Annahme gleicher Fruchtbarkeitsziffern für alle Bezirke ist es möglich, die Altersstruktureffekte zu erfassen, die aufgrund der Absterbeordnung auch die Bevölkerungsabnahme wiedergeben. Ohne ausländische Zuwanderung verliert nicht nur die gesamte Ostregion, sondern auch Südösterreich in den ersten drei Jahrzehnten des 3. Jahrtausends zwischen einem Sechstel und einem Fünftel der Bevölkerung, und selbst Westösterreich müßte mit Bevölkerungseinbußen rechnen. (vgl. Karte 2.4).

2.7. Zusammenfassung

War die regionale Bevölkerungsentwicklung in der Zeit des Baby-Booms der sechziger Jahre „kalkulierbar“, treten als Folge des rapiden Sinkens der Fertilität heute zeitliche und räumliche Trendbrüche ein. Sowohl Ausmaß wie Auswirkungen der regionalen Bevölkerungsentwicklung sind verändert. An regionale Bevölkerungsprognosen werden erhöhte Ansprüche gestellt:

1. Es genügt nicht, „Trendprojektionen“ zu erstellen. Die Trendbrüche der wichtigen Parameter der regionalen Bevölkerungsentwicklung erfordern die Ausleuchtung der Bandbreite der möglichen zukünftigen Entwicklung.

2. Komplexe multiregionale demographische Entwicklungsmodelle sind erforderlich, vor allem um die altersstrukturell differenzierten Auswirkungen abschätzen zu können.

Der Vergleichszeitraum von 1981 bis 2031 wurde in zwei Abschnitte gegliedert:

1. Für die zwei Jahrzehnte von 1981 bis 2001 wurde der gegenwärtige Trend mittels eines multiregionalen Bevölkerungsprognosemodells fortgeschrieben.

2. Für den Abschnitt von 2001 bis 2031 wurden dagegen mittels eines einregionalen Modells Extremvarianten gerechnet.

Im folgenden die Ergebnisse:

Bis zum Jahre 2001 kommt es zu einer Zunahme der Erwerbsfähigen zwischen 20 und 59 Jahren um 9 v. H. und der über 60-jährigen um 10 v. H., während die Zahl der Schulpflichtigen um 17 v. H. zurückgehen wird.

Großräumig erfolgen Bevölkerungsgewinne in Westösterreich und im Umland der Groß- und Mittelstädte. Bevölkerungsverluste verzeichnen einerseits die Kernstädte und andererseits die peripheren Gebiete Ostösterreichs, ferner Teile der Obersteiermark und von Kärnten.

Für den Zeitraum von 2001 bis 2031 wurde zwar auch eine Trendvariante gerechnet, jedoch in erster Linie als Orientierungshilfe zwischen den verschiedenen Varianten der Modellrechnungen, die einerseits ein Absinken der Fertilität auf den Stand der Zwischenkriegszeit und andererseits einen Wiederanstieg auf die Geburtenziffer der siebziger Jahre und ebenso eine weitere Steigerung der internationalen Zuwanderung annehmen.

Die Bevölkerungszahl Österreichs zeigt entsprechend den optimistischen bzw. pessimistischen Annahmen bis zum Jahr 2030 eine Schwankungsbreite von 2,4 Millionen Einwohnern, d.h. einerseits eine Zunahme und andererseits eine Abnahme um jeweils 1,2 Millionen.

Nur im günstigsten Fall, nämlich bei einer sehr starken internationalen Zuwanderung im Ausmaß der Zeit vor dem Ersten Weltkrieg und einer Zunahme der Geburtenfreudigkeit analog zu den frühen siebziger Jahren kann die Ostregion ihre derzeitige bevölkerungsmäßige Position in Österreich behaupten, ansonsten reduziert sich diese weiterhin. Allerdings liegt die langfristige Bevölkerungsentwicklung aller Wahrscheinlichkeit nach eindeutig günstiger als die Trendberechnungen es erwarten lassen.

Während in der räumlichen Differenzierung somit die potentiellen Verschiebungen von Fertilität und externer Zuwanderung bei den einzelnen Modellvarianten sehr stark zu Buche stehen, gilt dies nicht für den Altersaufbau. Selbst im günstigsten Fall steigt der Anteil der über 60-jährigen weiter an, und der Anteil der Bevölkerung unter 14 kann knapp gehalten werden. Insgesamt wirken sich die Unterschiede der Modellannahmen in erster Linie auf diese beiden Altersgruppen aus, während die Spannweite in den Anteilen der Bevölkerung im erwerbsfähigen Alter selbst zwischen den Extremannahmen nur 5 v.H. erreicht.

Zwei sichere Prognoseergebnisse verdienen Beachtung:

1. Insgesamt ist trotz Zuwanderung ein Rückgang der Arbeitsbevölkerung zu erwarten.

2. Die Überalterung wird zunehmen und insbesonders die westlichen Bundesländer und die heutige suburbane Zone betreffen.

Anhang: Das ein- und multiregionale Prognosemodell

Vergleicht man die Wohnbevölkerung in einer bestimmten Region i zu zwei verschiedenen Zeitpunkten t und t+T, so läßt sich die Differenz bekanntlich in folgende Komponenten zerlegen:

+Lebendgeborene im Zeitraum T in der Region i (1)
–Verstorbene im Zeitraum T in der Region i (2) Geburtenbilanz
+Zugewanderte im Zeitraum T in die Region i (3)
–Abgewanderte im Zeitraum T aus der Region i (4) Wanderungsbilanz

Die vier Komponenten, die sogenannte „demographische Ereignisse“ darstellen, sind – betrachtet man sie ausschließlich nach demographischen Gesichtspunkten und läßt sozioökonomische Bestimmungsfaktoren außer acht – größenordnungsmäßig von jeweils zwei Faktoren abhängig:

1. Von der „Neigung“ der Bevölkerung in der Region i, von dem betreffenden demographischen Ereignis (z. B. Wanderung, Tod) betroffen zu sein.

2. Von der „Risikobevölkerung“, das ist jener Teil der Bevölkerung, der von einem der genannten demographischen Ereignisse betroffen sein kann (z. B. durchschnittliche Zahl der gebärfähigen Frauen innerhalb der zu untersuchenden Periode).

Die relative Häufigkeit der genannten demographischen Ereignisse kann durch Raten ausgedrückt werden, z. B. Zahl der Verstorbenen im Intervall T, dividiert durch die durchschnittliche Bevölkerungszahl im Intervall T (= durchschnittliche Sterberate). Da die Raten stark nach dem Alter variieren, werden sie für die einzelnen Altersgruppen getrennt berechnet.

Anspruchsvollere regionaldemographische Bevölkerungsprognosen arbeiten daher zumindest mit folgenden Datenbeständen bzw. Parametern:

1. Ausgangsbevölkerung, disaggregiert nach Altersgruppen und Geschlecht
2. altersspezifische (weibliche) Fruchtbarkeitsziffern
3. alters- und geschlechtsspezifische Sterbewahrscheinlichkeiten
4. alters-, geschlechts- und richtungsspezifische Abwanderungsquoten (unter „richtungsspezifisch“ wird eine Aufgliederung nach Zielgebieten verstanden).

Durch die Verwendung von richtungsspezifischen Abwanderungsquoten wird eine Konsistenz des Prognosemodells gesichert, d. h. alle prognostizierten Abwanderer scheinen auch (in jeweils anderen Regionen) als Zuwanderer auf. In diesem Zusammenhang wird von „multiregionalen“ Prognosemodellen gesprochen, die sich von „einregionalen“ Ansätzen unterscheiden, bei denen, isoliert für die einzelnen Regionen, die Wanderungssalden (Zuwanderer minus Abwanderer) vorausgeschätzt werden. Um zwischenregionale demographische Status-Veränderungen genau erfassen zu können und verschiedene Konsistenzprobleme zu lösen (z. B. räumliche Zuordnung der Geborenen von Müttern, die im Prognoseintervall gewandert sind), eignen sich buchhalterische Erfassungssysteme (accounting systems), wie sie von REES und WILSON (1976) in die regionale Demographie eingeführt wurden und auch dem für Österreich erstellten Modell (SAUBERER 1982) zugrundegelegt wurden.

Der Unterschied zwischen den für die beiden Zeitabschnitte verwendeten Prognosemodellen besteht insgesamt darin, daß im einregionalen Modell (Zeitabschnitt 2) auf eine simultane ziel- und quellenspezifische Berücksichtigung der Wanderung verzichtet wird. Die Wanderung wird in Form von alters- und geschlechtsspezifischen Wanderungssalden berücksichtigt.

Literaturverzeichnis

ALBERS, W., 1986. Auf die Familie kommt es an: Familienpolitik als zentrale Aufgabe. Stuttgart.

BALS, Ch., 1982. Regionale Unterschiede des generativen Verhaltens – Versuche zu ihrer Erklärung. Referateblatt zur Raumentwicklung, Sonderheft 3. Bonn: Bundesforschungsanstalt für Landeskunde und Raumordnung.

BECKER, G. S., 1965. A theory of the allocation of time. The Economic Journal 75: 493-517,

BIRG, H., u. H. KOCH.,1987. Der Bevölkerungsrückgang in der Bundesrepublik Deutschland. Frankfurt.

BOLTE, K., KAPPE, H., u. J. SCHMID, 1980. Bevölkerung, Statistik, Theorie, Geschichte und Politik des Bevölkerungsprozesses. UTB 986, Opladen.

BUCHER, H., 1987. Das Prognosemodell der Bundesforschungsanstalt für Landeskunde und Raumordnung – Modellstruktur und Modellergebnisse. Jahrbuch für Regionalwissenschaft (Göttingen) 7: 26-52.

BUNDESMINISTERIUM FÜR JUGEND, FAMILIE UND GESUNDHEIT (Hsg.), 1978. Konsequenzen des Geburtenrückganges. Stuttgart.

BUSCH, G., 1981. Entwicklungstendenzen der Pensionsversicherung bis 1990. Monatsberichte des Österr. Inst. für Wirtschaftsforschung 54/1: 32-40.

COUNCIL OF EUROPE (ed.), 1978. Population Decline in Europe. (Symposium) London.

COWARD, J., 1986. Fertility Patterns in the Modern World. In: PACIONE, M.. Progress in Geography. London: 58-94.

DESSAI, E., 1985. Kinder? Höchstens eins! Reinbek.

DISERENS, M., 1985. Wirtschaftliche und soziale Probleme als Folge der Bevölkerungsentwicklung. Kommission für Bevölkerungspolitik: Sterben die Schweizer aus? Bern: 133-163.

EASTERLIN, R. A., 1980. Birth and Fortune. New York.

ENGLAND, P., u. G. FARKAS, 1986. Households, Employment and Gender. New York.

ERMISCH, J., u. H. JOSHI, 1987. Demographic Change, Economic Growth and Social Welfare. In: IUSSP (ed.). European Population Conference 1987 – Issues and Prospect-Plenaries, 329-388. Helsinki: Central Statistical Office.

ETTL, W., 1980. Entwicklung der Bevölkerung bis zum Jahr 2050. Institut für Versicherungsmathematik der TU Wien.

EVERSLEY, D., et al., 1977. Population Changes and Regional Planning in a Period of Falling Fertility. In: HOBCRAFT, J., u. P. REES. Regional Demographic Development. London: 139-164.

FELDERER, B., 1983. Wirtschaftliche Entwicklung bei schrumpfender Bevölkerung. Eine empirische Untersuchung. Berlin.

FINDL, P., 1982. Bevölkerungsprognose des Österreichischen Statistischen Zentralamtes für Österreich 1982–2010. Statistische Nachrichten 37/10: 540-543.

FINDL, P., 1982. Volkszählung 1981: Entwicklung der Stadtregionen. Statistische Nachrichten 37/7: 321-325.

FINDL, P., 1983. Bevölkerungsprognose des Österreichischen Statistischen Zentralamtes für Österreich 1983–2010. Statistische Nachrichten 38/10: 580-583.

FINDL, P., 1985. Bevölkerungsvorausschätzung für die österreichischen Bundesländer 1984–2015. Statistische Nachrichten 40/12: 846-853.

FINDL, P., 1985. Die Bevölkerungsvorausschätzung des Österreichischen Statistischen Zentralamtes für Österreich 1985–2015. Statistische Nachrichten 40/12: 843-845.

FINDL, P., et al., 1987. Bevölkerung und Sozialstaat. Wien.

FINDL, P., u. A. HANIKA, 1988. Modellrechnung der Bevölkerungsentwicklung bis zum Jahr 2050. Statistische Nachrichten 43: 183-201.

FINDLAY, A., u. P. WHITE (Hsg.), 1986. West European Population Change. London.

FRANZ, G., u. W. HERBERT, 1987. Werttypen in der Bundesrepublik. In: KLAGES, H., et al. (Hsg.). Sozialpsychologie in der Wohlfahrtsgesellschaft. Frankfurt: 55-101.

GISSER, R., 1986. Vorausschätzung der Haushalte nach Bundesländern bis 2015. Statistische Nachrichten 41: 279-288, 378-383.

HAGMANN, H. M., 1985. Braucht die Schweiz eine Bevölkerungspolitik? Kommission Bevölkerungspolitik (Hsg.). Sterben die Schweizer aus? Bern: 193-248.

HANIKA, A., 1986. Die Bevölkerungsvorausschätzung des Österreichischen Statistischen Zentralamtes für Österreich 1986–2015. Statistische Nachrichten 41: 897-901.

HANIKA, A., 1988. Zukünftige Bevölkerungsentwicklung in den Bundesländern. Berichte zur Raumforschung und Raumplanung 32/1-2: 34-39.

HAUSER, J., 1982. Bevölkerungslehre. UTB 1164. Bern und Stuttgart.

HOFFMANN-NOWOTNY, R., 1978. Zur Soziologie demographischer Prozesse. In: ARL (Hsg.). Zur Bedeutung rückläufiger Einwohnerzahlen für die Planung. Forschungs- und Sitzungsberichte 122 (Hannover): 289-302.

HÖHN, C., 1987. Soziale Konsequenzen des Bevölkerungsrückganges. Zeitschrift für Bevölkerungswissenschaft 13/3: 289-302.

HÖHN, C., u. R. SCHULZ, 1987. Bericht zur demographischen Lage in der Bundesrepublik. Zeitschrift für Bevölkerungswissenschaft 13/2: 137-213.

HÖPFLINGER, F., 1987. Wandel der Familienbildung in Westeuropa. Frankfurt.

IUSSP (Hsg.), 1987. European Population Conference 1987 – Issues and Prospect-Plenaries. Helsinki: Central Statistical Office.

KAUFMANN, A., 1982. Die Bevölkerungsentwicklung in den österreichischen Agglomerationen 1951–1981. Beilage zur IS-Information 1982/6: 1-18.

KIEFL, W., u. J. SCHMID, 1985. Empirische Studien zum generativen Verhalten. Boppard.

KIRKENDALL, L., u. A. E. GRAVATT, 1984. Marriage and the Family in the Year 2020. New York.

KÖNIG, K., 1978. Geburtenrückgang und Konsequenzen für die Stadtentwicklung. In: ARL (Hsg.): Zur Bedeutung rückläufiger Einwohnerzahlen für die Planung. Forschungs- und Sitzungsberichte 122 (Hannover): 129-160.

LIMBACHER, M., 1981. Regionalisierte Bevölkerungsprognosen – Methoden und Ergebnisse. Forschungs- und Sitzungsberichte 127 (Hannover): 1-30.

MACKENROTH, G., 1953. Bevölkerungslehre – Theorie, Soziologie und Statistik der Bevölkerung. Berlin.

MACKENSEN, R., 1987. Bemerkungen zur regionalen Bevölkerungsentwicklung im sozialen Wandel. Jahrbuch für Regionalwissenschaft (Göttingen) 7: 5-25.

MITCHELL, A., 1983. The Nine American Lifestyles. New York.

MÜNCKEL, W., 1984. Geburtenrückgang als Folge des veränderten generativen Handelns des Mannes. Zeitschrift für Bevölkerungswissenschaft: 193-208.

MUZICANT, J., u. G. FEICHTINGER, 1975. Demographische Perspektiven für Österreich 1971–2071. Unveröffentlichter Forschungsbericht des Institutes für Unternehmensforschung an der TU Wien.

OPPENLAENDER, K. H., u. A. WAGNER (Hsg.), 1985. Ökonomische Verhaltensweisen und Wirtschaftspolitik bei schrumpfender Bevölkerung. München: Ifo – Institut für Wirtschaftsforschung.

ÖSTERR. INSTITUT FÜR RAUMPLANUNG, 1982. Simulationsmodell der regionalen Bevölkerungsentwicklung für Österreich bis zum Jahre 1991. Wien.

ÖSTERR. INSTITUT FÜR RAUMPLANUNG, 1988. Regionalwirtschaftliche Konsequenzen der Bevölkerungsprognose bis zum Jahre 2011 der Österreichischen Raumordnungskonferenz (ÖROK). Wien.

ÖSTERR. STATISTISCHES ZENTRALAMT, 1974. Die Bevölkerung Österreichs. Demographische Strukturen und Trends. ÖStZ Beiträge 463, Wien.

ÖSTERR. STATISTISCHES ZENTRALAMT, 1988. Demographisches Jahrbuch Österreichs 1986. Wien.

PIFER, A., u. L. BRONTE, 1986. Our Aging Society – Paradox and Promise. New York.

REES, P. u. A. G. WILSON, 1977. Spatial Population Analysis.

ROWLAND, D. T., 1984. Population Geography and Aging. In: CLARKE, J. Y.(ed.). Geography and Population. Oxford.

SAUBERER, M., 1985. Jüngste Tendenzen der regionalen Bevölkerungsentwicklung in Österreich (1971–1984). Mitteilungen der Österr. Geogr. Gesellschaft 127: 82-118.

SAUBERER, M., 1987. Raumplanung in Theorie und Praxis – der mögliche Beitrag geographischer Theorien und Methoden zur Verbesserung der Praxis der Raumplanung unter geänderten Rahmenbedingungen. In: SCHWARZ, R. (Hsg.). Informationsverarbeitung in Geographie und Raumplanung. Mannheimer Geogr. Arbeiten 22: 125-142.

SAUBERER, M., u. A. SPITALSKY, 1987. ÖROK-Bevölkerungsprognose 1981–2011. Gutachten des Österr. Instituts für Raumplanung. ÖROK-Schriftenreihe 58.

SAUBERER, M., u. A. SPITALSKY, 1988. Regionale Haushaltsprognose (Österreich) bis 2011 nach Strukturmerkmalen. ÖROK, Wien.

SCHWARZ, K., u. Ch. HÖHN, 1985. Weniger Kinder, weniger Ehen, weniger Zukunft. Ottweiler.

SCHWARZ, K., 1986. Die Haushalte der Witwen und Witwer – ein Beitrag zur Illustration der Lebensverhältnisse der Älteren. In: HANAU, K., et al.: Wirtschafts- und Sozialstatistik – Empirische Grundlagen politischer Entscheidungen: 462-479. Göttingen.

STEGER, A., 1988. Haushalte und Familien bis zum Jahr 2000. Frankfurt am Main.

STEINMANN, G., 1984. Bevölkerungsentwicklung und wirtschaftlicher Fortschritt – Ein Plädoyer für mehr Zukunftsoptimismus. In: BIRG, H., WINGER, M., u. K. ZIMMERMANN (Hsg.). Zusammenhänge zwischen Bevölkerungs- und Wirtschaftsentwicklung in der Bundesrepublik Deutschland. Wiesbaden, Deutsche Gesellschaft für Bevölkerungswissenschaft e. V.

STIENS, G., 1984. Auswirkungen der Bevölkerungsentwicklung bis zum Jahr 2000 in räumlicher Differenzierung. Informationen zur Raumentwicklung 12: 1203-1225.

WANDER, H., 1979. Ökonomische Theorien des generativen Verhaltens. Stuttgart: Kohlhammer

3. Die Effekte des Geburtenrückgangs: Prognosen und Modellrechnungen zur Entwicklung des österreichischen Volksschulwesens bis 2011

von Peter MEUSBURGER, Heidelberg

Inhaltsverzeichnis

3.1. Einleitung
3.2. Analyse der Leitbilder und Strategien der Standortplanung von Volksschulen
3.3. Analyse der Bedingungen der Auflösung von Volksschulen in der Nachkriegszeit
3.4. Prognosen und Modellrechnungen zu den Entwicklungstendenzen bis 2011
 3.4.1. Prognose der Schülerzahlen
 3.4.2. Modellrechnungen zur Größenstruktur der derzeit bestehenden Volksschulen
3.5. Analyse der Konsequenzen von Modellrechnungen
3.6. Zusammenfassung
Literaturverzeichnis

3.1. Einleitung

Der prognostizierte Rückgang der Geburtenzahlen wird sich zwar auf allen Ebenen des Bildungswesens (vom Kindergarten bis zur Universität) auswirken, aber auf der Ebene des Volksschulwesens werden die Strukturveränderungen und die räumlichen Konsequenzen am spürbarsten sein. Da die meisten Hauptschulen und weiterführenden Schulen im allgemeinen eine andere Größenstruktur und eine andere Standortverteilung haben als die Volksschulen, werden sie in den nächsten 30 Jahren vom Schülerrückgang in ihrer Existenz weniger betroffen sein als die Volksschulen. Lediglich in einigen größeren Stadtregionen werden auch einzelne Hauptschulen von der Auflassung bedroht sein. Da jedoch in Stadtregionen das Standortnetz von Hauptschulen viel engmaschiger bzw. die Schulwegbedingungen (Versorgung mit öffentlichen Verkehrsmitteln) wesentlich besser sind, hat die Schließung von Hauptschulen viel weniger nachteilige schulische und außerschulische Konsequenzen als in dünner besiedelten ländlichen Gebieten.

Das österreichische Volksschulwesen wird in den nächsten drei Jahrzehnten einen tiefgreifenden Strukturwandel erfahren, der durch folgende Veränderungen gekennzeichnet sein wird:

- starker Rückgang der Schülerzahlen nach dem Jahr 2000,
- Zunahme von niedriger organisierten (d. h. ein- bis dreiklassigen) Volksschulen bzw. kleineren Schulen,
- weitere Auflassung (Stillegung) von Kleinschulen in jenen Bundesländern, in denen die vollorganisierte Schule als Leitbild beibehalten wird,
- zunehmende Feminisierung des Lehrerberufes bei gleichzeitiger Abnahme der räumlichen Disparitäten des Frauenanteils am Lehrkörper,
- zunehmender Anteil von Gastarbeiterkindern in den Kernstädten, verbunden mit Segregationstendenzen.

3.2. Analyse der Leitbilder und Strategien der Standortplanung von Volksschulen

Hinsichtlich der Standortverteilung und Größe von Volksschulen gibt es im großen und ganzen zwei verschiedene Leitbilder und Strategien. Eine Gruppe von Autoren vertritt das Prinzip, daß zumindest den 6-10jährigen Kindern wohnortnahe Volksschulen angeboten werden sollten und unzumutbare Schulwegentfernungen (mehr als 30 Minuten) nach Möglichkeit zu vermeiden sind. Dieser Ansatz geht auch davon aus, daß Volksschulen zu den grundlegenden Infrastruktureinrichtungen gehören, deren Vorhandensein oder Fehlen die Attraktivität und Lebensqualität eines Wohnortes sowie das soziale und kulturelle Leben in einer Gemeinde entscheidend beeinflussen können.

Für *wohnortnahe Volksschulen* werden u. a. folgende Argumente vorgebracht:

1. Kurze Schulwege haben eine geringere physische und psychische Belastung der Kinder und eine jährliche Einsparung von mehreren hundert Millionen Schilling an Fahrtkosten zur Folge.

2. In ländlichen Streusiedlungsgebieten haben die Lehrer(innen) in höherem Ausmaß außerschulische Funktionen zu erfüllen als in städtischen Gebieten. Deshalb hat die Auflassung einer Schule in ländlichen Gebieten in der Regel auch nachteiligere Folgen für die sozialen, wirtschaftlichen und kulturellen Aktivitäten (z. B. Vereinsleben) des Schulsprengels als in städtischen Gebieten, wo die Lehrer in viel geringerem Maße Träger solcher außerschulischer Funktionen sind.

3. In peripheren ländlichen Gebieten wird der Verlust der „eigenen Volksschule“ von der betroffenen Bevölkerung stärker als „Image- und Attraktivitätsverlust“ des Wohnortes empfunden als in dicht besiedelten Stadtregionen. Wer die Abwanderung aus peripheren ländlichen Regionen verhindern oder zumindest abschwächen will, darf diesen so vielfältig benachteiligten Gebieten nicht noch eine der wenigen Infrastruktureinrichtungen wegnehmen, die sie noch haben. Der Wei-

terbestand einer Volksschule hat in peripheren Gebieten einen höheren Stellenwert als in dicht besiedelten Stadtregionen. Bei der Auflassung von Schulen in peripheren Gebieten sind deshalb auch regionalpolitische Gesichtspunkte zu berücksichtigen.

Eine andere Gruppe von Autoren befürwortet das Leitbild der vollorganisierten, zentral gelegenen Großschule, die in der Regel eine bessere apparative Ausstattung hat und einen flexibleren und kostengünstigeren Lehrereinsatz ermöglicht.

Während in Stadtregionen und größeren Gemeinden gleichzeitig beide Leitbilder verwirklicht werden können, stehen sie in dünner besiedelten ländlichen Regionen meist in einem unüberbrückbaren Gegensatz zueinander, so daß man sich für eine der beiden Alternativen entscheiden muß.

In der mehrere Jahrzehnte andauernden Expansionsphase der Schulentwicklungsplanung nach dem Zweiten Weltkrieg wurde von der überwiegenden Mehrzahl der Bildungsforscher dem *Leitbild der vollorganisierten, zentral gelegenen Großschule* ein höherer Stellenwert eingeräumt als der wohnortnahen, niedrig organisierten Kleinschule. Ein- oder zweiklassige Volksschulen wurden in den sechziger und siebziger Jahren von der überwiegenden Mehrheit der Erziehungswissenschaftler und Bildungsplaner als weniger leistungsfähig und als altmodisches Relikt vergangener Zeiten angesehen. Belegt wurde dieses abwertende Urteil meist mit den niedrigeren Übertrittsraten der Schüler in weiterführende Schulen. Die von einigen Autoren bereits in den siebziger Jahren vorgelegten empirischen Befunde, daß bei gleicher Lehrerqualifikation und bei vergleichbarer sozialer Herkunft der Schüler die Übertrittsraten aus ein- und zweiklassigen Volksschulen in Höhere Schulen nicht niedriger waren als jene aus vollorganisierten Schulen (vgl. MEUSBURGER 1978), haben damals noch zu keiner Umorientierung der herrschenden Planungsstrategie geführt.

Durch die einseitige Bevorzugung einer Strategie, die sich an (groß)städtischen Verhältnissen orientiert, wurden die peripheren ländlichen Gebiete paradoxerweise gerade in jener Zeit in schulischer Hinsicht am meisten benachteiligt, als der Abbau regionaler und sozialer Disparitäten in der politischen Diskussion einen besonders hohen Stellenwert hatte. Für das Argument, daß für verschieden strukturierte Räume unterschiedliche Strategien notwendig sind, fehlte bis etwa Mitte der siebziger Jahre das Verständnis. Der Hauptgrund für die „Raumblindheit" der früheren Planungskonzepte lag einerseits darin, daß die damals tonangebenden Bildungsreformer und Bildungsplaner nicht über die notwendige regionalwissenschaftliche Ausbildung verfügten und ihnen deshalb sowohl das Ausmaß der regionalen Disparitäten des Bildungswesens als auch die sozioökonomischen Ursachen dieser räumlichen Ungleichheiten weitgehend unbekannt waren. Andererseits haben auch die Regionalwissenschaftler erst relativ spät „bildungsgeographische" Themen aufgegriffen, so daß, von einigen Ausnahmen (z.B. GEIPEL 1965, 1966, 1967) abgesehen, auch von dieser Seite nicht rechtzeitig die notwendigen Impulse kamen.

3.3. Analyse der Bedingungen der Auflösung von Volksschulen in der Nachkriegszeit

Um den bis zum Jahre 2011 prognostizierten Schülerrückgang in Relation zu den bisherigen Konjunkturzyklen der Schülerzahlen zu setzen, sei die Entwicklung des österreichischen Volksschulwesens während der vergangenen vier Jahrzehnte kurz skizziert.

1. In Österreich hat die *Zahl der Volksschüler* zwischen den Schuljahren 1948/49 und 1985/86 um 51,2 v. H. (357.969 Schüler) abgenommen, wobei dieser langfristige Abwärtstrend nur im Zeitraum zwischen 1958 und 1969 durch einen erneuten Anstieg der Schülerzahlen unterbrochen wurde (vgl. Tabelle 3.1).

Tabelle 3.1: **Die absolute und relative Entwicklung der Schülerzahl der Volksschulen nach Bundesländern 1948/49 – 1985/86**

Bundesland	1948/49	1954/55	1970/71	1980/81	1984/85
Vorarlberg	23.472	21.284	29.226	19.677	17.404
	100	*90,6*	*124,5*	*83,8*	*74,1*
Tirol	36.451	46.601	53.715	36.062	31.463
	100	*127,8*	*147,4*	*98,9*	*86,3*
Salzburg	52.526	31.872	33.734	25.434	23.160
	100	*60,6*	*64,2*	*48,4*	*44,1*
Kärnten	60.155	49.423	45.561	31.221	27.801
	100	*82,2*	*75,7*	*51,9*	*46,2*
Steiermark	129.337	101.967	108.517	67.305	57.789
	100	*78,8*	*83,9*	*52,0*	*44,7*
Oberösterreich	126.694	99.574	119.930	73.116	65.165
	100	*78,6*	*94,7*	*57,7*	*51,4*
Niederösterreich	135.201	103.676	108.110	75.544	64.073
	100	*76,7*	*80,0*	*55,9*	*47,4*
Burgenland	34.944	24.523	24.784	14.916	12.851
	100	*70,2*	*70,9*	*42,7*	*36,8*
Wien	102.406	65.239	72.334	58.121	49.324
	100	*63,7*	*70,6*	*56,7*	*48,2*
Österreich	701.186	544.159	599.954	401.396	349.030
	100	*77,6*	*85,6*	*57,2*	*49,8*

Quelle: Statistische Handbücher der Republik Österreich 1949 bis 1986

Der Rückgang der Volksschülerzahlen wurde im Zeitraum zwischen 1969 und 1975 ausschließlich durch die Auflassung der Volksschuloberstufe (75.370 Schüler) verursacht und noch nicht durch schwächere Geburtenjahrgänge. In der Unterstufe ist in dieser Periode die Zahl der Volksschüler nämlich noch um 0,2 v. H. (964 Schüler) angestiegen. Dagegen wurde die Abnahme der Schülerzahlen zwischen 1974/75 und 1979/80 vorwiegend (92.092 Schüler) durch geburtenschwächere Jahrgänge und nur zum geringeren Teil (9.021 Schüler) durch weitere Auflassungen der Volksschuloberstufe ausgelöst. Durch das zeitliche Zusammentreffen der Auswirkungen des Pillenknicks, der Verdichtung des Standortnetzes der Hauptschulen und Allgemeinbildenden Höheren Schulen sowie der Auflassung der Volksschuloberstufe war der Rückgang der Volksschülerzahlen in den 12 Jahren zwischen 1969 und 1981 stärker als je zuvor und auch wesentlich stärker, als er auf Grund der Bevölkerungsprognosen des ÖIR in den 30 Jahren zwischen 1981 und 2011 zu erwarten ist.

2. Die Halbierung der Schülerzahlen hat sich in erstaunlich geringem Ausmaß auf die *Zahl der Volksschulklassen* (– 5,3 v. H.) ausgewirkt. Bis etwa 1970 sind zwar die Entwicklungskurven der Schülerzahlen und der Klassenzahlen annähernd parallel verlaufen, aber nach diesem Zeitpunkt wurden die stark sinkenden Schülerzahlen in den meisten Bundesländern durch Herabsetzung der Klassengrößen aufgefangen (vgl. Tabelle 3.2).

Tabelle 3.2: **Die Entwicklung der durchschnittlichen Klassengrößen an den österreichischen Volksschulen 1948/49 – 1985/86**

Bundesland	durchschnittliche Zahl der Schüler pro Klasse		
	1948/49	1961/62	1985/86
Vorarlberg	38,0	33,1	19,1
Tirol	40,3	31,3	18,6
Salzburg	37,8	33,1	19,6
Kärnten	37,4	32,6	18,0
Steiermark	36,4	34,7	18,2
Oberösterreich	41,8	34,8	18,9
Niederösterreich	34,3	31,3	19,3
Burgenland	35,8	31,5	17,1
Wien	33,8	34,3	21,0
Österreich	36,8	32,2	19,0

Quelle: Statistische Handbücher der Republik Österreich 1949 bis 1986

3. So wie in anderen europäischen Ländern ist es jedoch in Österreich in den sechziger und siebziger Jahren zur *Auflassung zahlreicher niedrig organisierter Volksschulen* (vgl. Tabelle 3.3), zu einer beträchtlichen Ausdünnung des Standortnetzes von Volksschulen bzw. zu einer räumlichen Konzentration des Volksschulwesens gekommen. Der Höhepunkt dieser Schulschließungen fiel in Österreich in die Zeit zwischen 1964 und 1976, als sich die Zahl der Volksschulen um rd. ein Fünftel (19,1 v. H.) bzw. um insgesamt 867 Volksschulen verringerte. Dieser Boom an Volksschulauflassungen schwächte sich erst nach 1976 wieder deutlich ab und kam in der ersten Hälfte der achtziger Jahre fast zum Stillstand.

Das *Volksschulwesen* liegt in Österreich vorwiegend *in der Zuständigkeit der Länder* (Lehrerbesoldung) und Gemeinden (Bau und Erhaltung der Schulgebäude).

Die Volksschullehrer sind Landesbedienstete, deren Bezahlung allerdings der Bund im Rahmen des Finanzausgleichs mit den Ländern zur Gänze übernommen hat.

Tabelle 3.3: **Die Entwicklung des Anteils der ein- und zweiklassigen Volksschulen in Österreich zwischen 1934/35 und 1987/88**

Bundesland		1934	1948	1955	1970	1980	1987
Vorarlberg	1-kl	46,2	46,7	43,0	27,6	24,4	16,8
	2-kl	21,9	16,4	17,6	11,4	13,7	15,0
Tirol	1-kl	49,0	37,7	33,8	23,7	18,9	11,9
	2-kl	24,4	27,1	24,2	21,5	21,1	22,8
Salzburg	1-kl	17,3	6,6	13,2	12,8	3,2	1,6
	2-kl	33,1	26,0	26,8	16,3	15,7	12,0
Kärnten	1-kl	17,1	16,1	16,9	16,9	12,6	5,0
	2-kl	31,3	17,9	21,8	23,8	17,8	14,7
Steiermark	1-kl	14,8	10,5	11,3	9,7	4,2	5,3
	2-kl	26,7	23,4	19,1	16,0	10,2	11,4
Oberösterreich	1-kl	15,6	7,2	4,1	2,5	1,7	1,0
	2-kl	28,9	18,0	22,1	11,0	17,2	13,7
Niederösterreich	1-kl	33,1	25,7	36,3	19,1	2,1	1,5
	2-kl	29,3	27,2	27,4	26,8	20,9	8,8
Burgenland	1-kl	37,9	24,1	29,8	18,1	22,0	20,7
	2-kl	28,9	26,4	25,9	29,1	29,9	26,3
Wien	1-kl	0,5	3,8	–	–	–	–
	2-kl	1,6	6,1	2,2	–	–	–
Österreich	1-kl	25,8	19,8	22,7	11,2	7,7	5,4
	2-kl	25,8	22,2	22,7	19,0	16,5	13,2

Quelle: 1934 – 1980 Statistische Handbücher der Republik Österreich, 1987 Auswertung der österr. Schulstatistik

1-kl = einklassige Volksschulen 2-kl = zweiklassige Volksschulen

Bei einer Aufschlüsselung der Entwicklungstrends nach Bundesländern zeigt sich ein deutliches *West-Ost-Gefälle.* Die Ausdünnung des Volksschulstandortnetzes hat in Ostösterreich (Niederösterreich, Wien, Burgenland) ein wesentlich größeres Ausmaß angenommen als im Westen. Im Zeitraum zwischen 1926 und 1985 wurden in Niederösterreich 53,3 v. H. aller Schulen geschlossen, in Wien nahm die Zahl der Volksschulen um 44,7 v. H. und im Burgenland um 42,0 v. H. ab. Im selben Zeitraum konnte Oberösterreich die Zahl der Volksschulen annähernd halten (Abnahme nur um 0,5 v. H.), in Salzburg betrug der Rückgang 4,6 v. H., in der Steiermark 7,4 v. H., in Tirol 9,3 v. H., in Kärnten 11,2 v. H. und in Vorarlberg 18,5 v. H.

Das *Standortnetz der Volksschulen* ist in den westlichen Bundesländern aus verschiedenen Gründen viel engmaschiger als in den östlichen Bundesländern. So entfiel etwa im Jahre 1987/88 in Vorarlberg und Tirol auf jeweils 4,6 km² Dauersiedlungsfläche eine Volksschule, in Kärnten auf 8,4 km², in Salzburg auf 9,0 km², in Oberösterreich auf 11,7 km², im Burgenland auf 12,6 km² und in Niederösterreich auf 18,1 km². Dieses West-Ost-Gefälle ließ sich schon im Jahre 1870 nachweisen, nur hatte damals Niederösterreich mit einer Volksschule pro 9,7 km² Dauersiedlungsfläche noch ein engmaschigeres Standortnetz als Oberösterreich, das zu diesem Zeitpunkt mit einer Schule für 14,0 km² noch an letzter Stelle lag.

Dieses Ost-West-Gefälle kann einerseits dadurch erklärt werden, daß der Westen wegen seines alpinen Reliefs und der dadurch erschwerten Schulwegbedingungen (Lawinengefahr, Höfe ohne Straßenanschluß usw.) bei der Auflassung von Kleinschulen zurückhaltender sein mußte. Andererseits spiegeln sich in der unterschiedlichen Bedeutung der Einflußgröße Schülerzahlen auch die unterschiedliche historische Entwicklung des Volksschulwesens, eine unterschiedliche Ausgangslage hinsichtlich der Schulgrößenverteilung sowie eine unterschiedliche Planungsstrategie und Einstellung der Schulbehörden zu niedrig organisierten Volksschulen wider. Dies zeigt sich etwa bei einem Vergleich zwischen den Bundesländern Oberösterreich und Niederösterreich. Während in Oberösterreich ein Rückgang der Schülerzahlen von 49,2 v. H. (62.258 Schüler) zwischen 1948 und 1985 keine Abnahme der Zahl der Volksschulen (vgl. Tabelle 3.4) zur Folge hatte (1985 gab

Tabelle 3.4: **Die absolute und relative Veränderung der Zahl der Volksschulen nach Bundesländern 1948/49 – 1984/85**

Bundesland	1948/49	1954/55	1970/71	1980/81	1984/85
Vorarlberg	195	192	185	168	167
	100	*98,4*	*94,9*	*86,2*	*85,6*
Tirol	443	467	452	417	408
	100	*105,4*	*102,0*	*94,1*	*92,1*
Salzburg	196	206	203	185	185
	100	*105,1*	*103,6*	*94,4*	*94,4*
Kärnten	386	411	408	348	342
	100	*106,5*	*105,7*	*90,2*	*88,6*
Steiermark	610	678	661	601	592
	100	*111,1*	*108,4*	*98,5*	*97,0*
Oberösterreich	599	626	635	605	601
	100	*104,5*	*106,0*	*101,0*	*100,3*
Niederösterreich	1.205	1.305	941	665	659
	100	*108,3*	*78,1*	*55,2*	*54,7*
Burgenland	311	309	265	214	211
	100	*99,4*	*85,2*	*68,8*	*67,8*
Wien	344	232	223	247	249
	100	*67,4*	*64,6*	*71,9*	*72,0*
Österreich	4.289	4.426	3.973	3.450	3.414
	100	*103,2*	*92,6*	*80,4*	*79,6*

Quelle: Statistische Handbücher der Republik Österreich 1949 bis 1986

es sogar zwei Volksschulen mehr als 1948), löste in Niederösterreich der Rückgang der Schülerzahlen um 54,0 v. H. (72.914 Schüler) einen Rückgang der Volksschulen um 45,5 v. H. (550 Schulen, im Vergleich zum Höchststand im Jahre 1958 sogar 651 Schulen) aus. Eine ähnliche Entwicklung wie in Niederösterreich vollzog sich auch im Burgenland, wo sich 1948 – 1985 die Schülerzahl um 63,9 v. H. (22.209 Schüler) und die Zahl der Schulen um 32,2 v. H. (100 Schulen) verringerte.

3.4. Modellrechnungen zu den Entwicklungstendenzen bis 2011

3.4.1. Prognose der Schülerzahlen

Nach der Hauptvariante der Bevölkerungsprognose von M. SAUBERER für die ÖROK wird die Altersgruppe der Fünf- bis Neunjährigen bis 1991 um 4,9 v. H. und zwischen 1991 und 2001 um 3,0 v. H. abnehmen. Für den Zeitraum zwischen 2001 und 2011 wird eine weitere Abnahme um 16,9 v. H. prognostiziert. Wenn man diese Trendprognose auch für die Sechs- bis Zehnjährigen gelten läßt und davon ausgeht, daß im Prognosezeitraum keine größeren Reformen des Volksschulwesens durchgeführt werden, so wird sich die Zahl der Volksschüler zwischen 1981 und 2011 um rd. 93.500 verringern.

Im Vergleich zum starken Schülerrückgang zwischen 1969/70 und 1987/88, als die Zahl der Volksschüler auf Grund der Auflassung der Volksschuloberstufe und wegen der schwächeren Geburtenjahrgänge in 18 Jahren um 44,2 v. H. bzw. um 26.504 Volksschüler abnahm, mag die für den Zeitraum zwischen 1981 und 2011 prognostizierte Abnahme von 13 bis 14 v. H. bzw rd. 93.500 bis 95.000 Schülern zwar verhältnismäßig gering erscheinen, doch darf nicht übersehen werden, daß die Ausgangslage hinsichtlich der durchschnittlichen Schulgrößen und der Dichte des Standortnetzes gegen Ende der sechziger Jahre ganz anders war, als sie beim nächsten stärkeren Rückgang der Schülerzahlen um die Jahrtausendwende sein wird.

Die schwerwiegendsten Probleme bzw. die größten Veränderungen hinsichtlich der Reorganisation des Volksschulwesens (Auflassung von Schulen, Übergang von vollorganisierten zu niedrig organisierten Schulen, zunehmender Anteil von existenzgefährdeten Kleinschulen) sind in jenen Gebieten zu erwarten, in denen es schon jetzt einen hohen Anteil an Kleinschulen gibt und wo gleichzeitig ein starker *Rückgang der Altersgruppe der Fünf- bis Neunjährigen* prognostiziert wird. Die Altersgruppe der Fünf- bis Neunjährigen wird in der Obersteiermark und in einigen Bezirken am Eisernen Vorhang überdurchschnittlich stark abnehmen. Nach der Variante II der ÖIR-Prognose wird diese Altersgruppe im Prognosezeitraum 1981 – 2011 in 24 Politischen Bezirken um 20 – 30 v. H. abnehmen (vgl. Karte 3.1), in 19 Bezirken wird die Abnahme 30,1 – 40 v. H. betragen und in vier Bezirken mehr als 40 v. H.. Die größten Verluste werden für die Bezirke Hermagor (– 39,8 v. H.), Fürstenfeld (– 38,7 v. H.), Voitsberg (– 39,3 v. H.), Bruck a. M. (– 43,5 v. H.), Leoben

Karte 3.1: RÜCKGANG DER 5- BIS 9JÄHRIGEN BIS 2011

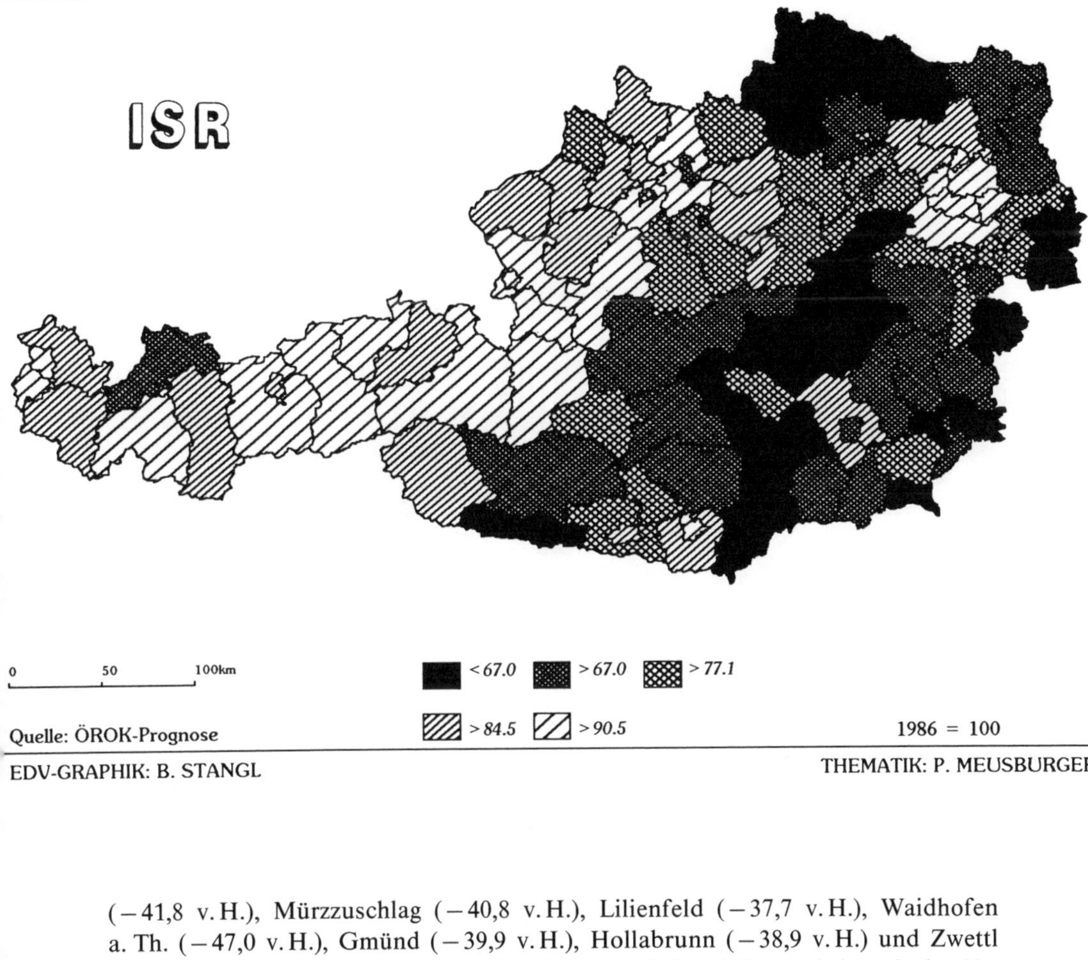

Quelle: ÖROK-Prognose

EDV-GRAPHIK: B. STANGL THEMATIK: P. MEUSBURGER

(−41,8 v. H.), Mürzzuschlag (−40,8 v. H.), Lilienfeld (−37,7 v. H.), Waidhofen a. Th. (−47,0 v. H.), Gmünd (−39,9 v. H.), Hollabrunn (−38,9 v. H.) und Zwettl (−37,8 v. H.) prognostiziert. Eine Zunahme an Volksschülern wird nach der Variante II lediglich in den Bezirken Kufstein (+0,4 v. H.), Innsbruck-Land (+1,9 v. H.), Hallein (+9,0 v. H.) und Salzburg-Umgebung (+16,5 v. H.) erwartet.

In jenen Gebieten, die schon heute einen überdurchschnittlich hohen Anteil an Kleinschulen (1 bis 20 Schüler) haben, können auch schon durchschnittliche oder geringfügige Abnahmen der Schülerzahlen zu einer Existenzgefährdung der Schulen führen. Die höchsten *Anteile an Kleinschulen* waren im Schuljahr 1987/88 in den Politischen Bezirken Bludenz (19,2 v. H.), Reutte (37,2 v. H.), Landeck (28,6 v. H.), Lienz (17,8 v. H.), Tamsweg (17,6 v. H.), Völkermarkt (23,7 v. H.), Deutschlandsberg (21,6 v. H.), Oberpullendorf (31,9 v. H.), Oberwart (27,5 v. H.) und Jennersdorf (20,0 v. H.) festzustellen, während etwa in Niederösterreich und Oberösterreich die Anteile der Kleinschulen aus den schon erwähnten Gründen sehr klein waren (vgl. Karte 3.2).

Karte 3.2: ANTEIL AN KLEINSCHULEN 1987-88

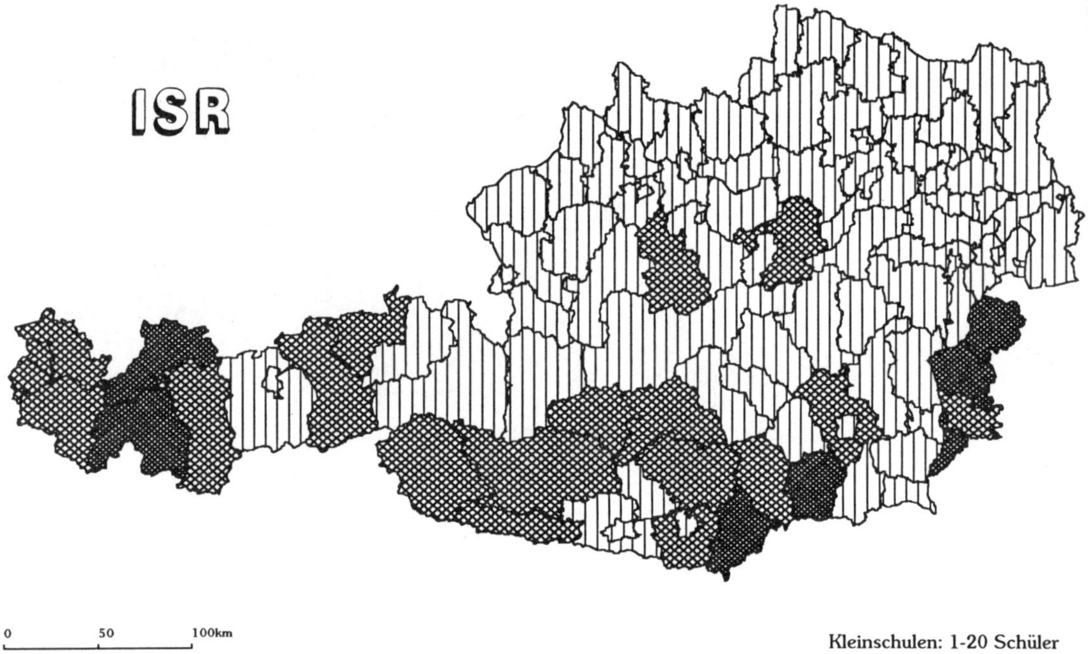

Kleinschulen: 1-20 Schüler

Quelle: Österr. Schulstatistik 1987-88 < 9.5 > 9.5 > 20.0 v.H. aller Volksschulen 1987/88

EDV-GRAPHIK: B. STANGL THEMATIK: P. MEUSBURGER

3.4.2. Modellrechnungen zur Entwicklung der Größenstruktur der derzeit bestehenden Volksschulen

Die zukünftigen Auflassungsquoten und das zukünftige Standortnetz von Volksschulen werden in entscheidendem Maße von der *Entwicklung der Größenstruktur der Volksschulen* abhängen. Da die altersspezifischen Prognosen des ÖIR nur bis zur Ebene des Politischen Bezirkes reichen – eine Prognose auf Gemeindeebene wäre auch aus methodischer Sicht höchst problematisch –, muß sich auch die Prognose der Größenstrukturen der Volksschulen auf diese Bezirksdaten stützen, obwohl allgemein bekannt ist, daß die Entwicklung der Schülerzahlen nicht nur zwischen den Gemeinden eines Bezirkes, sondern auch zwischen den Schulen einer Gemeinde differiert.

Unter den rein *hypothetischen Annahmen, daß die Zahl der Schulen gleichbleiben* wird und sich die Schülerzahlen innerhalb eines Bezirkes nach den vom ÖIR pro-

Karte 3.3: ANTEIL AN KLEINSCHULEN 2011

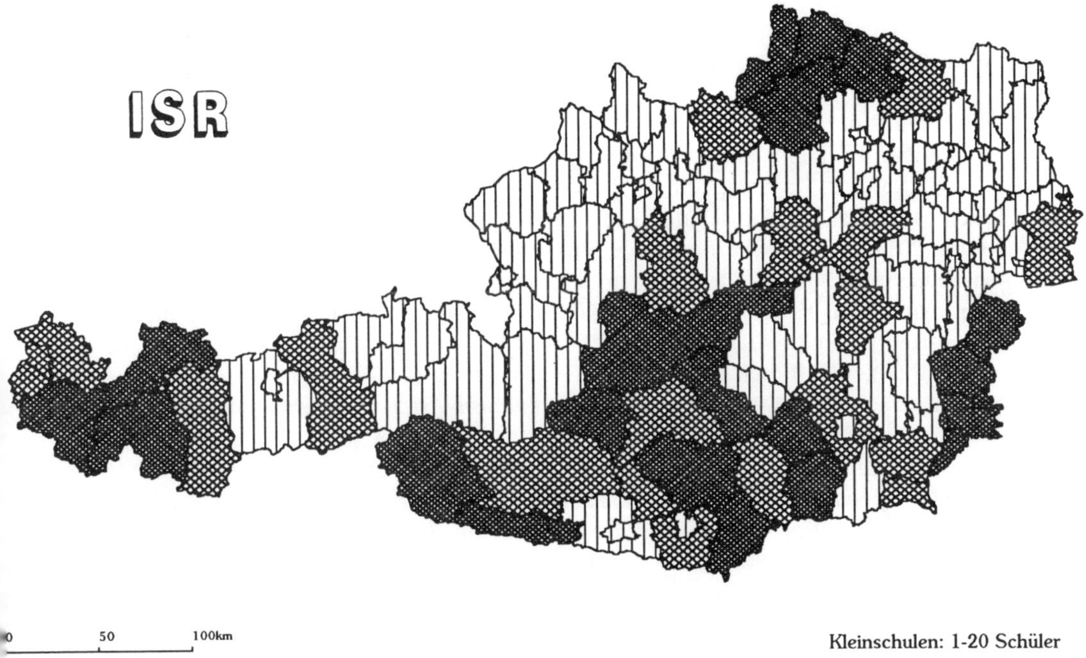

Kleinschulen: 1-20 Schüler

Quelle: vgl. Karte 3.2 < 9.5 > 9.5 > 20.0 v.H. aller Volksschulen 2011

EDV-GRAPHIK: B. STANGL THEMATIK: P. MEUSBURGER

gnostizierten Trends entwickeln werden, würde sich der Anteil der Schulen mit 1 bis 10 Schülern im Zeitraum zwischen 1987/88 und 2011/12 von 1,9 v.H. auf 2,8 v.H. erhöhen und der Anteil der Schulen mit 11 bis 20 Schülern von 4,8 v.H. auf 8,3 v.H. ansteigen. Im gesamtösterreichischen Durchschnitt würde also im Jahre 2011 jede neunte Volksschule (11,1 v.H.) nur noch 1 bis 20 Schüler zählen und weitere 35,8 v.H. der Schulen würden 21 bis 60 Schüler aufweisen (vgl. Karte 3.2). Der Anteil der Schulen mit mehr als 60 Schülern wird von 64,0 v.H. (1987/88) auf 54,5 v.H. (2011/12) sinken. Unter der (nicht ganz realistischen) Annahme, daß keine Volksschulen mehr aufgelassen werden, würden im Jahre 2011 96 Volksschulen nur noch 1 bis 10 Schüler zählen, und 283 Volksschulen hätten noch 11 bis 20 Schüler. Von den 1987/88 noch vollorganisierten Schulen würden unter den angenommenen Voraussetzungen 7 Schulen unter die Grenze von 11 Schülern absinken und 203 heute vollorganisierte Schulen (8,1 v.H.) im Jahre 2011 nur noch 1 bis 40 Schüler haben. Von den dreiklassigen Volksschulen des Jahres 1987/88 würden 69 v.H.

unter die Grenze von 41 Schülern absinken, von den zweiklassigen Volksschulen 97 v. H. bis unter 40 Schüler und 36 v. H. bis zu 20 Schüler zählen, und von den einklassigen Volksschulen des Jahres 1987/88 würden 97 v. H. weniger als 20 Schüler und 43 v. H. weniger als 10 Schüler aufweisen. Der Anteil der Volksschulen mit 100 oder mehr Schülern wird sich von 37 v. H. (1987/88) auf etwa 30 v. H. (2011) verringern. Nur noch rd. 5 v. H. der Volksschulen werden 200 oder mehr Schüler haben, gegenüber 9 v. H. im Jahre 1987/88.

Während es im Schuljahr 1987/88 in Österreich erst 7 Politische Bezirke mit mehr als 20 v. H. Kleinschulen gab, würden unter den gegebenen Annahmen im Jahre 2011 18 Politische Bezirke jeweils mehr als 20 v. H. Kleinschulen und 9 Bezirke mehr als 30 v. H. Kleinschulen unter ihren Volksschulen aufweisen. Die höchsten Anteile an Kleinschulen (1 bis 20 Schüler) werden im Jahre 2011 für die Bezirke Reutte (51,2 v. H.), Landeck (32,0 v. H.), Hermagor (38,1 v. H.), Völkermarkt (44,7 v. H.), Waidhofen a. Th. (31,6 v. H.), Güssing (33,3 v. H.), Jennersdorf (40,0 v. H.), Oberwart (41,2 v. H.) und Oberpullendorf (57,5 v. H.) erwartet (vgl. Karte 3.3).

Während also die Frage der Kleinschulen in den achtziger Jahren noch als lokales Problem abgetan werden kann, das nur wenige Regionen in Österreich bzw. einen sehr geringen Prozentsatz der Volksschüler betrifft, wird diese Problematik im Jahre 2011 etwa ein Fünftel aller Politischen Bezirke betreffen und deshalb auch eine wichtige politische und planerische Dimension erreichen.

3.5. Analyse der Konsequenzen von Modellrechnungen

Falls das Schulorganisationsgesetz in absehbarer Zeit nicht entsprechend novelliert wird, haben die beiden folgenden Modellrechnungen eine große Wahrscheinlichkeit, „verwirklicht" zu werden.

Die *Modellrechnung A* geht davon aus, daß *Volksschulen nur in Ausnahmefällen eine Mindestgröße von 20 Schülern unterschreiten* und auch *die durchschnittlichen Schülerzahlen pro Klasse* (1985/86 19,0 Schüler) *nicht mehr weiter absinken sollen.* Eine Befolgung dieser Richtlinien würde bedeuten, daß nach der Jahrhundertwende bis zum Jahre 2011 etwa 250 bis 350 Kleinschulen aufgegeben werden müßten, wobei diese Schulen vorwiegend den peripheren ländlichen Gebieten verlorengehen würden. Diese zweite Auflassungswelle würde das Volksschulstandortnetz in peripheren ländlichen Gebieten sehr weitmaschig machen und die Schulwegentfernungen der dort wohnenden Volksschüler erheblich verlängern.

Je weitmaschiger das Netz der Volksschulen durch die Auflassung von Kleinschulen wird, umso problematischer und folgenschwerer wird jede weitere Stillegung von Schulen sein.

Wenn die durchschnittliche Klassengröße nicht weiter sinken, sondern bei einem gesamtösterreichischen Durchschnitt von 19 Schülern pro Klasse stabilisiert werden soll, würden dadurch bis zum Jahre 2011 ca 2.000 – 3.000 Volksschullehrer(innen) eingespart werden. Falls dieser Rückgang der Lehrerzahlen nicht in kleinen Schritten erfolgt, sondern erst mit dem Rückgang der Schülerzahlen nach dem Jahr 2000 einsetzt, wird diese verminderte Neueinstellung von Lehrern nicht nur zu einer drastischen Veränderung des Altersaufbaus des Lehrkörpers (Überalterung) führen, sondern nach den Erfahrungen in anderen Ländern (SCHMUDE,J.,1988), möglicherweise auch den Feminisierungsprozeß des Lehrerberufes unterbrechen oder sogar wieder rückgängig machen.

Die nach diesem Modell eingesparten Personalkosten werden zu einem gewissen Teil für die steigenden Kosten des Schülertransportes aufgewendet werden müssen. Außerdem sind in peripheren ländlichen Regionen durch die Schulauflassungen verschiedene finanziell nicht eindeutig quantifizierbare negative Auswirkungen zu erwarten, welche die Wohnattraktivität beträchtlich mindern würden. Eine Verwirklichung dieses Modells könnte nach den Erfahrungen in anderen Ländern auch die Folge haben, daß in jenen ländlichen Gebieten, die ihre Volksschulen verloren haben, durch Elterninitiativen neue Privatschulen (z. B. konfessionelle Schulen oder Waldorf-Schulen usw.) errichtet werden.

Es dürfte kein Zufall sein, daß die Privatschulen in den letzten Jahren gerade in den östlichen Bundesländern den größten Zustrom verzeichneten, wo auch am meisten öffentliche Kleinschulen aufgelassen wurden. Während in Salzburg, Tirol und Vorarlberg der Anteil der Volksschüler, die Privatschulen besuchten, 1968/69 bis 1987/88 sehr deutlich abnahm, verzeichneten die östlichen Bundesländer ausnahmslos einen relativen Anstieg der Volksschüler in Privatschulen. Freilich sind selbst hier die v. H. Anteile äußerst bescheiden (Steiermark 2,6 v. H., Niederösterreich 2,1 v. H.). Nur die Millionenstadt Wien steht mit einem Anteil von 16,8 v. H. deutlich an der Spitze.

Die Modellrechnung B geht davon aus, daß die Kleinschulen in peripheren ländlichen Gebieten überall dort, wo es die betroffene Bevölkerung wünscht, trotz des Rückganges der Schülerzahlen erhalten bleiben bzw. daß der prognostizierte Rückgang der Schülerzahlen weitgehend durch eine weitere Senkung der Klassenzahlen je Schule und der durchschnittlichen Klassengrößen aufgefangen wird. Bei einer angenommenen Klassenzahl von etwa 17.500 Klassen im Jahre 2011 (1985 = 17.988 Klassen) könnte der Schülerrückgang bis zum Jahre 2011 – so wie auch in früheren Jahren (vgl. Tabelle 3.2) – durch eine Senkung der durchschnittlichen Klassengröße von 19,0 auf 16,1 Schüler aufgefangen werden.

Wenn man sich von dem unbegründeten Vorurteil löst, daß Kleinschulen etwas Negatives sind, kann über die Senkung der durchschnittlichen Klassen- und Schulgrößen der Geburtenrückgang der nächsten drei Jahrzehnte weitgehend aufgefangen werden, ohne daß es zu neuen umfangreichen Schulschließungen kommen muß. Das Modell B hätte allerdings den Nachteil, daß die Ausgaben für die Lehrerbesoldung pro 100 Schüler deutlich ansteigen würden.

Ferner müßte allerdings auch die Lehrerausbildung in den Pädagogischen Akademien stärker auf den sogenannten Abteilungsunterricht an ein- und zweiklassigen Volksschulen ausgerichtet werden.

Auch wenn angenommen wird, daß das Leitbild der wohnortnahen Kleinschule auf Grund der demographischen Entwicklung in den nächsten drei Jahrzehnten wieder einen höheren Stellenwert erhalten wird, so bedeutet dies nicht, daß jede derzeit bestehende Kleinschule unbedingt gehalten werden muß oder vollorganisierte Schulen ohne ausreichende Gründe zu niedriger organisierten Schulen umgewandelt werden sollen. Man wird jedoch für dünn besiedelte periphere Gebiete flexiblere Lösungen anbieten müssen. Aus raumwissenschaftlicher und regionalpolitischer Sicht kann nicht deutlich genug darauf hingewiesen werden, daß diese beiden Strategien auch zahlreiche außerschulische Konsequenzen haben, über die es jedoch noch zuwenige empirische Forschungen gibt, um sie größenmäßig festlegen zu können.

3.6. Zusammenfassung

Zwischen 1981 und 2011 wird in Österreich die Zahl der Volksschüler in der ersten bis vierten Schulstufe um fast 100.000 zurückgehen. Wenn man eine weitere Ausdünnung der Volksschulstandorte und unzumutbar lange Schulwege vermeiden will, wird es in vielen Bezirken Österreichs einen starken Trend zu ein- und zweiklassigen Volksschulen geben. Insbesondere in Ostösterreich, wo das Standortnetz von Volksschulen viel weitmaschiger ist als im Westen (in Niederösterreich entfällt eine Volksschule auf 18,1 km^2 Dauersiedlungsraum, in Tirol und Vorarlberg eine auf 4,6 km^2), würden sich weitere Schulschließungen sehr nachteilig auswirken. Falls keine weiteren Kleinschulen aufgelassen werden sollen, wird 2011 unter den gegebenen Prognoseannahmen etwa ein Fünftel aller österreichischen Bezirke mehr als 20 v.H. Kleinschulen (ein bis zwanzig Schüler) haben. Nur noch 5 v.H. aller Schulen werden mehr als 200 Schüler zählen.

Der demographische Rückgang könnte ohne Schulschließungen aufgefangen werden, wenn bis 2011 die durchschnittliche Schülerzahl je Klasse von derzeit 19,0 auf 16,1 gesenkt würde. Wenn andererseits an den derzeitigen Klassenzahlen und minimalen Schulgrößen (nicht unter 10 Schüler) festgehalten wird, müßten bis 2011 rund 250 bis 350 Kleinschulen aufgelassen werden, was für die betroffenen Siedlungen verschiedene nachteilige Folgen hätte.

Literaturverzeichnis

BACK, H. J., 1977. Schulgröße und regionale Planung. In: DÖRING, P. A. (Hsg.). Große Schulen oder kleine Schulen. Erziehung in Wissenschaft und Praxis 27: 207-216. München.

BARKER, R. G., GUMP, P., et al., 1964. Big Schools – Small Schools. Stanford.

BODZENTA, E., 1967. Fahrschüler – ein soziales Problem. Wien.

BÖHM, G., 1966. Land und Schule im Zwischenmilieu. In: LANG, L. (Hsg.). Die neue Lehrerbildung. Das neunte Schuljahr. Schule in Stadt und Land. Wien, 2. Aufl.: 219-225.

BOHLA, J., 1957/58. Die eigenständige Landschule. Die neue Landschule 8: 385-397.

BRIXNER, W., 1972. Schulplanung im ländlichen Raum. Probleme regionaler Bildungsplanung. München.

BROICH, K., 1957/58. Der Wandel in der wirtschaftlichen und sozialen Wirklichkeit des Landes und sein Einfluß auf das ländliche Bildungswesen, insbesondere die Volksschule. Pädagogische Rundschau 12: 17-28.

BURTSCHER, A., 1959. Der Ausbau der Volksschuloberstufe in Tirol. In: LANG, L. (Hsg.). Die Schule der Zehn- bis Vierzehnjährigen. Landschulreihe 7: 167-173. Wien.

CROMBACH, H., 1959. Das Fahrschülerwesen auf dem Lande. In: LANG, L. (Hsg.). Die Schule der Zehn- bis Vierzehnjährigen. Landschulreihe 7: 12-132. Wien.

DIEDERICH, J., 1967. Die Landschulreform im Spiegel der pädagogischen Zeitschriften. Deutsches Institut für Internationale Pädagogische Forschung. Untersuchungen zum in- und ausländischen Schulwesen 2, Weinheim.

DIEDERICH, W., 1959. Organisationsformen der einklassigen Volksschule. Die deutsche Schule 51: 558-562.

DIESSEL, R., 1955/56. Die Zentralschule. Unsere Volksschule 6: 434-441.

DÖRING P. A., 1977. Große Schulen oder kleine Schulen? Zur Dimension von Bildungseinrichtungen. In: DÖRING, P. A. (Hsg.). Große Schulen oder kleine Schulen. Erziehung in Wissenschaft und Praxis 27, München: 15-40.

DÜMMLER, H., 1929. Die ungeteilte Schule. Versuch einer kritischen Wertung. München.

ECKHARDT, K., 1950/51. Die Zusammenlegung wenigstufiger Schulen. Unsere Volksschule 1: 234-236.

EITH, F., 1960/61. Für und wider die Zentralschule. Unsere Volksschule 11: 57-62.

FICHTL, K., 1977. Der ländliche Raum in seinen Veränderungen am Beispiel Tirols. Erziehung und Unterricht 127: 465-475.

GEIPEL, R., 1965. Sozialräumliche Strukturen des Bildungswesens. Studien zur Bildungsökonomie und zur Frage der gymnasialen Standorte in Hessen. Frankfurt am Main.

GEIPEL, R., 1966. Angewandte Geographie auf dem Feld der Bildungsplanung Tagungsbericht des 35. Deutschen Geographentages Bochum 1965. Wiesbaden: 448-457.

GEIPEL, R., 1968. Bildungsplanung und Raumordnung. Studien zur Standortplanung von Bildungseinrichtungen und zu räumlichen Aspekten des Bildungsverhaltens in Hessen. Frankfurt am Main.

GROHMANN, K. u. P. MEUSBURGER, 1973. Schulplanung und Schülerverlaufsstatistik in Vorarlberg. Schriftenreihe des Bundesministeriums für Unterricht und Kunst 11.

HEILER, B., u. R. LEBMANN, 1979. Die Entwicklung der allgemeinbildenden Pflichtschulen in Österreich. Beiträge zur österreichischen Statistik 550: 513-544.

HEISTER, M., 1977. Die Dimensionierung von Schulen auf der Grundlage des Bildungsgesamtplanes. In: DÖRING, P. A. (Hsg.). Große Schulen oder kleine Schulen. Erziehung in Wissenschaft und Praxis 27, München: 161-176.

HEYWANG, E., 1950. Vorzüge der einklassigen Schule. Welt der Schule 3: 346-347.

HEYWANG, E., 1953/54. Die einklassige Schule – ihre eindeutigen Schwächen. Die neue Volksschule in Stadt und Land 5, Beilage: Die dorfeigene Schule: 129-135.

HÖFLE, K., 1984. Bildungsgeographie und Raumgliederung. Das Beispiel Tirol. Innsbrucker Geographische Studien 10, Innsbruck.

HÖFLE, K., und P. MEUSBURGER, 1983. Jüngere Strukturveränderungen des Pflichtschulwesens in Nord- und Südtirol. Tirol-Atlas, Begleittexte VIII, Innsbruck: 25-32.

HÖLZL, S., 1982. Vorarlbergs Pflichtschulwesen von 200 Jahren. Montfort 3: 115-136.

HUBER, F., 1931. Die weniggegliederte und ungeteilte Schule. München.

HUBER, F., 1955. Zur Problematik der ländlichen Einklaßschule. Lebendige Schule 10: 642-653.

HUBER, F. (Hsg.), 1970. Die Landschule. Bad Heilbrunn.

JÜTTNER, E., 1973. Trend zu kleineren und sogenannten offenen Schulen in Schweden. Pädagogische Welt 27: 567-571.

KAHLERT, H., 1974. Schulgröße als Gegenstand der Bildungsforschung. Die Deutsche Schule 66: 157-166.

KAHLERT, H., 1977. Schulgrößen und ihre Determinanten in historischer Sicht. In: DÖRING, P. A. (Hsg.). Große Schulen oder kleine Schulen. Erziehung in Wissenschaft und Praxis 27, München: 41-61.

KENNEDY, M., 1977. Multifunktionale Nutzung von Schulen in Abstimmung mit der Infrastruktur. In: DÖRING, P. A. (Hsg.). Große Schulen oder kleine Schulen. Erziehung in Wissenschaft und Praxis 27, München: 227-243.

KRICK, W., 1948. Schule und Lehrer in der Dorfgemeinschaft. Bildung und Erziehung 1: 40-51.

LACH, H., 1980. Die wichtigsten Entwicklungsabschnitte des Pflichtschulwesens und der Schulbehörden in Kärnten. Die Brücke 6/11: 54-57.

LANG, L. (Hsg.), 1948. Landschule und ländliche Erziehung in Österreich. Wien.

LANG, L., 1959. Die Schule der Zehn- bis Vierzehnjährigen auf dem Land – gesehen vom Ganzen der Österreichischen Landschulerneuerung. In: LANG, L. (Hsg.). Die Schule der Zehn- bis Vierzehnjährigen. Landschulreihe 7, Wien: 14-54.

LANG, L., 1966. Die drei Phasen der österreichischen Landschulerneuerung. In: LANG, L. (Hsg.). Die neue Lehrerbildung. Das neunte Schuljahr. Schule in Stadt und Land. Wien, 2. Aufl.: 182-196.

LANGER, J., 1977. Gesamtschule und soziale Integration. Erziehung und Unterricht 127: 20-26.

LEMKE, G., 1956/57. Für und wider die Zentralschule. Unsere Volksschule 7: 257-261.

LUTZ, E., 1977. Die Entwicklung des allgemeinbildenden Pflichtschulwesens in Vorarlberg unter besonderer Berücksichtigung der Schule im ländlichen Bereich. Erziehung und Unterricht 127: 515-523.

MATTLIN, H., 1961. Die Schulwirklichkeit der weniggegliederten Landschule. Mädchenbildung und Frauenschaffen 11: 9-16.

MEUSBURGER, P., 1974. Landes-Schulentwicklungsplan von Vorarlberg. Bildungsplanung in Österreich 3, Wien.

MEUSBURGER, P., 1978. Bildungsgeographische Probleme der österreichischen Berggebiete. In: MACHOLD, M., POSCH, P., u. J. THONHAUSER (Hsg.). Österreichische Beiträge zur Bildungsforschung. Wien: 131-151.

MEUSBURGER, P., 1979. Ausbildungsniveau und schulische Situation der Slowenen in Kärnten von 1848 – 1978. In: Fragen Geographischer Forschung (= Festschrift zum 60. Geburtstag von Adolf Leidlmair), Innsbrucker Geographische Studien 5, Innsbruck: 229-264.

MEUSBURGER, P., 1983. Die schulische Situation in Tirol um die Mitte des 19. Jahrhunderts. Tirol-Atlas, Begleittexte VIII, Innsbruck: 33-42.

MEYER, F., 1953/54. Grundfragen der Landschule. In: Die neue Volksschule in Stadt und Land 5, Beilage: Die dorfeigene Schule: 135-141.

MEYER, F., 1954/55. Um die Vorzüge der einklassigen Landschule. Die neue Volksschule in Stadt und Land 6, Beilage: Die dorfeigene Schule: 1-5.

MÜLLER, J., 1949/50. Stellung und Aufgabe des Lehrers im heutigen Dorfe. Die neue Volksschule in Stadt und Land 1, Beilage: Die dorfeigene Schule: 19-28.

PÄDAGOGISCHES INSTITUT DES LANDES TIROL, 1987. Projektbeschreibung zum Schulversuch „Landhauptschule". Tiroler Modell zur inneren Schulreform. Innsbruck.

RECUM, H. v., 1955. Soziale Strukturwandlungen des Volksschullehrerberufes: vom Aufstiegsberuf zum Mangelberuf. Kölner Zeitschrift f. Soziologie und Sozialpsychologie 5, SH. 4: 108-119.

SANDFUCHS, U., 1976. Schulgröße und Schulkrise – über einen Denkfehler der Schulreform. Vierteljahresschrift für wissenschaftliche Pädagogik 52: 76-99.

SATZKE, K., 1977. Landschule – Schule auf dem Land. Erziehung und Unterricht 127: 500-504.

SCHMIDBERGER, G., 1954. Die Landschule als Lebens- und Arbeitsschule. Wien.

SCHMIDBERGER, G., 1959. Die Volksschule im Sog der Hauptschule. In: LANG, L. (Hsg.). Die Schule der Zehn- bis Vierzehnjährigen. Landschulreihe 7, Wien: 74-96.

SCHMIDBERGER, G., 1965. Heimatschule – Zentralschule. Erziehung und Unterricht 115: 21-36.

SCHMIDBERGER, G., 1966. Die Entwicklung der Landschule nach 1945. In: LANG, L. (Hsg.): Die neue Lehrerbildung. Das neunte Schuljahr. Schule in Stadt und Land. Wien, 2. Aufl.: 197-209.

SCHMIED, F., 1953/54. Der Strukturwandel eines Dorfes und seine Folgen für die Schule. Unsere Volksschule 4: 289-295.

SCHMUDE, J., 1988. Die Feminisierung des Lehrberufs an öffentlichen, allgemeinbildenden Schulen in Baden-Württemberg. Heidelberger Geographische Arbeiten, H. 87.

SCHULENBERG, W., 1964. Die soziale Lage der Landwirtschaft und die Volksschule auf dem Lande. Westermanns Pädagogische Beiträge 10/1964: 489-497.

SCHULTZE, W., 1958. Die Landschule in der Diskussion um die Fortentwicklung des Schulwesens in den westlichen Ländern. Internationale Zeitschrift für Erziehungswissenschaft N. F. 2/4: 470-482.

SCHÜTTENGRUBER, K., 1972. Die Reorganisation des allgemeinbildenden Pflichtschulwesens in Niederösterreich. Schriftenreihe des Pädagogischen Instituts des Bundes in Niederösterreich. Wien.

SCHÜTZ, J., 1973. Die Entwicklung des allgemeinbildenden Pflichtschulwesens im Mühlviertel von der Maria-Theresianischen Schulreform bis in die Gegenwart (1971). Diss. Univ. Salzburg.

SPREITZER, H., 1966. Der Wandel im ländlichen Schulbereich, gezeigt am Beispiel eines Schulbezirkes. In: LANG, L. (Hsg.). Die neue Lehrerbildung. Das neunte Schuljahr. Schule in Stadt und Land. Wien, 2. Aufl.: 226-229.

SPREITZER, H., 1977. Die österreichische Landschule – heute. Erziehung und Unterricht 127: 457-464.

STEINKELLNER, H., 1977. Schule und ländlicher Raum. Erziehung und Unterricht 127: 482-493.

STIGLBAUER, K., 1965. Zusammenlegung von Volksschulen in Niederösterreich und das niederrangige zentralörtliche Gefüge. Mitteilungen des Instituts für Raumplanung 79: 157-162.

STOCKKLAUSNER, A., 1977. Die Schule im ländlichen Raum am Beispiel Salzburgs. Erziehung und Unterricht 127: 523-528.

STROBEL, A., 1957. Ländliche Zentralschule – Dorfeigene Schule? Pädagogische Welt 11: 34-38.

SZYMANEK, P., 1977. Leitungs- und Führungsprobleme einer großen Schule – aus der Sicht des Lehrers. In: DÖRING, P. A. (Hsg.). Große Schulen oder kleine Schulen. Erziehung in Wissenschaft und Praxis 27, München: 111-119.

WEISHAUPT, H., 1977. Schulgröße und regionale Sozialstruktur. In: DÖRING, P. A. (Hsg.). Große Schulen oder kleine Schulen. Erziehung in Wissenschaft und Praxis 27, München: 261-270.

WEISHAUPT, H., 1985. Kosten-Wirksamkeitsanalyse schulorganisatorischer Alternativen, dargestellt am Beispiel von zwei Planungsmodellen für Frankfurt a. M. In: BRINKMANN, G. (Hsg.). Probleme der Bildungsfinanzierung, Berlin: 359-405.

WEISS, M., 1977. Kosten und Effizienz in Bildungseinrichtungen unterschiedlicher Betriebsgröße. In: DÖRING, P. A. (Hsg.). Große Schulen oder kleine Schulen. Erziehung in Wissenschaft und Praxis 27, München: 244-260.

WOLF, F., 1977. Zur Situation der steirischen Volksschulen im Schuljahr 1976/77. Erziehung und Unterricht 127: 529-533.

4. Die Zukunft des österreichischen Arbeitsmarkts: Modellrechnungen zur Angebotsentwicklung und dem sektoralen Strukturwandel auf dem Arbeitsmarkt bis 2011

von Heinz FASSMANN, Wien

Inhaltsverzeichnis:

4.1. Einleitung
4.2. Indikatoren der Arbeitsmarktstruktur
4.3. Modellrechnungen zur Angebotsentwicklung auf dem Arbeitsmarkt bis 2011
- 4.3.1. Zur Fragestellung
- 4.3.2. Erwerbsbeteiligung und Erwerbsprognosen
- 4.3.3. Prognoserechnung A der Angebotsentwicklung auf dem Arbeitsmarkt mit Bundesländerquote
- 4.3.4. Prognoserechnung B der Angebotsentwicklung auf dem Arbeitsmarkt mit Wiener Erwerbsquote
- 4.3.5. Prognoserechnung C: Der Bedarf an Arbeitsplätzen
- 4.3.6. Schlußfolgerungen zur Mengenproblematik

4.4. Modellrechnungen zum sektoralen Strukturwandel
- 4.4.1. Die Zunahme des Dienstleistungssektors
- 4.4.2. Sektorale Prognose der Nachfrageentwicklung
- 4.4.3. Anpassung der Erwerbsbevölkerung an den sektoralen Wandel der Wirtschaft
  - 4.4.3.1. Kohortenabfolge und sektorale Mobilität
  - 4.4.3.2. Fortschreibung der sektoralen Anpassung

4.5. Zusammenfassung
Anhang
Literaturverzeichnis

Karte 4.1: ARBEITSLOSENQUOTE 1984

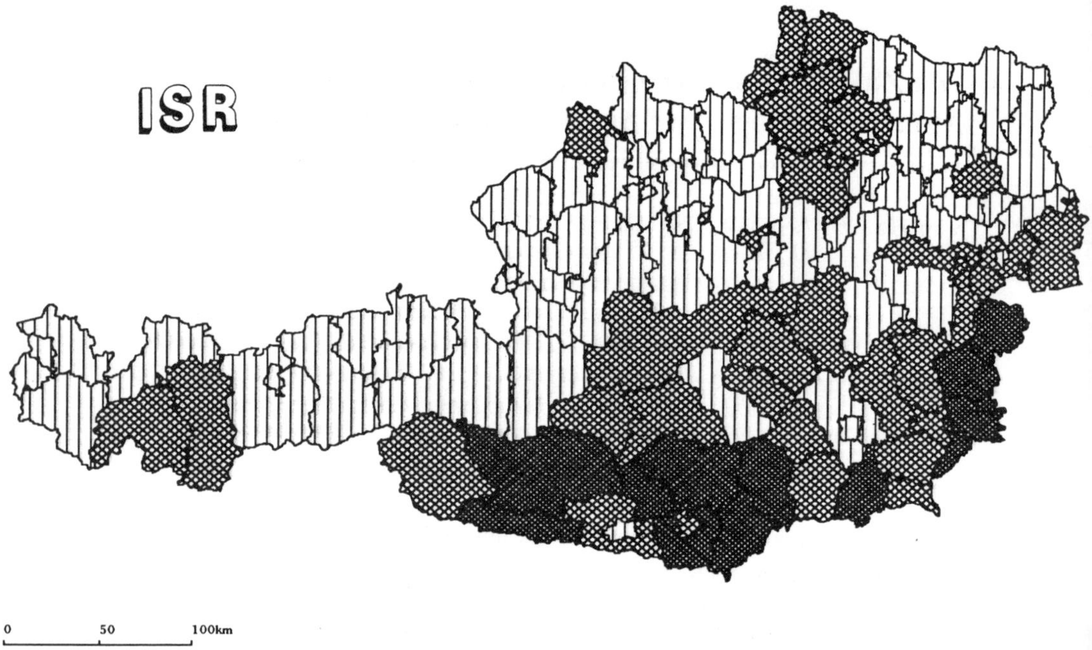

Quelle: ÖROK-Atlas | < 4.5 | > 4.5 | > 6.0 | v.H. der Beschäftigten

EDV-GRAPHIK: B. STANGL THEMATIK: H. FASSMANN

4.1. Einleitung

Analog zur Diskussion über das Nord-Süd-Gefälle in der Bundesrepublik Deutschland entstand in Österreich eine zum Ost-West-Gefälle zahlreicher wirtschaftlicher und gesellschaftlicher Parameter. Schlagzeilen wie „5000 Arbeitsplätze wandern jährlich in den Westen“ oder „Stirbt die Ostregion aus?“ werfen ein bezeichnendes Licht auf die unscharfe Koppelung von demographischen und ökonomischen Argumenten.

Im folgenden Beitrag geht es um die Frage, ob ein Ost-West-Gefälle für den Arbeitsmarkt eine adäquate Beschreibungsdimension darstellt und ob darüber hinaus die künftige Entwicklung von einer zunehmenden Differenzierung der Arbeitsmarktstrukturen zwischen den östlichen und westlichen Landesteilen geprägt sein wird.

Karte 4.2: NICHTTAGESPENDLER 1981

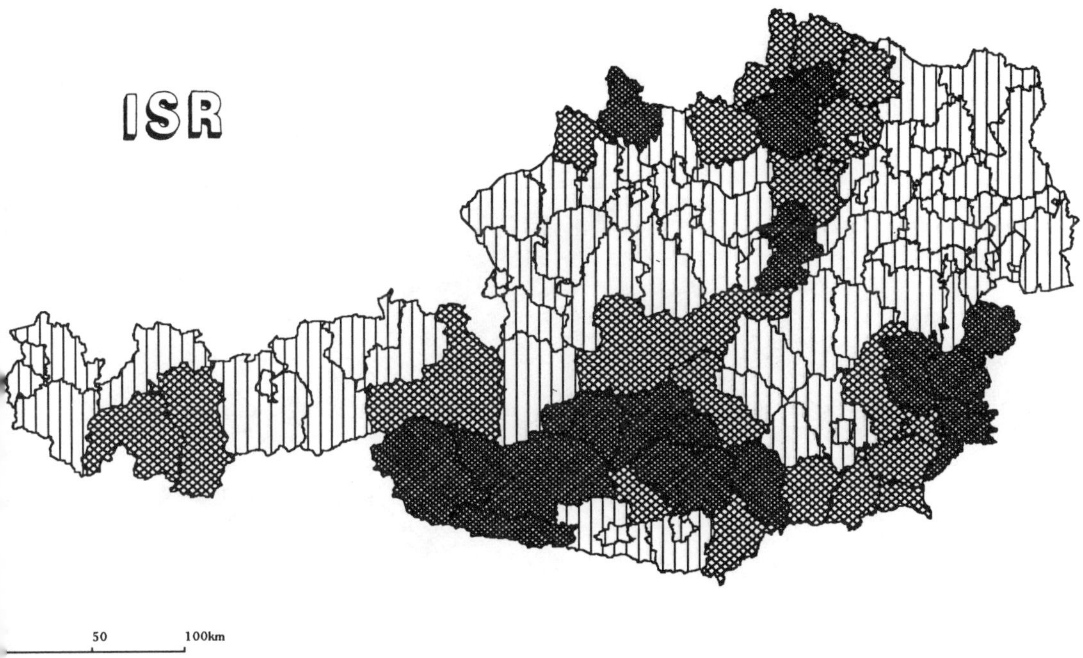

Quelle: ÖROK-Atlas   < 10.0   > 10.0   > 15.0   v.H. aller Pendler

EDV-GRAPHIK: B. STANGL   THEMATIK: H. FASSMANN

4.2. Indikatoren der Arbeitsmarktstruktur

Im folgenden wird anhand weniger Indikatoren in knapper Form der Arbeitsmarkt dargestellt. Zunächst zur *Verteilung der Arbeitslosigkeit in Österreich* (vgl. Karte 4.1). Die Arbeitslosenrate ist ein wichtiges Kennzeichen für die Funktionsfähigkeit regionaler Arbeitsmärkte. Im ÖROK-Atlas zur räumlichen Entwicklung Österreichs ist die durchschnittliche Arbeitslosenquote des Jahres 1984 auf der Ebene der Politischen Bezirke dargestellt (Blatt 02.02.02/84). Dabei zeigt sich, daß alle Bezirke Kärntens bis auf die städtischen Bezirke Villach und Klagenfurt, einzelne Bezirke der Südsteiermark und das Südliche Burgenland sehr hohe Arbeitslosenraten von über 6 v. H. aufweisen. Von Arbeitslosigkeit überdurchschnittlich betroffen sind weiters Bezirke im Norden des Bundesgebietes, in Teilen des Waldviertels, aber auch im Nördlichen Burgenland, in der Ober-, West- und Oststeiermark

Karte 4.3: ANTEIL DER HILFSARBEITER 1982

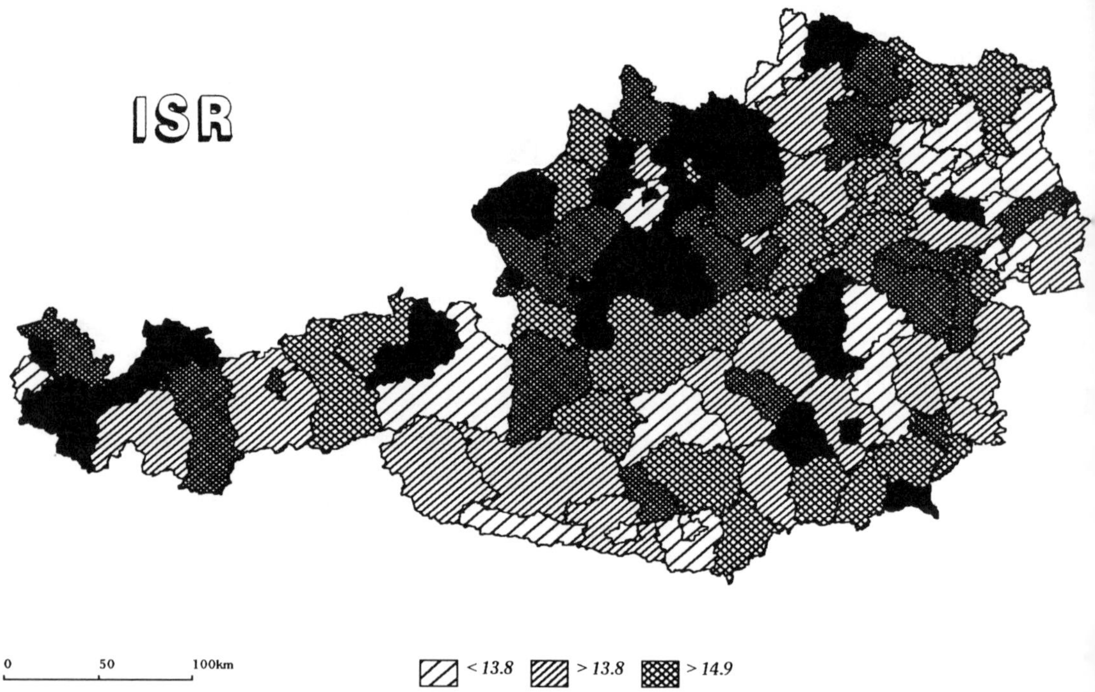

Quelle: ISIS-Datenbank ÖStZ v.H. der Arbeitsbevölkerung

EDV-GRAPHIK: B. STANGL THEMATIK: H. FASSMANN

sowie in den inneralpinen Bezirken Lungau und Osttirol. Bezirke mit vergleichsweise geringer Arbeitslosigkeit finden sich im Einzugsbereich der Städte Wien, Linz, Salzburg, in einem Großteil der Tiroler Bezirke (mit Ausnahme des Außerferns und des Oberinntals) und in Vorarlberg.

Das Strukturbild der Arbeitslosigkeit folgt also keinesfalls einem Ost-West-Gefälle. Ein zeitlicher Vergleich der Arbeitslosigkeit der letzten 10 Jahre dokumentiert auch eine Konstanz der Abstufung der betroffenen Bundesländer. Das Burgenland und Kärnten nahmen im letzten Jahrzehnt immer die Spitzenpositionen bei der Arbeitslosigkeit ein, Vorarlberg verzeichnete die geringsten Werte.

Für die Beurteilung der regionalen Arbeitsmarktsituation ist auch das Ausmaß und die Intensität der Pendelwanderung von Bedeutung. Ein hoher *Anteil von Nichttagespendlern,* die außerhalb einer Arbeitsmarktregion ihren Wohnort besitzen, deutet eine unzureichende Nachfragesituation in den betreffenden Gebieten an. Auch diesem Problemkreis ist im ÖROK-Atlas eine Karte gewidmet (Blatt 02.05.02/85); Karte 4.2. stellt den Anteil der Nichttagespendler an den wohnhaften Berufstätigen dar. Im österreichischen Durchschnitt beträgt dieser Anteil rund 7 v. H., erreicht aber in einigen Bezirken Werte von fast 30 v. H. Betroffen sind vor allem das nördliche Waldviertel, das Mittlere und Südliche Burgenland, die südliche und westliche Steiermark (z. B. Hartberg und Murau mit je 22,2 v. H.), große Teile Kärntens (bis auf die zentralen Bezirke um Klagenfurt und Villach), der Lungau in Salzburg und Osttirol. Das räumliche Muster der Nichttagespendler entspricht weitgehend jenem der Arbeitslosigkeit. Ein hoher Rangkorrelationskoeffizient von über 0,5 belegt die Übereinstimmung.

Noch ein dritter Befund zum österreichischen Arbeitsmarkt sei vorgestellt. Neben den Allokationsproblemen ist auch die Verteilung der einzelnen Qualifikationen von Bedeutung. Dies stellt einen Hinweis auf die funktionale räumliche Arbeitsteilung dar. Welche betrieblichen Qualifikationen sind in welchen Regionen überdurchschnittlich vorhanden? Wo werden die dispositiven Funktionen nachgefragt, wo sind die ausführenden Teile der Produktion lokalisiert? Karte 4.3 stellt als Beispiel für diese funktionale räumliche Arbeitsteilung den Anteil der Hilfsarbeiter an allen Beschäftigten (am Arbeitsort gezählt) dar.

Einen hohen *Anteil an Hilfsarbeitern* weisen politische Bezirke mit einem hohen Industriebesatz auf. Hierzu zählen alle Bezirke Vorarlbergs mit Ausnahme von Feldkirch sowie in Tirol Reutte und Kitzbühel. Überdurchschnittlich hoch ist der Besatz ferner im Salzburger und besonders im oberösterreichischen Zentralraum sowie in mehreren Politischen Bezirken der Steiermark (Graz, Mürzzuschlag, Leoben, Voitsberg und Radkersburg). In Niederösterreich weisen die Bezirke Waidhofen a. d. Thaya, Mödling und Wr. Neustadt einen hohen Anteil von Hilfsarbeitern an der Arbeitsbevölkerung auf.

Auch dieser Indikator zur räumlichen Struktur des österreichischen Arbeitsmarktes vermittelt sehr deutlich, daß die Beschreibung der Arbeitsmarktunterschiede im Sinne eines Ost-West-Gefälles eine unrichtige Vereinfachung der tatsächlichen Strukturen darstellt. Die Situation ist eher durch ein Zentrum-Peripherie-Gefälle gekennzeichnet, das aber auch für die einzelnen Arbeitsmarktregionen Österreichs differenziert zu betrachten ist.

4.3. Modellrechnungen zur Angebotsentwicklung auf dem Arbeitsmarkt bis 2011

4.3.1. Zur Fragestellung

Inhalt der folgenden Ausführungen ist die Frage, welche Entwicklungsvariante am Arbeitsmarkt in der Zukunft die wahrscheinlichste sein wird. Die Operationalisierung dieser Frage ist aber schwierig. Vielschichtig, mannigfach miteinander verwoben und z.T. unbekannt ist eine Reihe von Einflußgrößen, von denen folgende genannt werden:

1. Wie wird sich das Mengenproblem auf dem Arbeitsmarkt darstellen? Welche wirtschaftlichen Strukturen werden die Nachfrageseite des Arbeitsmarktes prägen, welche demographischen Effekte die Angebotsseite steuern?

2. In welchem Ausmaß wird die technologische Entwicklung den Arbeitsprozeß verändern und den sektoralen Strukturwandel beschleunigen (Qualifikationsaspekte, Substitutionsprozesse)?

3. Mit welchem juridischen und organisatorischen Bedingungsrahmen (Arbeitszeitregelung, Arbeitsverfassungsgesetz, neue Heimarbeit) muß oder kann gerechnet werden?

4. Welchen gesellschaftlichen Wertewandel wird Lohnarbeit im Vergleich zu anderen Daseinsfunktionen erleben?

Es ist einsichtig, daß die Erstellung eines quantifizierenden räumlichen Szenarios, welches diese Gesichtspunkte enthalten soll, nur sehr eingeschränkt möglich ist. Gegenstand der vorliegenden Untersuchung sind vor allem zwei Fragenbereiche, nämlich die Mengenproblematik auf dem Arbeitsmarkt und der sektorale Wandel.

Die Antwort auf die erste Frage fußt auf den Ergebnissen von Angebotsprognosen, deren Zielsetzung in der Abschätzung des zukünftigen Angebots an Arbeitskräften liegt. Im folgenden Abschnitt sollen ein theoretisches Modell der Einflußgrößen der Erwerbsbeteiligung und einschlägige empirische Ergebnisse vorgestellt werden.

4.3.2. Erwerbsbeteiligung und Erwerbsprognosen

Ausgangspunkt von *Angebotsprognosen* auf dem Arbeitsmarkt ist die Zahl der Bevölkerung, insbesondere der nachwachsenden und zunächst nicht erwerbstätigen Kohorten. Bevölkerungsprognosen liefern dazu die entsprechenden Werte. Wie groß jedoch der Anteil jener sein wird, die auch tatsächlich eine Erwerbsarbeit aufnehmen, ist ungleich schwieriger vorherzusagen. Abbildung 1 faßt in schematisierter Form wesentliche *Einflußgrößen* zusammen (CORNETZ 1986, S. 425).

Entscheidende Steuerungsgröße für die Angebotsentwicklung ist der Übertritt von der Nicht-Erwerbstätigkeit zur Berufstätigkeit. Dieser Vorgang ist in ein komplexes Feld unterschiedlicher Faktoren eingebettet. Zu nennen sind hier subjektbezogene Faktoren, wie Alter, Bildung, Geschlecht, Einkommen, sozioökonomischer Status u.a.m., die in unterschiedlichem Ausmaß die Erwerbsneigung bestimmen. Das Angebotsverhalten steht aber auch mit der Nachfragesituation in einer Wechselwirkung. Die regionale Arbeitsmarktsituation, bestimmt durch das Vorhandensein von attraktiven Beschäftigungen, regionalem Lohnniveau u.a., stellt einen Pull-Faktor dar. Schließlich sind auch eine Reihe von politischen Rahmenbedingungen anzuführen, die in einem nicht unerheblichen Ausmaß die Erwerbsneigung bestimmen (z.B.: Möglichkeiten institutioneller Kinderbetreuung, Kontingentierung von Gastarbeitern, Ausbildungs- und Pensionszeiten u.a.m.).

Abbildung 1: Schema der Erwerbsbeteiligung

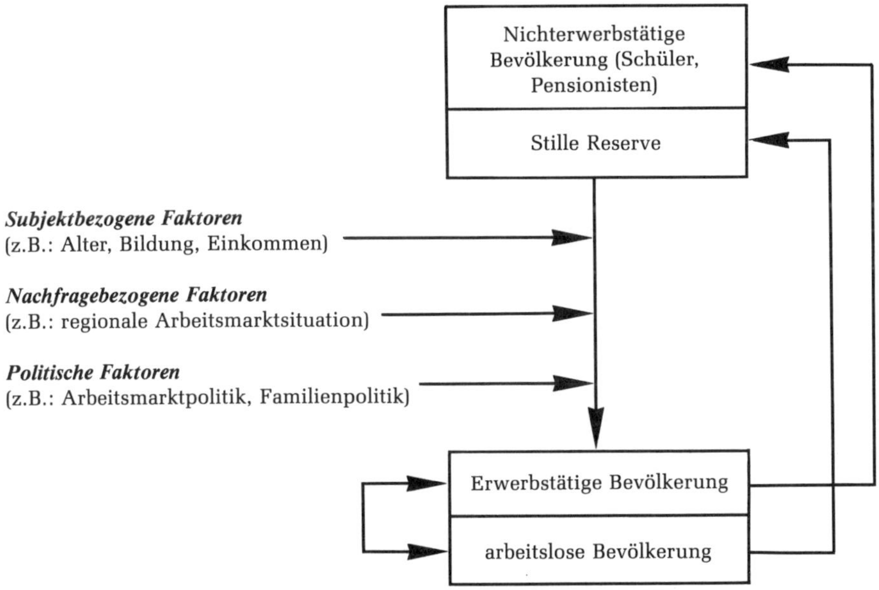

Die *vorliegenden Erwerbsprognosen* (Österreichisches Statistisches Zentralamt, Wirtschaftsforschungsinstitut, Österreichisches Institut für Raumplanung) unterscheiden sich hinsichtlich der demographischen Annahmen unwesentlich, hinsichtlich des Erwerbsverhaltens jedoch wesentlich voneinander. Die Abbildung 2 stellt die für das Jahr 2000 angenommenen altersspezifischen Erwerbsquoten für Frauen und Männer (ÖStZ und WIFO) einander gegenüber.

ÖStZ und WIFO gehen übereinstimmend von einem Sinken der Erwerbsbeteiligung der Altersgruppen bis etwa 20 und ab ca. 50, deutlicher ab 55, Jahren aus. Die Unterschiede liegen in der *Einschätzung der weiblichen Erwerbsbeteiligung*: Das WIFO rechnet mit einem deutlicheren Anstieg als das ÖStZ und berücksichtigt damit den beobachtbaren Trend in einem höheren Ausmaß. Damit scheint auch das klassische 3-Phasen-Modell (hohe Erwerbsneigung bis zur Geburt des ersten Kindes, Ausscheiden aus der Erwerbstätigkeit und deren Wiederaufnahme im mittleren Alter) immer mehr der Vergangenheit anzugehören. Im Ausgleich dazu vermutet das WIFO ein verstärktes Ausscheiden der Männer in mittleren Jahren aus der Erwerbstätigkeit. Das ÖIR, welches in der Abbildung 2 nicht eingetragen ist, schließt sich hinsichtlich der Annahmen dem ÖStZ an und übernimmt dessen Erwerbsquotenschätzung.

Abbildung 2: Altersspezifische Erwerbsquoten 2000

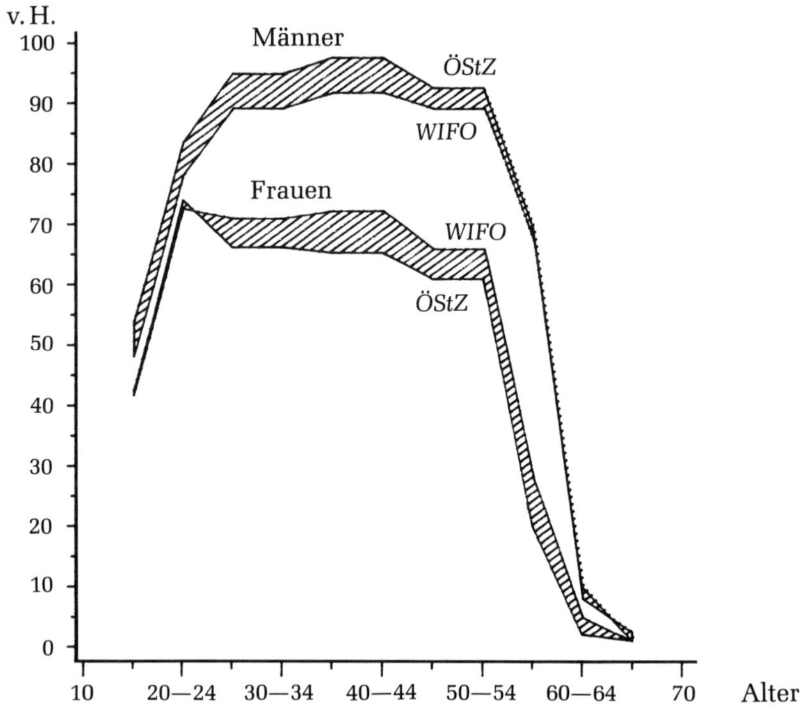

Das WIFO und das ÖStZ – und damit auch das ÖIR – vermuten grundsätzlich unterschiedliche gesellschaftliche Veränderungen, deren quantitative Folgen sich aber gegenseitig aufheben. Alle Prognosen sagen daher eine Steigerung der Erwerbspersonen für das Jahr 2000 auf rund 3,45 Mill. Personen voraus. Diese vermeintliche Übereinstimmung soll aber über zwei Defizite nicht hinwegtäuschen:

1. Das ÖIR unterstellt eine regional gleich verteilte Erwerbsbeteiligung. Das heißt: Die Bevölkerung in den Bundesländern verhält sich so, wie es das ÖStZ für Gesamtösterreich vorhersagt. Da dies empirisch nicht haltbar ist, werden in der Prognoserechnung A der Angebotsentwicklung auf dem Arbeitsmarkt die bundeslandspezifischen Erwerbsquoten verwendet.

2. Alle drei Prognosen bemühen sich, möglichst realistische und konfliktfreie Annahmen zu treffen. Dies ist für eine Prognose auch opportun. Für ein Szenario ist es dagegen legitim, mögliche, wenngleich heute vielleicht nicht sehr wahrscheinlich erscheinende Annahmen zu verwenden, um eine Vorstellung von denkbaren Entwicklungstrends zu geben. In der Prognoserechnung B geschieht dies durch Verwendung der Erwerbsbeteiligung der Wiener Bevölkerung zum Zeitpunkt 1981.

4.3.3. Prognoserechnung A der Angebotsentwicklung am Arbeitsmarkt mit Bundesländerquote

In dieser Modellvariante wird die für 2011 prognostizierte Bevölkerung (Variante II A) mit den alters-, geschlechts- und bundeslandspezifischen Erwerbsquoten von 1981 multipliziert. Die Veränderung der Erwerbsbevölkerung ist also ausschließlich auf einen demographischen Effekt zurückführbar (vgl. Karte 4.4).

Das Resultat:

1. In Wien, im Burgenland und in der Steiermark ist die Phase der Zunahme von Erwerbspersonen gegenwärtig bereits abgeschlossen. In den westlichen Bundesländern Tirol, Salzburg, Oberösterreich und Vorarlberg muß dagegen mit einer Steigerung gerechnet werden.

2. Dies bewirkt eine Erhöhung der Erwerbsbevölkerung von derzeit 3,41 Mill. auf rund 3,56 Mill. Damit ergibt sich auch ein bedeutend stärkeres Angebotswachstum als bei den bisherigen Prognosen.

3. Gesellschafts- und arbeitsmarktpolitisch brisant wird das Ergebnis, wenn die unterschiedliche Zu- und Abnahme in den Bundesländern an deren gegenwärtigen Beschäftigtenzahlen illustriert wird. Die Differenz zwischen den Beschäftigten, jenen also, die tatsächlich einen Arbeitsplatz besitzen, und den prognostizierten Erwerbstätigen konstituiert die Gruppe der Arbeitslosen, der stillen Reserve und der entmutigten Arbeitssuchenden. Alle drei Gruppen würden, bei Ceteris-paribus-Annahmen hinsichtlich Beschäftigtenentwicklung, in den westlichen Bundesländern stark zunehmen; in Salzburg beispielsweise um 27,1 v. H., in Tirol um rund 25 v. H., in Vorarlberg um 18,4 v. H. In den östlichen Bundesländern ist die Steigerung vergleichsweise gering, bzw. es entsteht sogar ein Manko an wohnhaften Berufstätigen

Tabelle 4.1: **Wohnhafte Berufstätige im Jahr 2011: Modell A und B**

Bundesland	Berufstätige 2011 Erwerbsquote Bundesländer A	 Wien B	Differenz Berufstätige 2011 zu Beschäftigten 1981 in v. H. A	 B
Vorarlberg	164.003	174.192	*+ 18,4*	*+ 25,7*
Tirol	309.288	343.515	*+ 25,0*	*+ 38,8*
Salzburg	255.046	267.328	*+ 27,1*	*+ 33,2*
Kärnten	230.654	261.715	*+ 5,9*	*+ 20,1*
Steiermark	508.426	553.029	*+ 0,8*	*+ 9,6*
Oberösterreich	644.544	678.643	*+ 13,3*	*+ 19,3*
Niederösterreich	671.771	701.990	*+ 6,7*	*+ 11,5*
Burgenland	115.309	125.914	*− 0,3*	*+ 8,9*
Wien	657.668	657.668	*− 4,6*	*− 4,6*
Österreich	3,556.708	3,763.994	*+ 7,4*	*+ 13,6*

Karte 4.4: JÄHRLICHE BEDARFSRATE AN ARBEITSPLÄTZEN 1981-2011

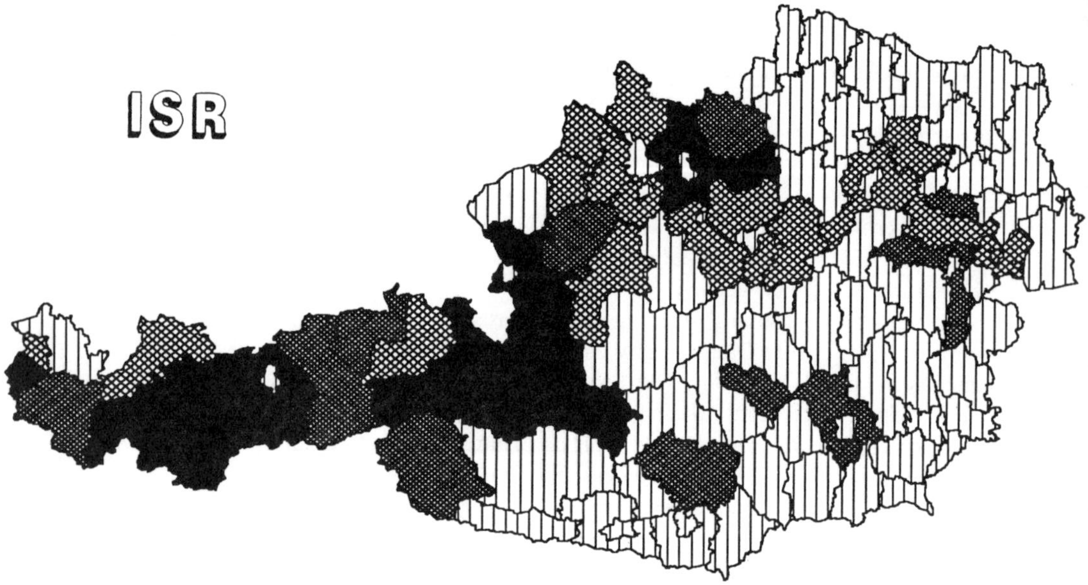

0 50 100km

< 0.40 > 0.40 > 0.60 > 0.80

Modell A: Bundesländerquote der Erwerbstätigen 1981

Quelle: Eigene Berechnung

EDV-GRAPHIK: B. STANGL THEMATIK: H. FASSMANN

(beispielsweise in Wien), welches entweder die Nachfrage nach Gastarbeitern wieder erhöht bzw. die Fernpendelwanderung verstärkt oder eine Zuwanderung aus den westlichen Bundesländern bewirkt (vgl. Tabelle 4.1).

4.3.4. Prognoserechnung B der Angebotsentwicklung auf dem Arbeitsmarkt mit Wiener Erwerbsquote

Die Veränderung der Erwerbsbeteiligung gehört zu den einschneidendsten Prozessen am Arbeitsmarkt. Besonders bei Frauen in mittleren Altersklassen ist die zunehmende Integration in den Arbeitsprozeß zu beobachten. Vergleichsweise gering ist dagegen die Abnahme der Erwerbsquote der 20- bis 25jährigen aufgrund erhöhter Bildungsbeteiligung, die ihrerseits aber die Erwerbsneigung steigert. Abgeschlossen scheint auch das Sinken des Pensionsalters zu sein. Angesichts der Pro-

Karte 4.5: JÄHRLICHE BEDARFSRATE AN ARBEITSPLÄTZEN 1981-2011

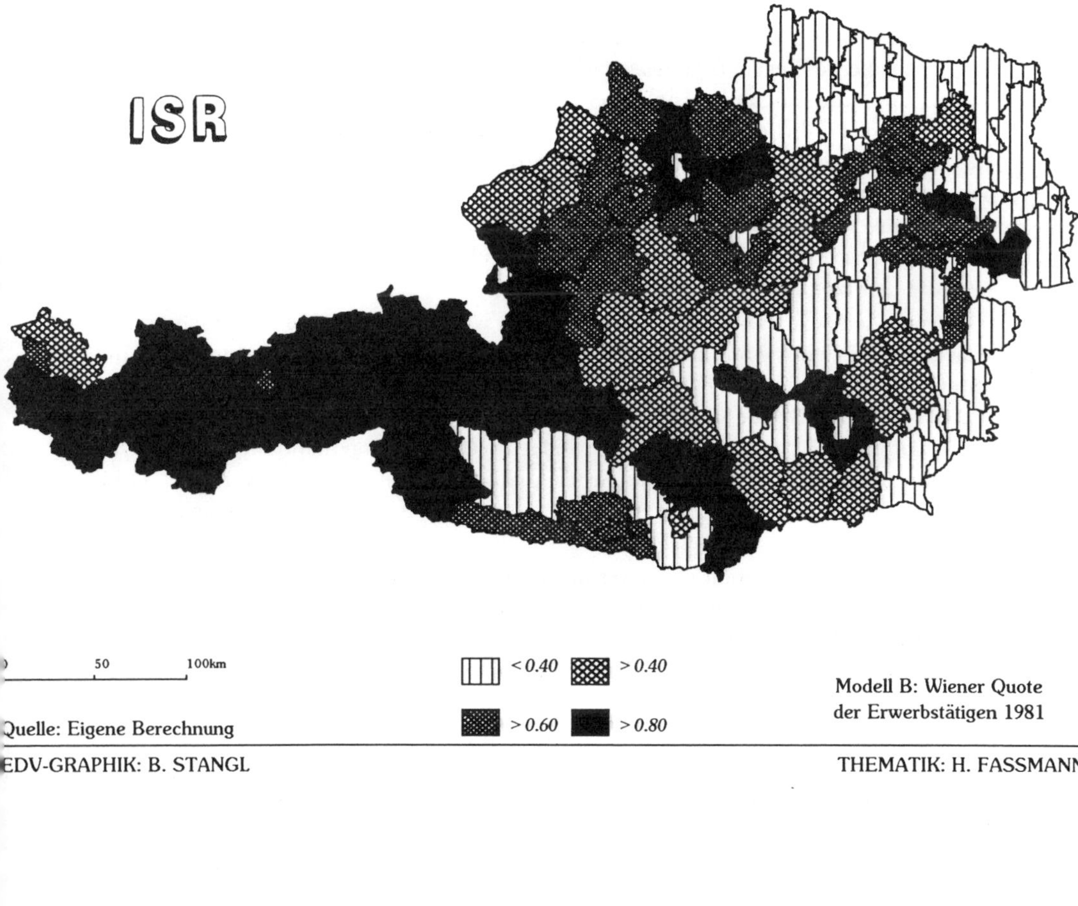

Modell B: Wiener Quote der Erwerbstätigen 1981

Quelle: Eigene Berechnung

EDV-GRAPHIK: B. STANGL THEMATIK: H. FASSMANN

bleme der Finanzierung des Pensionssystems ist in den kommenden drei Jahrzehnten eine weitere Vorverlegung der Altersgrenze unrealistisch.

In Modell B werden die Erwerbsquoten von Wien 1981 für Österreich verwendet; das gegenwärtige Erwerbsverhalten der Wiener Bevölkerung wird also als das zukünftig in ganz Österreich zu erwartende behandelt.

Das Resultat? Das Öffnen der Schere zwischen Beschäftigungsangebot und Arbeitssuchenden wird im Westen aufgrund des Altersaufbaues besonders in Tirol verstärkt. Aber auch in Salzburg und Vorarlberg würde bei „Wiener" Erwerbsbeteiligung das Heer der Arbeitswilligen stark ansteigen. Die Übertragung der Wiener Situation auf alle anderen Bundesländer als Gedankenexperiment zeigt, daß jede Erhöhung der Erwerbsbeteiligung im Westen Österreichs zu einer deutlichen Erhöhung des Andrangs auf dem Arbeitsmarkt führt. Das Modell B vernachlässigt aber die „Kapitalseite" und damit die Steuerung der Beschäftigung durch die Betriebe.

4.3.5. Prognoserechnung C: Der Bedarf an Arbeitsplätzen

Es herrscht Konsens unter Wirtschaftsprognostikern, daß auf nationaler Ebene langfristig keine Beschäftigungsgewinne zu erwarten sind. Die Eckpfeiler dieser Vorhersage sind folgende Annahmen: Die durchschnittliche Arbeitszeit verkürzt sich um 1 v. H. jährlich, die Produktivität, also die Wertschöpfung je unselbständig Beschäftigtem, nimmt um ca. 1,5 v.H. pro Jahr zu. Bei einem zu erwartenden Wachstum zwischen 1,5 und optimistischen 2,5 v. H. ergibt sich im Saldo eine Konstanz der Arbeitsnachfrage (KRAMER 1987, BIFFL 1988). Damit bleibt aber auch das Schließen der Schere zwischen Angebot und Nachfrage an Arbeit in den nächsten drei Jahrzehnten eine Illusion.

Hinter dem konstanten Nachfragevolumen wird eine regionale Verschiebung erwartet, welche jedoch nur unpräzise vorhersehbar ist. Das Wirtschaftsforschungsinstitut (WIFO 1987, S. 322 ff.) hat für das vergangene Jahrfünft jährliche Trendparameter für die Bundesländer veröffentlicht. Bei einer Nullsummenannahme schrumpfen die Bundesländer Wien, Niederösterreich, Burgenland und Steiermark, dagegen expandiert die Zahl der Arbeitsplätze in Kärnten, Oberösterreich, Tirol und Salzburg. Für Vorarlberg weist die Studie zwischen 1981 und 1986 keine Veränderung aus.

Eine lineare Extrapolation dieser mittelfristigen Trendparameter für einen Zeitraum von 30 Jahren würde zu falschen Schlüssen führen. Die Frage wird daher anders gestellt: Welches regionale Beschäftigungswachstum wäre erforderlich, damit die prognostizierte Erwerbsbevölkerung auch einen Arbeitsplatz besitzt? (vgl. Tabelle 4.2)

Grundsätzlich wichtig ist bei diesen Modellrechnungen der Bedarf an weiteren Arbeitsplätzen, wobei es sich von selbst versteht, daß die Diskrepanz im Modell B (Wiener Erwerbsbeteiligung) größer wird, und zwar auf Grund des Altersaufbaues im Westen mehr als im Osten. Das Defizit im Arbeitsplatzbereich – gemessen am Trend der letzten fünf Jahre – ist beim Modell A in Vorarlberg am größten, gefolgt von Niederösterreich und Salzburg. Im Modell B führt ebenfalls Vorarlberg, gefolgt von Niederösterreich, Steiermark und Salzburg, die Liste der Bundesländer mit potentiellen Arbeitsplatzdefiziten an.

Karte 4.4 weist die „notwendige" jährliche Zunahme der Beschäftigung bei Gültigkeit der Gleichgewichtsannahme für die Politischen Bezirke aus (Erwerbsbevölkerung nach Modell A). In einigen Politischen Bezirken des Westens, in Innsbruck-Land, Imst, Zell/See, Salzburg-Umgebung und in Urfahr-Umgebung, beträgt die erforderliche jährliche Wachstumsrate über 1,2 v. H. Dagegen wird im Osten, in Wien, in Teilen Niederösterreichs und des Burgenlandes, ein Gleichgewicht zwischen Angebot und Nachfrage herrschen.

Karte 4.5 weist ebenfalls die „notwendige" jährliche Zunahme der Beschäftigung bei Gültigkeit der Gleichgewichtsannahme für die Politischen Bezirke aus, wobei jedoch die Berechnungen von Modell B Verwendung finden. Das Ergebnis ist noch stärker akzentuiert. Die Politischen Bezirke der westlichen Bundesländer müssen teilweise beachtliche Wachstumsraten aufweisen, damit potentielle Arbeits-

Tabelle 4.2: **Erforderliches jährliches Arbeitsplatzwachstum bis 2011 bei Gleichgewicht von Erwerbsbevölkerung und Arbeitsplätzen**

Bundesland	WIFO-Trend 1981–1986	Veränderung der Arbeitsplätze (jährl. Rate) bei Gleichgewicht	
		Modell A	Modell B
Vorarlberg	0,00	0,56	0,77
Tirol	0,75	0,75	1,10
Salzburg	0,50	0,80	0,96
Kärnten	0,55	0,19	0,61
Steiermark	–0,20	0,03	0,31
Oberösterreich	0,30	0,42	0,59
Niederösterreich	–0,30	0,22	0,36
Burgenland	–0,15	–0,01	0,28
Wien	–0,40	–0,16	–0,16
Österreich	0,00	0,23	0,43

kräfte tatsächlich Arbeitsplätze finden. Aber auch in den westlich von Wien gelegenen Politischen Bezirken Niederösterreichs werden überdurchschnittliche Wachstumsraten notwendig sein.

4.3.6. Schlußfolgerungen zur Mengenproblematik

Die Modellrechnungen zur Mengenproblematik auf dem österreichischen Arbeitsmarkt verdeutlichen zwei Aspekte: Als wohl wichtigstes Ergebnis ist das *Öffnen der Schere zwischen Angebot und Nachfrage an Arbeitsplätzen in den nächsten drei Jahrzehnten* hervorzustreichen. Die in das Modell C eingegangenen wirtschaftlichen Entwicklungsgrößen sind durchaus realistisch, so daß sich die Situation noch um einiges dramatischer entwickeln könnte (vgl. SCHÄFER 1986, S. 145 ff.), als es die Modellergebnisse vermuten lassen. Neue gesellschaftliche Strategien werden notwendig sein, um die Allokation auf dem Arbeitsmarkt zu steuern.

Das zweite Ergebnis nimmt Bezug auf das häufig gebrauchte Schlagwort vom Ost-West-Gefälle. Die *drohende Zweiteilung Österreichs in einen prosperierenden Westen und einen stagnierenden Osten* in der Form, wie sie häufig befürchtet oder erhofft wird, *muß nicht stattfinden.* Das Aufholen der westlichen Bundesländer hinsichtlich des Erwerbsverhaltens der Bevölkerung in Richtung des nationalen und internationalen Trends führt aufgrund des Altersaufbaus zu einem verstärkten Zustrom auf den Arbeitsmarkt. Selbst bei günstigen Wachstumsbedingungen kann dieser Zustrom an Arbeitskräften im Westen zu Beschäftigungsproblemen führen.

4.4. Modellrechnungen zum sektoralen Strukturwandel

4.4.1. Die Zunahme des Dienstleistungssektors

Die zweite Problematik dieses Aufsatzes ist der sektorale Wandel, seine zukünftige Entwicklung und die regionale Differenzierung. Spätestens seit FOURASTIE, CLARK und anderen gehört die sektorale Entwicklung zu den populären Fragen der Wirtschafts- und Sozialwissenschaften. Arbeiten dazu sind in einem fast unübersehbaren Ausmaß vorhanden.

Zwei Fragen stehen im Vordergrund der Darstellung: Wohin geht der sektorale Wandel in Österreich? Welche Varianten der räumlichen Umstrukturierung sind möglich? Die Beantwortung dieser Fragen ist ungleich schwieriger als jene nach der quantitativen Entwicklung der Erwerbsbevölkerung. Als Antriebskräfte des sektoralen Wandels können folgende Entwicklungstendenzen angesehen werden:

1. Die technologische Entwicklung und damit der Produktivitätsfortschritt kommt in den einzelnen Bereichen der Wirtschaft sehr unterschiedlich zum Tragen. Während der primäre und der sekundäre Sektor bisher am meisten von gravierenden Produktivitätsfortschritten gekennzeichnet waren, steht der Dienstleistungssektor erst am Beginn eines technologischen Umbruchs (vgl. FLEISSNER 1988), dem aber bei vielen, besonders bei persönlichen Dienstleistungen, recht enge Grenzen gesetzt sind.

2. Es steigt die Nachfrage von güterproduzierenden Betrieben nach Dienstleistungen, die bisher bereits im sekundären Sektor erbracht worden sind (innere Tertiärisierung), aber zunehmend ausgelagert werden. Zu diesen produktionsbezogenen Dienstleistungen, die als Zwischenprodukte in die Herstellung von Industriegütern eingehen, zählen wissenschaftliche Forschung, Finanzierung, Werbung, Versicherung, Marktforschung, Organisation, Rechnungswesen, Transport usw.

3. Der „Alterungsprozeß“ unserer Gesellschaft bewirkt eine Zunahme von Gesundheits- und Fürsorgetätigkeiten.

4. Das steigende Realeinkommen der Haushalte führt zur überproportionalen Nachfrageerhöhung nach Dienstleistungen. Die Qualifikationsentwicklung der letzten Jahrzehnte und die gestiegene Erwerbsbeteiligung der Frauen verstärken diese Tendenz. Je mehr Frauen erwerbstätig sind, desto eher werden oder müssen haushaltsbezogene Dienstleistungen externalisiert werden (z. B.: Kinderbetreuung).

4.4.2. Sektorale Prognose der Nachfrageentwicklung

Die *sektorale Prognose des Wirtschaftsforschungsinstituts*, welche hier kurz vorgestellt wird, basiert auf einer Input-Output-Rechnung in Kombination mit einem ökonometrischen Modell (vgl. Tabelle 4.3).

Tabelle 4.3: **Der sektorale Wandel der Wirtschaft zwischen 1985 und 2000**

	1985	2000
	in v. H.	
I. Sektor		
Land – und Forstwirtschaft	8,0	*5,4*
Prod. Gewerbe, Industrie,		
Energie, Bergbau	*29,6*	*23,7*
Bauwesen	*7,3*	*5,9*
II. Sektor	*36,9*	*29,6*
Handel, Verkehr	*19,9*	*21,1*
Wirtschaftsdienste (1)	*7,1*	*9,3*
Öffentliche Dienste (2)	*19,7*	*25,2*
Konsumentenorientierte Dienste (3)	*8,4*	*9,4*
III. Sektor	*55,1*	65,0

(1) Banken, Versicherungen, Recht
(2) Gesundheitswesen, Bildung, Wohlfahrt, öffentliche Verwaltung
(3) häusliche und persönliche Dienste, Kunst, Unterhaltung, Gaststätten- und Beherbergungswesen

Quelle: BIFFL 1988

Folgende Ergebnisse sind hervorzuheben:

1. Im Jahr 2000 soll der öffentliche Dienstleistungssektor, also alle Einrichtungen der öffentlichen Hand für Gesundheit, Bildung und Verwaltung, ein Viertel aller Berufstätigen beschäftigen. Auf Grund des Alterungsprozesses unserer Gesellschaft wird besonders das Gesundheits- und Fürsorgewesen expansiv sein.

2. Ebenfalls expansiv ist der Bereich der aus dem Produktionsprozeß abgekoppelten und betrieblich ausgelagerten Funktionen von Rechts- und Wirtschaftsdiensten, sowie der Verteilungssektor (Handel, Verkehr, Transport, Nachrichten).

3. „Verlierer" des sektoralen Wandels werden, so wie in der Vergangenheit, die Landwirtschaft, die Industrie und das verarbeitende Gewerbe sein. Die Landwirtschaft wird 5 v. H. aller Berufstätigen umfassen, der sekundäre Sektor einschließlich des Baugewerbes unter 30 v. H.

Es ist eine bisher unbeantwortete Frage, wie die Erwerbsbevölkerung sich dem Strukturwandel anpassen wird. Erfolgt dies auf Grund der beruflichen Erstentscheidung oder auf Grund einer sektoralen Mobilität? Und was geschieht, wenn die Bevölkerung altert und die derzeitige sektorale Struktur nach Kohorten unter Berücksichtigung der beruflichen Mobilität fortgeschrieben wird? Der Beantwortung dieser Fragen muß ein kurzer Exkurs über die Formen der Anpassung der Erwerbsbevölkerung an den sektoralen Wandel vorangestellt werden.

4.4.3. Anpassung der Erwerbsbevölkerung an den sektoralen Wandel der Wirtschaft

4.4.3.1. Kohortenabfolge und sektorale Mobilität

Es gehört zu den grundsätzlichen Aufgaben einer Sozialwissenschaft, jene Prozesse der Struktur einer Gesellschaft zu untersuchen, die eine Folge wirtschaftlicher Veränderungen sind. In den klassischen ökonomischen Theorien wird dieses Problem bekanntlich beiseite geschoben. Der „homo oeconomicus" reagiert – so die Theorie – auf Veränderungen der Nachfrage durch Veränderung des Arbeitsangebots und langfristig durch räumliche und berufliche Mobilität. Diesen Erklärungsansätzen kommt aber nur begrenzte Aussagekraft zu, denn es sind auch andere Prozesse der Strukturanpassung denk- und beobachtbar. Es zeigt sich, daß Anpassung nicht nur über sektorale Mobilität erfolgt, sondern auch oder vielleicht sogar in größerem Ausmaß über die Wahl der ersten Berufstätigkeit junger Menschen.

Im Rahmen einer *Forschungsarbeit über räumliche Effekte segmentierter Arbeitsmärkte* wurde auch *eine Kohortenanalyse der beruflichen Erstplazierung* durchgeführt. Die Kohortenanalyse erlaubt dabei die Abschätzung der Effekte der sektoralen Mobilität und des Wandels der beruflichen Erstplazierung der neu eintretenden Bevölkerung auf den Arbeitsmarkt. Es geht dabei um die Frage, ob sich der sektorale Wandel innerhalb der Berufslaufbahn, also intragenerational, durch berufliche Mobilität vollzieht oder ob erst die nächste Kohorte der Neueintretenden der veränderten Struktur Rechnung trägt.

Die Analyse stützt sich auf den Mikrozensus 1982 („Berufsverläufe"), der retrospektiv alle Berufsetappen vom Berufseintritt bis zum Erhebungszeitpunkt erfaßt hat. In den Antworten der befragten Personen sind daher wichtige gesellschaftlich-ökonomische Prozesse der Nachkriegszeit gleichsam konserviert und heute noch abrufbar.

Tabelle 4.4 stellt die sektorale berufliche Erstplazierung aller im Mikrozensus hochgerechneten selbständig und unselbständig Erwerbstätigen ihrer aktuellen sektoralen Position gegenüber. Die Randverteilung der aktuellen Position charakterisiert die gegenwärtige Größe der Sektoren, jene der beruflichen Erstplazierung reflektiert eine vergangene sektorale Struktur, wobei kein exakter Zeitpunkt angegeben werden kann. Tabelle 4.4 stellt auch die jeweiligen Mobilitätsströme zwischen Sektoren dar, wobei zwei Meßgrößen zu unterscheiden sind: einerseits der Anteil an „sektoralen Abwanderern", d.h. Personen, die den Sektor verlassen haben, und andererseits der Anteil an „sektoralen Zuwanderern", gemessen an allen Erwerbstätigen dieses Sektors.

Folgende Phänomene sind aus der Mobilitätstabelle ablesbar:

1. Die *Entagrarisierung* führte zu einer einschneidenden Abnahme der in der Land- und Forstwirtschaft Beschäftigten. Fast ein Fünftel aller beruflichen Erstplazierungen entfielen auf die Landwirtschaft, kaum mehr als 10 v.H. beträgt sie gegenwärtig im Mikrozensus. Nur mehr die Hälfte aller Personen, die ihre Berufslaufbahn in der Landwirtschaft begonnen haben, sind auch noch dort erwerbstätig.

Tabelle 4.4: **Sektorale Struktur der Erwerbstätigen 1982 und deren sektorale Abwanderung und Zuwanderung (v. H.)**

„Sektorale Abwanderung“ (Outflows)

Erstplazierung	Derzeitige Plazierung Land-wirt	Ind.	Bau-gewerbe	Handel Verkehr	Wirt. Dienst	Öffentl. Dienst	Konsum. Dienst	Ins-gesamt
Landwirtschaft	*51,4*	*18,8*	*7,1*	*9,6*	*0,9*	*8,4*	*3,8*	*17,0*
prod. Gew. Ind.	*1,7*	*63,5*	*4,7*	*14,1*	*3,3*	*8,8*	*4,0*	*35,9*
Baugewerbe	*1,1*	*21,7*	*49,3*	*13,6*	*2,2*	*9,9*	*2,1*	*10,7*
Handel, Verkehr	*1,1*	*14,1*	*1,7*	*64,3*	*4,9*	*9,3*	*4,6*	*14,9*
Wirtsch. – Dienste	*1,2*	*8,1*	*3,0*	*11,7*	*63,7*	*8,6*	*3,7*	*3,6*
Öffentl. Dienste	*0,7*	*5,5*	*0,6*	*4,3*	*3,3*	*83,5*	*2,0*	*9,5*
Konsumentenorientierte Dienste	*4,2*	*20,0*	*1,3*	*12,2*	*3,2*	*11,7*	*47,4*	*8,5*

„Sektorale Zuwanderung“ (Inflows)

Erstplazierung	Derzeitige Plazierung Land-wirt	Ind.	Bau-gewerbe	Handel Verkehr	Wirtsch. Dienst	Öffentl. Dienst	Konsum. Dienst
Landwirtschaft	*86,7*	*9,7*	*14,0*	*8,4*	*2,9*	*8,8*	*8,7*
prod. Gew., Ind.	*5,9*	*69,3*	*19,3*	*25,9*	*22,8*	*19,5*	*19,4*
Baugewerbe	*1,2*	*7,0*	*60,6*	*7,4*	*4,6*	*6,5*	*3,1*
Handel, Verkehr	*1,6*	*6,4*	*2,9*	*48,8*	*14,1*	*8,5*	*9,4*
Wirtsch. Dienste	*0,4*	*0,9*	*1,2*	*2,1*	*44,4*	*1,9*	*1,8*
Öffentl. Dienste	*0,7*	*1,6*	*0,7*	*2,1*	*6,0*	*48,7*	*2,6*
Konsumenten-orientierte Dienste	*3,5*	*5,2*	*1,3*	*5,3*	*5,3*	*6,1*	*55,0*
Insgesamt	*10,1*	*32,9*	*8,7*	*19,6*	*5,2*	*16,3*	*7,3*

Quelle: Mikrozensus 1982

Fast ein Fünftel findet sich gegenwärtig im sekundären Sektor, rund 10 v. H. im distributiven Sektor, 8 v. H. in öffentlichen Dienstleistungseinrichtungen.

2. Aus Tabelle 4.4 ist weiters die *Entindustrialisierung*, also die Abnahme des Anteils der in Industrie und Gewerbe beschäftigten Personen, ablesbar. Im Vergleich der beruflichen Erstplazierung mit der gegenwärtigen sektoralen Struktur zeigt sich ein Rückgang von 35,9 v. H. auf 32,9 v. H. Ziel der sektoralen Abwanderer aus dem sekundären Sektor waren der distributive Sektor und alle öffentlichen Dienstleistungseinrichtungen.

Tabelle 4.5: **Sektorale Erstplazierung der Erwerbstätigen nach 5jährigen Geburtsjahrgängen 1982 (v. H.)**

	1918–22	23–27	28–32	33–37	38–42	43–47	48–52	53–57	58–62
Landwirtschaft	*32,6*	*30,7*	*32,1*	*31,4*	*19,3*	*11,8*	*11,6*	*8,8*	*4,9*
prod. Gew., Ind.	*26,5*	*29,3*	*31,9*	*33,2*	*34,8*	*37,0*	*34,5*	*36,0*	*38,4*
Baugewerbe	*4,5*	*4,9*	*7,5*	*7,4*	*9,5*	*10,3*	*10,1*	*9,8*	*11,6*
Handel, Verkehr	*11,1*	*12,3*	*8,5*	*10,6*	*14,2*	*16,7*	*17,2*	*18,5*	*21,4*
Wirtsch. Dienste	*2,1*	*2,1*	*2,2*	*1,6*	*3,5*	*4,4*	*4,1*	*5,5*	*4,8*
Öffentl. Dienste	*10,1*	*10,4*	*7,5*	*4,9*	*7,9*	*9,6*	*10,1*	*11,9*	*7,4*
Konsumentenorientierte Dienste	*13,1*	*10,3*	*10,3*	*10,9*	*10,9*	*10,2*	*12,4*	*9,5*	*11,5*

Quelle: Mikrozensus 1982

3. *„Gewinner" des Strukturwandels* war bekanntlich der tertiäre Sektor, wobei jedoch innerhalb dieses Sektors der Anteil einzelner Wirtschaftsbereiche unterschiedlich stark zunahm. Dabei erwiesen sich die *Bereiche der öffentlichen Dienstleistungen, Handel, Verkehr und Transport sowie produktionsorientierte Dienstleistungen als wachsender, konsumentenorientierte Dienstleistungen jedoch als schrumpfender Teil des tertiären Sektors.* Jeweils ein rundes Fünftel der derzeit im tertiären Sektor Beschäftigten rekrutiert sich aus Industrie und Gewerbe, weitere rund 10 v. H. wanderten aus dem distributiven Sektor in andere Bereiche des tertiären Sektors. Die höchste „sektorale Treue" weist erwartungsgemäß der öffentliche Dienstleistungssektor auf. Über 80 v. H. der Beschäftigten, die in diesem Sektor die Berufstätigkeit begonnen haben, wurden auch 1982, zum Zählzeitpunkt, dort erfaßt.

Der Vergleich der beruflichen Erstplazierung mit der aktuellen Plazierung liefert zwar wesentliche Hinweise auf wachsende oder schrumpfende Attraktivität von Sektoren, er ist aber zeitlich unpräzise. Die berufliche Erstplazierung bezieht sich, wie schon angedeutet, auf eine fiktive Population ohne genaues Erhebungsdatum. Tabelle 4.5 differenziert daher die berufliche Erstplazierung nach einzelnen Geburtenkohorten. Sie dokumentiert die *Reaktion der Neueintretenden am Arbeitsmarkt auf Änderungen der Nachfrageseite.* Auf folgende Phänomene ist besonders aufmerksam zu machen:

Die Kohorte der zwischen 1918 und 1922 Geborenen, die demnach gegen Ende der Zwischenkriegszeit auf den Arbeitsmarkt trat, begann noch zu einem Drittel (32,6 v. H.) die Berufslaufbahn in der Landwirtschaft. Auch die nächste Generation, bei der die Aufnahme der Beschäftigung ungefähr mit dem Zweiten Weltkrieg zusammenfiel, gab zu rund 30 v. H. die Landwirtschaft als beruflichen Erstsektor an. Dieser Wert blieb für die Generation der zwischen 1928 und 1937 Geborenen konstant hoch. Angesichts der Zerstörungen des Krieges ist es keineswegs überraschend, daß diese ersten beiden Kohorten, deren Berufseintritt in die unmittelbare

Nachkriegszeit fiel, häufig die Landwirtschaft als Einstiegssektor nannten. Ab der Kohorte der zwischen 1938 und 1942 Geborenen fiel jedoch der Landwirtschaftsanteil deutlich. Mit dem Wiederaufbau der österreichischen Wirtschaft begannen andere Sektoren an Bedeutung für den Berufseinstieg zu gewinnen. Schließlich beträgt der Anteil der beruflichen Erstplazierung in der Landwirtschaft bei den zwischen 1953 und 1957 Geborenen nur mehr 8,8 v. H., für die zwischen 1958 und 1962 Geborenen gar nur mehr 4,9 v. H.

Davon verschieden war die Sachlage im sekundären und teilweise auch im tertiären Sektor. In das produzierende Gewerbe und in die Industrie strömten die einzelnen Geburtskohorten in zunehmendem Ausmaß. Die Kohorten der vor 1927 Geborenen weisen einen Anteil von unter 30 v. H. beruflicher Erstplazierung im sekundären Sektor auf, die in den fünfziger und sechziger Jahren in den Arbeitsmarkt Eintretenden bereits rund 35 v. H. Effekte der Entindustrialisierung sind aus dem Verhalten der beruflich Ersteintretenden nicht ablesbar. Es scheint vielmehr folgendes zuzutreffen: *Die günstigen Verdienstmöglichkeiten in der Industrie und auch im Baugewerbe, welche eng mit der physischen Leistungsfähigkeit zusammenhängen, bedingen die ungebrochene Anziehungskraft dieser Sektoren, unabhängig von ihrer Zukunftsperspektive, als berufliche Einstiegssektoren.* Die „Korrektur" erfolgt, wie gezeigt werden konnte, über sektorale Mobilität. *In einer späteren Lebensphase verläßt ein nicht unbedeutender Anteil der Erwerbstätigen den sekundären Sektor und nimmt Tätigkeiten im tertiären Sektor auf.* Als Grund dafür ist die geringere physische Belastung im allgemeinen sowie insbesondere die erhöhte Arbeitsplatzsicherheit im öffentlichen Dienst anzunehmen.

Als Einstiegssektor gewann auch der Bereich der Distribution, also Handel, Verkehr und Transport, immer mehr an Bedeutung. Die jüngste Kohorte im Sample, die zwischen 1958 und 1962 Geborenen und zum Zeitpunkt der Befragung schon größtenteils im Erwerbsprozeß integrierten Personen, wählten bereits zu einem Fünftel den distributiven Sektor. Mit der steigenden Bedeutung der produktionsorientierten Wirtschaftsdienste nehmen auch deren Einstiegsanteile ab den fünfziger Jahren zu.

Mit der sektoralen Erstplazierung und der sektoralen Mobilität sind die beiden empirischen Größen des sektoralen Wandels der Arbeitskräfte vorgestellt. Im folgenden Abschnitt werden diese aus der retrospektiven Erhebung gewonnenen Parameter dazu verwendet, die zukünftige Entwicklung zu prognostizieren und eine Antwort auf die Frage zu finden, was geschieht, wenn die Bevölkerung altert und die derzeitige sektorale Berufsentscheidung und Mobilität in die Zukunft fortgeschrieben wird.

4.4.3.2. Fortschreibung der sektoralen Anpassung

Die modellhafte Fortschreibung der sektoralen Anpassung berücksichtigt, wie schon erwähnt, zwei Elemente: Einerseits werden die einzelnen Geburtskohorten fortgeschrieben, andererseits bewirkt die sektorale, altersspezifische Mobilität eine Umverteilung. Die neu eintretenden Kohorten, über deren sektorale Struktur noch nichts bekannt ist, müssen geschätzt werden. Mit Hilfe der durchschnittlichen Veränderungsrate der jeweiligen Sektorenanteile der älteren Kohorten wird die sektorale Struktur der neuen Kohorte fortgeschrieben (Variante A).

In einer zweiten Variante (Variante B) werden zwei Modellannahmen modifiziert: Die Abwanderung aus der Landwirtschaft wird um zwei Drittel des Ausgangswertes reduziert – aus Gründen, die noch erläutert werden – und die berufliche Erstplazierung der nachrückenden Kohorte ist gleich jener der älteren Kohorte. Beide Varianten werden iterativ in einem 5-jährigen Zyklus berechnet. Prognosehorizont ist das Jahr 2002.

Das Kohortenmodell (Var. A) weist ein weiteres deutliches Sinken des Landwirtschaftsanteils aus, wobei aber die Abnahme zu stark zu erfolgen scheint. Es ist eher anzunehmen, daß bei anhaltend hoher Arbeitslosigkeit die Abwanderung aus der Landwirtschaft verzögert und ab einem auf Grund der landwirtschaftlichen Betriebsstruktur nur unscharf zu definierenden Sockelanteil von landwirtschaftlicher Erwerbsbevölkerung zum Stillstand kommen wird. Beides sind aber Größen, welche aus den Tendenzen der Vergangenheit nicht präzise ablesbar sind. Daher ist Variante B, welche darauf Bezug nimmt, auch als Versuch zu werten, durch Modifikation der Annahmen diesen Rückgang abzumildern.

Voranschreiten wird – bei Fortschreibung der sektoralen Erstplazierung und der sektoralen Mobilität – die Entindustrialisierung, wobei der Anteil von 23,2 v. H. nur geringfügig von jenem der WIFO-Prognose (23,7 v. H.) abweicht. Dagegen existiert eine größere Diskrepanz im Bauwesen. Der Anteil liegt im Kohortenmodell mit rund 11 v. H. über dem nachfrageseitig prognostizierten Wert von 6 v. H. Zu gering ist dagegen die Zunahme im Bereich der öffentlichen Dienstleistungen. Laut WIFO-Prognose wird dort im Jahr 2000 rund ein Viertel aller Erwerbstätigen benötigt werden, bei Fortschreibung der bisherigen Angebotstendenzen werden aber nur rund 22 v. H. aller Personen im Bereich der öffentlichen Dienstleistungen verfügbar sein.

In Variante B ist der deutliche Rückgang der Landwirtschaft erwartungsgemäß gebremst. Der Anteil von 4,3 % im Jahr 2002 entspricht dem von PENZ errechneten Wert. Mit der Verringerung der Abwanderung sinkt aber auch der Anteil des Baugewerbes auf 9,0 v. H. (Var. A: 10,9 v. H.) und des sekundären Sektors auf 18,9 v. H. (Var. A: 23,2 v. H.). Dagegen steigen die Anteile jener Sektoren, die durch die Reduktion der Abwanderung aus dem primären und durch Verkleinerung des sekundären Sektors am wenigsten betroffen sind: Handel und Verkehr, Wirtschaftsdienste, öffentliche Dienste und konsumentenorientierte Dienstleistungen weisen in der Variante B jeweils höhere Anteile aus.

Werden die Ergebnisse der Variante B vor dem Hintergrund der „gängigen" Modellvorstellungen der gesellschaftlichen Entwicklung betrachtet, so zeigt sich eine bemerkenswerte Tatsache: Alle diese Modellvorstellungen sehen bekanntlich den Übergang einer industriellen zu einer postindustriellen Gesellschaft als Phasenabfolge von Entagrarisierung, Industrialisierung, Entindustrialisierung und Tertiärisierung. Die Bevölkerung, die aufgrund der Mechanisierung in der Landwirtschaft freigesetzt worden ist, erhöht zunächst die industrielle Beschäftigung. In der folgenden Phase, die dadurch gekennzeichnet ist, daß die Rationalisierungsfort-

Tabelle 4.6: **Sektorale Ergebnisse des Kohortenmodells 1982–2002 (Variante A und B) (v. H.)**

	1982		1987	1992	1997	2002
Landwirtschaft	*10,1*	Var. A	*6,0*	*4,0*	*2,6*	*1,6*
		Var. B	*8,6*	*7,2*	*5,8*	*4,3*
prod. Gew., Ind.	*32,9*	Var. A	*30,8*	*28,3*	*25,6*	*23,2*
		Var. B	*29,2*	*25,7*	*22,1*	*18,9*
Baugewerbe	*8,7*	Var. A	*10,1*	*10,8*	*10,8*	*10,9*
		Var. B	*9,3*	*9,5*	*9,1*	*9,0*
Handel, Verkehr	*19,6*	Var. A	*21,2*	*22,4*	*23,8*	*24,7*
		Var. B	*21,1*	*22,4*	*24,1*	*25,4*
Wirtsch. Dienste	*5,2*	Var. A	*6,3*	*7,3*	*8,6*	*9,8*
		Var. B	*6,3*	*7,6*	*9,1*	*10,6*
Öffentl. Dienste	*16,3*	Var. A	*18,7*	*20,0*	*21,2*	*21,7*
		Var. B	*18,7*	*20,5*	*22,2*	*23,2*
Konsumentenorientierte Dienste	*7,3*	Var. A	*7,0*	*7,2*	*7,5*	*8,0*
		Var. B	*6,8*	*7,1*	*7,7*	*8,6*

Quelle: Mikrozensus 1982

schritte in der Industrie schneller voranschreiten als die industrielle Produktion expandiert, kommt es auch in der Industrie zu Freisetzungen. Der tertiäre Sektor wird zum Auffangbecken der Beschäftigungsverlagerung.

In der Variante B wird nun die Abwanderung aus der Landwirtschaft gebremst und die berufliche Erstentscheidung konstant gehalten. Damit setzt – so das Ergebnis – die Entindustrialisierung in Österreich ein, bevor – wie im Modell eigentlich vorgesehen – der Höhepunkt der Industrialisierung erreicht worden ist. Die Tertiärisierung schreitet dagegen ungehindert und im Vergleich zur Variante A sogar verstärkt voran.

Natürlich ist auch Variante B nur ein Experiment und erhebt keineswegs den Anspruch prognostischer Exaktheit. Dennoch zeigt Variante B eine mögliche Entwicklungslinie auf. *Wird durch politische Maßnahmen versucht, den Agrarsektor auf einem im europäischen Vergleich überdurchschnittlichen Niveau zu halten, so wird der Weg in die postindustrielle Gesellschaft keineswegs verlassen, sondern – und darin liegt ein Paradoxon zur gängigen Modellvorstellung – sogar abgekürzt. Es ist also garnicht notwendig, den Weg über Industrialisierung und Entindustrialisierung zu beschreiten, um die Dienstleistungsgesellschaft zu erreichen, sondern es ist – so Variante B – auch ein überdurchschnittlicher Agrarsektor mit einem überdurchschnittlichen tertiären Sektor kombinierbar.*

Abstrahiert man nun die Unterschiede zwischen Variante A und B, so zeigt die Fortschreibung der sektoralen Struktur der Erwerbsbevölkerung eine insgesamt hohe Übereinstimmung mit der Abschätzung der Nachfrageentwicklung. Daraus ist die (erfreuliche) Tatsache abzuleiten, daß die zukünftige sektorale Strukturanpassung, bei anhaltenden Tendenzen der beruflichen Erstplazierung und der sektoralen Mobilität, ohne allzu große Allokationsprobleme vor sich gehen dürfte.

Das Kohortenmodell wurde auch für die Bundesländer berechnet. Dabei wurden ebenfalls die bisherigen Tendenzen der beruflichen Erstplazierung und der sektoralen Mobilität fortgeschrieben und die Wanderung nicht berücksichtigt.

Generell zeigt sich eine *große Persistenz der sektoralen Struktur der Bundesländer.* Jene Bundesländer, die gegenwärtig ausgesprochen dienstleistungsorientiert sind, wie Wien, Tirol, Salzburg oder Kärnten, werden auch im Jahr 2001 zu den Bundesländern mit einem überdurchschnittlichen Anteil im tertiären Sektor zählen. Dies gilt ebenso für Bundesländer mit einem hohen Anteil am sekundären Sektor, also Vorarlberg, Oberösterreich, das Burgenland (besonders durch das Baugewerbe) und die Steiermark.

Neben der Persistenz der wirtschaftlichen Gliederung Österreichs ist auch das Ansteigen des tertiären Sektors eine generell erwartbare Entwicklung. Die Fortschreibung bisheriger Trends deutet dabei eine Konvergenz an, die aussagt, daß die großen Unterschiede zwischen industrialisierten und weniger industrialisierten Bundesländern oder zwischen agrarisch dominierten und längst entagrarisierten Bundesländern eher kleiner werden. Der Dienstleistungsbereich wird zum generell dominanten Wirtschaftssektor.

4.5. Zusammenfassung

Die Modellrechnungen der West-Ost-Entwicklung des österreichischen Arbeitsmarktes erbrachten folgende wesentliche Ergebnisse:

1. Längerfristige Prognosen zur Entwicklung des Arbeitsmarkts (WIFO, Beirat für Wirtschafts- und Sozialfragen, ÖStZ, ÖROK) stimmen darin überein, daß sich auf gesamtstaatlicher Ebene *die Schere zwischen dem Angebot an Arbeitskräften und der Zahl der offenen Stellen in den nächsten Jahren noch weiter öffnen wird.* Man erwartet 140.000 (das WIFO sogar 240.000) Erwerbstätige mehr. Langfristig wird diese Zunahme nach 2011 freilich zum Stillstand kommen, später ist sogar mit einer Abnahme der erwerbstätigen Bevölkerung zu rechnen, die stärker ist, als die angenommene Rationalisierung voranschreitet. Regional wird diese Entwicklung mittelfristig jedoch ungleich verlaufen: Während im Osten die Verhältnisse im großen und ganzen gleichbleiben oder sogar – vor allem in Wien – ein Arbeitskräftemangel zu befürchten ist, werden in den westlichen Bundesländern aufgrund des Altersaufbaus sehr viele Personen auf den Arbeitsmarkt drängen (in Salzburg etwa um 27 v. H., in Tirol um 25 v. H. mehr). Selbst bei gutem Wirtschaftswachstum kann es daher im Westen zu Beschäftigungsproblemen kommen.

2. In der vorliegenden Arbeit wurde auch der sektorale Wandel – also *Beschäftigungsverlagerung vom Agrarbereich und Industrie in den Dienstleistungssektor* – modellmäßig erfaßt. Dabei wurde ein angebotsseitiges Modell entwickelt, welches auf der beruflichen Erstplazierung einzelner Kohorten und auf der sektoralen Mobilität der Berufstätigen basiert. Dabei zeigt die Status-Quo-Variante eine Abweichung von nachfrageorientierten Modellen: eine vergleichweise zu schnelle Schrumpfung im Bereich der Landwirtschaft, eine zu geringe Abnahme der Industrie und eine zu geringe Zunahme im Dienstleistungssektor. Eine zweite Modellvariante, bei der durch Einbau eines unteren Anteilwertes in den Rechenvorgang der starke Rückgang des Agrarbereichs verzögert wird, demonstriert bemerkenswerte Folgen: Ein Abstoppen der Entagrarisierung führt zur Abnahme der in der Industrie Beschäftigten und zur Zunahme des Dienstleistungsbereichs. Der Weg in die postindustrielle Gesellschaft wird also bei verzögerter Entagrarisierung nicht aufgehalten, sondern eher beschleunigt.

3. Die *Auswirkungen auf die regionalen Arbeitsmärkte im Gefolge beispielsweise einer EG-Annäherung oder einer Öffnung nach dem Osten* sind heute noch ungeklärt oder umstritten. Skepsis gegenüber der These einer zunehmenden Ausdifferenzierung von Arbeitsmarktstrukturen zwischen den östlichen und westlichen Bundesländern oder einer ausschließlichen Bevorzugung der westlichen scheint aber dennoch angebracht zu sein. Zu naiv erscheinen jene Vermutungen, wonach für westliche Standorte wegen ihrer Nähe zum oberitalienischen und süddeutschen Wirtschaftsraum ausschließlich Vorteile zu erwarten wären. Viele gute Gründe – so die erhöhten Anpassungskosten des Westens in Form von notwendigen Lohnsteigerungen zur Verhinderung massiver Abwanderung, so auch die ebenfalls notwendigen Preissenkungen zur Erhaltung der Konkurrenzfähigkeit des heimischen Handels und Gewerbes, aber auch Strukturprobleme der Berglandwirtschaft und des Fremdenverkehrs (siehe PENZ und ZIMMERMANN) – sprechen eher gegen eine Zunahme des Ost-West-Gefälles auf dem Arbeitsmarkt sowie gegen ausschließlich positive Aspekte einer EG-Integration.

Anzunehmen ist ferner, daß der Anstieg von Erwerbstätigen in den westlichen Bundesländern, noch dazu bei Erhöhung der derzeit eher niedrigen Erwerbsquoten, leicht zu einem Überangebot an Arbeitskräften führen kann. Das wiederum könnte in weiterer Folge eine Verstärkung der Ab- oder Pendelwanderung in den süddeutschen, Ostschweizer oder oberitalienischen Raum bewirken. Bereits 1981 arbeiteten rund 200.000 Österreicher ständig im Ausland, vor allem in der Bundesrepublik Deutschland, 50.000 pendelten als Grenzgänger zu Arbeitsstätten außerhalb Österreichs. Durch den Anstieg des Potentials an Erwerbspersonen im Westen und das höhere Lohnniveau des Auslandes werden sich nach der zu erwartenden Liberalisierung des Arbeitsmarktes diese Zahlen erhöhen. Die dadurch im Inland freiwerdenden Stellen werden wahrscheinlich durch einen verstärkten Zustrom von Gastarbeitern aus der (möglicherweise ebenfalls der EG beitretenden) Türkei und durch eine Zunahme von Ostflüchtlingen im Gefolge einer offenen Asylpolitik aufgefüllt werden. Ein Qualifikationsabfluß und bedeutende soziale Anpassungskosten wären allerdings die unvermeidlichen Folgen.

Anhang

Mit der sektoralen Gliederung nach Geburtsjahrgängen und der sektoralen altersspezifischen Mobilität ist das Kohortenmodell operationalisiert. Die formale Schreibweise des Modells ist folgende:

$$EPOP_{ij}^{t} = \sum_{1}^{k} EPOP_{ijk}^{t-1} + INMOV_{ik} - OUTMOV_{ik}$$

Die Erwerbsbevölkerung zum Zeitpunkt t in der Region j und nach einzelnen Sektoren i ist die Summation über alle Altersgruppen k der Erwerbsbevölkerung vom letzten Zeitpunkt (t-1) in den Regionen und nach Sektoren plus den sektoralen Zuzügen (INMOV) nach deren Alter, minus den sektoralen altersspezifischen Abwanderern (OUTMOV). Die neu eintretenden Kohorten, über deren sektorale Struktur noch nichts bekannt ist, müssen geschätzt werden. Mit Hilfe der durchschnittlichen Veränderungsrate der jeweiligen Sektorenanteile der älteren Kohorten wird die sektorale Struktur der neuen Kohorte fortgeschrieben. Das Modell läßt also alle demographischen Ereignisse während des „Alterungsprozesses" – wie Migration über Bundesländergrenzen oder Ausscheiden aus der Erwerbstätigkeit – unberücksichtigt, da dies in erster Linie Auswirkungen auf die Größe der Erwerbsbevölkerung besitzt. Es geht lediglich um die „Status-Quo-Frage": Was passiert, wenn die Bevölkerung altert und die derzeitige sektorale Berufsentscheidung in die Zukunft fortgeschrieben wird?

Literaturverzeichnis

ADAMS, K. H., u. H. F. ECKEY, 1984. Regionale Beschäftigungskrisen in der Bundesrepublik Deutschland. Ursachen und Erscheinungsformen. WSI Mitteilungen 8: 474-481.

AKADEMIE F. RAUMFORSCHUNG UND LANDESPLANUNG (Hsg.), 1982. Qualität von Arbeitsmärkten und regionale Entwicklung. Veröffentlichungen d. Akademie f. Raumforschung und Landesplanung Hannover, Forschungs- u. Sitzungsberichte 143.

BAYER, K., 1983. Wissenschaftliche Darstellung des Projektes: „Längerfristige Entwicklung und struktureller Wandel der österreichischen Wirtschaft." Wien.

BEIRAT F. WIRTSCHAFTS- UND SOZIALFRAGEN (Hsg.), 1980. Längerfristige Arbeitsmarktentwicklung. Wien: C. Ueberreuter.

BENSELER, F., HEINZE, R., u. A. KLOENNE (Hsg.), 1982. Zukunft der Arbeit. Eigenarbeit, Alternativökonomie. Hamburg.

BIFFL, G., 1979. Die Entwicklung der Erwerbsbeteiligung unter veränderten Arbeitsmarktbedingungen. WIFO Monatsberichte 52.

BIFFL, G., 1985. Die Entwicklung der Ausländerbeschäftigung in den wichtigsten europäischen Industriestaaten. WIFO-Monatsberichte 58/8: 480-493.

BIFFL, G., 1986. Unterschiedliche Entwicklung der Arbeitslosigkeit in Österreich und in der Bundesrepublik Deutschland. WIFO-Monatsberichte 59/4: 211-216.

BIFFL, G., 1988. „Arbeitsmarkt 2000" (Österreich). Bundesministerium für Arbeit und Soziales (Hsg.): Forschungsberichte aus Sozial- und Arbeitsmarktpolitik 21, Wien.

BIFFL, G., 1988. Schwerpunkte der Arbeitsmarktpolitik in den achtziger Jahren. WIFO-Monatsberichte 61/10, Wien: 585-595.

BIFFL, G., 1988. Entwicklung auf dem Arbeitsmarkt bis zum Jahr 2000. WIFO-Monatsberichte 2/1988: 76-91.

BIFFL, G., 1988. Der Wandel im Erwerbsverhalten in Österreich und im Ausland. WIFO-Monatsberichte 2: 76-91.

BOSCH, G., 1986. Hat das Normalarbeitsverhältnis eine Zukunft? WSI-Mitteilungen 3: 163-177.

BREUSS, F., 1979. Komponenten des Beschäftigungswachstums. Ein Vergleich zwischen Der BRD und Österreich. WIFO-Monatsberichte 7.

BROWA, H., ECKERLE, K., MASUHR, K., u. I. WEIDIG, 1978. Längerfristige Wirtschaftsentwicklung und wirtschaftspolitische Handlungsmöglichkeiten. Basel: Prognos AG.

BUCEK, J., 1986. Volkszählung 1981: Veränderungen der Berufstätigkeit nach Wirtschaftssektoren und politischen Bezirken seit 1971. Statistische Nachrichten 4/1986: 264-275.

BUNDESFORSCHUNGSANSTALT F. LANDESKUNDE UND RAUMORDNUNG (Hsg.), 1980. Arbeitslosenquote als Indikator für die Regionalpolitik? Informationen zur Raumentwicklung 3/4.

BUNDESFORSCHUNGSANSTALT F. LANDESKUNDE UND RAUMORDNUNG (Hsg.), 1983. Regionale Arbeitsmarktprobleme in Europa. Reihe: Seminare und Symposien, H. 8. Bonn.

BUNDESMINISTERIUM F. SOZIALE VERWALTUNG, 1984. Arbeitsmarktanalysen. Der Arbeitsmarkt der achtziger Jahre. Wien.

BUTSCHEK, F., 1979. Forschungsberichte: Der österr. Arbeitsmarkt. Wiener Institut für internat. Wirtschaftsvergleiche 51.

BUTSCHEK, F., 1981. Versteckte Arbeitslosigkeit in Österreich. WIFO-Monatsberichte 54/7: 385-395.

BUTSCHEK, F., 1981. Vollbeschäftigung in der Krise. Wien: Orac.

CLEMENT, W., AHAMMER, P. F., u. A. KALUZA, 1980. Bildungsexpansion und Arbeitsmarkt. Befunde zur Entwicklung in Österreich bis 1990. Signum, Wien. Hsg.: Institut für Verkehr u. Tourismus, Innsbruck.

CORNETZ, W., 1986. Theorie und Empirie des Arbeitskräfteangebots. Über die Bestimmungsgründe und den Wandel des geschlechtsspezifischen Erwerbsverhaltens. Mitteilungen aus der Arbeitsmarkt- und Berufsforschung: 422-438.

FASSMANN, H., 1983. Die Struktur der Arbeitskräfte im historischen Wandel. Ein sektoraler Vergleich Wien 1857 – 1971. In:

FINDL, P., 1985. Die Bevölkerungsvorausschätzung des Österreichischen Statistischen Zentralamts für Österreich 1985 – 2015. Statistische Nachrichten 12: 843-853.

FINDL, P., u. R. GISSER, 1988. Szenarien der Entwicklung der Bevölkerung, der Erwerbstätigen und der Haushalte bis 2051. In: CHALOUPEK, G., LAMEL, J., u. J. RICHTER (Hsg.). Bevölkerungsrückgang und Wirtschaft. Szenarien bis 2051 für Österreich. Heidelberg: 71-121.

FINDL, P., u. A. HANIKA, 1985. Vorausschätzung der Berufstätigen 1984 – 2015. Statistische Nachrichten 11/1985: 748-756.

FINDL, P., u. A. HANIKA, 1988. Modellrechnungen der Bevölkerung Österreichs und der Bundesländer bis 2050. Statistische Nachrichten 3/1988: 183-201.

FLEISSNER, P.(Hsg.), 1987. Technologie und Arbeitswelt in Österreich – Trends bis zur Jahrtausendwende. 4 Bde, Wien: ÖGB-Verlag.

GELDNER, N., 1987. Unterschiede und Ausgleichskräfte auf den regionalen Arbeitsmärkten. WIFO-Monatsberichte 5: 322-327.

GERSHUNY, J., 1981. Die Ökonomie der nachindustriellen Gesellschaft. Frankfurt/Main.

HALLER, M. (Hsg.). Beschäftigungssystem im Wandel: Historische Entwicklungen und Internationale Strukturdifferenzen. Frankfurt/M.: 76-95.

HANIKA, A., 1985. Vorausschätzung der Berufstätigen 1984 – 2015. Statistische Nachrichten 40/11: 748-756.

HANIKA, A., u. P. FINDL, 1985. Vorausschätzung der Berufstätigen 1984 – 2015. Statistische Nachrichten 40/11: 748-756.

HANIKA, A., 1986. Vorausschätzung der Berufstätigen nach Bundesländern 1984 – 2015. Statistische Nachrichten 41: 15-23.

HÄUSSERMANN, H., 1986. Die Konsequenzen neuer regionalökonomischer Strukturen für die Großstadtentwicklung. Informationen zur Raumentwicklung 11-12/1986: 839-844.

HOFER, P., u. P. SCHNUR, 1986. Zum sektoralen Strukturwandel bis 2000. Mitteilungen aus der Arbeitsmarkt- und Berufsforschung (Stuttgart) 19/1: 36-49.

HOFFMANN, E., u. J. WEIDIG, 1986. Der Arbeitskräftebedarf im Dienstleistungssektor bis zum Jahr 2000 nach Wirtschaftszweigen. Mitteilungen aus der Arbeitsmarkt- und Berufsforschung (Stuttgart) 19/1.

KANIAK, J., 1983. Das West-Ost-Gefälle der wirtschaftlichen Entwicklung in Österreich – Teil der europäischen Peripherie. Österr. Zeitschrift für Soziologie, Teil 1, 8/3: 114-116.

KLEMMER, P., u. D. KRÄMER, 1975. Regionale Arbeitsmärkte. Bochum: Brockmeyer.

KLEMMER, P., 1978. Zur qualitativen Differenzierung regionaler Arbeitsmärkte. Raumforschung und Raumordnung 5: 225-229.

KRAMER, H., 1987. Mittelfristige Perspektiven von Konjunktur und Beschäftigung. Stenographisches Protokoll einer Parlamentarischen Enquete. Wien: 3-7.

LÄPPLE, D., 1986. Trendbruch in der Raumentwicklung. Auf dem Weg zu einem neuen industriellen Entwicklungstyp. Informationen zur Raumentwicklung 11-12: 909-920.

MAIER, G., u. P. WEISS, 1983. Strukturelle Charakteristika von Regionalentwicklung und Regionalpolitik in Österreich, 1955 – 1980. IIR-Forschung 9.

MITTER, P., 1982. Arbeitsmarkt. In: MANDL, Ch. (Hsg.). Österreich – Prognosen bis zum Jahr 2000. München – Wien: 102-127.

NOWOTNY, E., 1985. Beschäftigungsorientierte Wirtschaftspolitik und Strukturwandel – der Weg Österreichs. In: LANGKAU, J. u. C. KÖHLER (Hsg.). Wirtschaftspolitik und wirtschaftliche Entwicklung. Bonn: 65-62.

NUHN, H., u. M. SINZ, 1988. Industriestruktureller Wandel und Beschäftigungsentwicklung in der Bundesrepublik. Geographische Rundschau 1: 42-52.

ÖSTERREICHISCHES INSTITUT F. BILDUNGSFORSCHUNG, 1987. Facharbeiter in Österreich – Prognose bis 2000. Wien 1987.

ÖSTERREICHISCHES INSTITUT FÜR RAUMPLANUNG (ÖIR) 1985: ÖROK-Grundlagenarbeiten. Regionale Bevölkerungprognose 1985. Wien.

ÖSTERREICHISCHES INSTITUT FÜR WIRTSCHAFTSFORSCHUNG, 1987. Arbeitsplätze wandern westwärts. Ost-West-Gefälle auf dem Österreichischen Arbeitsmarkt. WIFO-Monatsberichte 60/5.

ÖSTERREICHISCHES INSTITUT FÜR WIRTSCHAFTSFORSCHUNG, 1987. Unterschiede und Ausgleichskräfte auf den regionalen Arbeitsmärkten. WIFO-Monatsberichte 60/5.

OFFE, C., 1984. „Arbeitsgesellschaft“: Strukturprobleme und Zukunftsperspektiven Frankfurt/Main – New York: Campus.

PLITZKA-RICHTER, U., 1988. Großräumige Unterschiede auf dem österreichischen Arbeitsmarkt 2001. Laufende Raumbeobachtung. LR aktuell 3/4, Wien 1988.

SCHÄFER, C., 1986. Auch bei Wachstum bleibt die Bekämpfung der Arbeitslosigkeit bis zum Jahr 2000 eine politische Aufgabe – Szenarien zur Entwicklung des Arbeitsmarktes bis 2000. WSI (Wirtschafts- und sozialwissenschaftliches Institut des DGB)-Mitteilungen 39/3, Köln:145-163.

SCHARPF, F., 1985. Strukturen der postindustriellen Gesellschaft oder: Verschwindet die Massenarbeitslosigkeit in der Dienstleistungs- und Informationsökonomie? Wirtschaft und Gesellschaft 11/1: 9-34.

SCHERRER, W., 1988. Dualisierungstendenzen auf dem Arbeitsmarkt. Auswirkungen von Sättigung, neuen Technologien und außenwirtschaftsinduziertem Strukturwandel. Schriftenreihe des Ludwig-Boltzmann-Institutes für Wirtschaftsforschung 11, Wien: Orac.

SCHUBERT, U., 1982. REMO – an interregional labor market model of Austria. Environment and Planning A 14/9: 1233-1250.

SEICHT, G., CLEMENT, W., u. G. HEINRICH, 1981. Arbeitszeitverkürzung. Auswirkungen und Probleme aus betriebs-, volkswirtschaftlicher und rechtlicher Sicht. (Hsg.: Inst. f. angewandte Sozial- und Wirtschaftsforschung). Wien: Signum.

SINGELMANN, J., u. L. H. BROWNING, 1980. Industrial transformation and occupational change in the U.S., 1960-1970. Social forces 53/1.

STÖHR, W., 1982. Einflüsse der Wirtschafts- und Arbeitsmarktlage auf die räumliche Entwicklung. Symposium: Die räumliche Entwicklung der Länderregion Ost: Berichte und Veröffentlichungen der PGO 1982/1: 27-29.

TALOS, E., 1987. Arbeitslosigkeit. Österreichs Vollbeschäftigung am Ende? Wien: Verlag für Gesellschaftskritik, Band 30.

TALOS, E., u. G. VOBRUBA (Hsg.), 1983. Perspektiven der Arbeitszeitpolitik. Wien: Verlag für Gesellschaftskritik.

5. Die Zukunft der österreichischen Landwirtschaft in der Phase der Überproduktion

von Hugo PENZ, Innsbruck

Inhaltsverzeichnis:

5.1. Einleitung: Die Agrarpolitik am Scheideweg
5.2. Bisherige Entwicklungstendenzen und gegenwärtige räumliche Struktur der österreichischen Landwirtschaft
  5.2.1. Die Dominanz von Kleinbetrieben und Nebenerwerbsbetrieben
  5.2.2. Bergbauerngebiete und agrarische Vorranggebiete
  5.2.3. Von der Selbstversorgung zu Agrarüberschüssen
5.3. Prognosen und Szenarien bis zum Jahre 2000
  5.3.1. Der prognostizierte Rückgang der Erwerbstätigen
  5.3.2. Status-quo-Prognose der landwirtschaftlichen Betriebe
  5.3.3. Die räumliche Differenzierung der Status-quo-Prognose
  5.3.4. Die räumlichen Effekte von Nebenerwerbsmöglichkeiten und Zuschüssen
5.4. Auswirkungen einer Umstellung der Landwirtschaft auf hochtechnisierte Vollerwerbsbetriebe
  5.4.1. Der Mansholt-Plan
  5.4.2. Status-quo-Prognose zu den Folgen der Umstellung
  5.4.3. Die räumlichen Auswirkungen
5.5. Künftige Leitbilder der Landwirtschaft
  5.5.1. Das Problem der Überschußproduktion
  5.5.2. Die technisierte, betriebswirtschaftlich orientierte Landwirtschaft
  5.5.3. Die ökologisch ausgerichtete Landwirtschaft
5.6. Zusammenfassung
Literaturverzeichnis

5.1. Einleitung: Die Agrarpolitik am Scheideweg

Die Agrarpolitik der Industriestaaten und damit auch Österreichs steht derzeit vor wichtigen grundsätzlichen Entscheidungen, von denen die zukünftige Entwicklung der Landwirtschaft weitgehend abhängen wird. Man kann versuchen, den bisherigen Weg weiterzugehen, und trachten, die *„bäuerliche Landwirtschaft“* mit den Mittel-, Klein- und Nebenerwerbsbetrieben behutsam an die heutigen Erfordernisse anzupassen, oder man kann sich für einen tiefgreifenden Umbau der Agrarstrukturen entscheiden, indem man die landwirtschaftliche Produktion weitgehend *„industriemäßig“ arbeitenden „Agrarfabriken“* überläßt.

In Österreich konnte sich die bäuerliche Landwirtschaft besser als in anderen Industriestaaten halten. Dies äußert sich u. a. im Größenaufbau der landwirtschaftlichen Betriebe, der durch das Vorherrschen von Klein- und Nebenerwerbsstellen gekennzeichnet ist, und im vergleichsweise bescheidenen Einsatz von ertragssteigernden Betriebsmitteln. Moderne landwirtschaftliche Großbetriebe, wie sie sich in den letzten Jahrzehnten in einigen agrarischen Gunsträumen der EG (Niederlande, Nordwestdeutschland, Poebene usw.) durchgesetzt haben, spielen hingegen noch keine nennenswerte Rolle.

5.2. Bisherige Entwicklungstendenzen und gegenwärtige räumliche Struktur der österreichischen Landwirtschaft

5.2.1. Die Dominanz von Kleinbetrieben und Nebenerwerbsbetrieben

Die Dominanz einer bäuerlichen Landwirtschaft mit Klein- und Mittelbetrieben hängt sowohl mit der Persistenz vorindustrieller Strukturen als auch mit der österreichischen Agrarpolitik zusammen. Wie im übrigen westlichen Mitteleuropa herrschte auch in Österreich seit dem Hochmittelalter das System der Grundherrschaften vor, denen klein- und mittelbäuerliche Höfe zinspflichtig waren. Die landwirtschaftlichen Betriebe wurden im Verlauf des Industriezeitalters zwar nach und nach modernisiert, wesentliche Strukturmerkmale und manche Wertvorstellungen blieben jedoch erhalten. Das für das östliche Mitteleuropa charakteristische Nebeneinander von Gutsbetrieben (Meierhöfen), die man auf Grund ihrer Größe leicht zu „modernen Großbetrieben“ umstellen hätte können, und von kleinbäuerlichen Nebenerwerbsstellen spielte nur im Burgenland eine Rolle, das bis nach dem Ersten Weltkrieg zu Ungarn gehörte.

Die maßgeblichen politischen Kräfte unterstützten in Österreich seit jeher die landwirtschaftlichen Klein- und Mittelbetriebe, die seit dem Beginn des Industriezeitalters um ihre Existenz ringen mußten. Dies gilt für die berufsständischen Vertretungen in den Landwirtschaftskammern ebenso wie für die staatstragenden Parteien (KRAUS 1988). Dementsprechend galten Klein- und Nebenerwerbsstellen nie als überholte „Übergangsformen", sondern immer als lebensfähige Betriebstypen. Dieser Grundeinstellung entsprach die staatliche Förderungspolitik, die auf die Erhaltung kleinerer und mittlerer Höfe abzielte. Man wollte sie u.a. durch Aufstokkungen so weit auf den neuesten Stand bringen, daß sie dem immer schwerer werdenden Daseinskampf gewachsen wären. Am klarsten trat diese politische Einstellung bei der „Burgenländischen Bodenreform" hervor, in deren Rahmen zahlreiche Großgrundbesitze, vor allem die Meierhöfe der Fürsten von Esterhazy, zerschlagen und auf eine große Zahl von Kleinbauern aufgeteilt wurden (PENZ 1986).

Weil die landwirtschaftlichen Einkommen gegenüber den Verdiensten anderer Berufsgruppen zurückblieben, waren bereits in den vergangenen Jahrzehnten immer mehr Bauern gezwungen, einen außeragrarischen Nebenerwerb aufzunehmen (vgl. Tabelle 5.1).

Tabelle 5.1: **Entwicklung der land- und forstwirtschaftlichen Betriebe Österreichs nach Erwerbsarten 1970 – 1986**

Jahr	Erwerbsarten der Betriebe						Betriebe insges.
	Vollerwerb		Zuerwerb		Nebenerwerb		
	Zahl	v.H.	Zahl	v.H.	Zahl	v.H.	
1970*	169.308	*50,3*	42.747	*12,7*	118.719	*35,3*	336.647
1980*	115.806	*38,3*	17.555	*5,8*	164.605	*54,4*	302.579
1983**	104.445	*35,9*	20.083	*6,9*	157.236	*54,0*	291.185
1986**	98.494	*34,7*	23.590	*8,3*	152.564	*53,8*	283.734

* ÖStZ, Landwirtschaftliche Betriebszählung 1970 und 1980
** GÖLTL 1988, S. 289

Abgesehen von Japan, das wegen seiner andersartigen Überlieferungen nicht vergleichbar ist, weist nur Norwegen einen geringfügig höheren Anteil an Nebenerwerbsbetrieben auf. Ähnliches gilt für die Hofgrößen. In den nördlichen EG-Staaten (Großbritannien, Irland, Niederlande, Belgien, Frankreich, Dänemark, Deutschland) verfügen die Betriebe durchwegs über mehr Fläche und größere Viehbestände als in Österreich (OBERLEHNER 1988, S. 492, 496-497).

5.2.2. Bergbauerngebiete und agrarische Vorranggebiete

Der verstärkte Kapitaleinsatz in den letzten Jahrzehnten führte nicht nur zu beachtlichen agrarischen Überschüssen, sondern auch zu einem wachsenden räumlichen Ungleichgewicht innerhalb der österreichischen Landwirtschaft. Die ertragssteigernden Betriebsmittel, die eine bessere Bodenbearbeitung und eine gezieltere Düngung erlaubten, erwiesen sich in den agrarischen Vorranggebieten vorteilhafter

Karte 5.1: ANTEIL DER BERGBAUERNHÖFE 198

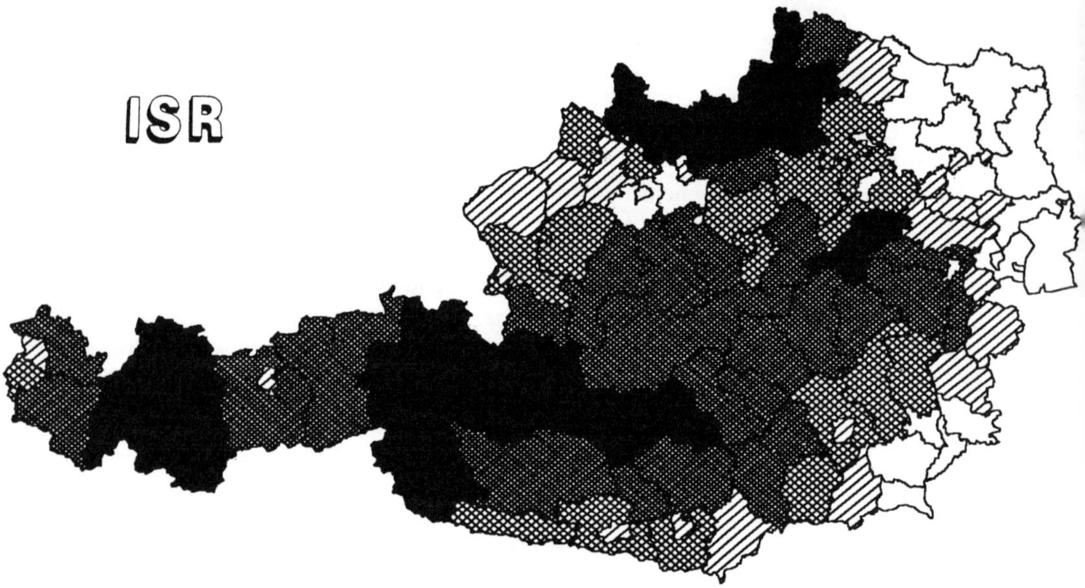

0 50 100km

keine Bergb. | < 25.0 | > 25.0 | > 50.0 | > 75.0

Quelle: L-u.Fw. Betriebszählung 1980

v. H. der lw. Betriebe

EDV-GRAPHIK: B. STANGL

THEMATIK: H. PEN

als in den hinsichtlich der Naturausstattung benachteiligten Bergbauernräumen. Allerdings werden diese *Ungleichheiten* im Bereich der Landwirtschaft zum Teil *durch* andere *externe Einflüsse* wettgemacht: *Viele Bergbauernbetriebe liegen in gesamtwirtschaftlich bevorzugten Räumen Westösterreichs, die meisten agrarischen Vorranggebiete hingegen an der Ostgrenze des Staates.*

Der Grad der naturräumlichen Erschwernisse, die ein Grundhindernis neuzeitlicher Landbewirtschaftung darstellen, läßt sich aus dem Anteil der Bergbauernbetriebe grob abschätzen. Die Prozentsätze zeigen sowohl auf der Ebene der Länder (vgl. Tabelle 5.2) als auch auf jener der Bezirke die allgemein bekannten reliefbedingten West-Ost-Gegensätze. Die auffallend hohen Anteile im Wald- und Mühlviertel sind allerdings das Ergebnis der Einstufung: Obwohl viele der dort gelegenen Höfe durchwegs über ebene Nutzflächen verfügen, gelten sie wegen ihrer absoluten Höhenlage als „Bergbauernbetriebe" (vgl. Karte 5.1.).

Tabelle 5.2: **Zahl und Anteil der Bergbauernbetriebe in den österreichischen Bundesländern 1980**

Bundesland	Bergbauernbetriebe Zahl	v. H.
Vorarlberg	4.128	*58,0*
Tirol	15.894	*77,9*
Salzburg	7.803	*65,7*
Kärnten	12.515	*49,1*
Steiermark	20.242	*31,8*
Oberösterreich	25.844	*43,6*
Niederösterreich	25.805	*32,8*
Burgenland	1.161	*3,8*
Wien	–	–
Österreich	113.392	*38,1*

Quelle: ÖStZ, Landwirtschaftliche Betriebszählung 1980

Auf Grund der ungünstigeren natürlichen Produktionsbedingungen ist es im Berggebiet besonders schwierig, ohne Zuverdienst zu überleben. Wenn der Anteil der Vollbauernhöfe derzeit dennoch im Flachland erheblich niedriger ist (vgl. Tabelle 5.3), so hängt dies mit der Nähe der gewerblichen Zentren zusammen. Andererseits sind ausreichende Zuerwerbsmöglichkeiten eine Grundvoraussetzung für

Tabelle 5.3: **Der Anteil der Vollerwerbsbetriebe nach Bundesländern und Erschwerniszonen 1980 (v. H.)**

Bundesland	Nicht-Berggebiet	Erschwerniszonen Zone 1	Zone 2	Zone 3	Insgesamt
Vorarlberg	*19,7*	*49,3*	*43,5*	*32,7*	*31,3*
Tirol	*28,6*	*38,5*	*34,0*	*36,1*	*34,3*
Salzburg	*42,2*	*44,4*	*45,6*	*42,9*	*43,4*
Kärnten	*24,0*	*36,7*	*38,9*	*48,5*	*33,4*
Steiermark	*34,5*	*46,0*	*46,6*	*47,7*	*38,4*
Oberösterreich	*38,3*	*39,7*	*36,8*	*37,0*	*38,3*
Niederösterreich	*42,6*	*50,8*	*51,5*	*49,1*	*45,2*
Burgenland	*26,3*	*20,7*	*16,0*	–	*25,9*
Wien	*52,6*	–	–	–	*52,6*
Österreich	*35,3*	*44,0*	*42,2*	*43,1*	*38,3*

Quelle: ÖStZ, Landw. Betriebszählung 1980

die weitere Entwicklung der Bergbauerngebiete. Wo sie fehlen, wird die Bevölkerung so sehr verarmen, daß die meisten Landwirte, auch wenn sie bleiben wollten, in absehbarer Zeit den Betrieb auflassen und abwandern müßten. In den agrarischen Vorranggebieten des Flachlandes ist man auch innerhalb der Landwirtschaft anpassungsfähiger, weil man u. a. intensivieren und Produktionsalternativen wahrnehmen kann.

5.2.3. Von der Selbstversorgung zu Agrarüberschüssen

Infolge der kleinen Betriebseinheiten blieben zahlreiche Bauernhöfe in Österreich länger als in anderen Industriestaaten dem Selbstversorgerprinzip verpflichtet. Solche kapitalschwachen landwirtschaftlichen Betriebe konnten sich den Zukauf produktionssteigernder Betriebsmittel nicht leisten. Daher stiegen die Agrarerträge erst später an. In der Zwischenkriegszeit und im ersten Jahrzehnt nach dem Zweiten Weltkrieg bildete dementsprechend die Ernährungssicherung der städtischen Bevölkerung noch ein vorrangiges Ziel der österreichischen Agrarpolitik (vgl. Tabelle 5.4).

Tabelle 5.4: **Abdeckung des Inlandsverbrauches von Agrarprodukten 1950 – 1987 (v. H.)**

Wirtschaftsjahr	Weizen	Roggen	Gerste	Hafer	Mais	Kartoffeln
1950/51	*50,2*	*99,7*	*89,1*	*97,1*	*34,9*	*99,5*
1960/61	*92,6*	*85,8*	*89,1*	*98,3*	*36,7*	*100,0*
1970/71	*94,1*	*99,9*	*87,6*	*87,1*	*89,2*	*99,6*
1980/81	*136,1*	*129,8*	*103,1*	*99,0*	*95,7*	*98,7*
1985/86	*164,9*	*109,8*	*118,1*	*99,2*	*104,8*	*98,9*
1986/87	*161,7*	*112,4*	*101,2*	*101,6*	*123,6*	*97,5*

Quelle: ÖStZ, Statistisches Handbuch der Republik Österreich 1987, Wien 1988

Um 1960 war die Landwirtschaft, wie man aus den Angaben über die Hauptackerfrüchte ersehen kann, noch nicht in der Lage, den österreichischen Nahrungsmittelbedarf zu decken. Die zum Teil bis heute gültige Agrarpolitik war damals zu Recht auf Produktionswachstum ausgerichtet. Nach 1970 veränderte sich die Lage grundlegend. Infolge der Produktionssteigerungen nahmen die Überschüsse mehr und mehr zu. Um den Zusammenbruch des Agrarmarktes zu verhindern, schaltete sich der Staat ein und stellte zunehmend größere Beträge für Ausfuhrstützungen zur Verfügung. Die gewaltigen Ertragssteigerungen waren betriebswirtschaftlich bedingt. Nach dem Zweiten Weltkrieg hatten sich die Lohnkosten stark verteuert. Als

Tabelle 5.5: **Verteilung der Agrarproduktion auf die österreichischen Großregionen im Jahre 1986**

	West-region v.H.	Süd-region v.H.	Ober-österr. v.H.	Ost-region v.H.	Österreich (absolute Angaben)
Ackerland	*2,4*	*16,8*	*20,7*	*60,1*	1.418.120 ha
Brotgetreide	*0,3*	*4,4*	*20,2*	*75,2*	1.710.066 t
Gerste	*0,7*	*11,2*	*17,7*	*70,4*	1.292.450 t
Hafer	*1,2*	*8,8*	*45,6*	*44,4*	269.919 t
Körnermais	*0,1*	*37,6*	*19,2*	*43,1*	1.738.740 t
Kartoffeln	*5,1*	*11,6*	*13,6*	*69,7*	982.405 t
Zuckerrüben	–	*0,6*	*13,4*	*86,0*	1.570.866 t
Obst	*7,6*	*35,0*	*16,8*	*40,5*	38.372 t
Wein	–	*5,6*	–	*94,4*	2.229.845 hl
Viehbestand					
Rinder	*17,4*	*26,2*	*29,4*	*27,1*	2.637.224 Stück
Milch	*22,6*	*21,7*	*32,5*	*23,1*	2.377.050 t
Schweine	*3,5*	*30,6*	*29,5*	*36,4*	3.800.510 Stück
Schafe	*40,2*	*28,9*	*14,4*	*16,5*	255.708 Stück
Bevölkerung	*17,7*	*22,8*	*16,8*	*42,7*	7.555.338 Einw.

Quelle: ÖStZ, Statistisches Handbuch der Republik Österreich 1987

Folge davon wurde das Kapital zum günstigsten Produktionsfaktor, den man neben der verstärkten Mechanisierung vor allem für den Zukauf ertragssteigernder Produktionsmittel einsetzte.

Die Agrarentwicklung der letzten Jahrzehnte hat zu einer überaus starken Konzentration der Agrarproduktion in den agrarischen Vorranggebieten des Flachlandes geführt. Dieser Zusammenhang geht bereits aus einem Vergleich der österreichischen Großregionen (vgl. Tabelle 5.5) deutlich hervor. Die pflanzliche Produktion ist in den drei westlichen Bundesländern völlig unbedeutend. Sie konzentriert sich eindeutig auf die außeralpinen Bezirke Niederösterreichs, Oberösterreichs, der Steiermark und des Burgenlandes. Sogar bei der tierischen Produktion bleibt der Anteil der drei westlichen Bundesländer unterdurchschnittlich, d. h. er ist niedriger als der Prozentanteil an der Bevölkerung. Nur die *Milcherzeugung – der wichtigste Betriebszweig der bergbäuerlichen Landwirtschaft* – und die wirtschaftlich (noch) bedeutungslose Schafhaltung sind überrepräsentiert.

5.3. Prognosen und Szenarien bis zum Jahre 2000

5.3.1. Der prognostizierte Rückgang der Erwerbstätigen

Es ist außerordentlich schwierig, die gegenwärtigen Probleme der Landwirtschaft klar zu analysieren und im Hinblick auf die zukünftigen Entwicklungsmöglichkeiten einzuschätzen. Zu unterschiedlich werden ihre Stellung in Wirtschaft und Gesellschaft, die Anforderungen an die agrarischen Betriebsstrukturen, die Möglichkeiten der Vermarktung sowie der Verringerung von Überschüssen und die zunehmenden räumlichen und gesellschaftlichen Unterschiede, die zum Teil nicht einmal den Betroffenen bewußt sind, von Fachleuten und Politikern beurteilt. Umso notwendiger ist es, auf bestehende Alternativen der künftigen Entwicklung hinzuweisen.

Die gesamtgesellschaftliche Bedeutung der Landwirtschaft hat seit dem Beginn des Industriezeitalters laufend abgenommen. Dieser Bedeutungsrückgang äußert sich sowohl im Beitrag der Land- und Forstwirtschaft zum Bruttoinlandsprodukt, der 1986 nur noch 3,4 Prozent betragen hat, als auch im Anteil von Land- und Forstwirten an den Berufstätigen, der sich von der letzten Volkszählung im Jahr 1981 mit 8,5 v. H. auf 7,6 v. H. im Jahr 1986 verringert hat (Schneider 1988, S. 62 f.). In den nächsten Jahrzehnten wird sich der Rückgang der Agrarbevölkerung fortsetzen. Alle bekannten Prognosen kommen zu diesem Ergebnis, das auch der Modernisierungstheorie des Franzosen J. FOURASTIE entspricht. Weniger klar sind die Aussagen bezüglich des Bruttoinlandsproduktes, dessen zukünftige Entwicklung von manchen Fachleuten günstiger beurteilt wird. So nahm K. M. ORTNER (1982, S. 158-159) von der Bundesanstalt für Agrarwirtschaft an, daß sich der von 1970 bis 1980 beobachtete Rückgang des Anteils der Landwirtschaft am Bruttoinlandsprodukt nach 1990 erheblich abschwächen würde. Ob diese Einschätzung zutrifft, hängt stark von den Agrarpreisen ab, die sich wegen der politischen Einflüsse nur schwer vorhersagen lassen.

Die im Auftrag der Österreichischen Raumordnungskonferenz (= ÖROK) vom Österreichischen Institut für Raumplanung (= ÖIR) erarbeitete Bevölkerungsprognose bestätigt eine beachtliche weitere Abnahme der Agrarquote. Nach dieser Berechnung würde die Zahl der Berufstätigen in der Land- und Forstwirtschaft, falls die bisherige Tendenz anhält (= Status-quo-Berechnung), bis zum Jahr 2001 auf 36 v. H. des Bestandes von 1981 zurückgehen. (vgl. Tabelle 5.6). Der tatsächliche Bedeutungsverlust wird allerdings etwas geringer sein, als auf Grund der amtlichen Daten zu vermuten wäre. Dies hängt mit den statistischen Grundlagen zusammen. Die Agrarbevölkerung wird bei den Volkszählungen ermittelt, wobei die berufliche Zuordnung in erster Linie nach der persönlichen Einschätzung des Befragten vorgenommen wird. Dies erweist sich für die Landwirtschaft als nachteilig. „Doppelexistenzen" (Arbeiterbauern), die sich früher zum primären Sektor bekannt hatten, führten 1981 vielfach die außeragrarische Beschäftigung als Hauptberuf an, selbst wenn sich wirtschaftlich kaum etwas geändert hatte. Daher wird in der zweiten

Tabelle 5.6: **Prognose der Berufstätigen in der Land- und Forstwirtschaft für 2001 nach Bundesländern und Siedlungsräumen (1981 = 100)**

	Variante I (Status quo) Prognose 2001			Variante II (realistisch) Prognose 2001		
	männl.	weibl.	zusamm.	männl.	weibl.	zusamm.
Bundesländer:						
Vorarlberg	37	55	42	63	77	67
Tirol	36	47	39	62	72	65
Salzburg	37	47	42	63	72	67
Kärnten	36	41	37	61	66	63
Steiermark	32	38	35	57	66	62
Oberösterreich	32	35	34	57	62	60
Niederösterreich	33	36	35	58	63	60
Burgenland	27	26	26	50	50	50
Wien	74	73	74	93	90	92
Siedlungsräume:						
Periphere Bezirke	32	36	34	57	63	60
Zentrale Bezirke	34	38	36	59	64	62
Großstädte	69	90	77	89	90	89
Österreich	34	38	36	59	64	61

Quelle: ÖROK-Bevölkerungsprognose 1981–2011 (Arbeitsunterlagen beim ÖIR, die freundlicherweise von M. Sauberer zur Verfügung gestellt wurden)

Prognose des ÖIR, die als „realistische Variante" bezeichnet wurde, bis 2001 ein Rückgang der in der Land- und Forstwirtschaft Beschäftigten auf 61 v.H. des Bestandes von 1981 erwartet.

Der allgemein vermutete weitere Rückgang der Erwerbstätigen im primären Sektor wird in den einzelnen Regionen ein unterschiedliches Ausmaß erreichen. Allerdings sind in den Prognosewerten die Abweichungen zwischen den peripheren Bezirken und den „zentralen Bezirken" auffallend gering. Hier überlagern sich regionale Gegensätze, die in der Wirtschafts- und Sozialstruktur der einzelnen Bezirke begründet sind. In den Großstädten ist die agrarische Bevölkerung bereits früh auf den „harten Kern" geschrumpft. Daher werden die Abnahmen in bescheidenem Rahmen bleiben. Manche Teilbereiche, wie Baumschulen oder spezialisierte Gärtnereien, verzeichnen derzeit sogar Bedeutungsgewinne.

Innerhalb der österreichischen Alpen stimmen die zu erwartenden Abnahmen der Agrarbevölkerung auffallend mit den derzeitigen sozialgeographischen Raumstrukturen überein. (vgl. Karte 5.1 und 5.2). Im westösterreichischen Realteilungs-

Karte 5.2: PROGNOSE DER BERUFSTÄTIGEN IN LAND-U. FORSTWIRTSCHAFT 2001

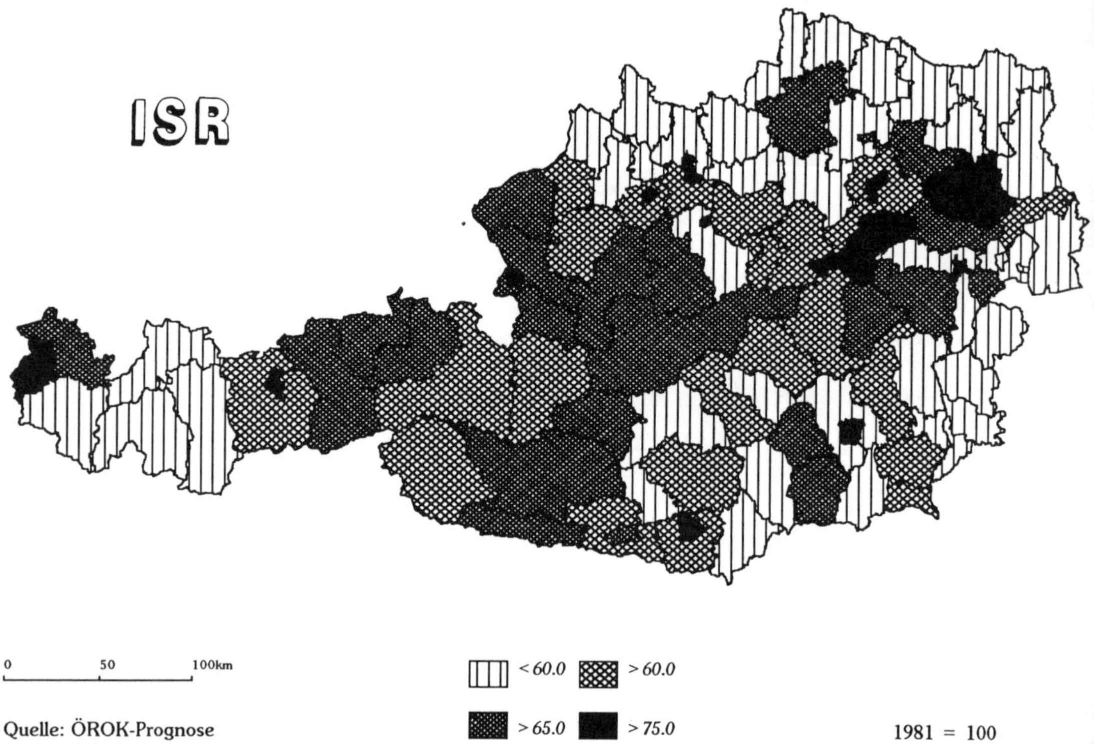

Quelle: ÖROK-Prognose 1981 = 100

EDV-GRAPHIK: B. STANGL THEMATIK: H. PEN

gebiet wird die Zahl der Erwerbstätigen in der Landwirtschaft, abgesehen vom Vorarlberger Rheintal, auch weiterhin überdurchschnittlich stark abnehmen. Als verhältnismäßig beständig wird sich das Bauerntum hingegen im Almbauerngebiet des östlichen Nordtirol und Salzburgs erweisen. Im Waldbauerngebiet Ost- und Südostösterreichs treten hingegen kleinräumigere Gegensätze hervor. Auch im außeralpinen Österreich entsprechen die Prognosewerte gut den gegenwärtigen Raumstrukturen. Hier fallen vor allem die Bezirke entlang der tschechoslowakischen und ungarischen Grenze, also die bereits heute benachteiligten Gebiete, durch überdurchschnittlich starke Abnahmen der Berufstätigen in der Land- und Forstwirtschaft auf.

Der Rückgang der Agrarbevölkerung wird der österreichischen Regionalpolitik erhebliche Schwierigkeiten bereiten, denn in jenen Problemregionen, die bereits jetzt über zuwenige Arbeitsplätze verfügen, werden besonders viele Bauern aus der Landwirtschaft ausscheiden.

5.3.2. Status-quo-Prognose der landwirtschaftlichen Betriebe

Alle maßgeblichen politischen Kräfte scheinen darin einig, die bisherige Politik zur Erhaltung der klein- und mittelbäuerlichen Betriebe fortzusetzen. Man will weiterhin auch die Nebenerwerbs- und Bergbauernhöfe unterstützen, spricht sich für eine „bäuerliche Landwirtschaft" aus und steht „Agrarfabriken" wegen der bei solchen Anlagen vielfach auftretenden Umweltprobleme zurückhaltend gegenüber. Auch die gegenwärtige wirtschaftliche und gesellschaftliche Entwicklung spricht für den Fortbestand der derzeitigen Strukturen. Keinerlei Indikatoren weisen auf einen radikalen Wandel der stark traditionell geprägten Wertvorstellungen im österreichischen Bauerntum hin. Wir können in einem Szenario daher davon ausgehen, daß diese zumindest noch für eine Generation von Betriebsleitern, d.h. bis zur Jahrtausendwende, bestimmend bleiben werden. Auch die wirtschaftlichen Rahmenbedingungen werden sich wohl gegenüber dem letzten Jahrzehnt nicht grundsätzlich ändern. Weder eine starke Aufschwungsphase wie vor dem Ölschock („Wirtschaftswunder") noch eine länger anhaltende Wirtschaftsdepression ähnlich jener in der Zwischenkriegszeit sind wahrscheinlich.

Geht man von den genannten Prämissen (gleichbleibende Agrarstrukturpolitik, vergleichbare ökonomische und soziale Rahmenbedingungen) aus, so würden sich die landwirtschaftlichen Betriebe bis zur Jahrtausendwende ähnlich entwickeln wie im Jahrzehnt 1970–1980. Es erscheint dementsprechend als zulässig, ausgehend von diesem Zeitabschnitt die Abnahme der Zahl der Betriebe bis zum Jahr 2001 zu extrapolieren. Jüngere Betriebserhebungen wurden nicht berücksichtigt, weil die Aufnahmen im Rahmen der Bodennutzungserhebungen 1983 und 1986 hinsichtlich der Erhebungsgenauigkeit nicht an die alle 10 Jahre stattfindenden landwirtschaftlichen Betriebszählungen heranreichen (vgl. Tabelle 5.7).

5.3.3. Die räumliche Differenzierung der Status-quo-Prognose

Falls sich die bisherigen Entwicklungstendenzen bis zur Jahrtausendwende fortsetzen, wird die Zahl der land- und forstwirtschaftlichen Betriebe in den einzelnen Lagetypen unterschiedlich stark abnehmen. Infolge der fortschreitenden Urbanisierung werden (Nebenerwerbs-) Bauern in Großstädten am ehesten bereit sein, die Landwirtschaft aufzugeben. In den peripheren Bezirken werden hingegen traditionelle Wertvorstellungen dazu beitragen, daß sich das Bauerntum eher zu halten vermag. Neben diesen Unterschieden zwischen den Stadtregionen und den peripheren Bezirken werden auch in den nächsten Jahrzehnten die Gegensätze zwischen den landwirtschaftlichen Vorranggebieten und den Berggebieten bestehen bleiben, in denen der gesamtgesellschaftliche Wandel mit erheblicher zeitlicher

Tabelle 5.7: **Status-quo-Prognose der land- und forstwirtschaftlichen Betriebe für 2001 nach Bundesländern und Siedlungsräumen**

	Betriebe 1980	Betriebe 2001	Meßzahl 1980 = 100
Bundesländer:			
Vorarlberg	7.355	4.678	64
Tirol	20.912	16.310	78
Salzburg	12.056	9.970	83
Kärnten	26.134	19.036	73
Steiermark	64.487	50.382	78
Oberösterreich	59.848	41.331	69
Niederösterreich	79.865	49.825	62
Burgenland	30.613	19.598	64
Wien	1.309	493	38
Siedlungsräume:			
Periphere Bezirke	189.804	140.734	74
Zentrale Bezirke (ohne Großstädte)	108.964	68.831	63
Großstädte	3.811	2.058	54
Bezirke ohne Bergbauern	65.100	40.404	62
Bezirke mit Bergbauern			
2,0 – 25,0 V. H.	48.703	31.533	65
25,1 – 50,0 V. H.	75.540	56.106	74
50,1 – 75,0 V. H.	67.919	50.072	74
über 75,1 V. H.	45.318	33.509	74
Österreich	302.579	211.623	70

Quellen: ÖStZ, Landw. Betriebszählung 1970 (Länderhefte) ÖStZ, Landw. Betriebszählung 1980 (Länderhefte)

Verzögerung einsetzte. Deshalb wird die Anzahl der landwirtschaftlichen Betriebe auch in den nächsten Jahrzehnten in typischen Bergbauernbezirken viel langsamer zurückgehen als im Flachland.

Die räumlichen Abweichungen entsprechen den regionalen Strukturzonen der österreichischen Landwirtschaft, die sich in den vergangenen Jahrzehnten nur wenig verändert haben (vgl. Karte 5.3). West-Ost-Differenzierungen werden weiterhin vorherrschen. Nur vereinzelt werden sich diese auf vorindustrielle Raummuster zurückgehenden Strukturen auflösen. Dies gilt u. a. für das früher einheitliche westösterreichische Realteilungsgebiet, in welchem im altindustrialisierten Vorarlberg und im tirolischen Außerfern wesentlich mehr Höfe aufgelassen werden als in

Karte 5.3: STATUS QUO PROGNOSE DER LANDWIRTSCHAFTLICHEN BETRIEBE 2001

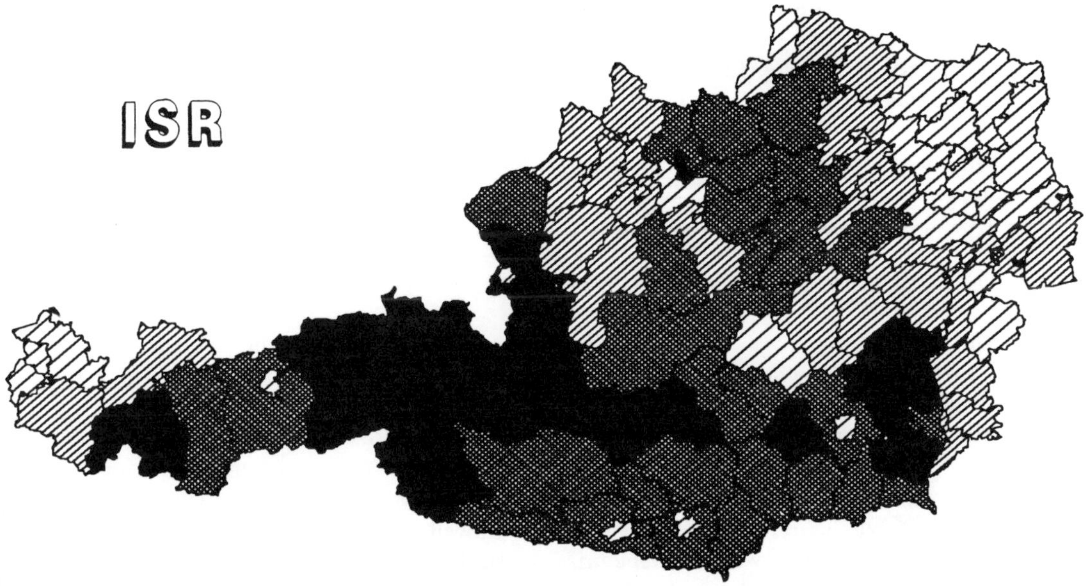

0 50 100km

< 65.0 > 65.0 > 70.0 > 80.0

Extrapolation der Entwicklung 1970-80

1980 = 100

Quelle: L-u.Fw. Betriebszählung 1970,1980

EDV-GRAPHIK: B. STANGL THEMATIK: H. PENZ

den Peripheriebezirken des Oberinntales. Die mittelbäuerlichen Betriebe des Almbauerngebietes im östlichen Nordtirol und in Salzburg werden sich weiterhin auffallend gut halten können. Die geringen Abnahmen in Osttirol werden neben den hohen Kinderzahlen durch die periphere Lage bedingt, dank der sich traditionelle Wertvorstellungen halten können. In den östlich angrenzenden Waldbauerngebieten werden deutlich mehr Höfe aufgelassen als in den Salzburger Gebirgsgauen. Besonders das obersteirische Industriegebiet zwischen Leoben und Mürzzuschlag fällt durch Abnahmen auf, die über dem österreichischen Mittelwert liegen. Die geringe wirtschaftliche Dynamik des Klagenfurter Beckens sowie der West-, Mittel- und vor allem der Oststeiermark begünstigt den Fortbestand der dortigen Klein- und Mittelbetriebe.

In den außeralpinen Landschaften Ostösterreichs wird die Anzahl der landwirtschaftlichen Betriebe stärker zurückgehen. Dieser Prozeß wird durch mehrere Faktoren begünstigt. Die Lage an der toten Grenze gegen die Tschechoslowakei und Ungarn fördert offenbar die Bereitschaft, Betriebe aufzulassen und abzuwandern.

Innerhalb der Stadtregion von Wien fördert die Sogwirkung der Großstadt die Entagrarisierung. Ähnliches gilt für den Oberösterreichischen Zentralraum. In der wirtschaftlich weniger dynamischen Stadtregion von Graz spielt dieses Phänomen eine weit geringere Rolle. Im Flach- und Hügelland fördert der Maschineneinsatz im Ackerbau (Mähdrescher) einseitig die größeren Betriebe und bedingt die Auflassung von kleineren Höfen. Die überdurchschnittlich starken Abnahmen im Weinviertel sowie im ober- und niederösterreichischen Alpenvorland hängen zumindest teilweise damit zusammen.

5.3.4. Die räumlichen Effekte von Nebenerwerbsmöglichkeiten und Zuschüssen

Der aus der Status-quo-Entwicklung errechnete Trend setzt die hohe Bereitschaft der bäuerlichen Bevölkerung voraus, ihre Höfe weiterhin zu bewirtschaften. Diese Tendenz wird wahrscheinlich anhalten. Da auch die nachrückende Generation in den meisten Regionen Österreichs die Landwirtschaft positiv einschätzt, werden auch die zukünftigen Bauern, um ihr Auskommen zu sichern, lieber auf einen Zu- oder Nebenerwerb umsteigen als den landwirtschaftlichen Betrieb stillzulegen. Bis zur Jahrtausendwende kann man mit weiteren Umschichtungen rechnen. Die Zahl der Vollerwerbsbetriebe wird so stark abnehmen, daß 2001 nur noch knapp ein Viertel der Betriebe auf diese Erwerbsart entfallen wird, die Zahl der Zu- und Nebenerwerbsbetriebe dürfte sich hingegen gegenüber heute nur wenig verringern.

Je stärker sich immer mehr Bauern auf einen Nebenerwerb umstellen, umso mehr wird die Entwicklung der österreichischen Landwirtschaft von außeragrarischen Faktoren abhängen. Dabei kann man davon ausgehen, daß die derzeitigen Formen des Nebenerwerbs auch in der Zukunft im Vordergrund stehen werden. Allerdings können von ihnen keine stärkeren Wachstumsimpulse mehr ausgehen.

In den westlichen österreichischen Alpen, im Gebiet der Fremdenverkehrsbauern, wird der *Tourismus* weiterhin das Schlüsselgewerbe bleiben. Er bietet nicht nur selbst zahlreiche Arbeitsplätze an, sondern erweitert auch die Existenzgrundlage vieler kleiner (Reparatur-) Handwerks- und Dienstleistungsbetriebe. Allerdings erwarten die zuständigen Fachwissenschaftler kein stärkeres Wachstum des alpinen Fremdenverkehrs. Sie befürchten z.T. sogar einen Rückbau. Am ehesten dürften sich die hochentwickelten Wintersportzentren Westösterreichs halten. Durch Qualitätssteigerung könnte, auch wenn die Übernachtungsziffern stagnieren sollten, die Schaffung zusätzlicher Arbeitsplätze möglich sein. Vor allem im Almbauerngebiet werden weiterhin kleinere Vollerwerbsbetriebe auf einen Nebenerwerb im Tourismus umgestellt werden können. In den vom Fremdenverkehr noch nicht erfaßten ländlichen Gebieten Ostösterreichs wird sich dieser auch in den nächsten Jahrzehnten nicht durchsetzen können. Eher können die Bauern auf Einnahmen aus der Vermietung von Freizeitwohnungen hoffen. Noch ungünstiger sind die Aussichten in den von der Industrie und dem Gewerbe geprägten ländlichen Regionen. Soweit es sich um periphere Bezirke handelt, gerät der sekundäre Sektor zunehmend in eine Krise, die häufig mit dem Schlagwort „Entindustrialisierung“

charakterisiert wird. Auch in den altindustrialisierten Industrierevieren der Obersteiermark wird es kaum möglich sein, die Zahl der Arbeitsplätze auf dem heutigen Niveau zu halten.

Über den Nebenerwerb wird der regionale Arbeitsmarkt die weitere Entwicklung der landwirtschaftlichen Betriebe nachhaltig beeinflussen. Er wird die gegenwärtigen Entwicklungstendenzen, die die Grundlage unserer Extrapolation bildeten, in den einzelnen Raumtypen modifizieren. In den Großstädten und in den „zentralen Bezirken" können die Landwirte am ehesten mit einem Arbeitsplatz rechnen. Allerdings sollte man sich auch hier nicht zuviel erhoffen. Wenig qualifizierte Arbeitskräfte werden in den nächsten Jahren auch in den Zentralräumen nur schwer eine Beschäftigung finden. Dies gilt auch für *Dienststellen des „geschützten Sektors"* (Öffentlicher Dienst, Post, Bahn), die wegen des in der (klein-) bäuerlichen Bevölkerung weit verbreiteten Sicherheitsdenkens besonders begehrt sind. Diese Berufsgruppen, die in den Zentralräumen eine beachtliche Rolle spielen, werden in den nächsten 15 Jahren einen geringen Wechsel aufweisen. Neben Einsparungen durch Rationalisierung spielt auch die Altersstruktur der Angestellten eine Rolle. Da zahlreiche Behörden erst in den siebziger Jahren ausgebaut wurden, sind die meisten Beschäftigten noch relativ jung.

In den meisten peripheren Bezirken wird die Zahl der bäuerlichen Betriebe bedingt durch die Defizite auf dem Arbeitsmarkt stärker zurückgehen, als der derzeitige Trend vermuten läßt. Dies gilt vor allem für solche Bezirke in Innerösterreich, im Burgenland und im Waldviertel, die bereits heute hohe Arbeitslosenraten aufweisen. Sie decken sich in der Regel mit jenen Bezirken, in denen besonders viele *Fernpendler* („Problempendler") wohnen. Es ist fraglich, wie lange sich die Familien dieser Arbeiter noch bereit finden, den Hof zu bewirtschaften.

In den bergbäuerlichen Gemeinden könnte die Landflucht durch eine Umstellung der Direktzahlungen gebremst werden. Die bisherigen „Bergbauernzuschüsse" sind eher „Verharrungsrenten", die den Landwirt gerade noch auf dem Hof halten. Sie sind niedrig und vor allem nicht leistungsorientiert. Sie sollten durch „Umweltpflege-Einkommen" (LUKESCH 1987) ersetzt werden, deren Höhe von der Größe der genutzten Flächen, von der Schwierigkeit der Bewirtschaftung und vor allem vom landeskulturellen Nutzen (Umwelterhaltung, Schutz des Siedlungsraumes, Pflege der Landschaft im Dienste des Tourismus usw.) abhängen sollte. Diese *„Umwelt-Einkommen"* kämen somit in erster Linie den extremen Bergbauernbetrieben zugute, die den Naturkatastrophen besonders stark ausgesetzt sind. Sie könnten wesentlich zur Stabilisierung der Höfe am Grenzsaum des besiedelten Gebietes beitragen.

5.4. Auswirkungen einer Umstellung der Landwirtschaft auf hochtechnisierte Vollerwerbsbetriebe

5.4.1. Der Mansholt-Plan

Die kapitalschwachen kleinbäuerlichen Betriebe erschwerten bereits in der Vergangenheit eine rasche Modernisierung der österreichischen Landwirtschaft. Da die Produktionskosten sowohl im Pflanzenbau als auch in der Tierhaltung bei größeren Produktionseinheiten sinken, befürworteten die Agrartechnokraten seit langem eine Anpassung der Betriebsgrößen an die Erfordernisse der sich ständig weiterentwickelnden Landtechnik. Vor allem der niederländische EG-Agrarpolitiker S. Mansholt sprach sich dafür aus, eine große Anzahl unrentabler Bauernstellen aufzugeben und sie durch große, leistungsfähige Betriebe zu ersetzen (PRIEBE 1985, S. 74–76). In agrarwissenschaftlichen Studien versuchte man die Betriebsgrößen zu ermitteln, die für eine kostengünstige Produktion erforderlich sind, und kam zu Beginn der siebziger Jahre zum Ergebnis, daß bei folgenden Betriebsgrößen das beste Einkommen zu erreichen sei (nach THIEDE 1972, S. 5):

Getreide und Hackfrüchte	ca. 100 ha Ackerfläche
Milcherzeugung	50 bis 80 Stallplätze
Mastrinder	bis 200 Stallplätze
Schlachtschweine	bis 1.500 Stallplätze
Mastgeflügel	bis 30.000 Hühner usw.

Obwohl viele EG-Agrartechnokraten in der Brüsseler Zentrale von der Notwendigkeit solcher rationalisierter Großbetriebe überzeugt waren, gelang es ihnen nicht, sich gegen die bäuerlichen Interessenvertretungen in den einzelnen Mitgliedsländern durchzusetzen. Dadurch scheiterte der Mansholt-Plan in seiner rigorosen Form. Die strukturpolitischen Fördermaßnahmen des Jahres 1972 bevorzugten jedoch eindeutig die größeren, intensiveren Betriebe („Mini-Mansholt-Plan", „Ertl-Programm"). In Deutschland kamen die Zuschüsse dementsprechend in erster Linie den norddeutschen Großbauerngebieten zugute (PRIEBE 1985, S. 85). Auch in Österreich wurde der „Mansholt-Plan" um 1970 leidenschaftlich diskutiert und mit vor allem emotionalen Argumenten abgelehnt. Die Klein- und Bergbauern setzten (fälschlich) die EG-Agrarpolitik mit dem verhaßten „Mansholt-Plan" gleich und glaubten, ein Beitritt zur Europäischen Gemeinschaft, der damals wegen der Einwände der UdSSR nicht weiter verfolgt wurde, bedrohe ihre Existenz. Die österreichische Agrarpolitik distanzierte sich von der gezielten Förderung von Großbetrieben und unterstützte bewußt die Klein- und Bergbauernhöfe.

Für die Zukunft kann man jedoch nicht ausschließen, daß die Agrarpolitiker wieder auf dieses überholt geglaubte Konzept zurückgreifen und große, kostengünstig zu bewirtschaftende Vollerwerbsbetriebe zum Leitbild erheben. Daher soll in einem Szenario untersucht werden, wie sich die Umstellung der österreichischen Landwirtschaft von bäuerlichen Höfen auf solche hochtechnisierte, kapitalintensive Großbetriebe räumlich auswirken würde.

5.4.2. Status-quo-Prognose zu den Folgen der Umstellung auf hochtechnisierte Vollerwerbsbetriebe

Die *Umstellung der Landwirtschaft auf hochtechnisierte Vollerwerbsbetriebe hätte*, bedingt durch den verstärkten Kapitaleinsatz, *beachtliche Ertragssteigerungen zur Folge*. Es ist fraglich, ob es sinnvoll ist und ob der Staat weiterhin bereit ist, den Agrarexport laufend stärker zu subventionieren. Man wird vielmehr nach Instrumenten suchen müssen, die Agrarproduktion ungefähr auf dem heutigen Stand zu stabilisieren. Damit würden noch weniger landwirtschaftliche Betriebe über eine ausreichende Existenzbasis verfügen, als wir in der folgenden Zusammenstellung ermittelt haben.

Getreide und Hackfrüchte	100 Hektar Ackerfläche
Sonderkulturen (Wein, Obst, Feldgemüse)	10 Hektar Anbaufläche
Milcherzeugung	50 Stück Kühe
Rindermast	150 Stück sonstige Rinder
Schafhaltung	750 Stück Schafe
Schweinemast	1000 Stück Schweine

In unserer Zusammenstellung wurde von den heutigen Grundlagen des Pflanzenbaues (Stand 1986) und der Tierhaltung (Stand 1983) ausgegangen und die Zahlen der jeweils in den einzelnen Bundesländern (vgl. Tabelle 5.8) bzw. den Politischen Bezirken möglichen „hochtechnisierten Vollerwerbsbetriebe“ ermittelt. Folgende Betriebsgrößen liegen der Berechnung zugrunde:

Die so errechnete Anzahl möglicher hochtechnisierter Vollerwerbsbetriebe wurde anschließend mit dem Bestand der land- und forstwirtschaftlichen Betriebe im Jahre 1980 verglichen. Die Betriebe juristischer Personen wurden nicht berücksichtigt, weil es sich dabei vorwiegend um Weidegemeinschaften und Forstwirtschaften (z. B. Bundesforste) handelt.

Die Umstellung der Landwirtschaft auf hochtechnisierte Vollerwerbsbetriebe brächte tiefgreifende Veränderungen. Nur noch jeder fünfte Betrieb bliebe übrig. Die Wirtschaftsgebäude der rund 250.000 stillgelegten Höfe würden funktionslos werden. Dafür müßten für die allermeisten der 56.500 verbleibenden Großbetriebe völlig neue, den Anforderungen der neuzeitlichen Technik angepaßte Ställe und Scheunen geschaffen werden, wofür rund 20 Milliarden Schilling (ca. 4 Millionen je Betrieb) notwendig wären. Mit einem Teil dieser gewaltigen Kosten würde im Rahmen von Subventionen sicherlich die Allgemeinheit belastet werden.

Tabelle 5.8: **Prognose der land- und forstwirtschaftlichen Betriebe nach der Umstellung auf hochtechnisierte Vollerwerbsbetriebe im Jahre 2001**

	Land- und forstwirt. Betriebe 1980 Zahl	Hochtechnisierte. Vollerwerbsbetriebe 2001 Zahl	Meßzahl 1980 = 100
Bundesländer:			
Vorarlberg	7.122	909	13
Tirol	20.405	2.938	14
Salzburg	11.875	2.570	22
Kärnten	25.520	3.721	15
Steiermark	63.605	9.310	15
Oberösterreich	59.250	13.846	23
Niederösterreich	78.696	19.454	25
Burgenland	30.240	3.673	12
Wien	1.253	191	15
Siedlungsräume:			
Periphere Bezirke	187.960	34.977	19
Zentrale Bezirke (ohne Großstädte)	106.423	21.089	20
Großstädte	3.583	446	12
Bezirke ohne Bergbauern	64.460	12.510	19
mit Bergbauern:			
2,5 – 25,0 v. H.	47.904	9.328	19
25,1 – 50,0 v. H.	73.940	14.567	20
50,1 – 75,0 v. H.	66.389	12.356	19
über 75 v. H.	44.628	7.850	18
Österreich	297.966	56.512	19

Quellen: ÖStZ, Landwirtschaftliche Betriebszählung 1980 ÖStZ, Landwirtschaftliche Statistik 1986 ÖStZ, Nutztierhaltung 1983

5.4.3. Die räumlichen Auswirkungen

Die Abnahme der Zahl der Betriebe entspricht in den meisten Strukturtypen ungefähr dem österreichischen Mittelwert. So weichen weder die Flachland- von den Bergbauernregionen noch die Bezirke in zentraler Lage von jenen in peripherer Lage (im Sinne der Einteilung des ÖIR nach SAUBERER/SPITALSKY 1987, S. 16) nennenswert ab. Lediglich die (sechs) Großstädte fallen durch deutlich stär-

Karte 5.4: PROGNOSE BEI UMSTELLUNG AUF HOCHTECHNISIERTE BETRIEBE 2001

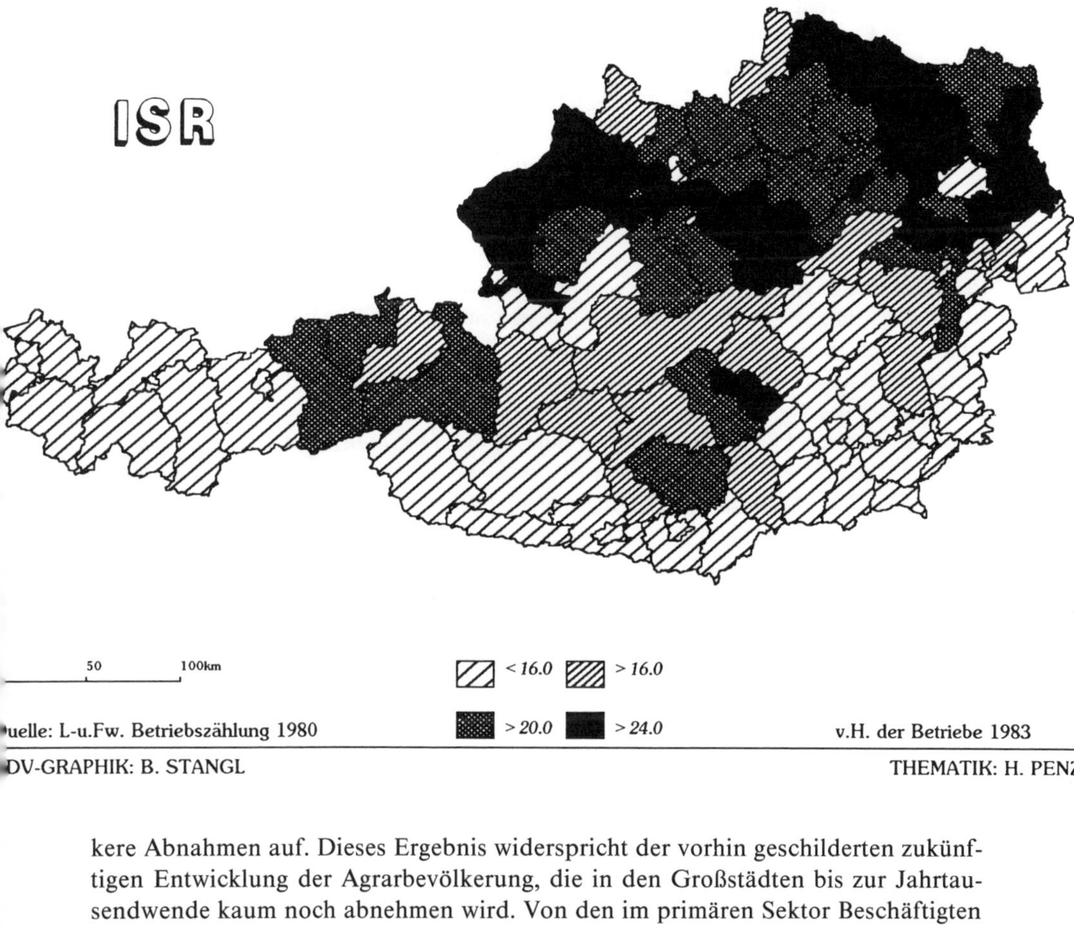

Quelle: L-u.Fw. Betriebszählung 1980 v.H. der Betriebe 1983

EDV-GRAPHIK: B. STANGL THEMATIK: H. PENZ

kere Abnahmen auf. Dieses Ergebnis widerspricht der vorhin geschilderten zukünftigen Entwicklung der Agrarbevölkerung, die in den Großstädten bis zur Jahrtausendwende kaum noch abnehmen wird. Von den im primären Sektor Beschäftigten entfallen viele auf freizeitorientierte Betriebszweige, wie Baumschulen und Gärtnereien, die sich halten werden. Von den in den Betriebszählungen erfaßten Höfen würden neben „Hobbylandwirten" vor allem jene Vollbauern, die ihren Grund wegen der hohen Bodenrente sehr flächenintensiv bearbeiten, zumindest nach unserer Berechnung solchen hochtechnisierten Großbetrieben zum Opfer fallen.

Wesentlich klarer als diese mit der Lage und der naturräumlichen Ausstattung zusammenhängenden Abweichungen treten die in persistenten sozialgeographischen Raumstrukturen begründeten West-Ost- und Nord-Süd-Gegensätze hervor. In Ober- und Niederösterreich sowie in Salzburg waren die Höfe bereits früher überdurchschnittlich groß. Sie wurden in den letzten Jahrzehnten auch noch weiter aufgestockt. Daher würde sich die Anzahl der Höfe bei einer Umstellung auf hochtechnisierte Vollerwerbsbetriebe in diesen drei Bundesländern nur auf ein Viertel des Bestandes von 1981 verringern. Im Burgenland, in Tirol, Vorarlberg, Kärnten und der Steiermark würde er hingegen auf weniger als ein Sechstel zurückgehen.

Die Werte der einzelnen politischen Bezirke zeigen die räumlichen Differenzierungen noch deutlicher (vgl. Karte 5.4). Im Salzburger Flachgau, im oberösterreichischen Alpenvorland, im niederösterreichischen Viertel über dem Wienerwald sowie im Weinviertel und in den übrigen Bezirken rund um Wien wurde die Landwirtschaft schon bisher teils intensiviert und teils als Folge von Betriebsauflassungen auf größere Einheiten umgestellt. Auch im Wald- und Mühlviertel sowie in den oberösterreichischen Alpenbezirken mit Ausnahme des seit jeher durch Nebenerwerbsstrukturen bekannten Salzkammergutes würde die Zahl der Betriebe weniger stark als im österreichischen Durchschnitt abnehmen. Das gleiche gilt für das von bäuerlichen Familienbetrieben geprägte Almbauerngebiet im östlichen Nordtirol und in den Salzburger Gebirgsgauen. Im westösterreichischen Realteilungsgebiet (Oberinntal, Vorarlberg) würde hingegen nur jeder achte bis zehnte Hof überleben. Auch in den Randregionen Osttirols und Oberkärntens sowie im Klagenfurter Becken ist mit überdurchschnittlich starken Abnahmen zu rechnen. Das innerösterreichische Waldbauerngebiet zeigt deutliche West-Ost-Unterschiede. Während die Rückgänge in den Gurktaler Alpen (Kärnten) und in den Niederen Tauern (Steiermark) ungefähr dem österreichischen Durchschnitt entsprechen werden, sind im Mürztal und im steirischen Randgebirge Stillegungen von Höfen häufiger zu erwarten. Sie werden den Rückgängen in den von kleinbäuerlichen Betrieben bestimmten Bezirken der Mittel- und Oststeiermark entsprechen. Noch stärker würde die Zahl der Bauernstellen bei einer Umstellung auf hochtechnisierte Vollerwerbsbetriebe im Mittel- und Südburgenland sinken.

Die Konzentration auf hochtechnisierte Großbetriebe würde sich nachhaltig auf die Produktionsstruktur der Landwirtschaft auswirken. Derartige Betriebe würden sich rasch an die jeweilige Marktlage und gut an die naturräumlichen Voraussetzungen anpassen, um einen möglichst hohen Ertrag erzielen zu können. Die Agrarproduktion würde dementsprechend stark mechanisiert und spezialisiert werden, wobei der Anbau in den einzelnen Eignungsgebieten aus arbeitstechnischen Gründen in Form umweltbelastender Monokulturen betrieben werden würde.

Die Umstellung auf solche hochtechnisierte Vollerwerbsbetriebe würde sich nicht nur auf die Landwirtschaft auswirken, sondern auch die Raumplanung vor neue Probleme stellen. Dies gilt sowohl für den Naturhaushalt, der durch die konzentrierte Agrarproduktion stärker belastet würde, als auch für das Siedlungssystem, das gegen die Peripherie zu immer mehr ausgedünnt werden würde.

5.5. Künftige Leitbilder der Landwirtschaft

5.5.1. Das Problem der Überschußproduktion

Die Frage der Agrarüberschüsse wird in absehbarer Zukunft ein Kernproblem der Agrarpolitik in den Industriestaaten bilden. Dementsprechend gehen Szenarien über die zukünftige Entwicklung der Agrarproduktion zu Recht von marktwirtschaftlichen Überlegungen aus. Ein gutes Beispiel für diesen Ansatz bilden die Prognosen über die Entwicklung der österreichischen Landwirtschaft bis zum Jahre 2000 von K. M. ORTNER (1982). Von den von ihm gerechneten Varianten erscheint die dritte, die von einer „inlandsorientierten Agrarpolitik" ausgeht, am ehesten als realistisch, seine „Standardvariante" als optimistisch und die dritte Variante, die einer „exportorientierten Agrarpolitik", als wenig zweckmäßig (ORTNER 1982, S. 156). Um zusätzliche Waren auf dem Weltmarkt absetzen zu können, werden laufend größere Summen für Exportstützungen erforderlich sein. Das Umsteigen auf „Alternativprodukte" ist in der Regel sinnvoll. Allerdings kann man durch das Ausnützen solcher „Marktnischen" das Überschußproblem nicht lösen. Viel eher sollte sich die Agrarpolitik bemühen, die Produktion auf ein vernünftiges Maß zu drosseln, um mit den Geldern, die derzeit für Exportstützungen ausgegeben werden, andere vordringliche Maßnahmen finanzieren zu können. Auch in anderen Industriestaaten ist die wachstumsorientierte Agrarpolitik gescheitert. Daher wird man in den nächsten Jahrzehnten, neben anderen Maßnahmen, um Produktionseinschränkungen, wie man sie in der Milchwirtschaft („Kontingentierung") bereits praktiziert, nicht herumkommen. Wir können daher davon ausgehen, daß die Agrarproduktion bis zur Jahrtausendwende nur noch geringfügig ansteigen wird.

Die zukünftige regionale Verteilung der landwirtschaftlichen Produktion wird zu einem wesentlichen Teil von der Agrarstruktur der kommenden Jahrzehnte abhängen. Es wird entscheidend sein, welches agrarpolitische Konzept sich durchsetzen kann. Dabei stehen sich folgende zwei konträre Leitbilder gegenüber, die gegensätzliche räumliche Prozesse auslösen werden:

- die technisierte, betriebswirtschaftlich orientierte Landwirtschaft und
- die ökologisch ausgerichtete bäuerliche Landwirtschaft.

5.5.2. Die technisierte, betriebswirtschaftlich orientierte Landwirtschaft

Mit dem Konzept der technisierten, betriebswirtschaftlich orientierten Landwirtschaft haben wir uns vorhin beschäftigt. Die Produktionsfunktion steht dabei einseitig im Vordergrund. Der Boden ist ein Produktionsfaktor wie jeder andere. Da man dadurch die Gewinne erhöhen kann, werden Maschinen und ertragssteigernde Betriebsmittel weithin eingesetzt. Die immer weiter vorangetriebene Mechanisierung führt schließlich zu „Agrarfabriken", die industrieähnlich geführt werden.

Falls man diesem Konzept folgt, ist mit weitergehenden Konzentrationstendenzen zu rechnen. Da bei der derzeitigen Kostenstruktur hohe Flächenerträge am rentabelsten sind, würden sich die Inhaber solcher hochtechnisierter Betriebe bemühen, diese möglichst flächen- und kapitalintensiv zu bewirtschaften. Dazu müßten sie im Pflanzenbau reichlich Handelsdünger und Pflanzenschutzmittel sowie in der Tierhaltung eiweißreiches Kraftfutter (z. B. Sojaschrot) einsetzen. Als Folge davon würden die Erträge sprunghaft ansteigen. Bereits mit der heutigen Agrartechnik sind im Getreidebau, in welchem die österreichischen Durchschnittswerte derzeit bei 45 – 50 dz (= Doppelzentner = 100 kg) je Hektar liegen, Erträge von 70 – 80 dz je Hektar ohne weiteres möglich. In der tierischen Produktion liegen die Dinge ähnlich. Während die durchschnittliche Milchleistung pro Kuh und Jahr in Österreich rund 4.000 Kilogramm beträgt, erreichen Betriebe, die verstärkt Kraftfutter einsetzen, im Stallmittel über 7.000 Kilogramm. Würden alle Landwirte die heutigen Möglichkeiten ausnützen, so stiegen die Erträge allgemein um 50 bis 75 v. H. an. Durch den vielfach diskutierten Einsatz neuer Technologien bei der Herstellung von Nahrungsmitteln (Gentechnik, Einsatz von Hormonen, die das Wachstum oder die Milchleistung fördern, usw.) könnte die Agrarproduktion noch weiter sprunghaft angehoben werden. Als Folge davon würde *weniger als die Hälfte der heutigen Produktionsgrundlagen* (Nutzfläche, Viehbestand usw.) *ausreichen, um die gleiche Lebensmittelmenge erzeugen zu können.*

Da jene Agrarpolitiker, die auf hochtechnisierte Betriebsformen setzen, keine Möglichkeit sehen, die weiterhin steigenden Überschüsse zu vermarkten, schlagen sie vor, die Produktion nur in den von der Natur und hinsichtlich der Lage begünstigten agrarischen Vorranggebieten zu intensivieren und die Landwirtschaft in Regionen mit ungünstigen Voraussetzungen einzustellen (THIEDE 1972, S. 16). Eine solche Agrarpolitik, die dem Laissez-faire-Prinzip verpflichtet und ausschließlich betriebswirtschaftlich ausgerichtet wäre, hätte in Österreich *riesige Flächenstillegungen* zur Folge. Bereits bei einer Produktionssteigerung von 50 – 75 v. H. müßten 30 – 40 v. H. der reduzierten landwirtschaftlichen Nutzfläche aufgelassen werden. *In diesem Falle könnte man auf nahezu alle Bergbauernbetriebe verzichten,* die nach den Ergebnissen der letzten landwirtschaftlichen Betriebszählung 1980 rund 40 v. H. der reduzierten agrarischen Nutzfläche Österreichs bewirtschaften. Lediglich überaus verkehrsgünstig gelegene Höfe der Erschwernisstufe 1 hätten eine Überlebenschance. Die regionale Verteilung dieser Flächenstillegungen würde grob dem Anteil der Bergbauernbetriebe (vgl. Karte 1) entsprechen. Sollten sich ertragssteigernde Agrartechnologien durchsetzen, so würde die landwirtschaftliche Bodennutzung nicht nur im gesamten Berggebiet, sondern auch in den hinsichtlich der Lage zu den Märkten benachteiligten peripheren Bezirken verschwinden.

Die Umstellung auf hochtechnisierte Vollerwerbsbetriebe hätte *gewaltige Verschiebungen in der regionalen Verteilung der österreichischen Agrarproduktion zur Folge.* Die drei westlichen Bundesländer, deren Anteil an der pflanzlichen und tierischen Produktion bereits heute deutlich unter jenem an der Bevölkerung liegt,

Tabelle 5.9: **Verteilung der Agrarproduktion auf die Österreichischen Großregionen im Jahre 2001**

	West- region v. H.	Süd- region v. H.	Ober- österr. v. H.	Ost- region v. H.	Österreich (Absolut- werte)
Ackerland	*2*	*16*	*22*	*61*	1,000.000 ha
Brotgetreide	*0*	*3*	*17*	*80*	310.000 ha
Körnermais	*0*	*29*	*15*	*56*	200.000 ha
Viehbestand					
Rinder	*11*	*22*	*34*	*33*	2,000.000
Milch	*13*	*22*	*36*	*29*	4,000.000 t
Schafe*)	*31*	*29*	*12*	*28*	500.000
Schweine*)	*2*	*36*	*33*	*29*	4,000.000
Bevölkerung	*20*	*22*	*18*	*40*	7,642.000
Flächenstillegungen	*60*	*40*	*15*	*10*	

*) Bei Schafen und Schweinen Fortschreibung der Entwicklung 1976 – 1986 auf 2001.
Bei den übrigen Produkten Annahme einer Steigerung der Erträge um 50 v. H. gegenüber 1986.
Beschränkung der Produktion auf das derzeitige Volumen; Auflassung der schwierig zu bearbeitenden Flächen (Neigungen über 20 v. H.) und der wenig ertragreichen Flächen (alpines Grünland, Hutweiden).
Quelle: eigene Berechnungen.

würden stark verlieren. Oberösterreich und die Ostregion könnten ihre Anteile hingegen erheblich steigern. Während in diesen beiden Regionen nur geringe Flächenstillegungen zu erwarten wären, würden im Westen und Süden Österreichs große Teile der reduzierten landwirtschaftlichen Nutzfläche aufgelassen werden (vgl. Tabelle 5.9).

Die durch die Forcierung der „Intensivlandwirtschaft" erforderliche Auflassung eines Drittels bis der Hälfte der derzeitigen landwirtschaftlichen Nutzfläche hätte *Raumplanungsprobleme bisher unbekannten Ausmaßes* zur Folge, auf die hier nur kurz verwiesen werden kann:

1. Durch die Auflassung riesiger Flächen geriete das bisher durch die landwirtschaftliche Nutzung bestimmte Ökosystem vor allem in den extremen Berggebieten aus dem Gleichgewicht. Um kaum noch rückgängig zu machende Schäden zu vermeiden, müßte die Öffentlichkeit verstärkt für eine geordnete Umweltentwicklung vorsorgen. Dafür wären wesentlich größere Mittel erforderlich, als für die Erhaltung des Bergbauerntums aufgebracht werden müßten.

2. Da der Wald vielfach den besten Schutz vor Naturkatastrophen bildet, müßten die gefährdeten Flächen weithin aufgeforstet werden. Die geschlossenen Wälder und die großen verwilderten Brachflächen würden das Erholungspotential der alpinen Landschaft erheblich beeinträchtigen. Dadurch würde Österreich vor allem in der Sommersaison an Attraktivität verlieren.

3. Die meisten der in einem kurzen Zeitraum aus der Landwirtschaft ausscheidenden Bauern fänden in der Nähe der Wohnorte keinen geeigneten Arbeitsplatz. Die verstärkte Abwanderung würde in den betroffenen ländlichen Räumen zu einem *Ausdünnen der Dauersiedlung und zu einem „kumulativen Schrumpfen" der Wirtschaft und Gesellschaft* führen. Dadurch käme es dort auch zu einer verstärkten Peripherisierung.

5.5.3. Die ökologisch ausgerichtete Landwirtschaft

Die ökologisch ausgerichtete bäuerliche Landwirtschaft dient nicht nur der Nahrungsmittelproduktion. Sie sichert durch ihre „sanften" Bearbeitungsmethoden auch einen funktionierenden Naturhaushalt (ökologische Funktion) und trägt u. a. auch zur Erhaltung eines lebenswerten Wirtschafts- und Erholungsraumes bei (VAN STAA/WILLI 1988, S. 511). Diese Aufgaben können am ehesten von bäuerlichen Klein- und Mittelbetrieben wahrgenommen werden. Industrieähnliche Formen der Landwirtschaft kommen dafür nicht in Frage, weil sie die Umwelt zu sehr belasten.

Die bäuerlich strukturierte und ökologisch orientierte Landwirtschaft bildet das Gegenstück zur hochtechnisierten Agrarwirtschaft. Sie setzt auf die *konsequente Fortführung des bisherigen „österreichischen Weges".* Dabei soll das die Großbetriebe einseitig begünstigende quantitative Wachstum, das zu immer größeren Überschüssen geführt und sich als Sackgasse erwiesen hat (vgl. PRIEBE 1985), durch eine qualitative Verbesserung der Agrarproduktion ersetzt werden. Will man dieses Ziel erreichen, so muß der Einsatz der bisher in den agrarischen Vorranggebieten verwendeten ertragssteigernden Betriebsmittel (Düngung, Schädlingsbekämpfung usw.) verringert werden. Man sollte statt dessen vorrangig trachten, gesündere und geschmacklich bessere Lebensmittel zu erzeugen, für die höhere Preise verlangt werden können. Solche Produkte könnten u. a. in den bisherigen agrarischen Problemgebieten angebaut werden, in welchen die Böden durch die Intensivlandwirtschaft noch nicht belastet sind.

Da die Umweltpflege in einer ökologisch ausgerichteten bäuerlichen Landwirtschaft kaum weniger wichtig ist als die Produktionsfunktion, müßte die öffentliche Hand trachten, die Bewirtschaftung jener Flächen sicherzustellen, die von kapitalintensiv geführten Großbetrieben aufgelassen werden. Dazu sollten jene Innovationen gefördert werden, die einen vielfältigen, an die Natur angepaßten Anbau ermöglichen. Dies gilt für neue Kulturpflanzen (z. B. Heil- und Gewürzpflanzen) ebenso wie für Öl- und Faserpflanzen, durch welche die bestehenden Fruchtfolgen erweitert werden könnten. Eine solche „sanfte Landwirtschaft" könnte zahlreiche

Marktnischen ausnützen, die von den kapitalintensiven Großbetrieben nicht wahrgenommen werden können.

Allerdings werden auch manche dirigistische Maßnahmen für eine volkswirtschaftlich sinnvolle Weiterentwicklung der österreichischen Landwirtschaft notwendig sein. Um Überschüsse und stärkere Umweltbelastungen zu vermeiden, wird man die Produktion an die natürlichen Grundlagen anpassen müssen. Solche Beschränkungen, die auf den Produktionsfaktor Boden, d.h. auf die Größe der Kulturflächen, bezogen werden sollten, wären wesentlich vernünftiger als die derzeitigen Milchkontingentierungen, die lediglich die bestehenden Strukturen fortschreiben.

Durch die „sanfte Landwirtschaft“ könnten die meisten Kulturflächen, auf die die Agrartechnokraten verzichten zu können glauben, noch solange offengehalten werden, bis man sie wiederum für die Erzeugung von Lebensmitteln braucht. Nach der Erschöpfung der fossilen Rohstoffe wird man in den landwirtschaftlichen Vorranggebieten zunehmend Industriepflanzen anbauen und mit der Lebensmittelproduktion auf periphere Regionen ausweichen.

5.6. Zusammenfassung

Die zukünftige Entwicklung der österreichischen Landwirtschaft bis zum Jahre 2000 wird in erster Linie davon abhängen, für welches agrarpolitische Grundkonzept man sich entscheidet. Dabei stehen zwei gegensätzliche Positionen zur Diskussion. Die österreichischen Bauern können sich für die Fortsetzung des bisherigen Weges entscheiden und auf eine bäuerlich strukturierte sowie ökologisch orientierte Landwirtschaft setzen. Sie können aber auch zu hochtechnisierten Vollerwerbsbetrieben übergehen.

Wenn man sich für den ersten Weg entscheidet, dann werden sich die bisherigen Entwicklungstrends bis zur Jahrtausendwende fortsetzen. Von hundert Höfen des Jahre 1980 werden im Jahr 2001 noch siebzig bewirtschaftet werden, wobei die Rückgänge in den peripheren Bezirken bzw. in den westlichen Bundesländern deutlich geringer sein werden als in den Zentralräumen bzw. in den östlichen Bundesländern. Allerdings wird sich die bäuerliche Landwirtschaft nur halten können, wenn es den Betriebsinhabern weiterhin möglich ist, einen Zu- oder Nebenerwerb zu haben.

Die Umstellung der Landwirtschaft auf hochtechnisierte Vollerwerbsbetriebe brächte tiefgreifende Veränderungen. Da für eine rationelle Bewirtschaftung große Betriebseinheiten erforderlich wären, würden nach der Umstellung von hundert Betrieben des Jahres 1980 nur noch zwanzig übrig bleiben. Die Rückgänge wären in den einzelnen Bundesländern unterschiedlich. Während in Oberösterreich und Niederösterreich sowie in Salzburg ein Viertel der Höfe erhalten bliebe, würde im Burgenland, in Tirol, Vorarlberg und Kärnten nur ein Sechstel der Betriebe übrigbleiben.

Beim Übergang zur technisierten, betriebswirtschaftlich orientierten Landwirtschaft in Vollerwerbsbetrieben würde sich das Überschußproblem wesentlich verstärken. Diese Betriebe würden verstärkt produktionssteigernde Betriebsmittel einsetzen. Bereits bei der Anwendung der heutigen Agrartechnologie würde die Produktion um 50 v.H. bis 75 v.H. steigen. Da die Produkte kaum noch vermarktet werden könnten, müßte man sich zu riesigen Flächenstillegungen entschließen. Man könnte auf nahezu alle Bergbauernbetriebe verzichten, die derzeit rund 40 v.H. der reduzierten agrarischen Nutzfläche Österreichs bewirtschaften.

Literaturverzeichnis

ALFONS, H., 1988. Zahlen und Fakten der österr. Landwirtschaft. In: SCHNEIDER, F., u. M. HOFREITHER (Hsg.). Chance Landwirtschaft: Wege und Perspektiven für die neunziger Jahre. Wien: 25-35.

BOYSEN, S., 1982. Durch Wachstum in die Krise? Berichte über Landwirtschaft, NF. 60: 321-349.

BRACK, G., 1984. Agrarpolitik als Partner der Umweltpolitik. Berichte über Landwirtschaft, NF. 62: 161-169.

BRANDES, W., 1974. Aspekte der Agrarwirtschaft für die künftige Entwicklung im ländlichen Raum. – Der ländliche Raum – Randerscheinung oder integriertes Ausgleichsgebiet. Veröffentlichungen der Akad. f. Raumforschung und Landesplanung, Forsch. u. Sitzungsber. 89, Hannover: 23-30.

BRUCKMANN, G. (Hsg.), 1977. Langfristige Prognosen. Möglichkeiten und Methoden der Langfristprognostik komplexer Systeme. Würzburg – Wien.

BRUCKMANN, G., 1984. Die Zukunft Österreichs. Das Leben im Jahr 2019. Wien.

BUNDESMINISTERIUM f. LAND- u. FORSTWIRTSCHAFT, 1981–1988. Bericht über die Lage der österreichischen Landwirtschaft gemäß § 9 des Landwirtschaftsgesetz. Wien.

BUNDESMINISTERIUM f. LAND- u. FORSTWIRTSCHAFT, 1981–1988. Tätigkeitsbericht 1980 ... 1987. Wien.

FAHRNBERGER, A., 1984. Einkommensentwicklung und Ertragslage in der österreichischen Land- und Forstwirtschaft. Schriftenreihe des Österr. Institutes f. Agrarsoziologie und Agrarrecht, Linz.

FASTERDING, F., 1986. Anzahl von Familienarbeitskräften und Arbeitseinsatz in landwirtschaftlichen Betrieben. Projektionen bis zum Jahr 2000. Institut für Strukturforschung, Bundesforschungsanstalt für Landwirtschaft, Braunschweig – Völkenrode, Arbeitsbericht 9.

GÖLTL, F., 1988. Bodennutzungserhebung 1986 – Ergebnisse der Strukturauswertung. Statistische Nachrichten, N. F. 43, Wien: Wien: 287-291.

GOTTSCHEWSKI, R., u. W. HENRICHSMEYER, 1988: Wirtschaftliche und soziale Auswirkungen agrarpolitischer Konzepte. Berichte über Landwirtschaft, NF. 66: 361-369.

HAIDEN, G. 1985. Agrarpolitik zwischen Hunger und Überfluß. Förderungsdienst 33/3, Wien: 65-70.

HAUSBERGER, S., 1988. Agrarpolitik in der EG. In: SCHNEIDER, F. u. M. HOFREITHER (Hsg.): Chance Landwirtschaft. Wien: 243-254.

HEEGE, H. J., 1988. Zukunftsperspektiven in der Landtechnik. Berichte über Landwirtschaft, NF. 66. Berlin - Hamburg: 416-439.

HEYDEMANN, B., 1983. Aufbau von Ökosystemen im Agrarbereich und ihre langfristigen Veränderungen. Daten und Dokumente zum Umweltschutz 35: 53-83.

HUBER, R., 1984. Bergbauernpolitik in Österreich. Agrarische Rundschau 3/1984, Wien: 10-17.

KRAMER, H., 1987. Rahmenbedingungen für die Entwicklung der Land- und Forstwirtschaft bis Mitte der neunziger Jahre. Studie des WIFO im Auftrag des Bundesministeriums für Land- und Forstwirtschaft, Wien.

KRAMMER, J., 1981. Strukturentwicklung und Einkommenssituation der Milchproduktionsbetriebe. Der Förderungsdienst SH. 1.

KRAUS, Th., 1988. Historische Perspektiven der österreichischen Agrarpolitik. In: SCHNEIDER, F., u. M. HOFREITHER (Hsg.). Chance Landwirtschaft. Wien: 25-35.

LÖHR, L., 1985. Einkommensentwicklung und Ertragslage in der österreichischen Land- und Forstwirtschaft. Agrarische Rundschau 7: 26-27.

LUKESCH, D., 1987. Die ökologische Herausforderung als Chance für die Bergbauern. BMLF (Hsg.): Zukunft der Bergbauernpolitik – Euromontana 1987, Wien: 29-44.

MANNERT, J., 1981. Lebenseinstellung und Zukunftserwartung der ländlichen Jugend. Schriftenreihe des Agrarwirtschaftlichen Institutes d. BMLF 35, Wien.

MAYERHOFER, K., 1987. Strukturfragen der österreichischen Molkereiwirtschaft. Agrarische Rundschau 5, Wien.

MERTINS, G., u. V. PICKART, 1988. EG-Agrarminister über Flächenstillegung einig (Landwirtschaft). Geographische Rundschau 40/10: 76-81.

MILLENDORFER, J., et al., 1987. Der ländliche Raum in der Wende der Industriegesellschaft. Forschungsgesellschaft Joanneum, Graz.

NEANDER, E., 1986. Tendenzen der Strukturentwicklung in der Landwirtschaft bis zum Jahr 2000. Arbeiten der DLG (Deutschen Ldw. Gesellschaft) (Frankfurt am Main) 186: 7-28.

NIESSLER, R., 1981. Die Entwicklung der Bergbauerneinkommen. Bergbauerninstitut des BM für Land- und Forstwirtschaft, Wien.

NIESSLER, R., u. M. ZOKLITS, 1988. Alternativstrategien für die österreichische Landwirtschaft. In: SCHNEIDER, F., u. M. HOFREITHER (Hsg.). Chance Landwirtschaft: Wege und Perspektiven für die neunziger Jahre. Wien: 515-524.

OBERLEHNER, F., 1988. Strukturelle Entwicklungstendenzen der landwirtschaftlichen Betriebe (Österreich). In: SCHNEIDER, F., u. M. HOFREITHER (Hsg.): Chance Landwirtschaft: Wege und Perspektiven für die Neunziger Jahre. Wien: 489-553.

ORTNER, K. M., 1982. Prognosen für die Landwirtschaft bis zum Jahr 2000. In: MANDL, Ch. (Hsg.). Österreich – Prognosen bis zum Jahr 2000. München – Wien: 152-167.

ÖSTERREICHISCHES INSTITUT F. RAUMPLANUNG, 1984. Die Erwerbstätigkeit in der Land- und Forstwirtschaft bis 1986 und 1991 nach Bezirken. Wien.

ÖSTERREICHISCHES INSTITUT F. WIRTSCHAFTSFORSCHUNG, 1987 (1988). Arbeitskräfte in der Land- und Forstwirtschaft. Im Auftrag des Bundesministeriums für Land- und Forstwirtschaft. Kurzfassung in 2 Teilen in: WIFO-Monatsberichte 61/2 und 3, Wien.

ÖSTERREICHISCHES INSTITUT F. WIRTSCHAFTSFORSCHUNG, 1988. Die Auswirkungen eines EG-Anschlusses auf die österreichisches Landwirtschaft. Studie im Auftrag des Bundesministeriums f. Land- und Forstwirtschaft, Wien.

ÖStZ (= ÖSTERREICHISCHES STATISTISCHES ZENTRALAMT), 1972 f. Ergebnisse der land- und forstwirtschaftlichen Betriebszählung 1970. Hauptergebnisse und Bundesländerhefte. Beiträge zur Österr. Statistik 313/1-10.

ÖStZ, 1982 f. Ergebnisse der land- und forstwirtschaftlichen Betriebszählung 1980. Hauptergebnisse und Bundesländerhefte. Beiträge zur Österr. Statistik 660/1-10.

ÖStZ, 1984. Nutztierhaltung in Österreich 1983. Beiträge zur Österr. Statistik 740.

ÖStZ, 1985. Bodennutzungserhebung 1983. Beiträge zur Österr. Statistik 749.

ÖStZ, 1987. Ergebnisse der landwirtschaftlichen Statistik im Jahre 1986. Beiträge zur Statistik 845.

ÖStZ, 1987. Statistisches Handbuch für die Republik Österreich 1987. NF. 38, Wien.

ÖStZ, 1988. Bodennutzungserhebung 1986.

PELZ, K., u. J. MILLENDORFER, 1988. Produktion, Produktivität und Überschüsse in der österreichischen Landwirtschaft. In: SCHNEIDER, F., u. M. HOFREITHER (Hsg.). Chance Landwirtschaft. Wien: 71-90.

PENZ, H., 1984. Entwicklung und Stand der österreichischen Almwirtschaft. Der Alm- und Bergbauer 34/3: 71-80.

PENZ, H., 1986. Ländliche Neusiedlung im Gebiet des heutigen Österreich vom Ende des 19. Jahrhunderts bis zur Gegenwart. Erdkunde, Archiv f. wiss. Geographie 40: 185-196.

PEVETZ, W., 1988. Der Boden als Produktionsgrundlage, Wirtschafts- und Umweltfaktor der österreichischen Landwirtschaft. In: SCHNEIDER, F. u. M. HOFREITHER (Hsg.). Chance Landwirtschaft. Wien: 121-138.

PFINGSTNER, H., 1982. Produktionsalternativen im Grünlandgebiet. Schriftenreihe des Agrarwirtschaftlichen Institutes des BMLF 37, Wien.

POSCHACHER, G., 1988. Die Produktions- und Einkommensstruktur der österreichischen Land- und Forstwirtschaft. In: SCHNEIDER, F., u. M. HOFREITHER (Hsg.). Chance Landwirtschaft: Wege und Perspektiven für die neunziger Jahre. Wien: 91-109.

PRIEBE, H., 1982. Leben in der Stadt oder auf dem Land. Mehr Lebensqualität durch sinnvolle Raumgestaltung. Düsseldorf-Wien.

PRIEBE, H., 1985. Subventionierte Unvernunft. Berlin.

PUWEIN, W., 1975. Arbeitskräfte in der Land- und Forstwirtschaft. WIFO-Monatsberichte 48: 334-347.

QUENDLER, Th., 1983. Entwicklungstendenzen und Probleme ländlicher Siedlungsräume in Österreich. In: Österr. Institut für Raumplanung (Hsg.). Siedlungsstruktur – Siedlungssysteme. Tendenzen ihrer Entwicklung und Planung: 97-106.

RIEGLER, J., 1988. Zielsetzungen für die österreichische Landwirtschaft. In: SCHNEIDER F. u. M. HOFREITHER (Hsg.). Chance Landwirtschaft. Wien: 319-331.

SAUBERER, M., u. A. SPITALSKY, 1987. ÖROK-Bevölkerungsprognose 1981–2011. Österreichische Raumordnungskonferenz (ÖROK) Schriftenreihe 58, Wien.

SCHMITT, G., 1983. Zukunftsperspektiven der europäischen Agrarpolitik. Förderungsdienst 31/1: 23-27.

SCHNEIDER, F., u. M. HOFREITHER (Hsg.), 1988. Chance Landwirtschaft: Wege und Perspektiven für die neunziger Jahre. Wien: Österr. Agrarverlag, 1988.

SCHNEIDER, M., 1988. Arbeitskräfte in der Land- und Forstwirtschaft (Österreich). Vorschau bis 1995. WIFO-Monatsberichte 3: 161-167.

SCHNEIDER, M., 1988: Agrarstrukturwandel: Erfahrungen, Perspektiven, Illusionen. In: Schneider F. u. M. HOFREITHER (Hsg.). Chance Landwirtschaft, Wien: 61-70.

SCHRATT, H., 1981. Entwicklungstendenzen in der österreichischen Landwirtschaft unter besonderer Berücksichtigung der pflanzlichen Erzeugung. Der Förderungsdienst 29/4: 93-99.

SCHRÖFL, J., 1983. Die Entwicklung der landwirtschaftlichen Technisierung in Österreich. Der Förderungsdienst 31/6: 189-195.

SCHRÖFL, J., 1984. Entwicklung der Mechanisierung in der österreichischen Landwirtschaft. Der Förderungsdienst 32/12: 335-337.

SCHWACKHÖFER, W., 1988. Raumordnung und Landwirtschaft in Österreich. Schriftenreihe der Bundesanstalt für Agrarwirtschaft 48, Wien.

SPITZER, H., 1979. Landnutzungsformen für strukturgefährdete ländliche Räume. Veröff. d. Akad. f. Raumforschung u. Landesplanung, Forschungs- u. Sitzungsber. 128, Hannover: 105-124.

STAMES, H., 1985. Perspektiven für den Milch- und Getreidemarkt. Sonderbeilage AGRO-EUROPE 15/85, 6-9.

STEGER, G. (Hsg.), 1988. Grünbuch. Krise und Perspektiven der österreichischen Landwirtschaft. Wien.

STEGER, G., 1988. Bauernopfer? Die Auswirkungen eines EG-Beitrittes auf die österreichische Landwirtschaft. Wien.

STEGER, G., 1988. Überschüsse aller Länder – vereinigt euch. Auswirkungen einer engeren EG-Anbindung auf die österreichische Landwirtschaft. In: SCHERB, M. u. I. MORAWETZ (Hsg.): Der (un)heimliche Anschluß. Österreich und die EG. Wien. Österreichische Texte zur Gesellschaftskritik 35: 151-163.

THIEDE, T., 1972. Agrartechnische Revolution und zukünftige Landwirtschaft – Von heutigen Entwicklungstendenzen bis zur Futurologie. – Die Zukunft des ländlichen Raumes. Veröff. d. Akad. f. Raumforschung u. Landesplanung, Forschungs- u. Sitzungsber. 83, Hannover: 1-24.

VAN STAA, H., u. J. WILLI, 1988. Zur Situation der Landwirtschaft. 37 Thesen zu ihrer bisherigen und künftigen Entwicklung. In: SCHNEIDER, F. u. M. HOFREITHER (Hsg.). Chance Landwirtschaft. Wien: 505-514.

WEISSEL, E., 1987. Der Agrarsektor im Konzept der Gesamtwirtschaft. In: Der Agrarsektor in Österreich. Beiträge zur Gesellschafts- und Wirtschaftspolitik 3, Wien.

Wieviele Landwirte braucht Europa? Archiv der DLG (Deutschen Ldw. Gesellschaft) 78, Frankfurt am Main 1987, Vorträge und Diskussionsbeiträge der DLG-Wintertagung 1987.

6. Ende des Wachstums und Umbau des Fremdenverkehrs: Szenarien und Modellrechnungen zum österreichischen Fremdenverkehr im Jahr 2000

von Friedrich ZIMMERMANN, Klagenfurt

Inhaltsverzeichnis:

6.1. Einleitung
6.2. Die West-Ost Differenzierung des österreichischen Fremdenverkehrs
6.3. Der österreichische Fremdenverkehr im Jahr 2000
6.3.1. Annahmen der Modellrechnungen
6.3.2. Veränderungen der Rahmenbedingungen
6.3.3. Die Betriebsstruktur im Kommerzialisierungsszenario
6.3.4. Die touristische Nachfrage zur Jahrtausendwende
6.3.5. Das Bundesrepublik Deutschland-Szenario
6.3.6 Das „West-Szenario „
6.3.7. Das „Ost-Szenario“
6.3.8. Die Entwicklung der Nachfrage bis 2000
6.4. Mögliche Auswirkungen eines Vollbeitritts zur EG für den Tourismus in Österreich
Anhang
Literaturverzeichnis

6.1. Einleitung

In der gesamten Nachkriegszeit bis herauf in die Mitte der siebziger Jahre konnte die räumliche Entwicklung des österreichischen Fremdenverkehrs als dynamisches System mit einem Wachstumsmodell interpretiert werden. Die wachsende Zahl der ausländischen Gäste fungierte als dynamische Variable, bei deren Segmentierung nach Herkunftsländern sich ferner seit den sechziger Jahren die Zahl der Gäste aus der Bundesrepublik Deutschland absolut und und anteilsmäßig erhöhte.

In vereinfachter Form konnte man von der Nachfrage her die Fremdenverkehrsstruktur Österreichs Mitte der siebziger Jahre durch drei Konzentrationsphänomene kennzeichnen:

1. die räumliche Konzentration im Westen (vgl. Kapitel 6.2.),
2. die Konzentration auf bundesdeutsche Gäste mit mehr als drei Viertel aller Ausländernächtigungen,
3. die Konzentration auf die Sommersaison.

Diesen von vornherein problembehafteten Konzentrationserscheinungen auf seiten der Nachfrage stand auf der Angebotsseite eine äußerst kleinbetriebliche Struktur von fast 100.000 Betrieben (1973) gegenüber, von denen drei Viertel auf Privatquartiere entfielen.

Nun hat sich seit Mitte der siebziger Jahre, ausgelöst durch die wirtschaftliche Rezession in der Bundesrepublik Deutschland, eine zunächst nur unscharf wahrgenommene und z.T. durch ungünstige Witterungsabläufe interpretierte Abschwächung des Wachstums, schließlich eine Stagnation von seiten der Nachfrage ergeben, bis schließlich der Rückgang der Gäste und Nächtigungszahlen in der Sommersaison nicht mehr zu übersehen war.

Inzwischen hat sich die Einsicht durchgesetzt, daß das Ende des Wachstums des österreichischen Fremdenverkehrs erreicht, ein potentieller Rückbau des Fremdenverkehrs in Sicht ist. Von der wirtschaftswissenschaftlichen Seite aus hat zuerst G. PALME hierfür mit der Anwendung der Zyklustheorie der industriellen Produktion auf „Urlaubsstile" eine Erklärung geboten.

Der vorliegende prognostische Ansatz zur Bewertung der zukünftigen Entwicklung des Fremdenverkehrs in Österreich geht von einer Delphi-Expertenbefragung zur Zukunft des Fremdenverkehrs in Österreich aus. Diese Expertenbefragung bot einerseits Sichtweisen für ein Szenario künftiger Entwicklungen und diente andererseits zur Absicherung der Prämissen für ein Prognosemodell, das sowohl das Angebot nach Betriebsgruppen als auch die zukünftige Nachfrage, dargestellt anhand von ausgewählten Herkunftsländern, auf Bezirksbasis berechnet und versucht, auch die externen Effekte auf die zukünftige Entwicklung unter den Aspekten eines West- und eines Ost-Szenarios sowie eines EG-Beitritts auszuleuchten. Auf Struktur und Ergebnisse der Delphi-Befragung kann hier nicht eingegangen werden. Das aus den Expertenmeinungen resultierende Stärken-Schwächen-Profil des österreichischen Fremdenverkehrs wurde als Anhang beigegeben.

6.2. Die West-Ost-Differenzierung des österreichischen Fremdenverkehrs

Das Intensitätsgefälle des Fremdenverkehrs zählt zu den eindrucksvollsten Erscheinungen der West-Ost-Differenzierung des österreichischen Staates. Seit Mitte der siebziger Jahre sind die Grenzen von drei Gebieten gleichsam festgeschrieben. Schon damals waren die Gebiete des Ausländerfremdenverkehrs im W und die Ge-

Tabelle 6.1: **Die West-Ost-Differenzierung des österreichischen Fremdenverkehrs 1961, 1973, 1985 nach Bundesländern, nach Zahl der Betten und Einwohnerquoten.**

Bundesland	1961 Betten (in T.)	1961 Einwqu.	1973 Betten (in T.)	1973 Einwqu.	1985 Betten (in T.)	1985 Einwqu.
Vorarlberg	30	7,5	57	4,7	77	4,0
Tirol	143	3,2	290	1,9	377	1,6
Salzburg	61	5,7	146	2,8	206	2,2
Kärnten	78	6,3	186	2,8	215	2,1
Oberösterr.	35	32,3	85	14,4	100	12,8
Steiermark	46	24,5	96	12,4	111	10,7
Niederösterr.	46	29,8	67	21,1	70	20,4
Burgenland	5	50,3	12	23,0	21	12,6
Wien	11	150,7	16	99,8	29	51,5
Österreich	456	15,5	956	7,8	1.206	6,3

Quelle: Österr. Statist. Zentralamt (Hsg.), 1961, 1973, 1985. Statistisches Handbuch für die Republik Österreich 1961 bzw. 1973 bzw. 1985, Wien.

biete des Inländerfremdenverkehrs im E, die beide eine Bewegungsfront besitzen, durch ein Puffergebiet getrennt, das ein fremdenverkehrsmäßiges Vakuum bildet. Es handelt sich um den Raum der Waldmittel- und Hochgebirge der österreichischen Alpen, mit den großen alten Forsten und Jagdrevieren, in denen die jeweiligen Besitzer der Großforste an der Entwicklung des Fremdenverkehrs nie wirklich interessiert waren. Dieser Raum umfaßt die nördlichen Kalkalpen in Ober- und Niederösterreich, ferner die Niederen Tauern und Eisenerzer Alpen in der Steiermark und reicht nach Süden zu den Kärntner Nockbergen und zum Steirischen Randgebirge bis hin zu Roseggers Waldheimat (LICHTENBERGER, 1976).

Damit ist das enorme W-E-Gefälle des Fremdenverkehrs nicht nur auf das von Westen nach Osten mit der Gipfelhöhe der Alpen gleichsam ausflachende klimaökologische Potential der Naturräume, im Verein mit den ebenfalls auf erdgeschichtlichen Zusammenhängen beruhenden, aus Zungenbecken der alpinen Vergletscherung entstandenen Seenlandschaften im Salzkammergut und in Kärnten in der Mitte des österreichischen Alpenbogens zurückzuführen, sondern das gegenwärtige Gefälle ist auch entscheidend von den sozialgeographischen Strukturen der Bundesländer, Landschaften und Regionen bestimmt und nicht zuletzt in der Nachkriegszeit in dieser ausgeprägten Schärfe aufgrund von externen Parametern der Verflechtung mit den Nachbarstaaten entstanden. Die Potentiale der östlichen Teile Österreichs, vor allem der Alpenausläufer, für Gäste aus den COMECON-Staaten sind weit untergenutzt. Unter den alpinen Bundesländern gewinnt Tirol andererseits einen immer größeren Vorsprung.

Tabelle 6.2.: **Die West-Ost-Differenzierung des österreichischen Fremdenverkehrs 1961, 1973, 1987 nach Bundesländern und Indikatoren**

	1961	1973	1987	1973	1987
	Übernachtungen (in Tausend)			Index 1961 = 100	
Vorarlberg	3.503	7.067	7.849	201,8	224,1
Tirol	12.927	31.040	38.843	240,1	300,0
Salzburg	7.703	18.503	20.841	240,2	270,6
Kärnten	6.803	16.567	16.346	243,6	240,3
Oberösterr.	5.099	8.980	7.217	176,1	141,5
Steiermark	4.393	8.977	8.606	215,4	200,0
Niederösterr.	4.889	5.047	6.047	103,2	123,7
Burgenland	364	1.394	2.057	383,2	565,1
Wien	2.206	3.954	5.878	179,3	266,5
Österreich	47.888	102.308	113.585	213,6	237,2

Ein Vergleich wichtiger Eckdaten des österreichischen Fremdenverkehrs für die Jahre 1961, 1973 und 1985 bzw. 1986 auf der Basis der Bundesländer nach Bettenzahl, Anteil der Privatquartiere, Anteil der Ausländer und Anteil der Wintersaison dokumentiert deutlich die räumliche Differenzierung der Wachstums- und Rückbauphänomene (vgl. Tab. 6.1, 6.2).

Die Tabelle 6.1 belegt an Hand der Bettenzahlen und Einwohnerquoten eindrucksvoll den enormen Aufschwung des Fremdenverkehrs in den sechziger Jahren. Nur mäßig durch Konjunkturschwankungen verzögert ist auf der Basis des damaligen Bettenbedarfs für die Monate Juli und August die Gesamtzahl der Betten von rund einer halben auf eine Million angewachsen. Hierbei blieb von der Angebotsseite das Verhältnis zwischen gastgewerblichen Betrieben und Privatzimmervermietung mit 2 : 1 praktisch unverändert (vgl. Tabelle 6.2). Freilich läßt eine genauere Analyse erkennen, daß die Privatzimmervermietung in räumlicher Hinsicht die Aufgabe übernahm, die stark wachsende Nachfrage in der Sommersaison zu befriedigen, und damit als Peripherie um alte Fremdenverkehrsorte und als tragendes Segment in der erwähnten Bewegungsfront des Ausländerfremdenverkehrs in der Zeit eines vorherrschenden Autotourismus eine ganz wesentliche komplementäre Funktion zum kommerziellen Sektor auszuüben hatte. In den sechziger Jahren steigen ferner die Übernachtungen von Ausländern von 62 auf 78 v. H., die räumliche Konzentration verstärkt sich, der Anteil der Bundesländer Tirol, Salzburg und Kärnten steigt von 56 auf 66 v. H.

Mit der wirtschaftlichen Rezession des Jahres 1974 geht die Wachstumsperiode de facto zu Ende. Zwar wird bis 1980/1981 noch ein Zuwachs auf 121 Millionen Übernachtungen erreicht. Seither nehmen die Nächtigungsziffern insgesamt ab. Das Ende des Wachstums ist damit erreicht. Die abgelaufenen eineinhalb Jahrzehnte stehen dabei unter folgenden wesentlichen *Veränderungen*:

	1961	1973	1987
	Übernachtungen von Ausländern v. H. Anteil		
Vorarlberg	*88,5*	*93,0*	*89,9*
Tirol	*90,5*	*94,1*	*90,0*
Salzburg	*70,0*	*79,8*	*75,5*
Kärnten	*72,4*	*83,3*	*75,2*
Oberösterreich	*35,4*	*58,8*	*47,2*
Steiermark	*21,6*	*36,7*	*36,7*
Niederösterreich	*9,4*	*25,9*	*30,8*
Burgenland	*19,8*	*48,3*	*39,0*
Wien	*77,8*	*84,4*	*89,2*
Österreich	*62,7*	*76,4*	*75,4*
	Übernachtungen in der Wintersaison v. H. Anteil		
Vorarlberg	*40,8*	*34,9*	*55,7*
Tirol	*24,7*	*29,1*	*51,2*
Salzburg	*22,3*	*25,4*	*52,2*
Kärnten	*4,7*	*6,8*	*14,6*
Oberösterreich	*20,5*	*16,0*	*27,4*
Steiermark	*22,8*	*24,0*	*39,0*
Niederösterreich	*23,4*	*27,6*	*31,2*
Burgenland	*19,9*	*13,9*	*15,5*
Wien	*34,6*	*29,4*	*31,7*
Österreich	*22,1*	*23,0*	*44,2*
	Übernachtungen in Privatquartieren v. H. Anteil		
Vorarlberg	*39,0*	*39,1*	*20,1*
Tirol	*40,5*	*38,0*	*20,9*
Salzburg	*27,2*	*28,8*	*17,9*
Kärnten	*34,1*	*30,9*	*15,3*
Oberösterreich	*33,9*	*32,0*	*15,7*
Steiermark	*28,3*	*34,4*	*20,2*
Niederösterreich	*27,8*	*24,6*	*12,1*
Burgenland	*36,4*	*22,1*	*13,2*
Wien	–	–	*0,5*
Österreich	*32,4*	*31,7*	*17,4*

Quelle: Österr. Statist. Zentralamt (Hsg.), Statistisches Handbuch für die Republik Österreich 1961 bzw. 1973 bzw. 1985, Wien.

1. Einem *räumlichen Konzentrationsprozeß* auf der Bundesländer- und regionalen Ebene. So können die beiden Bundesländer Tirol und Salzburg die etwas mehr als 10 Millionen Zunahme an Nächtigungen zwischen 1973 und 1987 allein auf sich verbuchen.

2. Auf der Angebotsebene ist die *Privatzimmervermietung in die Endphase eines Produktzyklus* eingetreten. Der Anteil an den Übernachtungen sank von über 32 v.H. im Jahre 1973 auf unter 18 v.H. im Jahr 1987.

3. Im saisonalen Wechsel hat der *Wintertourismus deutlich aufgeholt.* Er konnte seinen Anteil von weniger als einem Viertel auf mehr als zwei Fünftel steigern, und es ist abzusehen, daß er in Kürze den Sommertourismus überrunden wird.

4. Als Maß für die Abhängigkeit Österreichs von den *ausländischen Gästen* ist deren Anteil mit drei Viertel aller Nächtigungen ungeachtet der Verschiebungen auf der Betriebsebene und der saisonalen Nachfrage konstantgeblieben.

Bei der Delphibefragung bestand Konsens unter Experten darüber, daß die räumliche Disparität des Fremdenverkehrs grundsätzlich beibehalten werden wird. Die kurzen Innovationszyklen und die benötigte Kapitalkraft beim Einstieg in einen gewinnorientierten Tourismus lassen vielmehr eine verstärkte Benachteiligung bereits bisher schwach entwickelter Fremdenverkehrsorte und -gebiete erwarten. Ebenso wird die Beteiligung der einheimischen Bevölkerung in Form der Privatzimmervermietung weiter abnehmen, die Kommerzialisierung ansteigen, ferner die Bereitschaft der Vertreter der jungen Generation, kleine, schlecht ausgestattete Fremdenverkehrsbetriebe zu übernehmen, sinken. Langfristig ist damit ein Konzentrationsprozeß touristischer Aktivitäten unvermeidlich.

6.3. Der österreichische Fremdenverkehr im Jahr 2000

6.3.1. Annahmen der Modellrechnungen

Grundlage für den prognostischen Ansatz sind Modellannahmen, die im wesentlichen aus zwei Komponenten bestehen:

1. Die Einschätzung der gesamtstaatlichen Entwicklung wird durch die Ergebnisse der Expertenbefragung vorstrukturiert. Entwicklungsparameter, die nach Herkunftsländern der Gäste gegliedert sind, wurden in das Prognosemodell eingefügt.

2. Für die Berechnungen möglicher Gästepotentiale aus der Bundesrepublik Deutschland wurden altersgruppenorientierte Intensitätsziffern verwendet. Die regionale Differenzierung auf Bezirksbasis wird durch eine Verknüpfung von regionalen Trends unter Berücksichtigung der Entwicklungen in den Perioden 1975 bis 1981 und 1981 bis 1986 mit den verorteten Expertenmeinungen erreicht.

6.3.2. Veränderungen der Rahmenbedingungen

Seit dem Beginn der achtziger Jahre sind bedeutende Veränderungen der sozioökonomischen Rahmenbedingungen des österreichischen Fremdenverkehrs eingetreten. Hierzu zählen:

1. *Der Generationswechsel.* Bei den Betriebsinhabern wird die Nachkriegsgeneration, die mit enormem Einsatz und teilweise unter beachtenswertem Konsumverzicht die Betriebe aufgebaut hat, abgelöst durch die Vertreter der jungen Generation, die nicht mehr – oder nur mehr bedingt – bereit sind, selbst auf Freizeit, Erholung, Familienleben, Konsum usw. zu verzichten. Die extreme Arbeitsbelastung und nicht zuletzt die sinkende Wertschöpfung mindert die Attraktivität einer Betriebsübernahme im Gast- und Beherbergungssektor. Dies ergibt eine Überalterung der Betriebsinhaber und zumeist geringere Innovationen, die in Wechselwirkung mit den geänderten Ansprüchen und Normen zu einem den modernen Anforderungen nicht mehr entsprechenden Angebotsstandard führen, womit sich eine Negativ-Spirale zu drehen beginnt.

Der Generationswechsel äußert sich aber auch bei den Gästen, die in manchen Gemeinden mit vorwiegendem Sommerfremdenverkehr gleichsam „aussterben". Die veränderte Altersstruktur der Gäste (weniger Jugendliche, mehr und aktivere Senioren, mehr Single-Haushalte) begünstigt den Trend, die Haupturlaubsreise in entferntere Destinationen zu unternehmen, zumal die finanzielle Unabhängigkeit und Reiseerfahrenheit gestiegen ist und Österreich aus der Sicht der Jugend im Sommer ein eher wenig attraktives Image besitzt.

2. *Die Veränderung der Urlaubsstile.* G. PALME hat erstmals für Österreich die Veränderung der Urlaubsstile dargestellt und dabei die Produktzyklustheorie mit Erfolg auf den Fremdenverkehr übertragen. Der traditionelle Produktzyklus des Sommertourismus ist danach in die Endphase eingetreten, neue Produktzyklen sind entstanden, mit begünstigt durch die Aufspaltung der Urlaubszeit in einen oder zwei (kürzere(n)) Haupturlaub(e) und eine Mehrzahl von Kurzurlauben mit besonderen Zielsetzungen (Gesundheit, Sport, Kultur usw.) und verschiedenen Allokationen (Sommer am Meer, Winter im Alpenraum ...).

3. *Externe politische Effekte.* Die Entwicklung des österreichischen Fremdenverkehrs wird ferner entscheidend von externen politischen Effekten bestimmt werden. Die derzeitige politische Lage veranlaßt dazu, zwei Möglichkeiten zu erwägen, einerseits eine weitere Öffnung des österreichischen Staates gegen die COMECON-Staaten und damit das Auftreten neuer Nachfragergruppen und andererseits – eventuell sogar gleichzeitig – einen Beitritt Österreichs zur EG.

6.3.3. Die Betriebsstruktur im Kommerzialisierungsszenario

Die Angebotsstruktur des Tourismus in Österreich ist gekennzeichnet durch kleine bis mittlere Beherbergungsbetriebe, dominant sind Familienbetriebe, ausländisches Kapital und Joint Ventures haben kaum Bedeutung. Das Angebot hat sich aufgrund des starken Nachfragedruckes bis zum Anfang der siebziger Jahre überproportional entwickelt, derzeit stehen rund 1,2 Millionen Betten zur Verfügung.

Die jüngste Entwicklung zeigt unterschiedliche Trends bei den einzelnen Angebotstypen: Während die qualitativ hochwertigen Vier- und Fünf-Sterne-Hotels heute über mehr als 130.000 Betten verfügen und sich durch eine ungebrochene Dynamik auszeichnen, verringern sich die Zuwächse bei den Drei-Sterne-Betrieben (210.000 Betten) bereits deutlich, während die schlechter ausgestatteten Angebotssegmente, die mit rund 340.000 Betten dominieren, starke Rückgänge zu verzeichnen haben. Die stärksten Einbußen betreffen die Privatzimmervermietung, die für Österreich typisch ist und nicht nur der Bevölkerung direkten Anteil an der touristischen Wertschöpfung ermöglicht, sondern auch sehr viel zur flächigen Ausbreitung des Tourismus in periphere Räume beigetragen hat. Der heutige Anteil von 370.000 Betten bedeutet einen Rückgang um 100.000 Einheiten seit 1976.

Der erste Aufgriff gilt einem sogenannten „Kommerzialisierungsszenario“, da der Angebotsbereich immer stärker unter den Einfluß veränderter Lebensstile der Angebotsträger gerät. 90 v.H. der Teilnehmer der Expertenbefragung schätzen die Bereitschaft zur Übernahme von Privatquartieren, Frühstückspensionen sowie von schlecht ausgestatteten Ein- und Zwei-Sterne-Betrieben als durchschnittlich bis sehr gering ein. Sie weisen hin auf die zu hohe Arbeitsbelastung in den Familienbetrieben, hohe Investitionserfordernisse, geringe Wertschöpfung, auf die geringe individuelle Lebensqualität und nicht zuletzt darauf, daß die gebildete Jugend im außertouristischen Bereich bessere Chancen hat. Massive Einbrüche in den Angebotssegmenten mit geringem Ausstattungsniveau sind die Folge, die verstärkt werden durch die Trends im Nachfrageverhalten, welche zunehmend in Richtung Qualität und Ferienwohnungen gehen.

Das führt zu folgenden *Trend-Annahmen* (vgl. Tabelle 6.3):

1. Die *Betten in den Fünf-, Vier- und Drei-Sterne-Betrieben werden*, im wesentlichen durch Qualitätsverbesserungen und weniger durch Neubauten, um rund 30 v.H. bzw. 15 v.H. *zunehmen*. Das bedeutet, daß diese Kategorien im Jahr 2000 40 v.H. des Angebotes stellen werden, heute sind es 30 v.H.

2. *Starke Abnahmen* (bis zu 30 v.H.) sind *bei den Ein- und Zwei-Sterne-Betrieben*, und hier wiederum in den kleinen Angebots-Segmenten, zu erwarten. In dieser Gruppe befinden sich zahlreiche Frühstückspensionen, die als „zu groß gewordene Privatquartiere“ kommerzialisiert wurden. Schrumpfungsgründe sind Qualitätsverbesserungen (Aufstieg in die nächsthöhere Kategorie) bzw. das Ausscheiden aus dem Markt. Die Anteile sinken von 30 v.H. auf unter 25 v.H. ab.

3. Bei den *Privatquartieren* wird der *Einbruch am stärksten* sein. Desinteresse und massive Nachfragerückgänge bewirken Auflösung oder Umstrukturierung in Richtung Ferienwohnungen. Eine Halbierung des heutigen Angebotes ist zu erwarten. Der Anteil sinkt auf unter 20 v.H.

4. Diese *Rückgänge werden zum Teil aufgefangen* durch die Bettenentwicklung *in Ferienwohnungen*, bei denen man bis zur Jahrtausendwende eine Verdoppelung der Kapazität annehmen kann, somit einen Anteil am Gesamtpotential von 20 v.H. (1985: unter 10 v.H.). Sie werden im Angebot zunehmend ein Nachfragesegment an sich ziehen, das bisher in Privatquartieren anzutreffen war.

Konsequenzen dieser Entwicklung sind ein „Gesundschrumpfen“ des Bettenangebotes auf knapp über 1 Million und der Verlust von 15000 bis 20.000 mehrheitlich kleinen Familienbetrieben, verbunden mit deutlichen Kommerzialisierungs- und Professionalisierungstendenzen (vgl. Karte 6.1). So sind es vor allem die Regionen Westösterreichs, die über einen relativ hohen Anteil an Fünf- und Vier-Sterne-Betrieben verfügen werden. Zweites „Qualitätszentrum" ist der Wiener Raum, wo die Suburbanisierungstendenzen der Fremdenverkehrsbetriebe zunehmen und Teile des Weinviertels und des Burgenlandes erfassen werden. In diesem Gebiet ist auch die Drei-Sterne-Hotellerie als sekundäre Angebotsebene stark vertreten, während die Privatzimmervermietung praktisch keine Rolle spielt. Verbleibt die Mitte Österreichs, die dominiert wird von Betrieben mit geringerer Qualität, mit Ausnahme von Graz, wo die Drei-Sterne-Hotellerie stark vertreten ist. Die Privatquartiere werden in ihrer Bedeutung selbst in den peripheren Regionen massiv zurückgedrängt werden.

Tabelle 6.3: **Die Bettenentwicklung bis zum Jahr 2000**

Betten absolut im Jahr	1975	1985	2000
5- und 4-Sterne-Betriebe	77.000	124.000	161.000
3- Sterne-Betriebe	142.000	212.000	244.000
1- und 2-Sterne-Betriebe	388.000	353.000	250.000
Ferienwohnungen	10 bis 15.000*	94.000	200.000
Privatquartiere	454.000	386.000	190.000

* keine gesonderte Erhebung; geschätzte Werte

Zusammenfassend ergibt sich folgendes Verteilungsmuster (vgl. Karte 6.2):

1. *Zunahmen im Bettenangebot beschränken sich auf die städtischen Bereiche mit unterschiedlich starker Suburbanisierung* ins Umland sowie auf Teile Kärntens und Vorarlbergs, wo regionalspezifische Entwicklungen für eine positive Tendenz sorgen dürften.

2. Der Schrumpfungsprozeß im übrigen *Ostösterreich* hat – in Regionen mit Überlagerung durch das Zweitwohnungswesen – bereits sehr früh eingesetzt. Dennoch sind *aufgrund des Qualitätsdefizites weitere Rückgänge im Bettenpotential zu erwarten*, wenn auch – aufgrund der geringeren Abhängigkeit vom Tourismus – mit weniger spürbaren Konsequenzen für die regionale Wirtschaftsstruktur.

3. *Sowohl im Osten als auch in der „Mitte Österreichs"*, etwa an der östlichen früheren „Bewegungsfront", heute „Rückzugsfront" des Ausländertourismus, *sind Blightphänomene vorhersehbar*, in einer Zone, die für ein florierendes Zweitwohnungswesen von den städtischen Zentren Ostösterreichs zu weit entfernt ist, die lange Zeit durch Sommerfrischen gekennzeichnet war und in der Folge vom Gästestrom aus der Bundesrepublik Deutschland erfaßt wurde. Die Veränderungen der Urlaubsstile könnten zu einem „Wegbrechen" ganzer Angebotsregionen führen, in einer breiten Zone von Oberösterreich bis in die Steiermark.

Karte 6.1: PROGNOSE: 5-, 4-, 3-STERNBETRIEBE UND PRIVATVERMIETUNG 2000

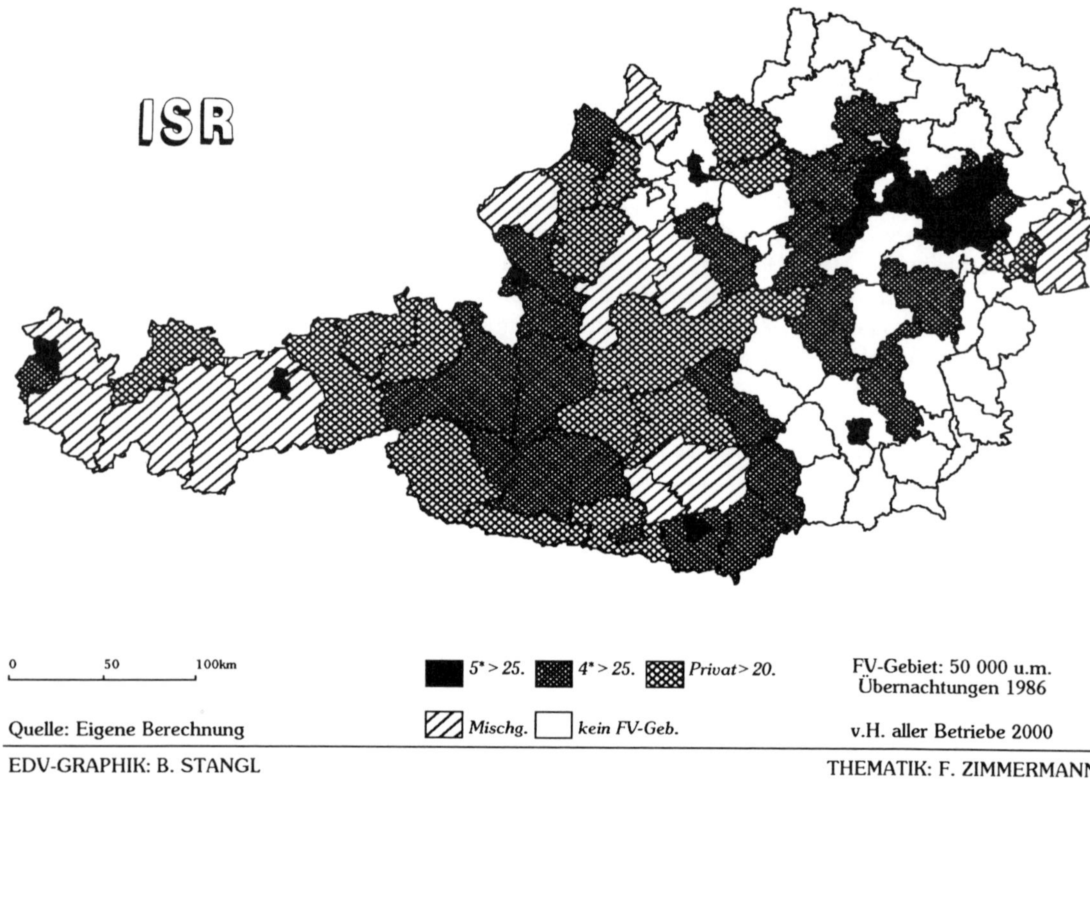

Quelle: Eigene Berechnung

EDV-GRAPHIK: B. STANGL THEMATIK: F. ZIMMERMANN

4. Die relativ hoch anmutenden Rückgänge *im Westen Österreichs* sind auf Einbrüche bei den schlecht ausgestatteten Betrieben zurückzuführen, das Gästepotential der Wintersaison ist nicht nur einkommensstärker und anspruchsvoller, die Monopolstellung der Alpen im Winter ermöglicht auch die Durchsetzung höherer Preise, so daß der *Trend zur Qualität und Professionalisierung* verstärkt wird.

5. Zweigeteilt ist die Entwicklung in Kärnten: Durch den forcierten Ausbau von Winter-Infrastruktureinrichtungen im Westen des Landes können die Rückgänge in den qualitativ unzureichenden Segmenten durch Neuerungen teilweise aufgefangen werden. Einsaisonalität und Persistenzphänomene dagegen bedingen an den Seen eine – im Vergleich zum Westen Österreichs geringere – „Gesundschrumpfungswelle", da der Ausleseprozeß und Konkurrenzdruck durch Qualitätsangebote zu gering ist. Somit ergibt sich ein Fortschleppen des traditionellen Angebots-Mix' trotz Verschlechterung der Marktposition. Zudem ist die Ausbreitung touristischer

Karte 6.2: PROGNOSE DER BETTENENTWICKLUNG 2000

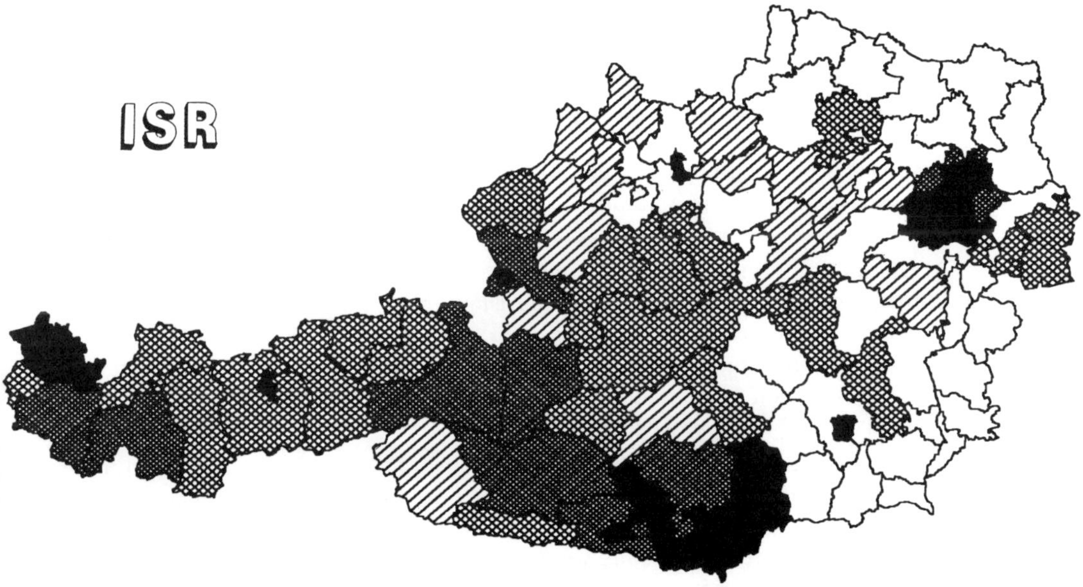

0 50 100km

kein FV-Geb. | < 80.0 | > 80.0 | > 90.0 | > 100.0

FV-Gebiet: 50 000 u.m. Übernachtungen 1986

1986 = 100

Quelle: Eigene Berechnung

EDV-GRAPHIK: B. STANGL THEMATIK: F. ZIMMERMANN

Prosperität ins Umland gering, die ländlichen Bereiche, die abseits der Seen liegen, haben unter den aktuellen Bedingungen kaum Chancen, zu groß ist die Konzentrationstendenz rings um die Seen.

6.3.4. Die touristische Nachfrage zur Jahrtausendwende

Die touristische Nachfrage in Österreich beträgt Mitte der achtziger Jahre jährlich rund 115 Millionen Übernachtungen und weist einige „österreichspezifische" Charakteristika auf:

1. Mehr als drei Viertel aller Gäste kommen aus dem Ausland. (In Spanien liegt der Ausländeranteil bei 66 v. H., in der Schweiz bei 48 v. H.). Extrem hoch ist der

Anteil der Gäste aus der Bundesrepublik Deutschland, auf die zwei Drittel aller Ausländerübernachtungen entfallen. (In Spanien und in der Schweiz liegen die Anteile bei 40 v. H.)

2. Die mit viel Tradition behaftete Sommersaison ist durch starke Nachfrageschwankungen und in den letzten Jahren durch dramatische Rückgänge gekennzeichnet (Sommer 1981: 78 Millionen, Sommer 1987: 67 Millionen Übernachtungen). Das Produkt „Sommer in den Alpen“ scheint in seiner traditionellen Form nicht mehr attraktiv zu sein und unterliegt der breitgestreuten internationalen Konkurrenz.

3. Die nahezu konkurrenzlose Eignung des Alpenraumes für die Wintererholung ergab im österreichischen Wintertourismus bis zum Anfang der achtziger Jahre eine expandierende Entwicklung. Seither zeigen sich Abschwächungstendenzen, die Übernachtungszahlen erreichen rund 45 Millionen, damit einen Anteil von über 40 v. H. am Gesamtaufkommen. Bei den Einnahmen sind die Sommer- und Wintersaison bereits ausgeglichen.

4. Forciert wird diese Entwicklung durch den Trend zum Zweit- und Dritturlaub sowie zu Kurzreisen, wobei die aktuellen Daten ein weiteres Ansteigen von Naherholung und Kurzurlauben vorhersagen. Mögliche Konsequenzen dieser Entwicklung bis zur Jahrtausendwende werden im folgenden durch ein „Bundesrepublik Deutschland-Szenario“ und durch ein „Hoffnungsmarkt-Szenario“ in ihren gesamtwirtschaftlichen und regionalen Ausprägungen dargestellt.

6.3.5. Das Bundesrepublik Deutschland-Szenario

Neben der Veränderung der Urlaubsstile sind es folgende *demographische Umschichtungen der bundesdeutschen Bevölkerung*, die sich zunehmend auf die touristische Zukunft Österreichs auswirken werden:

1. Verringerung des gesamten Bevölkerungs- und damit Nachfragepotentials um 4 v. H. bis zum Jahr 2000 und um 10 v. H. bis 2011.

2. Extreme Verringerung der Bevölkerungsanteile der unter 30-jährigen, deren Anteil von 38 v. H. bis zum Jahr 2000 auf 29 v. H. und bis 2010 auf 27 v. H. absinken wird. Diese Abnahme wird sich vor allem bei den Kurzurlaubsreisen (Reiseintensität der unter 30-jährigen: 44 v. H., der über 50-jährigen: 28 v. H.) und beim alpinen Schilauf (70 v. H. aller Wintergäste sind unter 45 Jahre alt, 16 v. H. zwischen 45 und 60, nur 12 v. H. sind über 60 Jahre alt) auswirken.

3. Zunahme der über 50-jährigen von 34 v. H. auf 39 v. H. (2000) bzw. auf 44 v. H. im Jahre 2010. Die durch den hohen Besatz der älteren Jahrgänge und durch die bisherige Bevorzugung Österreichs durch ältere Gästeschichten an sich günstig anmutende Entwicklung relativiert sich sehr stark: In der Altersgruppe der 50- bis 65-jährigen befinden sich im Jahre 2010 diejenigen Bevölkerungsschichten, die heute zwischen 25 und 40 Jahre alt sind, das sind Altersgruppen, die sich heute schon durch eine unterdurchschnittliche Österreich-Reiseintensität auszeichnen.

Demnach ergeben sich bei der Bewertung der bundesdeutschen Nachfrage bis zur Jahrtausendwende zwei wesentliche Differenzierungen durch die divergierende Entwicklung der Sommer- und der Wintersaison.

Spannt man zunächst ein *Sommer-Szenario* auf, so ist aufgrund verschiedener Mängel im Angebotsfeld, das den veränderten Urlaubsstilen nur langsam angepaßt werden kann, und verstärkt durch die demographische Entwicklung ein *weiterer Rückgang der Gästenachfrage* zu erwarten. Nach Expertenmeinungen wird sich dieser allerdings verlangsamen. Dafür spricht einerseits die Attraktivität Österreichs für Kurzurlaube auch im Sommer, das verstärkte Marketing mit innovativen Ideen, das Angebot an „Themenreisen“, die saubere Umwelt im Gegensatz zu den verschmutzten Meeren sowie die touristischen Kleinstrukturen, die sich bei Verbesserung der Koordination und Kooperation zur besonderen Stärke Österreichs gegenüber der ausländischen Konkurrenz entwickeln könnten. In Summe erscheinen Verluste in Größenordnungen vorhersehbar, wie sie zwischen 1980 und 1985 aufgetreten sind. In Zahlen ausgedrückt bedeutet dies einen Übernachtungsrückgang von 44,9 Millionen im Jahre 1980 auf 33,8 Millionen im Jahre 1985 und 21,8 Millionen im Jahre 2000 (vgl. Tabelle 6.4):

Tabelle 6.4: **Übernachtungsfrequenzen im Bundesrepublik Deutschland-Szenario**

Übernachtungen in Mill.	1974/75	1979/80	1984/85	2000
Sommerhalbjahr	46,1	44,9	33,8	21,8
Winterhalbjahr	16,3	20,2	22,1	25,0
insgesamt	62,4	65,1	55,9	46,8

* keine gesonderte Erhebung; geschätzte Werte

Demgegenüber zeigt das *Winter-Szenario* Positiva auf, die vor allem auf Mehrfachurlaube (Nähe zum süddeutschen Raum), die *Monopolstellung des Alpenraumes*, das bessere Marketing und die Werbeunterstützung der Industrie (Sportartikel) zurückzuführen ist. Das Nachlassen der Dynamik erfordert allerdings eine vorsichtige Prognose. Die ökologischen Grenzen werden spürbar, der Winterurlaub wird vor allem durch die hohen Nebenkosten teurer, allein aus den Veränderungen des Alters-Mix' mit dem Rückgang der jungen Menschen ist bei gleicher Teilnahmeintensität am Wintersport bis zum Jahr 2000 mit Übernachtungsrückgängen von –10 v.H. zu rechnen. Um den derzeitigen Nachfragestand trotzdem zu halten, müßte die Nachfrage für die Wintersaison in den spezifischen Altersgruppen um jeweils 5 v.H. steigen – Werte, die erreichbar erscheinen, so daß für die Wintersaison zumindest Stabilisierung bzw. bescheidene Zuwächse erwartet werden können; maximal wird wohl nur eine Anhebung der altersspezifischen Intensität um 10 v.H. möglich sein, das würde in Summe rund 25 Millionen Übernachtungen

Karte 6.3: PROGNOSE DER NACHFRAGE AUS DER BRD 2000

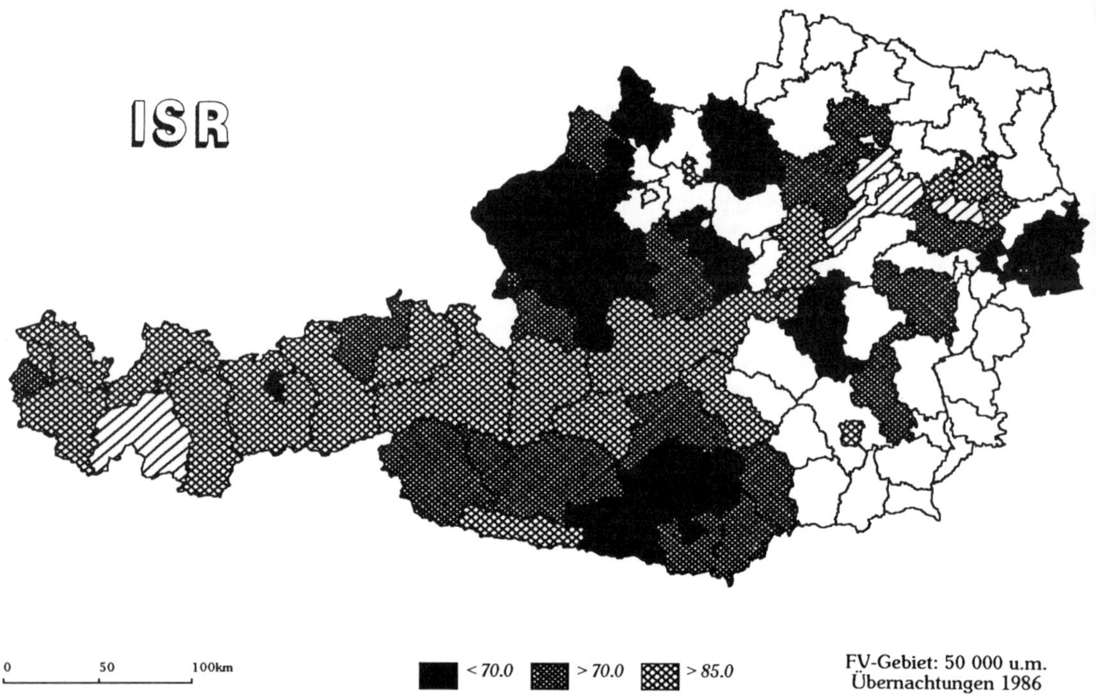

Quelle: Eigene Berechnung

EDV-GRAPHIK: B. STANGL THEMATIK: F. ZIMMERMANN

entsprechen. Damit bestehen bessere Zukunftschancen als für den Sommer, allerdings sind die Zunahmen im Winter nicht in der Lage, die Verluste der Sommersaison zu kompensieren – trotz einer Umkehr der saisonalen Schwerpunkte bis zum Jahr 2000 (vgl. Karte 6.3).

Deutlich sichtbar werden die Übernachtungsverluste beim „Bergsommer" in den zweisaisonal nachgefragten alpinen Gebieten Westösterreichs, wo die Winter- und die Sommernutzung offensichtlich konkurrieren. Trotz des Imagewandels Österreichs „weg vom billigen Reiseland" dominieren im Sommer nach wie vor die unteren bis mittleren sozialen Schichten. Daher werden die Einbrüche in erster Linie die verbliebenen Angebote der unteren Kategorien treffen und dort die betriebswirtschaftliche Negativspirale weiter in Gang halten. Dem Sommer-Gäste-Mix steht ein Winterpublikum gegenüber, das eher den gehobenen Einkommensklassen zuzurechnen ist und das den Alpenraum nahezu ausschließlich als Wintersportland ansieht. Dieses Image wiederum verringert die Vermarktungschancen im Sommer zusätzlich.

Die *steigende Winternachfrage kommt ausschließlich dem Westen Österreichs zugute, wobei Konzentrationsprozesse imageträchtige Standorte bevorzugen.* Bemerkenswert ist die Verstärkung des Trends zu „Standortleadern", welche das regionale Image prägen und an die sich eine Reihe niedererrangiger Orte anschließen. Die einseitige Imageprägung und die durch die internationale Konkurrenz bedingte extreme Ressourcenkonzentration im Investitions- und Marketingbereich machen eine Ausrichtung auf beide Saisonen immer schwieriger.

Dazu kommt eine Verringerung der Dynamik durch die Verluste im Sommer; dies führt zu einer Segregation der Betriebe in qualitativer Hinsicht, die Rentabilität der hochwertigen, investitionsintensiven und teuren Betriebe mit ihrer starken Ausrichtung auf den Winter ist in der Sommersaison gefährdet. Somit zeichnet sich eine *Entwicklung* ab, die *in Richtung einsaisonaler Winternutzung* tendiert, eine Situation mit überaus negativen Folgen für das regionale Wirtschaftsgefüge, im besonderen für den Lebensstandard der Bevölkerung, die kaum außertouristische Arbeitsplätze als Alternative vorfindet.

6.3.6 Das „West-Szenario"

Neben der Zunahme an Gästen aus der Bundesrepublik Deutschland im Winter bestehen aufgrund der immer stärker werdenden Internationalisierung des österreichischen Tourismus gute Chancen – nicht zuletzt durch besondere Marketinganstrengungen –, den vom Bevölkerungspotential mit über 110 Millionen Einwohnern her überaus interessanten Markt von Großbritannien und Frankreich stärker als bisher zu gewinnen. Ein Anstieg der Nachfrage auf insgesamt 10 Millionen Übernachtungen (+50 v. H.) scheint erreichbar.

Auf Grund der „Nachbarschaftseffekte" und der massiven Attraktivitätsverluste der italienischen Küstenregionen ergeben sich bei den Italienern noch bessere Chancen für Österreich, und zwar sowohl im Sommer als auch im Winter. Aufgrund der geringen Autodistanz zu den wirtschaftlich prosperierenden Städten Oberitaliens (Bevölkerungspotential von 20 bis 30 Millionen) erscheint ein Nachfrageschub bis zu 5 Millionen Übernachtungen erreichbar (+300 v. H.).

Alle diese Nachfragegruppen kommen, ebenso wie ein eventueller Zuwachs aus der Schweiz, mehrheitlich dem Westen, teilweise dem Süden Österreichs zugute (vgl. Karte 6.4). Es werden vor allem zielgruppenorientierte und qualitativ hochwertige Spezialangebote in den „zentralen Tourismusorten" bevorzugt; ein weiterer Schwerpunkt gilt dem Kulturangebot in den Städten (Wien und Salzburg) als Reiseziel. Der westliche Hoffnungsmarkt ist, bezogen auf Quantität und Verteilung in regionalwirtschaftlicher Sicht, kein vollständiger Ersatz für die ausgefallenen bundesdeutschen Gäste. Die massive Bevorzugung der gehobenen Kategorien und der Angebote im Neigungstourismus läßt ferner deutlich Nachfragekonzentrationen erwarten (vgl. Tabelle 6.5.).

Tabelle 6.5: **Die internationale Nachfrage im Jahr 1975, 1985 und 2000**

Übernachtungen in Mill.	1975	1985	2000
Bundesrepublik Deutschland	62,7	55,9	46,8
Niederlande	5,8	9,2	8,2
Großbritannien	1,9	4,2	6,5
Frankreich	1,2	2,5	3,5
Schweiz	1,1	1,9	3,5
Italien	0,6	1,3	5,0
COMECON	0,3	0,8	6,0

* keine gesonderte Erhebung; geschätzte Werte

Die Sommer-Problematik betrifft die randalpinen Seengebiete bereits seit der Mitte der siebziger Jahre, sie wird bis zur Jahrtausendwende eskalieren und weitere Nachfrageverluste bringen, wenn es nicht gelingt, sich auf die veränderten Bedingungen einzustellen und vor allem die Persistenzphänomene (veraltete Bausubstanz, verbaute Seeufer, traditionelles Image usw.), die eine Anpassung erschweren, in den Griff zu bekommen. Ein „Come-Back-Szenario" könnte bei einem EG-Vollbeitritt und einer daraus resultierenden Liberalisierung des Grundstücksmarktes eintreten, wenn der Zweitwohnsitzdruck die Salzkammergutseen und in der Folge auch die Kärntner Seen erfaßt, allerdings mit schwerwiegenden Konkurrenzproblemen zwischen Naherholer und Urlaubsgast (vgl. die Konsequenzen der Zweitwohnsitze im Semmeringgebiet für die dortige Hotellerie).

Die peripheren Regionen im Norden, Osten und Südosten Österreichs sind auch im zukünftigen touristischen Sommer-Markt relativ chancenlos. Das langgehegte Image des Fremdenverkehrs als „Möglichkeit und Chance für den ländlichen Raum" ist nicht mehr haltbar. Die aufgezeigten Zunahmen bewegen sich in ihrer Quantität im marginalen Bereich. Die kurzen Innovationszyklen und die benötigte Kapitalkraft beim Einstieg in einen gewinnorientierten Tourismus stellen eine zu starke Barriere dar. Was sich abzeichnet, sind Einzelentwicklungen im kleinen Rahmen, die durch Privatinitiative entstanden sind; es wäre allerdings falsch, ihnen Signalcharakter für eine positive Entwicklung im regionalen Maßstab beizumessen.

Die oben dargestellten Entwicklungen übertreffen die im Titel gewählte Negativformulierung bei weitem, im folgenden nun eine *Bewertung möglicher positiver Alternativen*:

1. Die Inländer, die in ihrer Nachfragefrequenz eher geringe Schwankungen aufweisen (Marktanteil 25 v. H.), werden nicht in der Lage sein, die Rückgänge der bundesdeutschen Urlauber auszugleichen. Zum einen kann sich die mit 40 v. H. überaus geringe Urlaubsreiseintensität nicht so stark erhöhen, wie dies nötig wäre, da Wien – mit der höchsten Reiseintensität Österreichs (60 v. H.) – bis zum Jahr

Karte 6.4: PROGNOSE IM HOFFNUNGSMARKT 2000

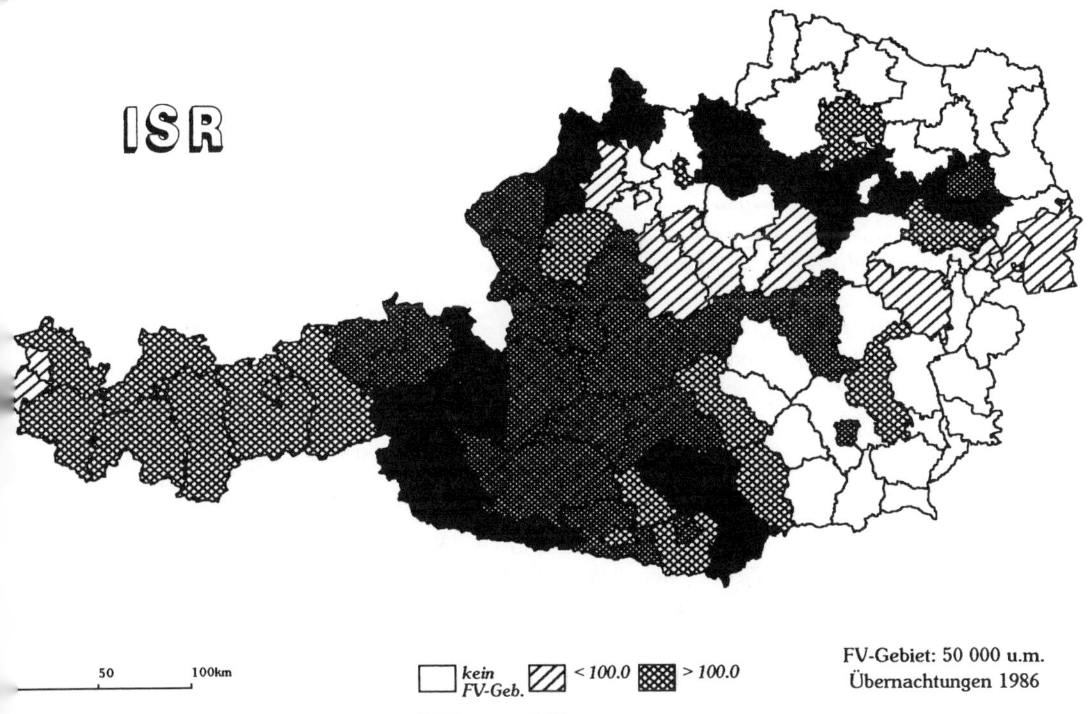

Quelle: Eigene Berechnung

EDV-GRAPHIK: B. STANGL THEMATIK: F. ZIMMERMANN

2011 möglicherweise (nach der Hauptvariante der Bevölkerungsprognose von M. SAUBERER) eine Bevölkerungsabnahme von 17 v.H. hinnehmen muß, wodurch sich das Potential deutlich verringern würde; zum anderen verstärkt sich der Trend zu ausländischen Reisezielen. Insgesamt kann somit die Inlandsnachfrage bestenfalls als stabil angenommen werden, wahrscheinlicher ist eine Reduktion des Marktsegmentes, ebenfalls bedingt durch Änderungen im Urlaubs- und Freizeitstil.

2. Die mit einem Marktanteil von 13 v.H. vertretenen Gäste aus den BENELUX-Ländern verhalten sich in ihrer Grundtendenz sehr ähnlich den skizzierten Entwicklungen bezüglich der Bundesrepublik Deutschland, so daß sie als „Rettungsanker" kaum in Frage kommen.

3. Demnach verbleiben für ein „Hoffnungsmarkt-Szenario" zunächst die in der Marktanteile-Skala nächstfolgenden Länder: Großbritannien, Frankreich, Schweiz und Italien, die in einem „West-Szenario" zusammengefaßt wurden. Gegenübergestellt wird abschließend ein „Ost-Szenario", das auf den sich abzeichnenden politischen Öffnungstendenzen in den COMECON-Staaten aufgebaut ist.

6.3.7. Das „Ost-Szenario"

Bei weiterer politischer Öffnung zum Ostblock könnte die Bevölkerung aus den COMECON-Ländern zu einer neuen Nachfragergruppe werden. Inwieweit ein EG-Anschluß hemmende Wirkung hätte, ist momentan nicht abschätzbar. Die günstige Erreichbarkeit mit dem PKW brächte der österreichischen Tourismuswirtschaft zumindest zunächst internationale Wettbewerbsvorteile.

An erster Stelle dürften zumindest in den neunziger Jahren die ungarischen Touristen stehen. Nimmt man für sie ähnliche Zuwachsraten an, wie sie die Gäste aus der Bundesrepublik Deutschland mit ihrer „Autotourismuswelle" bis in die sechziger Jahre hatten, so erscheint eine Verzehnfachung der Nachfrage auf rund 5 Millionen Übernachtungen möglich; die Nachfrage aus den übrigen COMECON-Ländern, deren Öffnung wohl erst mit einer gewissen Verzögerung erfolgen wird, könnte in Summe 1 Million erreichen.

Dieser Autotourismus kommt interessanterweise nicht in dem Ausmaße dem Osten Österreichs zugute, wie man es aufgrund der Nähe zu den Grenzstationen erwarten könnte. Vielmehr führen historische Erinnerungen an die gemeinsame Vergangenheit in der k. u. k. Monarchie zu einem Besichtigungs- und Städtetourismus (Wien, Salzkammergut), deutliche Schwerpunkte gelten auch dem Sporttourismus, vor allem im Winter (Zell am See, Saalbach, Zillertal). Daneben verstärken sich die kurzen und rhythmischen Einkaufsfahrten, die vor allem dem Wiener Raum und den Grenzgebieten Vorteile bringen.

Gegenwärtig wird die Nachfrage von Angehörigen der Funktionärselite und den Bildungsschichten dominiert, die eher gewerbliche Beherbergungsbetriebe der mittleren bis unteren Kategorien bevorzugen (17 v.H. der Ungarn entfallen auf Fünf- und Vier-Sterne-Betriebe, 33 v.H. auf Drei-Sterne-Betriebe, 32 v.H. auf Zwei- und Ein-Stern(e)-Betriebe, 15 v.H. auf Campingplätze und nur 3 v.H. auf Privatquartiere). In Zukunft ist jedoch mit einer Beteiligung tieferer sozialer Strata zu rechnen, so daß die Möglichkeit eines Verzögerungseffektes beim Rückbau des Privatzimmersektors durch ungarische Touristen in bestimmten Regionen angenommen werden kann. Bereits heute wird in den Wintersportregionen sichtbar, daß die ungarischen Gäste vor allem in den billigeren „sekundären" Standorten anzutreffen sind, das Freizeitangebot aber in den Spitzenorten nutzen.

6.3.8. Die Entwicklung der Nachfrage bis 2000

Insgesamt ist zu erwarten, daß eine Substitution der ausfallenden Segmente aus der Bundesrepublik Deutschland durch andere, expandierende Märkte erfolgen wird und die Gesamtnachfrage etwa auf dem Stand Mitte der achtziger Jahre gehalten werden kann. Trotz der Rückgänge in der Bettenzahl wird dank dem Trend zur Qualität bzw. den positiven Effekten durch die weitere Internationalisierung der Gästeschichten die Wertschöpfung jedoch nicht ab- sondern eher sogar zunehmen. In regionaler Hinsicht sind jedoch sehr deutliche Umschichtungen zu erwarten, die die Betriebsebene wahrscheinlich noch mehr beeinflussen werden, als es im „Kommerzialisierungs-Szenario“ zum Ausdruck kommt:

1. *Weite Teile Westösterreichs büßen ihre Funktion als traditionelle Sommererholungsgebiete ein, die Winternachfrage wird zum deutlichen Schwerpunkt.* Die Nachfrage konzentriert sich auf Standorte mit „Image“, denen es gelingt, die Verluste der Sommersaison zu kompensieren; die Umpolung auf den Winter nimmt zu, der Winteranteil dürfte in Landeck oder Bludenz auf über 80 v.H. steigen, in Zell am See oder Kitzbühel auf etwa 70 v.H.

2. In den *Seengebieten Kärntens* ist die Abhängigkeit vom deutschen Markt so groß, daß auch mäßige Gewinne in den genannten westlichen Hoffnungsmärkten einen *weiteren Rückgang der Nachfrage* nicht verhindern können. Nach Expertenmeinung könnten Einbrüche nur durch Einsatz neuer, schlagkräftiger Kooperationsmodelle, die sich durch Koordination zwischen Land, Regionen und Gemeinden auszeichnen, verhindert werden. Mit deren Hilfe könnte es möglicherweise gelingen, einerseits die persistenten physischen und organisatorischen Strukturen den modernen Erfordernissen anzupassen, andererseits durch ein zielgruppenorientiertes Marketing, bei dem die Sauberkeit der Badegewässer einen besonderen Stellenwert erhalten sollte, einen deutlichen Wettbewerbsvorteil gegenüber der nationalen und internationalen Sommerkonkurrenz zu erzeugen. Dies erfordert allerdings auch die Einsicht, daß eine Reduktion des Angebotes auf „vermarktbare“ Einheiten notwendig ist und daß weniger Gäste in einem qualitativ hochwertigen Angebotsdesign ein Mehr an betriebs- und regionalökonomischer Wertschöpfung sowie sozialpsychologischem Nutzen bedeuten können. Eine Entwicklung in dieser Richtung bahnt sich am Klopeiner See an.

3. Trotz der Nachfragesteigerung aus dem COMECON sind es die *Gäste aus den westlichen Herkunftsländern*, die an einigen Standorten Ostösterreichs für eine leichte Nachfragezunahme sorgen, wobei Ausstrahlungseffekte von Wien entlang spezifischer Routen in Form des Kultur-, Bildungs- und Besichtigungstourismus verstärkt auftreten werden. Die Nachteile Ostösterreichs durch die mangelnde naturräumliche Ausstattung für den Wintersport, die Bedeutungszunahme des Ausflugsverkehrs und die dynamische Entwicklung des Wiener Zweitwohnungswesens sind so bedeutend, daß auch in Zukunft einem Ausbau der Naherholung eindeutig der Vorzug vor großangelegten Investitionen in die touristische Infra- und Suprastruktur zu geben ist. Eine Ausnahme bildet das Umland von Wien, dem im Zuge der Entwicklung des Städtetourismus besondere Bedeutung als Reservestandort zukommen wird.

6.4. Mögliche Auswirkungen eines Vollbeitritts zur EG für den Tourismus in Österreich

In zahlreichen Stellungnahmen wurden die Positiva eines EG-Beitritts aufgearbeitet (Bundeskammer der Gewerblichen Wirtschaft, Österreichisches Institut für Wirtschaftsforschung, Institut für Angewandte Sozial- und Wirtschaftsforschung, Vereinigung österreichischer Industrieller u. a.). Auch zwei Drittel der Experten der Delphi-Befragung bewerten eine EG-Integration positiv. Bisher nicht diskutiert wurden mögliche negative Auswirkungen der Liberalisierung von Boden, Arbeitskräften und Kapitaltransfer auf den Tourismus. Im folgenden hierzu einige Aussagen.

1. Die Freiheit der Niederlassung von Unternehmungen würde durch den zu erwartenden *Druck von ausländischer Großhotellerie*, vor allem auf die imageträchtigen Standorte, zu einer starken Reduzierung, teilweise auch zur völligen Beseitigung der Familienbetriebsstruktur führen. Die Privatzimmervermietung und die Familienpensionen würden sukzessive verschwinden, womit sich auch die Partizipation der Einheimischen an der touristischen Wertschöpfung drastisch verringern würde.

2. Dieser Vorgang würde durch die Niederlassung *ausländischer Gastgewerbetreibender* verstärkt werden (Zuverlässigkeitsnachweis bzw. Praxis ersetzt die gastgewerbliche Konzessionsprüfung).

3. Der Kapitaltransfer nach Österreich würde eine *fremdgesteuerte Tourismusentwicklung* bedingen. In weiterer Folge wäre ein massiver Ertragsabfluß ins Ausland zu erwarten, auf Kosten der Wertschöpfung durch die einheimischen Klein- und Mittelbetriebe.

4. Ausländische Immobilienmakler würden sich in Österreich in größerer Zahl niederlassen, Architekten- und Bauaufträge würden von ausländischen Firmen ausgeführt werden, der Wareneinkauf würde bei Großhändlern außerhalb des Landes erfolgen usw.

5. Im Marketing, damit aber auch in den Entwicklungsstrategien, würden sich externe Großorganisationen des Tourismus in zunehmendem Maße beteiligen.

6. Die Freigabe des Grunderwerbes würde die derzeitige protektionistische Politik der Bundesländer aufheben, mit der Konsequenz, daß die attraktivsten Standorte – soferne sie nicht von der Hotellerie vereinnahmt werden – dem Zweitwohnsitz- und Appartementdruck erliegen würden. *Eine restriktive Raumordnungs- und Flächenwidmungspolitik würde zu einer künstlichen Verknappung führen und eine extreme Erhöhung der Bodenpreise für die verfügbaren Grundstücke bedingen. Dadurch verbessern sich wieder die Chancen der kapitalkräftigeren Auslandsinteressenten; die Einheimischen würden von diesen Standorten völlig zurückgedrängt werden.*

7. Während bestimmte Restriktionen des Grundstückstransfers sicher greifen würden, liegt ein wesentliches *Verkaufspotential bei den überschuldeten Beherbergungsbetrieben mit schlechter Ausstattung*; es ist durch legistische Maßnahmen nicht zu verhindern, daß Privatbesitz verkauft wird, Makler dann derartige Pensionen oder Hotels in Appartementhäuser umwandeln und als Abnehmer wieder ausländische Interessenten auftreten.

8. In Umweltbelangen ist eine „nachlässigere" Haltung der EG sichtbar. Durch die Verarmung der landwirtschaftlichen Familienbetriebe im Bergbauerngebiet käme es zu fehlender Landschaftspflege, wodurch die Attraktivität der Erholungslandschaft gemindert würde. Gleichzeitig ist von den Investoren – aufgrund ihrer geringen Bodenverbundenheit – zu erwarten, daß *bei Projekten ökonomische Aspekte gegenüber ökologischen Überlegungen eindeutig dominieren.* Im Falle eines Attraktivitätsverlustes einzelner touristischer Standorte würden die geschaffenen Strukturen aus „ökonomischen Gründen" aufgelassen werden, d.h. Blightphänomene wären die Folge.

9. Dies alles würde die Eigenart und den typischen Charakter des österreichischen Fremdenverkehrsangebotes mindern, *im Extremfall würden zwei Gesellschaften entstehen, eine „lokale Gesellschaft" ohne Identifikation mit dem Tourismus und eine „touristische Gesellschaft" ohne Kontakt zu den Einheimischen.* Diese Abkoppelung und Ghettoisierung würde den Einheimischen die wirtschaftliche Basis nehmen, die Reaktion wäre Abwanderung und der Verfall ganzer dörflicher Kulturen (vgl. französische „Skiretortenstädte"). Im besten Falle könnten die Bauern ihren Grund zu hohen Preisen verkaufen und in einer anderen Region eine neue Existenz gründen.

Anhang: Zur Methode der Expertenbefragung

Die Delphi-Experten-Befragung kann man definieren als „mehrphasige, schriftliche, anonyme Befragung ausgewählter Personen mit jeweiliger Bekanntgabe der Ergebnisse (statistische Auswertung, Argumente, Gegenargumente) der Vorrunde" (KOCHER 1976). Demnach handelt es sich um eine iterative Gruppenbefragung mit einem fünfphasigen Ablauf, der in Schema 1 skizziert wird.

Ergebnisse aus der Delphi-Befragung:

Das Stärken-Schwächen Profil des österreichischen Fremdenverkehrs

Die Vorteile ...
- zentrale Lage in Europa (Marktnähe)
- noch intakte, vielfältige Naturlandschaft, gesundes Klima
- Vielfalt an Kultur- und Bildungsangeboten
- breites Verständnis für den Tourismus

Schema: Ablauf der Delphi-Experten-Befragung

	Bearbeiter	Befragte
Vorbereitungsphase	– Ausarbeitung des Fragebogens – Pretest – Auswahl der Befragten	– Zusage zur Teilnahme (an allen drei Runden)
1. Runde	1. Fragebogen: – Bewertungsfragen – offene Fragen	– Beantwortung
	Auswertung	
2. Runde	2. Fragebogen: – Resultate der 1. Runde – Fragen erneut gestellt – neue Fragen eingebaut (von den Experten gewünscht)	 – Lesen der Resultate – Begründen der Meinung (1. Runde) – neuerliche Bewertung – Beantwortung der neuen Fragen
	Auswertung	
3. Runde	3. Fragebogen: – Resultate der 2. Runde – Vorstellen der Argumente – Fragen erneut gestellt	 – Lesen der Resultate – Neu Beantwortung – weitere Argumente, Gegenargumente anführen
Endphase	– Endgültige Auswertung der Befragung – Schlußbericht – Zukunftsvisionen, korrigierte Szenarien, Strategien, Maßnahmen	

- organisch gewachsene Fremdenverkehrsstrukturen mit langer Erfahrung und Tradition des Fremdenverkehrsgewerbes
- überschaubare Orts- und Betriebsgrößen
- viele Familienbetriebe, keine Touristenghettos
- besondere positive Kennzeichen: Freundlichkeit, Gemütlichkeit, Verläßlichkeit, Individualität, Stabilität, Sauberkeit, Seriosität, Kontaktfreudigkeit, Anpassungsfähigkeit, Idealismus

Die Nachteile ...

- veraltete Angebote, zu konservativ, zuviel Nachahmung, zuwenige Innovationen, zu geringe Spezialisierung, unprofessionelle Vermarktung, zuviele nicht mehr vermietbare Betten, zuwenig Qualität, mangelnde Eigenfinanzierungskraft der Betriebe

- Angebot mit wenig Freiräumen, zuviele Ge- und Verbote (Hotel-, Hausordnungen, starre Essenszeiten, starrer Urlauberwechsel an Samstagen), zuviele „freizeitfeindliche" Gesetze (Ladenschlußzeiten, Lärmverordnungen ...)
- sorgloser Umgang mit der Natur (Zersiedelung, Übererschließung ...)
- geringe Identifikation mit bodenständigem Kulturgut, abnehmende Eigenkultur
- negatives Image durch Skandale, politische Diskussionen, Medien
- Steuerbelastung, Arbeitsrecht, Sozialgesetzgebung behindern die internationale Konkurrenzfähigkeit und belasten das Preis-Leistungs-Verhältnis
- regionales und überregionales Tourismus – Marketing hat keinen Einfluß auf die Produktgestaltung (Angebotspaket, Preis, Qualität ...)
- zu geringe materielle und immaterielle Unterstützung des Fremdenverkehrs durch öffentliche Hand, fremdenverkehrsgleichgültige Einstellung der Bundes- und teilweise Landespolitik

Literaturverzeichnis

ANRIG, P., 1983. Hotellerie, Zeitwohnungen und Wohnungen für Einheimische – Ziele einer zukünftigen Entwicklungspolitik unter der Lupe. SFV Bulletin 1983/2: 1-12.

BAIER, S., 1985. Der alpine Sommertourismus aus der Sicht der Fremdenverkehrswirtschaft. In: Problem Sommerfremdenverkehr in den Alpen. Referate zum 2. Hochschulkurs für Fremdenverkehr in Neustift/Brixen, Institut für Verkehr und Tourismus, Schriftenreihe B 14, Innsbruck: 41-45.

BERNT, D., FLEISCHHACKER, V. u. P. PAUER, 1985. Internationale und nationale Trends im Tourismus. Rahmenbedingungen für die Fremdenverkehrsentwicklung in Österreich. Gutachten des Österr. Instituts für Raumplanung (ÖIR). Österreichische Raumordnungskonferenz, Schriftenreihe 47, Wien (Aktualisierung 1988).

BERNT, D., FLEISCHHACKER, V. u. P. PAUER, 1987. Entwicklungsmöglichkeiten des Fremdenverkehrs in Problemgebieten. Gutachten des Österreichischen Instituts für Raumplanung (ÖIR). Österreichische Raumordnungskonferenz, Schriftenreihe 53, Wien.

BREUSS, F., HANDLER, H. u. J. STANKOWSKY , 1988. Österreichs Optionen einer EG-Annäherung und ihre Folgen (Gutachten des Österreichischen Instituts für Wirtschaftsforschung). Wien.

BREUSS, F. u. J. STANKOWSKY, 1988. Österreich und der Binnenmarkt. Institut für Angewandte Sozial- und Wirtschaftsforschung, Wien.

BUNDESKAMMER DER GEWERBLICHEN WIRTSCHAFT, 1987. Stellungnahme der Bundeswirtschaftskammer zur Europäischen Integration. Wien.

BUNDESKAMMER DER GEWERBLICHEN WIRTSCHAFT, 1988. Österreich und die Europäischen Gemeinschaften. Zusammenfassung der Sektionsstellungnahmen. Manuskript, Wien.

DOLP, M., 1983. Die Landschaft in Österreich im Spannungsfeld von technisiertem Fremdenverkehr und „zerbrechlichen Werten". Berichte zur Raumforschung und Raumplanung 27/2-3: 43-47.

DORNER, GLATZ, SCHREMMER, 1986. Regionale Entwicklung durch Ausbau des Fremdenverkehrs? Wien.

DUTTWEILER, G., 1985. Ferien und Reisen im Jahre 2035. Institut für wirtschaftliche und soziale Studien Rüschlikon/Zürich.

ELSASSER, H., 1982. Entwicklungsalternativen zur touristischen Entwicklung im Berggebiet. Berichte zur Raumforschung und Raumplanung 26/5-6: 27-31.

FESTA, Ch. u. I. GOERNER, 1976. Die fünf Dimensionen der Freizeitentwicklung. Wirtschaftspolitische Zeitschrift der Kammer für Arbeiter und Angestellte für Wien, 1976/2.

HUMMER, W. u. M. SCHWEITZER, 1987. Österreich und die EG. Gutachten für die Vereinigung österreichischer Industrieller, Wien.

KRIPPENDORF, J., 1979. Tourismus im Jahre 2010 – Eine Delphi-Umfrage über die zukünftige Entwicklung des Tourismus in der Schweiz. Forschungsinstitut für Fremdenverkehr an der Univ. Bern.

KRIPPENDORF, J., 1984. Die Ferienmenschen. Für ein neues Verständnis von Freizeit und Reisen. Zürich/Schwäbisch Hall.

KRIPPENDORF, J., 1986. Alpsegen – Alptraum. Für eine Tourismus-Entwicklung im Einklang mit Mensch und Natur. Bern.

LICHTENBERGER, E., 1976. Der Massentourismus als dynamisches System: Das österreichische Beispiel. Tagungsberichte und wissenschaftliche Abhandlungen des 40. Deutschen Geographentages Innsbruck 1975: 673-692. Wiesbaden.

LICHTENBERGER, E., 1979. Die Sukzession von der Agrar- zur Freizeitgesellschaft in den Hochgebirgen Europas. Innsbrucker Geographische Studien 5: 401-436.

MAZANEC, J. u. H. MIKULICZ, 1985b. Gästebefragung Österreich, Sommer 1984. Österreich-Bericht. Hsg.: Österreichische Gesellschaft für Angewandte Fremdenverkehrswissenschaft, Projektgruppe Forschung. Wien.

MAZANEC, J. u. H. MIKULICZ, 1985b. Gästebefragung Österreich, Winter 1984/85. Österreich-Bericht. Hsg.: Österreichische Gesellschaft für Angewandte Fremdenverkehrswissenschaft, Projektgruppe Forschung. Wien.

MÜLLER, K. H., 1985. Hypothese der stagnierenden Nachfrage für den Bergurlaub. In: Problem Sommerfremdenverkehr in den Alpen. Referate zum 2. Hochschulkurs für Fremdenverkehr in Neustift/ Brixen, Institut für Verkehr und Tourismus, Schriftenreihe B 14, Innsbruck: 1-6.

OPASCHOWSKI, H. W., 1982. Freizeit-Daten. Zahlen zur Freizeit-Situation und -Entwicklung in der Bundesrepublik Deutschland. B.A.T. Freizeit-Forschungsinstitut/Deutsche Gesellschaft für Freizeit (Hsg.), H. 50, Hamburg/Düsseldorf.

ÖSTERR. RAUMORDNUNGSKONFERENZ (Hsg.), 1985. BERNDT, D., FLEISCHHACKER, V., PAUER, P. u. W. HESINA (Bearbeiter): Internationale und nationale Trends im Tourismus – Rahmenbedingungen für die Fremdenverkehrsentwicklung in Österreich.

ÖSTERR. INSTITUT FÜR RAUMPLANUNG, 1983. Neue Entwicklungen im Fremdenverkehr (Heftthema). Informationen zur Raumentwicklung 1983/1: I-VIII und 1-92.

ÖSTERR. INSTITUT FÜR RAUMPLANUNG, 1983. Entwicklungsmöglichkeiten des Fremdenverkehrs in Problemgebieten. Wien.

ÖSTERR. INSTITUT FÜR RAUMPLANUNG, 1988. Die Entwicklungstrends im österr. Fremdenverkehr. Wien.

PALME, G., 1986. Entwicklungstendenzen der touristischen Nachfrage in der Steiermark. Ein produktzyklustheoretischer Ansatz. Österreichisches Institut für Wirtschaftsforschung.

PAPSON, S., 1979. Tourism: World's Biggest Industry in the Twenty-First Century? The Futurist XIII/4, Washington: 249-257.

PROGNOS AG, 1982. Politik, Wertewandel, Technologie. Ansatzpunkte für eine Theorie der sozialen Entwicklung. Düsseldorf/Wien: Econ.

SCHWARZL, R., 1985. Ausländerfremdenverkehr in Österreich. Konsumausgaben 1955 bis 1984. Statistische Nachrichten 40/8: 581-585.

SMERAL, E., 1985. Längerfristige Entwicklung und struktureller Wandel im internationalen und österreichischen Tourismus. Österr. Institut für Wirtschaftsforschung (Hsg.): Zur Position Österreichs im Strukturwandel der Weltwirtschaft. Band 2 der Österr. Strukturberichterstattung, Kernbericht 1984.

SMERAL, E., 1986. Position Österreichs im Welttourismus. WIFO-Monatsberichte 59/4, Wien.

SMERAL, E., 1986. Reiseverkehr und Gesamtwirtschaft. Studie des Österr. Instituts für Wirtschaftsforschung im Auftrag der Sektion Fremdenverkehr der Bundeskammer der Gewerbl. Wirtschaft, Wien.

SMERAL, E., KRAMER, H. u. E. WALTENKIRCHEN, 1984. Die Situation des österreichischen Fremdenverkehrs und Perspektiven bis zum Jahr 2000. Studie des Österr. Instituts für Wirtschaftsforschung im Auftrag des BM für Handel, Gewerbe und Industrie, Wien.

SOCHER, K., 1988. Die Argumente gegen einen EG-Vollbeitritt. Wirtschaftspolitische Blätter 3, Wien: 380-387.

STUDIENKREIS FÜR TOURISMUS, 1987. Erste Ergebnisse der Reiseanalyse 1987. 17. repräsentative Urlaubsreiseerhebung. Animation 8/2: 74-79.

TSCHURTSCHENTHALER, P., 1987. Probleme des Sommerfremdenverkehrs in den Alpen. Berichte zur Raumforschung und Raumplanung 31/1-2: 11-21. Wien.

WILLIAMS, A. M. u. G. SHAW, 1988. Western European tourism in perspective. In: WILLIAMS, A. M., u. G. SHAW (Hsg.). Tourism and Economic Development. Western European Experiences. London.

ZIMMERMANN, F., 1985. Der Fremdenverkehr in Österreich – Skizze einer praxisorientierten räumlichen Fremdenverkehrsforschung aus geographischer Sicht. Klagenfurter Geographische Schriften 6 = Festschrift für Elisabeth Lichtenberger, Klagenfurt: 253-284.

ZIMMERMANN, F., 1985. Ausflugsverkehr und Kurzurlaube in Österreich unter Berücksichtigung der Überlagerung mit dem mittel- und längerfristigen Reiseverkehr. Berichte zur Raumforschung und Raumplanung 29/3-4: 3-13.

ZIMMERMANN, F., 1987. Aktuelle Tendenzen des Tourismus in den österr. Alpen. Zeitschrift für Wirtschaftsgeographie 31/2: 106-117.

ZIMMERMANN, F., 1988. Phenomena and types of tourism in Austria. Results of a multivariate analysis. In: LICHTENBERGER, E., u. M. PECSI (eds.). Contemporary Essays in Austrian and Hungarian Geography. Studies in Geography in Hungary 22, Akademiai Klado, Budapest.

ZIMMERMANN, F., 1988. Austria: Rapid expansion of winter tourism and problems with the summer season. In: SHAW, G., u. A. WILLIAMS (eds.). Tourism and Economic Development. The Western European Experience. London.

ZIMMERMANN, F., 1988: Ende des Wachstums und potentieller Rückbau des Fremdenverkehrs. Tagungsberichte und wissenschaftliche Abhandlungen des 46. Deutschen Geographentages München 1987. Wiesbaden: 384—393.

ZIMMERMANN, F., (im Druck). Tourismus zur Jahrtausendwende – eine Delphi-Expertenbefragung zur Zukunft des Fremdenverkehrs in Österreich — Zwischenbericht. Berichte und Materialien, Institut für Tourismus, Freie Universität Berlin. 4. Sitzung des Arbeitskreises „Freizeit- und Fremdenverkehrsgeographie“ in Pörtschach am Wörthersee.

7. Szenarien und Modellrechnungen zur Entwicklung des Zweitwohnungswesens in Österreich bis zum Jahr 2011

von Herbert BAUMHACKL, Wien

Inhaltsverzeichnis

7.1. Einleitung: Das Zweitwohnungswesen in Österreich
7.2. Die regionale Differenzierung des Zweitwohnungswesens in Österreich
7.3. Zweitwohnungsszenarien
  7.3.1. Rahmenbedingungen der zu erwartenden Entwicklung des Zweitwohnungswesens in Österreich
  7.3.2. Bevölkerungsentwicklung und Zweitwohnungswesen
  7.3.3. Einfluß der Wohnungspolitik und des Wohnungsmarktes auf die Entwicklung des Zweitwohnungswesens
  7.3.4. Gesellschaftlicher und sozialer Wandel
  7.3.5. Auswirkungen technologischer Entwicklungen
  7.3.6. Effekte der städtischen Entwicklung
  7.3.7. Einflüsse des Staates auf die Entwicklung des Zweitwohnungswesens
7.4. Szenarien für Kernstädte, Stadtumländer und periphere Räume
  7.4.1. Szenario für das Zweitwohnungswesen in den Kernstädten
  7.4.2. Szenario für das Zweitwohnungswesen im Stadtumland (ganzjährige Benützbarkeit)
  7.4.3. Szenario für das Zweitwohnungswesen im Stadtumland (saisonal nutzbare Zweitwohnungsformen)
  7.4.4. Szenarien für das Zweitwohnungswesen in peripheren Räumen
7.5. Modellrechnungen zum Zweitwohnungswesen der Wiener bis zum Jahr 2011
  7.5.1. Aktueller Bestand und Entwicklung: Rechtsformen und Bautypen
  7.5.2. Modellrechnungen zum Zweitwohnungswesen der Wiener bis zum Jahr 2011
  7.5.3. Räumliche Effekte künftiger Entwicklungstendenzen
7.6. Das Ausländerzweitwohnungswesen in Österreich
  7.6.1. Gegenwärtige legistische Situation
  7.6.2. Szenarien des Ausländerzweitwohnungswesens
7.7. Zusammenfassung
Anmerkungen
Literaturverzeichnis

7.1. Einleitung: Das Zweitwohnungswesen in Österreich

Zwei „Ereignisse“ brachten das Zweitwohnungswesen ins Schlaglicht der Öffentlichkeit:

1. „der Ausverkauf der Landschaft“ durch Ausländer in den Fremdenverkehrsgebieten West-Österreichs und Kärntens in der ersten Hälfte der siebziger Jahre,

2. die Volkszählung 1981, die an der Wohnsitzfrage („ordentlicher“ und „weiterer Wohnsitz“) (Anm. 1) beinahe scheiterte. Die erfolgreiche Anfechtung der Volkszählung beim Verfassungsgerichtshof durch die Gemeinde Wien in ca. 30.600 Fällen illustriert die enorme politische Brisanz des neuen Zuordnungsproblems der Bevölkerung, mit dem weitreichende finanzielle (Finanzausgleich) und politische (Mandatsverteilung) Konsequenzen verbunden sind.

Die immer mehr übliche „Aufspaltung des Wohnens“ in eine Haupt- und eine (oder mehrere) Zweitwohnung(en) kommt einer Neuorganisation und -orientierung der Gesellschaft gleich, der der Staat Rechnung zu tragen hat. Seine normativen Strategien sind dieser anzupassen bzw. Planungsmodelle darauf einzustellen. Während dem Ausländergrunderwerb in Österreich in den meisten Bundesländern durch „Grundverkehrsgesetze“ mehr oder weniger wirksam begegnet wurde, fehlen legistische Handhaben zur Steuerung des Zweitwohnungswesens der Inländer. Nach bayerischem Vorbild wird in vielen Gemeinden die Einführung einer Zweitwohnungssteuer (vgl. z. B. BAYER 1982, BRAKE 1984), deklariert als modifizierte Kurtaxe, diskutiert. Auch die Ausweisung von Vorranggebieten, um für die jeweiligen Lebensbedürfnisse der ortsansässigen Bevölkerung eine Art „Standort- bzw. Flächensicherungspolitik“ zu betreiben, wird von Planern und Politikern in Erwägung gezogen. Sie stehen vor der Frage eines „ordnenden Eingriffs“ in bislang mehr oder weniger unkoordiniert ablaufende Prozesse im Freizeitbereich, um einen Interessenausgleich unterschiedlicher Raumansprüche zu gewährleisten.

Der vorliegende Beitrag verfolgt vier Zielsetzungen:

1. den IST-Bestand des Zweitwohnungwesens in Österreich und die regionale Verteilung darzustellen,

2. mögliche und wahrscheinliche Entwicklungen des Zweitwohnungswesens in Österreich zu diskutieren,

3. in Form von Modellvarianten die künftige Entwicklung des Wiener Zweitwohnungswesens aufzuzeigen, sowie

4. an Hand von zwei Szenarien die Entwicklung des Zweitwohnungswesens von Ausländern unter Status-quo-Annahmen, d. h. Beibehaltung restriktiver Grundverkehrsgesetze und unter der Annahme einer Liberalisierung des Bodenmarktes aufgrund des Beitritts von Österreich zur EG zu diskutieren.

7.2. Die regionale Differenzierung des Zweitwohnungswesens in Österreich

Die amtliche Statistik hat Zweitwohnungsdaten im Rahmen zweier Großzählungen (Volkszählung und Häuser- und Wohnungszählung 1971, 1981) erhoben. Mikrozensuserhebungen erfolgten in den Jahren 1971, 1976, 1978 und 1979. Definitionsunterschiede und abweichende Erhebungsmethoden und -konzepte lassen einen nur sehr eingeschränkten Vergleich der Daten zu. Aufgrund des unscharfen Zweitwohnungsbegriffes war es bis heute nicht möglich, dieses Phänomen eindeutig quantitativ und qualitativ zu erfassen. Durch die enge Wohnungsdefinition wurden alle mobilen und behelfsmäßigen Formen des Zweitwohnens bzw. Ferienwohnungen und Appartements von In- und Ausländern in Österreich nur z.T. gezählt.

Der „amtliche Bestand" an Zweitwohnungen wurde im Zuge der Volkszählung 1981 und der Häuser- und Wohnungszählung 1981 mit Hilfe dreier Merkmale erhoben:

- Personen mit „weiteren Wohnsitzen",
- „Wohnungen ohne Wohnbevölkerung",
- „Wohnungen in Ferien-, Appartement- oder Wochenendhäusern".

Trotz der Erfassungsproblematik läßt sich bei „gemeinsamer" Betrachtung der erhobenen Merkmale eine annehmbare Differenzierung des Zweitwohnens in Österreich auf Bundesländerebene durchführen (vgl. Tabelle 7.1).

Tabelle 7.1: **Daten zum Zweitwohnungswesen aus den Großzählungen 1981 nach Bundesländern (revidierte Ergebnisse)**

Lage im/in	weitere Wohnsitze		Wohnungen ohne Wohnbevölkerung		Wohnungen in Ferien-, Appartem.- oder Wochenendhäusern	
	Anzahl	v. H. der WB	Anzahl	v. H. der Whg.	Anzahl	v. H. der Whg.
Burgenland	24.637	*9,1*	15.347	*15,4*	5.755	*5,8*
Kärnten	25.781	*4,8*	18.820	*9,9*	6.562	*13,4*
Niederöst.	180.105	*12,6*	88.797	*15,0*	23.331	*3,9*
Oberöster.	71.276	*5,6*	38.844	*8,6*	9.198	*2,9*
Salzburg	34.413	*7,8*	21.121	*12,4*	7.539	*4,4*
Steiermark	69.599	*5,9*	38.259	*9,0*	11.623	*2,7*
Tirol	36.856	*6,3*	22.583	*11,1*	8.560	*4,2*
Vorarlberg	9.752	*3,2*	8.834	*8,7*	3.854	*3,8*
Wien	148.047	*9,7*	108.250	*13,2*	13.428	*1,6*
Österreich	600.466	*7,9*	360.855	*11,8*	89.841	*2,9*

Quelle: Volkszählung 1981. Wohnbevölkerung nach Gemeinden (revidierte Ergebnisse). (= Beiträge zur österreichischen Statistik. Heft 630/1A). Häuser- und Wohnungszählung 1981. Hauptergebnisse (= Beiträge zur österreichischen Statistik. Heft 1-9).

Karte 7.1: ZWEITWOHNUNGEN IM EIGENTUM VON AUSLÄNDERN 1981

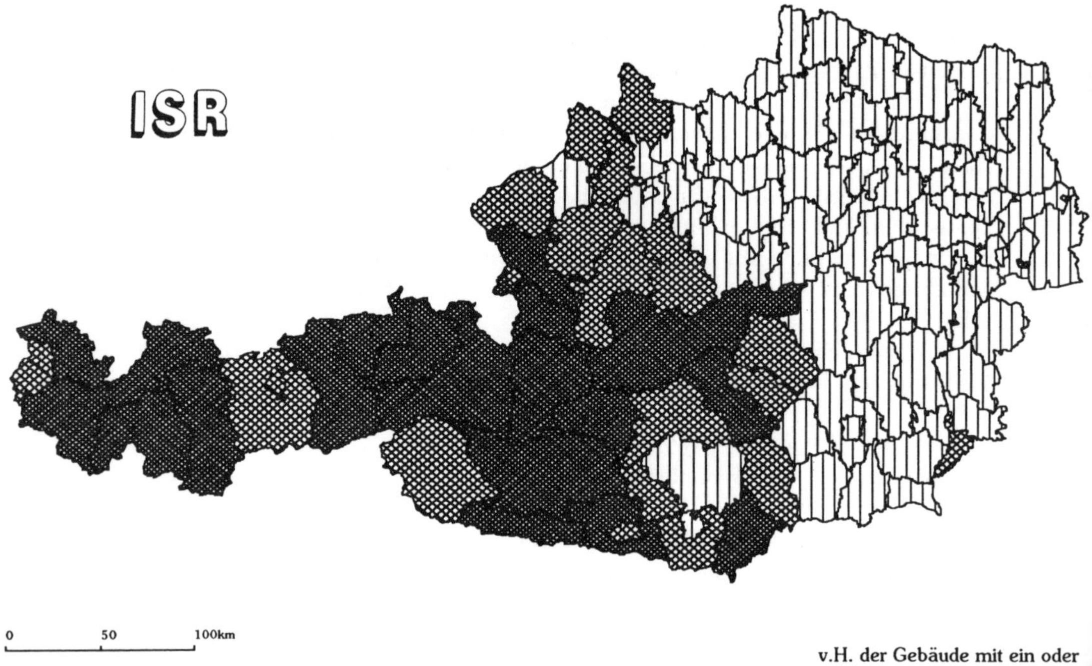

Quelle: HWZ 1981

< 3.3 > 3.3 > 9.0

v.H. der Gebäude mit ein oder zwei Wohnungen ohne Wohnbevö kerung und ohne Arbeitsstätten

EDV-GRAPHIK: B. STANGL THEMATIK: H. BAUMHACK

Ein Bundesländervergleich der drei Merkmale zeigt die überragende Bedeutung Wiens als „Quellgebiet" des Zweitwohnungsbooms. 58,8 v. H. der Personen mit einem „weiteren Wohnsitz" in Österreich haben diesen in der Ostregion (Wien, Niederösterreich, Burgenland). Mit dem Merkmal „Wohnungen in Ferien-, Appartement-oder Wochenendhäusern" wurden auch die Zweitwohnsitze in Fremdenverkehrsgebieten (wenn auch nur teilweise) erfaßt. Es besteht ein ausgeprägtes West-Ost-Gefälle des ausländerinduzierten Zweitwohnungswesens (vgl. Karte 7.1), von dem vor allem die westlichen Bundesländer und Kärnten betroffen sind. Die Parallelen zur West-Ost-Differenzierung des Fremdenverkehrs in Österreich (vgl. LICHTENBERGER 1976) sind offenkundig.

7.3. Zweitwohnungsszenarien

7.3.1. Rahmenbedingungen der zu erwartenden Entwicklung des Zweitwohnungswesens in Österreich

Im folgenden sollen mögliche und wahrscheinliche Entwicklungen des Zweitwohnungswesens aufgezeigt werden. Bei der Entwicklung von Trend-, Alternativ-, und Kontrastszenarien des Zweitwohnungswesens kann zwar hinsichtlich der sich trendmäßig abzeichnenden meßbaren Rahmenbedingungen (z. B. Bevölkerungsentwicklung, soziodemographische Veränderungen, Kostenentwicklungen bei Mieten usw.) auf Zahlenangaben zurückgegriffen werden, sie reichen aber bei einem Phänomen, das sehr eng an die gesamtgesellschaftliche Entwicklung und an den Wandel von Lebensstilen gekettet ist, nicht aus, um die „entstehenden Konsequenzen für die räumliche Struktur und Entwicklung abzuschätzen“ (ÖROK 1987, 90).

Aus bisher vorliegenden Untersuchungen (vgl. HAIMAYER 1979, LICHTENBERGER 1980, BAUMHACKL/ZOTTL 1985, MIKROZENSUS 1976, 1978, 1979, ÖROK 1987) kann der Schluß gezogen werden, daß der Höhepunkt des Zweitwohnungsbooms Mitte der siebziger Jahre in Österreich überschritten wurde. „Die Mehrzahl der Prognostiker stimmt darin überein, daß die künftige Entwicklung der räumlichen Struktur nicht eine lineare Fortsetzung der bisherigen Entwicklung sein wird. Hinsichtlich einiger wichtiger Rahmenbedingungen sind Tendenzwenden oder sogar Trendbrüche bereits eingetreten bzw. sind zu erwarten.“ (ÖROK 1987, 91).

Andererseits hat eine Befragung von 481 Gemeinden durch das Institut für Stadtforschung im Auftrag der ÖROK (vgl. ÖROK 1987, 48) ergeben, daß, nach Einschätzung der Gemeinden, in 13 v. H. der Gemeinden der Höhepunkt der Zweitwohnungsentwicklung noch nicht erreicht ist, in 15 v. H. noch mit leichten Zunahmen zu rechnen sein wird. Es handelt sich vor allem um strukturschwache Gemeinden.

Im folgenden werden die wichtigsten Determinanten des Zweitwohnungswesens und die davon ausgehenden Effekte skizziert.

7.3.2. Bevölkerungsentwicklung und Zweitwohnungswesen

Die Bevölkerungsentwicklung Österreichs (vgl. Bevölkerungsprognose – Hauptvariante bei SAUBERER/SPITALSKY 1987, Karte 1) zeigt bis zur Jahrtausendwende regional sehr unterschiedliche Tendenzen:

- Bevölkerungsverluste in den peripheren Regionen: Waldviertel, Burgenland, Mur-Mürzfurche, südliches Niederösterreich, weite Bereiche Kärntens und in den Großstädten.

– Bevölkerungszunahmen in den Großstadtregionen und entlang der Hauptverkehrsachsen sowie in den westlichen Bundesländern: Oberösterreich, Salzburg, Tirol, Vorarlberg. Gleichzeitig ist anzunehmen, daß die Zahl der Haushalte (vor allem in Wien) weiter zunehmen wird.

Diese Entwicklung könnte sich auf die räumliche Ausbreitung und Verdichtung des Zweitwohnungswesens wie folgt auswirken:

1. Die peripheren Regionen in günstiger Erreichbarkeit von städtischen Zentren (vor allem Wien) mit Bevölkerungsverlusten werden zunehmend attraktiv für potentielle Zweitwohnungsinteressenten. Die wachsende Zahl an leerstehenden, meist landwirtschaftlichen Objekten, günstige Grundstückspreise und eine positive Beurteilung dieser Art von Zweitwohnungen („bewahrender Charakter") durch Politiker und Planer lassen sich als „Zweitwohnungsreserve" der Zukunft umschreiben.

Ein wachsender Anteil der Zweitwohnungsnachfrager wird sich aus „potentiellen Rückwanderern" rekrutieren, die, durch emotionelle und kulturelle Bindungen geleitet, häufig im Pensionsalter in ihre Heimatgemeinde zurückkehren wollen. Anzunehmen ist auch, daß die Gemeinden verstärkt um Hauptwohnsitzbevölkerung werben werden (Mittel aus dem Finanzausgleich; vgl. BENNETT 1985).

2. Ein hoher Anteil der Zweitwohnungen – insbesondere innerhalb der Wiener Stadtregion – wurde schon als späterer Hauptwohnsitz konzipiert, der städtische Wohnsitz aber infolge geringer Wohnkostenbelastung (vgl. Mietrechtsgesetzgebung, Wohnungspolitik) nicht aufgegeben. Es ist anzunehmen, daß viele Zweitwohnungsbesitzer in einer späteren Lebensphase den Zweitwohnsitz als Hauptwohnsitz deklarieren, den städtischen Wohnsitz entweder aufgeben oder aber als Zweitwohnsitz nutzen werden. Konsequenzen werden einerseits eine weitere Abnahme der Bevölkerungszahl Wiens (Wanderungsverluste) und zum anderen eine weitere Zunahme der Bevölkerung in Gemeinden der Wiener Stadtregion sein.

Die Zahl der Zweitwohnungen wird in der Stadtregion zum Teil auch durch Nutzungssukzession (vgl. LICHTENBERGER 1980) zurückgehen (vgl. für das Pariser Umland BOYER 1980). Negative Folgewirkungen dieser Bevölkerungsumverteilung werden Verschiebungen der Mittelzuteilung aus dem Finanzausgleich (vgl. BAUER e. a. 1979, 1982, BENNETT 1985) und Mandatsverluste (BAUMHACKL/ZOTTL 1985, 39) sein.

3. Trotz der Bevölkerungsverluste vor allem der Kernstädte wird die Zahl der eine Zweitwohnung nachfragenden Haushalte ansteigen (vgl. auch ÖROK 1987, 91).

4. Eine sich verstärkende Tendenz, Zweitwohnsitze anzustreben, läßt sich bei den sozialen Mittel- und Unterschichten feststellen. Selbst wenn diese Schichten Kaufkraftminderung, Arbeitslosigkeit usw. vermehrt ausgesetzt sein sollten, kann angenommen werden (vgl. Kleingartenerhebung der Stadt Wien 1985, Enquete BAUMHACKL 1984), daß die Zweitwohnungsformen der „kleinen Leute": Schrebergärten, Dauercamping, weiter nachgefragt werden.

5. Aus der bisherigen Entwicklung des Zweitwohnungswesens läßt sich weiters feststellen (Enquete BAUMHACKL 1984), daß nicht nur sozial und ökonomisch schwächere Gruppen zunehmend am Zweitwohnungswesen partizipieren, sondern daß auch das Eintrittsalter zum Erwerb eines Zweitwohnsitzes gesunken ist. Eine

weitere potentielle Nachfragergruppe nach Zweitwohnsitzen werden aber nach wie vor die Mehrfachverdienerhaushalte darstellen (sie sind schon jetzt überrepräsentiert), während „belastete Haushalte“ mit schulpflichtigen Kindern zunehmend von diesem Markt ausgeschlossen werden.

6. Die Zahl der Zweitwohnungen in den Städten wird bedeutend zunehmen, und zwar in Form von Zweitwohnungen für die Ausbildung (vgl. wachsende Studentenzahlen in den Universitätsstädten) und für Umschulungen (vgl. wachsende Arbeitslosenzahlen); ferner als Zweitwohnungen für Weitpendler (Wochenpendler), die in Zeiten wirtschaftlicher Umstrukturierungen weiter anwachsen werden.

7.3.3. Einfluß der Wohnungspolitik und des Wohnungsmarktes auf die Entwicklung des Zweitwohnungswesens

Neben wirtschaftlichen Determinanten wird die Entwicklung des Zweitwohnungswesens insbesondere von den Veränderungen der Wohnungspolitik und den Auswirkungen auf die Wohnkosten beeinflußt werden. In den letzten Jahren sind die Mietkosten überproportional gestiegen. Auch in Österreich zeichnet sich eine Liberalisierung der Wohnungspolitik in Richtung auf einen freien Wohnungsmarkt selbst in den geschützten Wohnungsteilmärkten ab. Ein Anwachsen der Wohnkostenbelastung würde sich nachhaltig negativ auf das Zweitwohnungswesen auswirken: Bisher erfolgte eine Subventionierung des Zweitwohnungswesens in mehrfacher Hinsicht:

- durch eine restriktive Mietengesetzgebung
- durch großzügige Zuschüsse, wie Mietzinsbeihilfe, Wohnungsbeihilfe, usw.
- durch sehr liberal gewährte Wohnbauförderungsdarlehen, auch bei der Errichtung von Zweitwohnsitzen (vgl. Problematik der Volkszählung 1981 bei BAUMHACKL/ZOTTL 1985, 39).

Jeder Eingriff des Staates in die Wohnungswirtschaft in Richtung einer Liberalisierung hätte nachhaltige Auswirkungen auf das Zweitwohnungswesen, aber auch auf den Wohnungsmarkt in den Quellgebieten. Durch solche Maßnahmen würde der finanzielle Handlungsspielraum, v.a. der sozial und finanziell schwächeren Haushalte, beschnitten werden. So bewirkte z.B. die spezifische Wirkung der Wiener Wohnungspolitik zwar bisher eine scheinbar geringere Stadtumlandwanderung als in vielen anderen europäischen Großstädten, dafür aber einen z.B. gegenüber der Bundesrepublik Deutschland weit höheren Anteil an Freizeitwohnsitzen.

7.3.4. Gesellschaftlicher und sozialer Wandel

Veränderte Wertvorstellungen und gesellschaftliche Normen werden einerseits den Wunsch, im „Grünen zu wohnen“, verstärken, zum anderen wächst, infolge des gesteigerten Umweltbewußtseins, der Widerstand gegen eine weitere „Versiegelung“ intakter, vor allem stadtnaher Erholungsräume. Es ist daher anzunehmen, daß die Entwicklung des Zweitwohnungswesens verstärkt als Adaptierung und Revitalisierung von zumeist landwirtschaftlichen Altbauten in ländlichen Regionen erfolgen wird.

Der Wunsch, der städtischen Anonymität wenigstens zeitweise zu entfliehen, wird weiter zunehmen („Dorf als ökologische Nische“: vgl. ÖROK 1987, 92). Das Leben an zwei räumlich getrennten Standorten mit zwei Wahrnehmungs- und Aktionsräumen wird eine angestrebte Lebensform bleiben.

Die Verteilung der Wochenarbeitszeit wird sowohl auf die Vorgänge der Suburbanisierung, der Erweiterung von Arbeitsmarktregionen über wachsende Pendeldistanzen, aber vor allem auch auf die räumliche Entwicklung des Zweitwohnungswesens einen beträchtlichen Einfluß haben. Eine Reduzierung der Arbeitszeit auf 36 Stunden bei einer Betriebswoche von 6 Tagen würde bei einer 4-Tage-Arbeitswoche eine Blockfreizeit von drei Tagen pro Woche ermöglichen. Eine Zunahme der Blockfreizeit würde neue Anreize nach Freizeitwohnsitzen vor allem mit „Hauptwohnsitzausstattung“ zur Folge haben. Ein „echtes“ Doppelwohnen würde zunehmend zur „Norm“ werden, wobei der Lebensmittelpunkt sich zugunsten des Freizeitstandortes verschieben würde, während der städtische Wohnsitz die Funktion eines „reinen“ Arbeitswohnsitzes (kleiner, schlechter ausgestattet, nicht mehr für die ganze Familie gedacht ...) hätte.

Die Folgen für das Zweitwohnungswesen wären eine verstärkte Nachfrage nach Bauland für Zweitwohnsitze, weiter verschärfte Interessenkonflikte mit der ortsständigen Bevölkerung, eine weiteres Hinausschieben der Zweitwohnungsperipherie. Ganz allgemein wäre eine neue „mobile Gesellschaft“ die Folge, mit anderen „raumzeitlichen“ Vorstellungen. Diese Entwicklung steht in Wechselwirkung mit der weiteren räumlichen Konzentration der Arbeitsplätze auf die Ballungsräume. Infolge der wachsenden Bindung an den Heimatort, vor allem durch Hausbesitz und Rückzahlungsverpflichtungen, ist mit einer Zunahme der Nichttagespendler zu rechnen und damit mit einem Ansteigen der Zweitwohnungen in den Städten.

7.3.5. Auswirkungen technologischer Entwicklungen

Die Auswirkungen neuer Kommunikationstechnologien auf die Arbeitszeit, den Arbeitsmarkt und die Raumentwicklung sind seit geraumer Zeit zunehmend im Blickpunkt öffentlicher Diskussion (vgl. HENCKEL 1987, ÖROK 1987, 92 usw.). Die Standortgebundenheit vieler Arbeiten an einen konkreten Betrieb wird in Zukunft immer weniger gegeben sein. Zweitwohnsitze können/könnten telekommunikativ als Arbeitsort genutzt werden, so daß eine Flexibilisierung und Individualisierung vieler Arbeiten möglich wird. Ein weiterer Anreiz für eine Zweitwohnung wäre damit gegeben. Es ist zu vermuten, daß auch „Tele-Banking“ und Bestellung von Waren für den täglichen und sonstigen Bedarf über Bildschirm die meist schlechtere Lage von Zweitwohnsitzen zu Versorgungseinrichtungen weitestgehend kompensieren könnten.

Die Diskussion über die Auswirkungen der Mikroelektronik im allgemeinen und der Telekommunikation im besonderen wird vor allem hinsichtlich der Rationalisierungseffekte und im Zusammenhang mit der „Freisetzung“ von Arbeitskräften kontroversiell geführt. „Gesichert“ scheinen dagegen mögliche Auswirkungen auf die Siedlungsentwicklung: Sie bestehen grundsätzlich in weiteren Entstädterungserscheinungen und damit einem weiteren Siedlungsgewinn ländlicher Räume. In der Folge wird es zu einer Ausweitung der Zweitwohnungsperipherie kommen und zu einer verstärkten Nachfrage nach leerstehender alter Bausubstanz und damit zur Wiederbelebung „bevölkerungserodierter“ Dörfer.

7.3.6. Effekte der städtischen Entwicklung

Sinkende Lebensqualität in den Großstädten wird in der Literatur als ein wichtiger Push-Faktor des Zweitwohnungswesens genannt. Bisherige Untersuchungen konnten allerdings keinen kausalen Zusammenhang zwischen Defiziten in der Wohnqualität, Wohnumfeldqualität, sozialen Standortqualität und anderen Qualitätsindikatoren städtischer Infrastruktur und der Entwicklung des Zweitwohnungswesens nachweisen. (vgl. z.B. VACHA 1979, LICHTENBERGER 1980, VIELHABER 1983, BAUMHACKL 1988).

Es ist nicht anzunehmen, daß ein Abbau von Defiziten auf dem innerstädtischen Erholungs- und Freizeitsektor einen dämpfenden Effekt auf das Zweitwohnungswesen haben wird, da dessen privatisierte Sphäre nicht durch städtische Freizeiteinrichtungen kompensiert werden kann. Der Wunsch nach einem Eigenheim im Grünen ist in der Stadt nur für bestimmte Sozialschichten bzw. im wesentlichen nur für Nachfrager nach Kleingärten zu erfüllen (vgl. auch Kleingartenerhebung der Gemeinde Wien 1985). Trotzdem sind alle Maßnahmen in den Kernstädten, die den Freizeit- und Erholungswert erhöhen (vgl. für Wien die Donauinsel), wichtige öffentliche Infrastrukturleistungen für die Teile der Bevölkerung, die über keinen Zweitwohnsitz verfügen, weil sie sich ihn nicht leisten können oder nicht leisten wollen.

7.3.7. Einflüsse des Staates auf die Entwicklung des Zweitwohnungswesens

Die zum Teil negativen Auswirkungen des Zweitwohnens sowohl auf die Großstädte (Kapitalflucht) als auch auf die betroffenen ländlichen Zweitwohnungsgemeinden mit den Nutzungs- und Interessenkonflikten und hohen Folgekosten für die Kommunen zeitigten zunehmend Reaktionen von seiten des Gesetzgebers (Anm. 2) und der Planung mit dem Ziel, „den Erwerb, die Errichtung, Gestaltung und Nutzung von Zweitwohnungen künftig in einem höheren Maß den raumordnerischen Zielvorstellungen entsprechend zu regeln, als das bisher der Fall war.“ (ÖROK 1987, 93).

Zum Schutz vor Überfremdung und „Ausverkauf der Landschaft“ durch Ausländer, vor allem in Fremdenverkehrsgebieten (vgl. ASSEM 1981), wurden in fast allen Bundesländern Gesetze erlassen (vgl. WEBER 1987, 125f.), die den Grundverkehr regeln (z.B. Tiroler Grundverkehrsgesetz) und lenken sollen. Im Burgenland wurde ein Gesetz „zur Errichtung und Gestaltung von Campingplätzen“ erlassen (vgl. WEBER 1987). In Kärnten wurde mit 1. Jänner 1986 eine Zweitwohnungssteuer eingeführt (Anm. 3). In Flächen- und Bauleitplanungen werden Zweitwohnsitze unter Einbeziehung des Flächenbedarfs für die einheimische Bevölkerung zunehmend berücksichtigt (vgl. auch GÖRGMAIER 1973, RUHL e.a. 1977 für Bayern).

Ähnlich wie bei den Folgen der industriellen Revolution in Großbritannien (vgl. LICHTENBERGER 1980, 3) erfolgt der „ordnende Eingriff“ von seiten des Staates, der Länder und der Kommunen für die meisten Zweitwohnungsstandorte zu spät, so daß die bisherigen Folgen: Verschwendung von Grund und Boden, Zersiedelungserscheinungen, Entzug stadtnaher Erholungslandschaften, Überfremdungserscheinungen usw., nur mehr schwer zu beseitigen sind.

7.4. Szenarien für Kernstädte, Stadtumländer und periphere Räume

7.4.1. Szenario für das Zweitwohnungswesen in den Kernstädten

Die generell dargestellten internen und externen Faktoren des Zweitwohnungswesens sind hinsichtlich der Lage (Verflechtung zwischen Quell- und Zielgebiet) und Funktionstypen, aber auch hinsichtlich der Nutzer zu differenzieren und bei der Entwicklung von Szenarien zu berücksichtigen. Nachfolgend wird versucht, für die wichtigsten Siedlungstypen des Zweitwohnungswesens in Österreich Trendszenarien zu entwerfen.

Das Zweitwohnungswesen ist nicht nur ein vor allem von den Großstädten ausgehendes Massenphänomen. Die Kernstädte selbst sind zugleich auch wichtige Zweitwohnungsstandorte: Es sind folgende Typen von Zweitwohnungen zu unterscheiden:

- Arbeitswohnungen für Wochenpendler, Manager usw.,
- Ausbildungswohnungen für Lehrlinge und Studenten,
- Absteigquartiere für kulturelle Zwecke und gesellschaftliche Verpflichtungen,
- „Reservewohnungen“ für familiäre Zwecke,
- echte Doppelwohnungen (im jahreszeitlichen Wechsel),
- Freizeitwohnsitze, meist Schrebergartenhäuser, innerhalb der städtischen Gemarkung.

Die Entwicklung wird durch folgende Tendenzen gekennzeichnet sein:

- Solange die soziale Mietrechtsgesetzgebung bestehen bleibt, werden viele Stadtwohnungen durch die geringe Wohnkostenbelastung nicht aufgegeben, sondern als Zweitwohnung gehalten werden.
- Der Bildungspolitik entsprechend ist mit einer weiteren Zunahme von Studentenwohnungen zu rechnen.
- Infolge weiterer „Strukturbereinigungen“ in den überalterten Industrieregionen

Ostösterreichs bzw. in strukturschwachen Räumen ist mit einem Zuwachs von Wochen- bzw. Weitpendlern zu rechnen (vgl. auch ÖROK 1987, 97).

Bereits jetzt sind Schrebergärten mit ca. einem Drittel aller Zweitwohnsitze in Wien eine wichtige Zweitwohnungsform (vgl. Kleingartenerhebung für Wien 1985). In Zukunft ist mit einer bedeutenden Ausweitung zu rechnen. 21 v. H. der Wiener Haushalte – ca. 150.000 Haushalte – sind „sehr“ und weitere 10 v. H. „unter Umständen“ an einem Kleingarten interessiert (HANSELY 1987, 21). Auch für die anderen Großstädte Österreichs ist mit ähnlichen, wenn auch anteilsmäßig geringeren Ausweitungen des Kleingartenwesens zu rechnen.

Zusammenfassend kann man feststellen, daß in den Kernstädten, allen voran Wien, die Einwohnerzahlen weiter zurückgehen werden, andererseits die Zahlen der „Bevölkerung auf Zeit“ absolut und prozentuell zunehmen werden. Da diese „Bevölkerung auf Zeit“ als Zweitwohnbevölkerung keinen „Beitrag“ für Ertragsanteile aus dem Finanzausgleich leistet, bedeutet dies für die Kommunen, daß eine schrumpfende Zahl von ortszentrierten Bürgern eine immer größere Zahl von Bewohnern auf Zeit und deren Bedarf an Infrastruktureinrichtungen mitfinanzieren muß (vgl. „Ghostbevölkerung“ bei LICHTENBERGER 1983).

Das Verhältnis zwischen beiden Bevölkerungssegmenten wird allerdings entscheidend vom Anteil der Wohnkosten am Haushaltseinkommen bestimmt werden. Dieser ist in Wien im Durchschnitt von 1954 bis 1987 von 4,7 v. H. auf 14,7 v. H. gestiegen (vgl. Konsumerhebung 1954, 1964, 1974, 1984, ausgewertet: HALASZ 1987, 15f.). Dieser Anstieg wird, wenn er weiter anhält, vor allem das „Doppelwohnen“ mittlerer Einkommensbezieher in Frage stellen. Einer schwer abschätzbaren Zahl der Bevölkerung wird zur Realisierung erhöhter Wohn- und Lebensqualitätsansprüche nur mehr die eine Wahlmöglichkeit bleiben: Migration aus der Stadt ins Umland. Der Wunsch nach einem Schrebergarten auf Pachtbasis oder einer Stellfläche auf einem Dauercampingplatz zur zumindest zeitweisen Flucht aus dem städtischen Ambiente wird daher zunehmen.

7.4.2. Szenario für das Zweitwohnungswesen im Stadtumland (ganzjährige Benützbarkeit)

Die „Hauptlast“ des Zweitwohnungsbooms mußten schon bisher die Stadtumlandregionen tragen. Aufgrund guter Erreichbarkeit vom städtischen Wohnsitz schon früh vom Zweitwohnungswesen „überrollt“, sind es zugleich aber auch Regionen, in denen das „Negativimage“ des Zweitwohnungswesens in der breiten Öffentlichkeit (vgl. Volkszählung 1981) entstanden ist. Infolge stark gestiegener Baulandpreise hat sich schon in den letzten Jahren – z. T. auch durch Maßnahmen der Raumordnung – eine deutliche Abschwächung bzw. Stagnation der Zweitwohnungsentwicklung feststellen lassen. Ein Hinausschieben der Zweitwohnungsperipherie in „Gemeinden, die noch über attraktives Bauland verfügen“ (ÖROK 1987, 98) war und ist die Folge.

Für die Gemeinden wird eine höhere Mittelzuteilung an Ertragsanteilen aus dem Finanzausgleichstopf (vgl. auch BENNETT 1985) ein weiter anzupeilendes Ziel sein. Solange diese nach dem „abgestuften Bevölkerungsschlüssel“ (vgl.

BAUER e.a. 1979) vergeben werden, wird auch das Interesse der Gemeinden an einer „möglichst hohen" Wohnbevölkerung weiter bestehen und um den Städter geworben werden. Eine Neuregelung und Änderung des Zuteilungsmodus, z.B. „Splittung" der Zurechenbarkeit bei „weiteren Wohnsitzen" sowohl auf den Hauptwohnsitz als auch auf den Zweitwohnsitz, wird diskutiert und harrt einer Lösung. Sie könnte sich auf die Zweitwohnungsentwicklung dämpfend auswirken.

Die Umwandlung (Nutzungssukzession) von Zweitwohnsitzen zu Dauerwohnsitzen zeichnet sich als wichtiger Entwicklungstrend ab und wird weiter zunehmen (vgl. auch Entwicklungen in Stadtumlandbereichen anderer Großstädte: BOYER 1980 für Paris). Vergleiche mit dem Wachstum der Städte im Zuge der Industrialisierung in der Gründerzeit lassen sich herstellen, als die damalige Zweithausperipherie (Landhäuser) von der Stadt überrollt und zum Dauerwohnsitzbereich umgewandelt wurde. Entscheidend für diese Entwicklung ist der weitere Ausbau des Nahverkehrssystems (vgl. ÖROK 1987, 97) und eines leistungsfähigen Straßennetzes.

Die negativen Auswirkungen des Zweitwohnungswesens sind insbesonders in den Stadtumlandregionen deutlich geworden, wo die Zweitwohnungsentwicklung flächenhaft vor sich gegangen ist und hohe Dichtewerte erreicht wurden. Ordnende Eingriffe richten sich vor allem gegen weitere Neubauten von Zweitwohnsitzen, um einerseits den weiteren Landschaftsverbrauch einzudämmen, zum anderen, um für allgemeine Zwecke Nutzungsflächen zu reservieren bzw. um der einheimischen Bevölkerung Bauland zu garantieren.

Ein wesentliches Faktum der inzwischen zurückhaltenden oder negativen Einstellung vieler Gemeinden im Stadtumland gegenüber dem Zweitwohnungswesen sind die hohen Aufwendungen zur Errichtung und Erhaltung von Infrastruktureinrichtungen, während die kommunalwirtschaftlichen Effekte des Zweitwohnens vorwiegend als marginal eingestuft werden.(vgl. SCHNIEDERS 1974, RÜSCH 1983, REICHEL e.a. 1984, ÖROK 1987).

7.4.3. Szenario für das Zweitwohnungswesen im Stadtumland (saisonal nutzbare Zweitwohnungsformen)

Saisonal nutzbare Zweitwohnungen dienen vor allem der Freizeitnutzung in der warmen Jahreszeit. Das Typenspektrum umfaßt alle Bauformen. Die leichte, nicht winterfeste Bauweise („Billigvariante") herrscht vor. Eine Wintervariante stellen die Alm- und Jagdhütten dar.

Angesichts sinkender Reallöhne, bei gleichzeitig wachsenden Haushaltsbelastungen, wird die Entwicklung in Richtung saisonal nutzbarer Zweitwohnungen erfolgen. Gefördert wird sie durch private Bauträger und Errichtungsgesellschaften, die verstärkt Wochenendhäuser schlüsselfertig bzw. Mobilheimstandplätze anbieten, ferner durch ein verschärftes Gegensteuern seitens der Raumordnung, das ein weiteres unkontrolliertes „Ausbreiten" von massiven Zweithäusern verhindern soll.

Die zu erwartende wachsende Nachfrage nach „billigeren" Freizeitwohnformen wird zu einer verstärkten Nachfrage nach Badeteichparzellen und zur Umwandlung von Schotterteichen in Badeteiche beitragen (vgl. ZOTTL 1977 und 1983; MAXIAN 1979). Es werden auch hier flankierende Maßnahmen erforderlich sein, um die wachsende Privatisierung von Badeteichen zu verhindern, aber auch um ökologische Probleme, vor allem bezüglich des Grundwassers, in den Griff zu bekommen.

7.4.4. Szenarien für das Zweitwohnungswesen in peripheren Räumen

Aus einer Reihe von Untersuchungen (vgl. VACHA 1979, ZOTTL 1977, 1983; BAUMHACKL/ZOTTL 1985; ÖROK 1987) geht hervor, daß in den peripheren Räumen, insbesondere in den Abwanderungsgemeinden der Ostregion, die Zahl der Zweitwohnungen aus folgenden Gründen weiter zunehmen wird:

1. Infolge des starken Bevölkerungsverlustes durch Abwanderung stehen viele früher landwirtschaftlich genutzte Objekte leer, die meist günstig zu haben sind.
2. Die Erhaltung dieser alten Bausubstanz wird, im Gegensatz zu den Zweitwohnsitzen als Neubauten, auch von Politikern und Planern positiv bewertet und als raumordnungspolitische Zielsetzung gefördert, um eine gänzliche Verödung peripherer Räume zu verhindern:
3. Eine wichtige Rolle spielt auch die Beibehaltung des Herkunftswohnsitzes durch Abwanderer und die Rückwanderung im Alter. Dadurch ist die Überfremdung geringer als in anderen Zweitwohnungsregionen und eine gewisse „Bodenständigkeit“ bleibt erhalten.

7.5. Modellrechnungen zum Zweitwohnungswesen der Wiener bis zum Jahr 2011

7.5.1. Aktueller Bestand und Entwicklung: Rechtsformen und Bautypen

Die Wiener Zweitwohnungsregion umfaßt vor allem die Ostregion, d.h. die Bundesländer(teile) Niederösterreich, Wien, Mittleres und Nördliches Burgenland und die Ost-Steiermark (vgl. Karte 1.6). Nach der Volkszählung 1981 (LADSTÄTTER 1985) hatten ca. 223.000 Wiener einen „weiteren Wohnsitz“, das sind ca. 37 v.H. aller „weiteren Wohnsitze“ Österreichs bzw. 14,5 v.H. aller Wiener. Die mit diesem irreführenden Begriff von Seiten der amtlichen Statistik erfaßte Zweitwohnbevölkerung befand sich zu 31,6 v.H. in Wien, zu 47,4 v.H. in Niederösterreich zu 6,8 v.H. im Burgenland, zu 10,4 v.H. in den anderen Bundesländern und zu 3,8 v.H. im Ausland. In der Realität ist mit einem weit höheren absoluten Wert zu rechnen.

Im Rahmen eines umfangreichen Forschungsprojekts wurde im Jahre 1984 bei 3.150 Wiener Haushalten (repräsentative Stichprobe: 2 v. H.) mittels umfangreicher standardisierter Fragebogen erstmals eine Erhebung über Zweit- und Hauptwohnungen durchgeführt. Die dabei gewonnenen statistischen Ergebnisse bilden die Grundlage für die Nachzeichnung der Bestandsentwicklung nach Bau- und Rechtsformen (vgl. Tabelle 7.2).

Tabelle 7.2: **Entwicklung des Zweitwohnungswesens der Wiener nach Bau- und Rechtsformen (Hochrechnung)**

Jahr	Kleingartenhäuser				Massivhäuser				
	Besitz	v. H.	Miete/Pacht	v. H.	Besitz	v. H.	Miete/Pacht	v. H.	
1955	8.884	*24,1*	684	*1,9*	20.273	*55,1*	4.556	*12,4*	
1965	13.667	*18.2*	2.051	*2,7*	42.208	*56,2*	10.023	*13,3*	
1975	18.473	*12,6*	2.393	*1,6*	85.325	*58,0*	19.271	*13,1*	
1984	33.372	*14,6*	8.706	*3,8*	111.722	*49,0*	40.626	*17,8*	
Jahr	**Zweitwohnungen**				**Summe (Anm. 5)**				
	Besitz	v. H.	Miete/Pacht	v. H.	Besitz	v. H.	Miete/Pacht	v. H.	Gesamt
1955	1.026	*2,8*	1.367	*3,7*	30.183	*82,0*	6.607	*18,0*	36.790
1965	2.735	*3,6*	4.442	*5,9*	58.610	*78,0*	16.516	*22,0*	75.126
1975	12.325	*8,4*	9.225	*6,3*	116.123	*79,0*	30.889	*21,0*	147.012
1984	19.588	*8,6*	13.784	*6,1*	164.682	*72,3*	63.116	*27,7*	227.798

Quelle: Eigenerhebung 1984

Folgende Hauptergebnisse der abgelaufenen Entwicklung seien festgehalten:

1. Die Zahl der Zweitwohnungen hat sich insgesamt seit dem Staatsvertrag versechsfacht.

2. Mengenmäßig bestimmt die Zunahme der Massivbauten die abgelaufene Entwicklung und ihre Zahl damit auch den gegenwärtigen Bestand.

3. Innerhalb des gleichbleibenden Anteilswerts von rund zwei Drittel aller Zweitwohnungen hat sich jedoch seit 1975 eine beachtliche Verschiebung auf Miet- und Pachtverhältnisse vollzogen.

4. Die Kleingartenhäuser umfaßten im Jahr des Staatsvertrags noch rund ein Viertel des Gesamtbestandes, seitdem haben sie Anteile eingebüßt, und zwar zugunsten der Zweitwohnungen, bei denen allerdings rund 40 v. H. gemietet bzw. gepachtet sind.

In den Indexwerten für 1955 = 100 (vgl. Tabelle 7.3) sind die Verschiebungen von den Besitz- zu den Mietformen hin besonders eindrucksvoll zu sehen. Sie betreffen alle Bauformen, besonders jedoch die Kleingartenhäuser. Ebenso ist aus den Indexwerten zu entnehmen, daß die Anteile der Kleinhäuser im letzten Jahrzehnt stärker zugenommen haben, während sich der Zuwachs an Massivhäusern abgeschwächt hat.

Tabelle 7.3.: **Indizes der Entwicklung des Zweitwohnungswesens der Wiener nach Bau und Rechtsformen (1955 = 100)**

Jahr	Kleingartenhäus.		Massivhäuser		Zweitwohnungen		Summe		
	Besitz	Miete/Pacht	Besitz	Miete/Pacht	Besitz	Miete/Pacht	Besitz	Miete/Pacht	Gesamt
1955	100	100	100	100	100	100	100	100	100
1965	154	300	208	220	267	325	194	250	204
1975	208	350	421	423	1201	675	385	468	400
1984	376	1273	551	892	1909	1008	546	955	620

Quelle: Eigenerhebung 1984

Zusätzlich zu den Angaben über die Entwicklung von Bau- und Rechtsformen gestattet die Erhebung 1984 auch Aussagen über die Mitbenützung von Zweitwohnungen (vgl. Tabelle 7.4).

Tabelle 7.4: **Wiener Haushalte mit Zweitwohnungen 1984 nach Bauformen und Rechtsformen einschließlich Mitbenützung (Hochrechnung und v. H. Werte).**

Rechtsform	Kleingartenhs.		Massivhäuser		Zweitwohnung.		Summe	
	Zahl	v. H.	Zahl	v. H.	Zahl	v. H.	Zahl	v. H.
Besitz	33.372	*12,3*	111.722	*41,1*	19.588	*7,2*	164.682	*60,6*
Miete/Pacht	8.706	*3,2*	40.626	*14,9*	13.784	*5,1*	63.116	*23,2*
insgesamt	42.078	*15,5*	152.348	*56,0*	33.372	*12,3*	227.798	*83,8*
Mitbenützung	22.490	*8,3*	13.058	*4,8*	8.488	*3,1*	44.036	*16,2*
Summe	64.568	*23,8*	165.406	*60,8*	41.860	*15,4*	271.834	*100,0*

Quelle: Eigenerhebung 1984

Umfang und Bau- und Rechtsformen der Wiener Zweitwohnungen bedürfen einer kurzen Begründung. Bereits LICHTENBERGER (1980, 6) hat die Hauptunterschiede gegenüber anderen Großstädten herausgearbeitet :

Zwei Aussagen verdienen Hervorhebung:

1. der relative hohe Anteil der durchwegs nicht kommmerziellen Mitbenützung von Zweitwohnungen und

2. die gerade in dieser Hinsicht bedeutende Rolle der Kleinformen, bei denen nahezu die Hälfte aller Objekte auch von anderen Haushalten mitbenützt wird. Auf die gesellschaftliche Position dieses Phänomens kann hier nicht eingegangen werden.

1. Durch die spezifischen Verhältnisse der Wiener Wohnungswirtschaft und die vergleichsweise geringe Mietkostenbelastung hatten viele Haushalte finanzielle Mittel übrig, die nur z. T. in den städtischen Wohnsitz investiert werden. Der Zweitwohnsitz ist daher vielfach ein „Ersthaus“ (LICHTENBERGER 1980, 7). Er ist häufig besser ausgestattet als der städtische Wohnsitz. Der Staat finanziert und subventioniert damit indirekt den Bau von Eigenheimen außerhalb der städtischen Gemarkung, indem er über das Mietengesetz, Wohnbauförderung, Wohnbeihilfen usw. dem potentiellen Freizeitwohnsitzinteressenten bzw. Abwanderer „hilfreich unter die Arme greift“. Es kann angenommen werden, daß der europaweit vergleichsweise hohe Anteil von Zweitwohnsitzen sehr wesentlich durch die jahrzehntelange Ausschaltung des Privatkapitalismus in der Wohnungswirtschaft gesteuert wurde.

2. Im Gegensatz z. B. zur Bundesrepublik Deutschland sind die meisten Zweitwohnsitze das Resultat individueller, oft spontaner, Standortentscheidungen und Bautätigkeit. Dadurch gibt es die unterschiedlichsten Bautypen und Bauweisen. Eine Unterscheidung von Freizeitwohnsitzen und Hauptwohnsitzen ist oft nicht möglich. Eine Vermarktung über Aufschließungs- und/oder Bauträgergesellschaften erfolgte nur vereinzelt und beschränkt sich vor allem auf Schotterteiche und punktuell auf den Neusiedlersee. Meist handelt es sich hierbei um behelfsmäßige Freizeitwohnsitze (Mobile Homes, Dauercamping, Kleingartenhäuser, Pfahlbauten). Appartements spielen, im Gegensatz zu den Fremdenverkehrsgebieten in den westlichen Bundesländern, innerhalb der Wiener Zweitwohnungsregion keine Rolle.

3. Die Errichtung eines Zweitwohnsitzes erfolgt meist losgelöst von Renditeüberlegungen, eine kommerzielle Nutzung (Vermietung) zur besseren Auslastung des Zweitwohnsitzes außerhalb der Zeit der Eigennutzung kommt, im Gegensatz zu Fremdenverkehrsgebieten bzw. zu anderen Ländern (z. B. Schweiz), kaum vor, häufig ist dagegen die Mitbenützung durch Verwandte und Bekannte.

4. Es besteht ferner eine starke Heimatgemeindebindung von Wiener Zweitwohnungsbesitzern (vgl. u.). Als Landschaftsbewahrer, insbesondere in Abwanderungsgebieten, kommt ihnen besondere Bedeutung zu, da sie zur Erhaltung einst bäuerlicher Bausubstanz beitragen.

7.5.2. Modellrechnungen zum Zweitwohnungswesen der Wiener bis zum Jahr 2011

Die Modellrechnungen beruhen auf folgenden Parametern:

1. der Bevölkerungsprognose von M. SAUBERER (Hauptvariante),
2. den Veränderungsraten der Bau- und Rechtsformen der Zweitwohnungen im Jahrzehnt 1975 – 1984,
3. den Anteilen von potentiellen Zweitwohnungsinteressenten bei der Enquete 1984.

Es wurden 4 Prognosevarianten für die Zweitwohnungsentwicklung gerechnet, deren Annahmen im folgenden kurz beschrieben werden:

Tabelle 7.5: **Überblick über die Prognoseannahmen**

Variante	Kurzbeschreibung	Zuwachs	Abgang	demograph. Einflüsse	Wohnungspolitik
Var. I	Status-quo-Prognose	Trendfortschreibung (ca.8.000 Einheiten/Jahr		nicht berücksichtigt	
Var. II	Umwandlungsvariante	Trendfortschreibung (8.000/J)	Umwandl. i. Hauptwohnungen (vgl. Tabelle 7.8)	nicht berücksichtigt	
Var. III	demographische Variante	nur 50 v. H. (4.000/J)	wie II	Bevölkerungsrückgang	nicht berücksichtigt
Var. IV	Wohnungsmarkt-Var.	wie III 50 v. H. (v. a. Besitzw.) wie I bei Billigformen	wie II + 50 v. H. (1984 – 2001) – 50 v. H. (2001 – 2011)	nicht berücksichtigt	erhöhte Wohnkosten; Nachfrage nach Zweitwohnungen stagniert

Variante I ist eine Status-quo-Prognose. Die jährlichen Zuwachsraten für die Jahre 1981-84 werden nach Bau- und Rechtsformen disaggregiert, in Summe handelt es sich um ca. 8.000 Zweitwohnungen im Jahr, bis 2001 und 2011 fortgeschrieben. Mögliche Abgänge durch Umwandlung von Zweitwohnungen in Hauptwohnungen sind in dieser Variante bereits enthalten. Sie kann als „Maximalvariante" bezeichnet werden.

Variante II geht ebenfalls von einer Status-quo-Prognose aus, berücksichtigt aber die verstärkte Umwandlung von Zweitwohnungen in Hauptwohnungen (vgl. Enquete 1984) (vgl. Tabelle 7.8), die von vielen Zweitwohnungsinhabern spätestens nach dem Ausscheiden aus dem Arbeitsprozeß vorgesehen ist. Es wurde angenommen, daß dieser Anteil für beide Prognosezeiträume gleichbleibt. Nicht berücksichtigt werden demographische Einflüsse. Die Wohnungspolitik ändert sich nicht.

Variante III ist die demographische Variante. Sie berücksichtigt den möglichen starken Bevölkerungsrückgang in Wien und die damit zu erwartende Reduzierung der Nachfrage. Angenommen wird eine Halbierung der Werte der Variante I hinsichtlich der Nachfrage nach Zweitwohnungen sowie eine verstärkte Umwandlung in Hauptwohnungen entsprechend der Variante II.

Tabelle 7.6: **Die Zweitwohnungem der Wiener: Prognosevarianten I, II, III, IV für 2001 und 2011 nach Bau- und Rechtsformen**

	1984	2001				2011			
		Var. I	Var. II	Var. III	Var. IV	Var. I	Var. II	Var. III	Var. IV
Kleingartenhäuser									
Besitz	33.372	55.251	50.946	40.007	48.793	68.121	59.511	46.642	67.443
v. H.	*14,6*	*15,2*	*17,1*	*17,4*	*27,0*	*15,3*	*19,0*	*20,0*	*36,9*
Miete/P.	8.706	10.168	10.168	9.437	10.168	10.722	11.028	10.168	11.630
v. H.	*3,8*	*2,8*	*3,4*	*4,1*	*5,6*	*2,4*	*3,5*	*4,4*	*6,4*
Massivhäuser									
Besitz	111.722	198.847	152.036	108.474	63.287	250.097	156.475	105.226	49.961
v. H.	*49,0*	*54,6*	*50,9*	*47,1*	*35,0*	*56,3*	*50,0*	*45,3*	*27,3*
Miete/P.	40.626	47.885	42.604	38.975	34.519	52.155	41.593	37.324	32.373
v. H.	*17,8*	*13,1*	*14,3*	*16,9*	*19,1*	*11,7*	*13,3*	*16,1*	*17,7*
Zweitwohnungen									
Besitz	19.588	31.199	24.167	18.362	11.943	38.029	23.965	17.136	9.572
v. H.	*8,6*	*8,6*	*8,1*	*8,0*	*6,6*	*8,6*	*7,7*	*7,4*	*5,2*
Miete/P.	13.784	21.043	18.534	14.905	11.835	25.313	20.295	16.026	11.768
v. H.	*6,1*	*5,8*	*6,2*	*6,5*	*6,6*	*5,7*	*6,5*	*6,9*	*6,4*
Summe	227.798	364.393	298.455	230.160	180.545	444.437	317.867	232.522	182.747
	100,0	*100,0*	*100,0*	*100,0*	*100,0*	*100,0*	*100,0*	*100,0*	*100,0*

Quelle: Eigenerhebung 1984, eigene Berechnungen

Variante IV versucht mögliche Auswirkungen einer Liberalisierung des Wohnungsmarktes auf die Entwicklung des Zweitwohnungswesens der Wiener abzuschätzen. Es wird erwartet, daß die Nachfrage nach Zweitwohnungen auf die Hälfte des Zuwachses der Variante III sinkt und nur die Billigvarianten entsprechend der Variante I weiter nachgefragt werden. Ferner wird ein verstärktes Vorziehen der Entscheidung zur Umwandlung der Zweitwohnung in die Hauptwohnung in den Stadtumlandregionen in guter Erreichbarkeit, und zwar im Ausmaß des Eineinhalbfachen der Variante II zwischen 1984 und 2001 und der Hälfte davon zwischen 2001 und 2011, angenommen.

Die Ergebnisse der Prognoserechnungen in absoluten Zahlen sind aus der Tabelle 7.6, die Indexwerte aus der Tabelle 7.7. zu entnehmen.

Im folgenden einige Feststellungen zu den Hauptergebnissen der Prognoserechnungen.

1. Die Spannweite der möglichen Entwicklung ist außerordentlich groß und reicht von einer Reduzierung der Gesamtzahl an Zweitwohnungen auf rund drei Viertel des gegenwärtigen Bestandes bis zu einer Verdoppelung. Das Fazit für Planer und Politiker lautet daher, daß es sich um ein in der Entwicklungsdynamik äußerst schwer abschätzbares Gesellschafts- und Siedlungsphänomen handelt, dem gerade aufgrund eines potentiellen Wachstums größte Aufmerksamkeit zu widmen ist.

Tabelle 7.7: **Indexwerte der Prognosevarianten I,II,III,IV für 2001 und 2011 nach Bau- und Rechtsformen (1984 = 100)**

	1984	2001				2011			
		Var. I	Var. II	Var. III	Var. IV	Var. I	Var. II	Var. III	Var. IV
				Kleingartenhäuser					
Besitz	100	166	153	120	146	204	178	140	202
Miete/P.	100	117	117	108	117	123	127	117	134
				Massivhäuser					
Besitz	100	178	136	97	57	224	140	94	45
Miete/P.	100	118	105	96	85	128	102	92	80
				Zweitwohnungen					
Besitz	100	160	123	94	61	194	122	87	49
Miete/P.	100	153	135	108	86	184	147	116	85
Summe	100	160	131	101	79	195	137	102	80

Quelle: Eigenerhebung 1984, eigene Berechnungen

2. In allen Prognoserechnungen polarisieren sich jedoch die Aussagen zwischen den Kleinformen, bei denen eine steigende Nachfrage zu erwarten ist, während andererseits Einbrüche auf dem Massivhausmarkt, die nur zum Teil über Miet- und Pachtverträge aufgefangen werden können, bei ungünstigen ökonomischen Bedingungen und starker Bevölkerungsabnahme in Wien in einer „pessimistischen Variante" durchaus auftreten können.

7.5.3. Räumliche Effekte künftiger Entwicklungstendenzen

Die gerechneten Prognosevarianten der Entwicklung des Zweitwohnungswesens der Wiener gehen von unterschiedlichen Annahmen der Zuwächse und Abgänge (Umwandlung in Hauptwohnsitze) aus.

- Zuwächse führen zu einem Neubedarf an Flächen für das Zweitwohnen, die damit der Landwirtschaft, aber auch der Allgemeinheit (vgl. Erholungsflächen), nicht mehr zur Verfügung stehen.
- Abgänge bedeuten lediglich ein Ausscheiden aus der statistischen Masse der Zweitwohnsitze. In der Realität bleiben sie ein Teil des Siedlungsbestandes. Die Hochrechnung der Enquetedaten 1984 bietet Richtwerte für den zu erwartenden Umwandlungsprozeß von Zweitwohnungen in Hauptwohnungen (vgl. Tabelle 7.8).

Die Ergebnisse demonstrieren eindrucksvoll, daß einerseits rund ein Drittel der Massivhäuser, dagegen nur ein Achtel der Kleingartenhäuser als Hauptwohnung vorgesehen ist. Die Zweitwohnungen reihen sich mit einem Anteil von 30 v. H. an die Massivhäuser an.

Tabelle 7.8: **Vorgesehene Umwandlungen von Zweitwohnungen in Hauptwohnungen (Hochrechnung)**

Rechtsform	Kleingartenhs. Zahl	v. H.	Massivhäuser Zahl	v. H.	Zweitwohnungen Zahl	v. H.	Summe Zahl	v. H.
Besitz	4.305	*12,9*	46.811	*41,9*	7.032	*35,9*	58.148	*35,3*
Miete/P.	–	–	7.110	*17,5*	2.509	*18,2*	9.619	*15,2*
Summe	4.305	*12,9*	52.092	*34,2*	9.541	*28,6*	67.767	*29,7*

Quelle: Eigenerhebung 1984. V. H. bezogen auf Tab. 7.4.

Die Parameter für diesen Umwandlungprozeß liegen jedoch keineswegs, wie man zunächst vermuten würde, in den lebenszyklischen Vorgängen des Standortwechsels begründet, d. h. in einer mit der Pensionierung einhergehenden Aufgabe des städtischen Hauptwohnsitzes zugunsten des Zweitwohnsitzes im ländlichen Raum, sondern sind vielmehr, wie die Tabelle 7.9 belegt, durch familiäre Beziehungen zum ländlichen Raum geradezu vorprogrammiert. Die Erhebung nach Heimatgemeinde, verwandtschaftlichen Beziehungen sowie ererbtem Besitz zeigt deutlich die von der familiären Einbindung in räumliche Bezüge ausgehenden Effekte.

Tabelle 7.9: **Effekte der Herkunft auf die Umwandlung von Zweitwohnungen in Hauptwohnungen (Hochrechnung)**

	Kleingartenhäuser Besitz	Miete/Pa.	Massivhäuser Besitz	Miete/Pa.	Zweitwohnungen Besitz	Miete/Pa.	Summe
Heimatgemeinde	1.263	–	8.543	3.588	1.274	1.147	15.815
v. H.	*29,3*	–	*18,2*	*50,4*	*18,2*	*45,7*	*23,3*
Verwandte i. Ort	254	–	6.768	1.490	510	288	9.310
v. H.	*5,9*	–	*14,4*	*21,0*	*7,2*	*11,5*	*13,7*
Erbschaft	1.014	–	4.498	1.194	1.146	287	8.139
v. H.	*23,6*	–	*9,6*	*16,8*	*16,3*	*11,4*	*12,0*
insgesamt	2.495	–	19.809	6.272	2.930	1.722	33.264
v. H.	*58,8*	–	*42,2*	*88,2*	*41,7*	*68,6*	*49,0*

Quelle: Eigenerhebung 1984 Gesamtzahl der Umwandlung ist gleich 100 (vgl. Tabelle 7.8).

1. Nahezu die Hälfte der potentiellen Standortwechsler kehren in die durch Erbschaft, als Heimatgemeinde oder durch verwandtschaftliche Bande vertrauten, überschaubaren Ortschaften zurück. Diese Aussage gilt nicht nur für die Massivhäuser, sondern ebenso für die Zweitwohnungen, bei den Kleingartenhäusern erreicht die Herkunfts-Standorttreue sogar mehr als die Hälfte. Der niedrigere Anteil entfällt dabei interessanterweise auf die Massivbauten, der höhere auf Kleinbauten.

2. Die Miet- und Pachtverhältnisse erscheinen in einem völlig neuen Licht, es

handelt sich dabei keineswegs um ein Kommerzialisierungsphänomen, sondern es sind bei den gepachteten bzw. gemieteten Zweitwohnungen und Massivbauten sogar nahezu neun Zehntel im ersten Fall und mehr als zwei Drittel im zweiten Fall der Rückkehrabsichten der Haushaltsvorstände über die Herkunftsbindung zu erklären, welche somit keineswegs, wie man zunächst annehmen würde, mit dem Hausbesitz unmittelbar korreliert.

Aus dieser Tabelle ergeben sich folgende Aussagen über die weitere räumliche Entwicklung des Zweitwohnungswesens:

1. In der Innenzone des unmittelbaren Stadtumlandes ist eine flächige und punktuelle Umwandlung von Zweithäusern zu Ersthäusern und von Zweitwohnungen zu Erstwohnungen in einem sehr beachtlichen Umfang in mittelfristiger Zukunft zu erwarten. Diese Umwandlung ist als „Suburbanisierungsprozeß auf Raten" zu werten. Sie wirkt sich negativ auf die Bevölkerungszahl der Kernstadt Wien aus. Dieser Prozeß wird jedoch über das engere Stadtumland hinaus entlang der Hauptverkehrsachsen auch in einen halbländlichen Bereich hinausgreifen und vor allem den gesamten Raum des Verkehrsverbundes Ostregion (VOR) betreffen.

2. Schließlich ist aber im gesamten Herkunftsbereich der Wiener, entsprechend der dokumentierten „Herkunftsbindung", mit einem Umwandlungsprozeß zu rechnen. Gerade dieser damit nachgewiesene räumliche Konnex zwischen Herkunftsraum und Zweitwohnungsraum gestattet jedoch die Aussage, daß mit dem weiteren Ausgreifen der Arbeitsmarktregion Wien in stärker periphere Räume hinein auch ein weiteres Wachstum der Zweitwohnungsperipherie zu erwarten ist.

7.6. Zweitwohnungen von Ausländern in Österreich

7.6.1. Die gegenwärtige legistische Situation

„Ausländern gehören halbe Gemeinden. Landesgesetze gegen Überfremdung" (vgl. Die Presse 17./18. März 1984, 13). So oder ähnlich lauteten noch vor wenigen Jahren die Schlagzeilen in der Tagespresse. Vor allem in den westlichen Bundesländern, besonders Tirol, und Kärnten wurden zunehmend von Ausländern, inbesondere aus der Bundesrepublik Deutschland, Liegenschaften und Bauobjekte aufgekauft. In der Gemeinde Reith bei Seefeld in Tirol z. B. lag der Grundbesitz 1985 zu ca. 80 v. H., in Seefeld selbst zu 52,5 v. H. in der Hand von Ausländern. Viele Zweitwohnsitze von Ausländern, insbesondere Appartementhäuser und einzelne Wohnungen darin, treten als Parahotellerie in Konkurrenz zum ortsständigen Beherbergungswesen. Ehemalige Gäste vermieten ihr Domizil außerhalb der Zeit des Eigenbedarfs und tragen so zur wachsenden Bettenüberkapazität bei. Der Ausverkauf von Grund und Boden führte in vielen Fremdenverkehrsgemeinden zur Verknappung an Bauland für eine weitere touristische Entwicklung, zum Verlust wertvoller Flächen für die Landwirtschaft, aber auch von Bauland für die ortsständige Bevölkerung.

Zum Schutz vor Überfremdung und dem „Ausverkauf der Landschaft" an Ausländer (vgl. ASSEM 1981) wurden in allen Bundesländern Gesetze erlassen (vgl. WEBER 1987, 125 f.), die den Grundverkehr (Anm. 5) regeln und lenken sollen. Ein gesetzliches „Gegensteuern" zur Eindämmung des Ausländergrunderwerbs erfolgte aber in vielen Gemeinden, vor allem in den westlichen Bundesländern, zu spät. Welcher Art sind nun diese legistischen Handhaben?

Zunächst muß darauf hingewiesen werden, daß das Staatsgrundgesetz in Österreich nicht nur österreichischen Staatsbürgern das Grundrecht auf „Freiheit des Liegenschaftserwerbes" gewährt (Art. 6 Abs. 2 StGG), sondern auch vollinhaltlich Ausländern. Heißt es doch im 4. Zusatzprotokoll zur Europäischen Menschenrechtskonvention, das Österreich 1969 ratifiziert hat und in Verfassungsrang steht, daß grundsätzlich jedermann (also auch ein Ausländer), der sich rechtmäßig im Hoheitsgebiet eines Staates aufhält, seinen Wohnsitz frei wählen darf (Art. 2 Abs. 1, 4. ZProtMRK). Diese Rechte können aber nicht „schrankenlos" gelten, sondern immer nur im „Rahmen der Rechtsordnung" (vgl. WALTER – MAYER 1985, 406 zit. WEBER 1987, 125).

De facto ermöglichen die Grundverkehrsgesetze eine effiziente behördliche Kontrolle des Liegenschaftsverkehrs und im Konnex mit den Instrumenten der Raumordnung (Flächenwidmungsplan, Bebauungsplan), dem Baurecht und dem Natur- und Landschaftsschutz eine breite Palette von Handhaben, etwa bezüglich der Entwicklung der Siedlungsstruktur im Zusammenhang mit Freizeitwohnsitzen. Bei konsequenter Anwendung müßte jeder Liegenschaftserwerb, z. B. in exklusiver Lage oder die Vortäuschung einer landwirtschaftlichen Betriebsgründung zum Zwecke der Errichtung eines Freizeitwohnsitzes, unterbunden werden können.

In den westlichen Bundesländern sind in einzelnen Gemeinden bis zu zwei Drittel der Zweitwohnungsbenützer Ausländer. Daher ist die Zulässigkeit des Ausländergrunderwerbs eine bedeutende Frage der Gesetzgebung.

Das Tiroler Grundverkehrsgesetz etwa greift das Problem der Überfremdung und das der Verdrängung Einheimischer aus dem Wettbewerb um Liegenschaften dahingehend auf, daß es die Generalklausel, die die Ausschließungsgründe für den Ausländergrunderwerb mit Widerspruch zu „staatspolitischen, volkswirtschaftlichen, sozialpolitischen oder kulturellen Interessen" gleichsetzt, wie folgt präzisiert: „Ein Widerspruch zu diesen Interessen liegt insbesondere dann vor, wenn ... in der betreffenden Gemeinde oder Ortschaft mit Rücksicht auf das Ausmaß des schon vorhandenen ausländischen Grundbesitzes oder auf die Zahl der ausländischen Grundbesitzer eine Überfremdung einzutreten droht oder das zu erwerbende Grundstück in einem wegen seiner Lage und Erschließung besonders für die heimische soziale Wohn- und Siedlungstätigkeit geeigneten Gebiet liegt und das darauf bestehende oder zu errichtende Wohnobjekt nicht der Befriedigung eines dauernden Wohnbedarfs dienen soll." (Par. 4 Abs. 2 TGVG) (WEBER 1987, 134).

Das Salzburger Grundverkehrsgesetz verfügt sogar, daß bei Gebäuden mit Eigentumswohnungen (also bei Appartementhäusern), die Miteigentumsanteile der Ausländer einen bestimmten Prozentsatz nicht übersteigen dürfen. Dieser Prozentsatz ist von der Landesregierung durch Verordnung gemeindeweise festzulegen, darf jedoch keinesfalls über 50 v. H. liegen (Par. 13 Abs. 1, lit. d SGVG).

Die Ausländergrundverkehrsgesetze werden nicht selten mit Hilfe österreichischer „Strohmänner“, aber auch durch neue Rechtsformen für die Nutzung von Zweitwohnsitzen (vor allem Appartements bzw. Ferienwohnungen), z. B. „Time-sharing“ (vgl. WALDMANN/WALDMANN 1985), umgangen. Man erwirbt nicht das Eigentumsrecht, sondern nur das grundbücherlich nicht sichergestellte Nutzungsrecht für eine bestimmte Dauer (Teilnutzrecht) an einer bestimmten Wohnung in einer Appartementanlage im Jahr.

In größerem Umfang können unerwünschte siedlungs- und soziokulturelle Entwicklungen auch bei Mietverträgen durch die Grundverkehrsbehörde nicht verhindert werden, da diese nicht der Grundverkehrskommission vorgelegt werden müssen. So entzieht sich etwa das Anmieten von Stadeln und Ställen oder Almhütten mit dem Ziel, sie als Zweitwohnsitze zu adaptieren, der Vorprüfung durch die Behörde.

7.6.2. Szenarien für das Ausländerzweitwohnungswesen

Für die weitere Entwicklung des im alpinen Raum vor allem durch Ausländer getragenen Zweitwohnungswesens sollen zwei Szenarien entwickelt werden:

Szenario 1: Die restriktiven Maßnahmen des Ausländergrunderwerbs bleiben aufrecht (Status-quo).

Szenario 2: Es kommt zum EG-Beitritt Österreichs. Die restriktiven Maßnahmen verlieren ihre Wirkung.

ad 1) Bei der Status-quo-Annahme sind folgende Entwicklungen denkbar: Generell kann davon ausgegangen werden, daß das „Muster“ des Ausländerzweitwohnens mit der Konzentration auf die westlichen Bundesländer und Kärnten gleichbleiben wird (vgl. Karte 7.1). Verstärkungseffekte sind vor allem in den bisher weniger vom Ausländerzweitwohnen betroffenen Gemeinden mit guter Erreichbarkeit, vor allem vom süddeutschen Raum aus, zu erwarten. Schließlich wird die doch unterschiedliche Politik der einzelnen Bundesländer für die weitere Entwicklung maßgebend sein. Ein weiteres Vordringen (Übersprungseffekte) in die Steiermark und das Burgenland ist anzunehmen. Wie die Feriendörfer in Kärnten (Faaker See, St. Oswald, Naßfeld) zeigen, ist auch in Zukunft mit einem wachsenden Interesse ausländischer Kapitalgesellschaften (Reiseveranstalter, Appartementgesellschaften) zu rechnen.

Trotz des erschwerten Zuganges zu baureifen Grundstücken wird es einen weiteren Zuwachs an Zweitwohnsitzen, vor allem von Interessenten aus der Bundesrepublik Deutschland, geben. Die Neutralität ist neben den landschaftlichen Reizen ein wesentlicher Attraktivitätsfaktor zur Ansiedlung in Österreich. Die Erreichbarkeit vieler alpiner Regionen (z. B. Kärnten) hat sich durch den Ausbau des Straßennetzes, insbesondere den Bau der Tauernautobahn, entscheidend verbessert (kürzere Reisezeiten). Durch den Strukturwandel und die Krise der Bergbauernwirtschaft werden immer mehr Höfe und Almhütten zu Zweitwohnsitzen (häufig in der Hand von Ausländern) umgewidmet werden.

Schließlich ist die Zweitwohnungsentwicklung im Konnex zur Fremdenverkehrsentwicklung zu sehen. Es kann angenommen werden, daß ein weiterer Rückgang der Fremdenverkehrsnachfrage (seit 1981 Stagnation des Sommerfremdenverkehrs) durch Umwandlung nicht genutzter Beherbergungskapazitäten bzw. Verkauf von Objekten eine fördernde Wirkung auf das Zweitwohnungswesens haben wird.

ad 2) Es gibt bisher keine Studie, die die Folgen der Liberalisierung im Jahre 1992 im EG-Raum in den Konsequenzen auf die Transfers im Grundbesitz in den landschaftlich attraktiven Gebieten der Mitgliedstaaten behandelt.

Im Falle eines EG-Beitritts Österreichs würden alle EG-Bürger beim Liegenschaftserwerb in Österreich den Inländern gleichgestellt werden, sodaß restriktive Maßnahmen der Grundverkehrsgesetze gegenüber Ausländern weitgehend aufgehoben und damit Zustände der siebziger Jahre erreicht werden würden (vgl. Anm. 6). Infolge der schon genannten Gründe, der günstigen Erreichbarkeit vor allem der westlichen Bundesländer und Kärntens sowie der im Vergleich zur Bundesrepublik Deutschland wesentlich niedrigeren Grundstückspreise in Österreich, wäre eine verstärkte Nachfrage von kaufwilligen Interessenten nach Boden- und Realitätenbesitz zu erwarten. Die bestehenden rechtlichen Grundlagen der Raumordnung würden, dies zeigt die Regelung vor Einführung der Ausländergrundverkehrsgesetze, dieser nicht standhalten können. Insbesondere Kleingemeinden in den Alpen wären als Entscheidungsträger überfordert.

Eine große Vielfalt an Organisationsformen ist denkbar:

1. Ausländische Kapital- bzw. Bauträgergesellschaften, Immobilienfirmen und Agenturen würden nach „bewährtem spanischem Muster" in großem Stil als Grundstückskäufer, Bauherren und Verkäufer großer Appartement- und Ferienhausanlagen (Parahotellerie) auftreten und diese z.T. über die Organisationsform des Timesharing vermarkten. Die Strukturen in Schweizer Fremdenverkehrsgebieten geben eine Vorstellung von dieser möglichen Entwicklung, bei der das Bedürfnis nach Sachwertanlage das Immobiliengeschäft aufblühen ließe; auch Schistädte aus der Retorte nach französischem Muster könnten realisiert werden. Chancen für ausländische Investoren bestünden vor allem in Abwanderungsgebieten in den österreichischen Alpen, aber auch an der Bewegungsfront des Tourismus vom Salzkammergut bis nach Kärnten.

2. In der gegenwärtigen Rezessionsphase des österreichischen Fremdenverkehrs und bei der schlechten Ertragslage vieler Betriebe könnten insbesondere in den einsaisonalen Sommerfremdenverkehrsgebieten Hotels und Gasthöfe von ausländischen Kapitalgesellschaften aufgekauft und in Appartementanlagen, Freizeitzentren usf. umgewandelt werden.

3. In räumlicher Hinsicht werden vor allem die landschaftlich attraktiven Gebiete in den westlichen Bundesländern, in Kärnten und Teilen Oberösterreichs und der Steiermark betroffen sein, die von Süddeutschland, insbesondere München, in maximal drei Stunden erreichbar sind. Große Teile Westösterreichs und Kärntens könnten in eine künftige Zweitwohnungsregion von München eingegliedert werden (vgl. Karte 7.2.). Der weitere Autobahnausbau (Tauern- und Pyhrnautobahn würde dabei wie ein Katalysator dieser Entwicklung wirken und potentielle Interessenten

Karte 7.2: DIE ZWEITWOHNUNGSREGION VON MÜNCHEN UM 2000

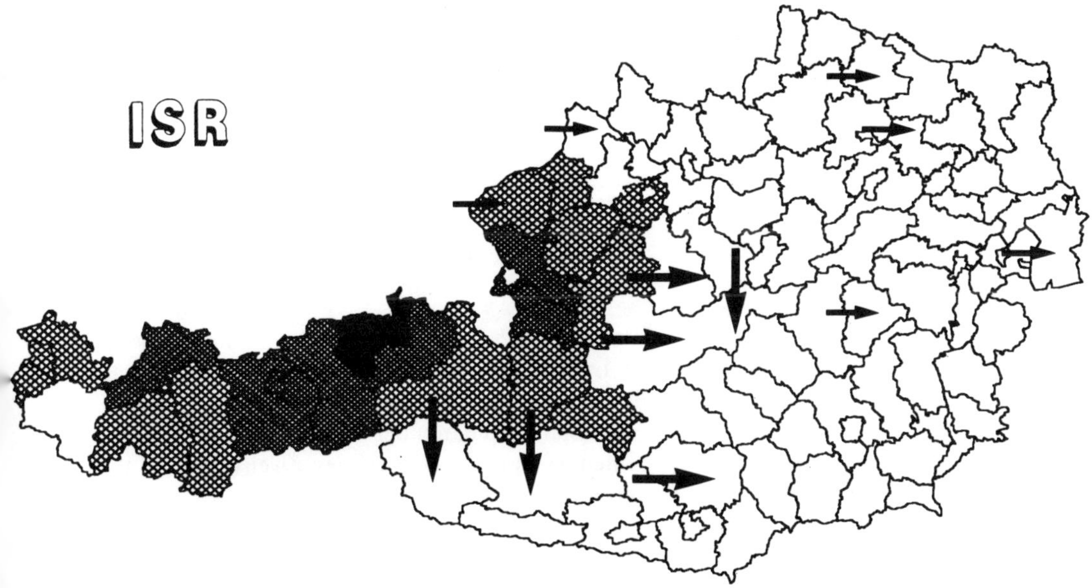

50 100km

<90 >90 >120 >180

potentielle Ausbreitungsregionen

Erreichbarkeit von München aus im Individualverkehr in Minuten

Quelle: ÖIR

EDV-GRAPHIK: B. STANGL THEMATIK: H. BAUMHACKL

aus immer entfernteren Gebieten des süddeutschen Raums heranbringen. Aber auch das Waldviertel, die Wachau und das nördliche Burgenland würden, wenn auch abgeschwächt, von der ausländischen Nachfrage nach Immobilien erreicht werden.

Folgende Auswirkungen sind für die betroffenen Gemeinden zu erwarten:

1. Eine Überschichtung der Freizeitbevölkerung über die ortsständige Bevölkerung, die zu einer wachsenden Fremdbestimmung und damit zu einer funktionellen Differenzierung und Segregierung der lokalen Gesellschaft von der Freizeitgesellschaft führen würde.

2. Die Erhaltung der Lebensräume für die einheimische Bevölkerung würde für viele Gemeinden zu einem zentralen Problem werden.

3. Das Arbeitsplatzdefizit würde nicht abgebaut werden, da die Parahotellerie nur unqualifizierte saisonale Stellen benötigt. Vor allem einheimische Jugendliche würden zur Abwanderung gezwungen werden.

4. Infolge der Konkurrenz der ausländischen Kapitalgesellschaften würden die hohen Grundstückspreise für die ortsständige Bevölkerung, die nicht über Haus- oder Grundbesitz verfügt, zunehmend zu einer unüberwindbaren Hürde werden. Der Bau eines Eigenheimes könnte für viele nicht mehr in der Heimatgemeinde realisiert werden. Auch dies würde die Abwanderung fördern.

7.7. Zusammenfassung

Das Zweitwohnen als „Aufspaltung des Wohnens“ auf mehrere Standorte wird infolge der Raumwirksamkeit, der Interessen- und Nutzungskonflikte, aber auch der Zuordnungsproblematik der Bevölkerung (vgl. Volkszählung 1981) ein zentrales Thema der Raumordnung, der Gesellschaft und damit der Politik bleiben. Die Entwicklung wird weiter von den beiden Hauptverursachern des Zweitwohnens als Massenphänomen in Österreich getragen werden:

1. Den Wienern, die vor allem die Ostregion als Zweitwohnungsstandorte beanspruchen. Die Spannweite der Modellrechnungen bis zum Jahr 2011 reicht von einer Bestandsverringerung auf ein Viertel bis zu einer Verdoppelung des gegenwärtigen Bestandes, wobei insbesondere der Wohnungspolitik die wichtigste steuernde Wirkung zugeschrieben werden kann. Die räumliche Entwicklung des Zweitwohnungswesens der Wiener läßt einerseits eine verstärkte Umwandlung von Zweithäusern zu Ersthäusern in der Innenzone und entlang der Hauptverkehrsachsen erwarten, andererseits ein weiteres flächenhaftes Wachstum der Zweitwohnungsperipherie durch den nachgewiesenen räumlichen Konnex zwischen dem Herkunfts-und dem Zweitwohnungstandort.

2. Der Umfang des Zweitwohnungswesens der Ausländer konnte seit den siebziger Jahren durch Ausländergrundverkehrsgesetze vor allem in den westlichen Bundesländern und Kärnten weitgehend auf dem damaligen Stand „eingefroren“ werden. Ein EG-Beitritt würde aufgrund der Liberalisierung des Bodenmarktes alle EG Bürger beim Liegenschaftserwerb den Inländern gleichstellen. Das Schreckgespenst des Ausverkaufs der Alpen („Alpen als Zweitwohnungsregion der Münchner“) durch ausländische Kapital- und Immobiliengesellschaften könnte dann Realität werden, wenn es nicht gelingt, neue, EG-konforme legistische „Dämme“ zu errichten.

Anmerkungen

Anm. 1: Die Volkszählung 1981 wurde gemäß §3 Volkszählungsgesetz vom 16. 4. 1980 durchgeführt. Eine Neuregelung der Bestimmung des Hauptwohnsitzes überläßt danach jedem Zensiten, der über mehrere Wohnungen verfügt, selbst die Entscheidung, welcher Wohnsitz als Mittelpunkt seiner Lebensinteressen (vgl. Diskussion um den „M-Punkt") und damit als „ordentlicher Wohnsitz" deklariert wird, unabhängig von seiner polizeilichen Hauptmeldung, seiner Eintragung in die Wählerevidenz oder von in Anspruch genommenen Wohnbauförderungsmitteln.

Erläuterungen im Haushaltserhebungsbogen der Volkszählung 1981:

„Der ordentliche Wohnsitz ist an dem Ort begründet, an dem sich die zu zählende Person in der erweislichen oder aus den Umständen hervorgehenden Absicht niedergelassen hat, ihn bis auf weiteres zum Mittelpunkt ihrer Lebensbeziehungen zu wählen. Hiebei ist es unerheblich, ob die Absicht darauf gerichtet war, für immer an diesem Ort zu bleiben."

„Personen, die über mehrere Wohnsitze verfügen, haben anzugeben, welcher Wohnsitz ihr ordentlicher Wohnsitz ist."

„Personen mit mehreren Wohnsitzen haben daher zu entscheiden, welcher der ordentliche Wohnsitz im Sinne des Volkszählungsgesetzes ist. Dies trifft zum Beispiel für Personen mit einer Stadt- und einer Landwohnung zu. Sie haben zu entscheiden, welcher der beiden Wohnsitze für sie der Mittelpunkt ihrer Lebensbeziehungen darstellt."

Anm. 2: Heute existiert in jedem Bundesland ein Bündel von Verwaltungsrechtsbestimmungen, das darauf hinwirken soll, dem Ziel der Gewährleistung einer geordneten Siedlungsentwicklung gerade auch im Zusammenhang mit dem Zweitwohnen zum Durchbruch zu verhelfen (vgl. WEBER 1987, 129). Es geht um die rechtlichen Steuerungsmöglichkeiten der räumlichen Verteilung von Freizeitwohnsitzen:

Burgenländisches Raumplanungsgesetz (BRPG), LGBl. 18/1969 i. d. F. 20/1981
Kärntner Raumordnungsgesetz (KROG), LGBl. 76/1969
Kärntner Gemeindeplanungsgesetz (KGPG), LGBl. 51/1982
Niederösterreichisches Raumordnungsgesetz (NROG), LGBl. 13/1977 i. F. 85/1986
Oberösterreichisches Raumordnungsgesetz (OöROG), LGBl. 18/1972 i. d. F. 1982
Salzburger Raumordnungsgesetz (SROG), LGBl. 26/1977 i. d. F. 39/1984
Steiermärkisches Raumordnungsgesetz (StROG), LGBl. 127/1974 i. d. F. 39/1986
Tiroler Raumordnungsgesetz (TROG), LGBl. 4/1984 i. d. F. 38/1984
Vorarlberger Raumplanungsgesetz (VRPG), LGBl. 15/1973 i. d. F. 31/1985

Nur das oberösterreichische (Par. 16 Abs. 11: „Gebiete für den zeitweiligen Wohnbedarf") und das steiermärkische (Par. 23 Abs. 4 lit. h: „Ferienwohngebiete") Raumordnungsgesetz knüpfen ihre spezifische Widmungsart für das Freizeitwohnen nur an den Verwendungszweck, nach dem Kriterium „zeitweiliger" bzw. „vorübergehender" Wohnbedarf.

Über die Flächenwidmungsplanung kann insbesondere die Verortung von folgenden Freizeitwohnformen durch Sonderwidmungen gesteuert werden:

- Appartementhäuser (auch „Ferienwohnhäuser"): das sind Häuser mit mehr als drei Ferienwohnungen,
- Feriendörfer: darunter fallen von meist einem Bauträger nach einem Gesamtplan errichtete und/oder gemeinschaftlich verwaltete Siedlungen,
- Wochenendsiedlungen: das sind Gruppen von Wochenendhäusern, die entweder per definitionem nach einem Gesamtplan errichtet werden (Steiermark) oder auch nicht (Tirol),

– Wochenendhäuser, Ferienwohnhäuser u.ä.: das sind Gebäude mit höchstens drei Wohnungen, die nicht zur Deckung eines ganzjährigen Wohnbedarfs dienen.

Heute finden sich in den Raumordnungsgesetzen sehr umfangreiche Regelungen hinsichtlich der genannten Freizeitwohnformen (vgl. WEBER 1987, 130).

Anm. 3: In Kärnten werden seit 1. Jänner 1986 Ferienwohnungen (Zweitwohnungen) in die Steuerpflicht nach dem Orts- und Nächtigungstaxengesetz einbezogen (LGBl. Nr. 3/1986). Der Eigentümer dieser Ferienwohnungen (d.h. laut Gesetzgeber: Wohnungen und sonstige Unterkünfte, die nicht zur Deckung eines ganzjährig gegebenen Wohnbedarfs dienen, sondern überwiegend während des Wochenendes, des Urlaubes, der Ferien oder nur zeitweise als Wohnstätte – Zweitwohnung – genützt werden) hat die Ortstaxe in Form eines jährlichen Pauschales zu entrichten. Die Höhe der Steuer richtet sich nach der Größe der Wohnung und der für jede einzelne Nächtigung im Gemeindegebiet zu entrichtenden Ortstaxe. Für Ferienwohnungen bis 60 qm ist das Hundertfache der Ortstaxe jährlich zu entrichten; von 61 bis 100 qm beträgt die Steuer das 150-fache und bei mehr als 100 qm das 200-fache der Ortstaxe.

Anm. 4: Vergleiche mit früheren Erhebungen belegen die Untererfassung des Zweitwohnungswesens (vgl. Erfassungsproblematik) durch die amtliche Statistik, die bei der Volkszählung 1981 (Sonderauswertung für Wien) lediglich rund 107.000 Wiener Haushalte mit Zweitwohnsitzen ermittelte.

Erhebung	Jahr	Freizeitwohn-sitzhaushalte	v. H. der Haushalte	Datendefintion
Dr. FESSEL	1970	ca. 115.000	16,0	Besitz, Miete/Pacht
ÖIR/IFES	1973	ca. 142.000	19,0	Besitz, Miete/Pacht
Mikrozensus	1976	ca. 167.000	25,0	Besitz, Miete/Pacht
Enquete	1984	ca. 227.000	34,0	Besitz, Miete/Pacht

Erhärtet wird die Qualität dieser Erhebungen durch die vom ÖIR/IFES ermittelten jährlichen Zuwächse von 7.000 bis 8.000 Freizeitwohnsitzen pro Jahr. Bis zum Jahr 1980 wurde sogar ein Freizeitwohnsitzbestand von 300.000 Einheiten prognostiziert. Die jährlichen Zuwächse decken sich mit den Ergebnissen der Enquete 1984.

Anm. 5: Burgenländisches Landesgrundverkehrsgesetz LGBl. 11/1955 i. d. F. 3/1986
Kärntner Grundverkehrsgesetz, LGBl. 70/1974 i. d. F. 57/1983
Kärntner Ausländergrunderwerbsgesetz, LGBl. 71/1974 i. d. F. 58/1983
Niederösterreichisches Grundverkehrsgesetz, LGBl. 6800-3
Oberösterreichisches Grundverkehrsgesetz, LGBl. 53/1975
Salzburger Grundverkehrsgesetz, LGBl. 73/1986
Steiermärkisches Grundverkehrsgesetz, LGBl. 72/83
Tiroler Grundverkehrsgesetz, LGBl. 69/1983
Vorarlberger Grundverkehrsgesetz, LGBl. 18/1977
Wiener Ausländergrunderwerbsgesetz, LGBl. 33/1967

Anm. 6: Diese Befürchtungen werden allerdings von den Rechtsexperten nicht einhellig vertreten bzw. als „sachlich ungerechtfertigt“ (vgl. Östereichische Politische Korrespondenz – ÖPK Nr. 2142 vom 17. 1. 1989) zurückgewiesen.

Nach Öhlinger (1988, S. 73f.) „fallen in den Aufgabenbereich der EWG auch Befugnisse, die nach der innerstaatlichen Kompetenzverteilung in die Zuständigkeit der Länder fallen. Kompetenzen der Länder, die so durch den Vertrag zur Gründung der Europäischen Wirtschaftsgemeinschaft (EWGV) berührt und partiell auf die Organe der Gemeinschaft „übertragen" werden, sind insbesondere: Ausländergrundverkehrsrecht (Art. 52ff. EWGV), Baurecht, Naturschutz (Art. 130r – 130t EWGV), ..." „... die Zuständigkeit der Länder wird nicht schlechthin beseitigt, sondern nur begrenzt. So geht selbst die Regelung des Ausländergrundverkehrs ... nicht auf die EWG über, sondern die Länder werden bei der Ausübung dieser Gesetzgebungskompetenz an Regelungen des Gemeinschaftsrechts (Art. 54 Abs. 3 lit. e EWGV) insofern gebunden, als sie Staatsbürgern der EG-Mitgliedstaaten den Erwerb und die Nutzung von Grundstücken zu gewerblichen Zwecken ermöglichen müssen" (S. 77f.).

Nach der „herrschenden Rechtslage in der EG bleiben die Flächenwidmungspläne und andere Maßnahmen der Raumordnung nationale Angelegenheiten, die vom Binnenmarkt nicht berührt werden. Bei Erwerb von Zweitwohnsitzen dürfen auch innerhalb der EG bereits bestehende nationale Regelungen aufrechterhalten bleiben (Art. 6 Abs. 4 der Richtlinie EWG Nr. 361) ...".

„Die Gefahr, daß Westösterreich aufgrund des Zuzugs begüterter Pensionisten aus dem EG-Raum zum „Altersheim Europas" wird oder daß der Errichtung von Appartementhäusern für Ausländer in Fremdenverkehrsgebieten Tür und Tor geöffnet werden, wäre bei einem EG-Beitritt nicht größer als heute. Denn auch heute ist in der EG der Verbleib im Ruhestand an eine Mindestaufenthaltsdauer geknüpft" (vgl. ÖPK Nr. 2142 vom 17. 1. 1989).

Das Gemeinschaftsrecht läßt allerdings offenbar einen großen „Interpretationsspielraum" ... (vgl. OEHLINGER, Th., 1988. Verfassungsrechtliche Aspekte eines Beitritts Österreichs zu den EG. Wien. Der STANDARD, 1989. Experte: EG-Mitgliedschaft würde Länderrechte nicht beseitigen. Der Standard, 2. 2. 1989: 17. ÖSTERREICHISCHE POLITISCHE KORRESPONDENZ, 1989. Auch nach EG-Beitritt kein Ausverkauf Österreichs. ÖPK Nr. 2142 vom 17. 1. 1989.).

Literaturverzeichnis

ANRIG, P., 1983. Hotellerie, Zweitwohnungen und Wohnungen für Einheimische. Ziele einer zukünftigen Entwicklungspolitik unter der Lupe. In: SFV-Bulletin 2: 1-12.

ASSEM, U., 1981. Der Ausländergrunderwerb in Österreich. Österreichische Immobilien-Zeitung, Jg. 47, H. 17 bis 22.

BAUER, H., BRANDL, T., HUBER, W., HUETTNER, B., PALECZNY, A., SCHARITZER, G., SEIPELT, W., und K. STROBL, 1979. Der Finanzausgleich und seine Bedeutung für die östereichischen Gemeinden. Wien. Schriften des österreichischen Städtebundes. Verlag Jugend und Volk.

BAUER, H., BRANDL, T., und A. PALECZNY, 1982. Verteilung der Steuermittel auf die Gemeinden im Finanzausgleich. Österreichischer Städtebund, Kommunalwissenschaftliches Dokumentationszentrum. Wien. Nicht veröffentlicht.

BAUMHACKL, H., und B. ZOTTL, 1985. Freizeitwohnsitze der Wiener. Probleme ihrer statistischen Erfassung. Geographischer Jahresbericht aus Österreich 42 (1983): 25-69.

BAUMHACKL, H., 1988. The Phenomenon of Second Homes within the Framework of the Housing Markets: the Vienna Example. In: LICHTENBERGER, E., und M. PECSI (eds.). Contemporary Essays in Austrian and Hungarian Geography. Studies in Geography in Hungary 22 (Akademiai kiado. Budapest): 225-240.

BAYER, H. F., (Hsg.), 1982. Die Zweitwohnungssteuer: Eine Dokumentation. (= Kohlhammer Kommentare; o. Bd.)

BENNETT, R. J., 1985. The Impact on City Finance of False Registration in Second Homes: The Case of the 1981 Austrian Census. Tijdschrift voor Econ. en Soc. Geografie (TESG) 76/4: 298-309.

BERNT, D., 1964. Der Erholungsraum der Wiener. Beiträge zu seiner Erforschung. Diss. Wien.

BOYER, J. G., 1980. Residences secondaires et „rurbanisation“ en region parisienne. TESG 71/2: 78-87.

BRAKE, L., 1984. Das Zweitwohnungssteuerrecht im Wandel. Archiv für Kommunalwissenschaften 23/2: 248-266.

DR. FESSEL Institut für Marktforschung, 1970. Freizeitwohnen. Befragung im Auftrag der Niederösterreichischen Landesregierung.

EGGERT, K., HAJOS G., SCHWARZ, M., und P. WERKNER, 1982. Landhaus und Villa in Niederösterreich 1840 – 1914. Wien.

FESTA, Ch. et al., 1986. Prognose des Wohnungsbedarfes in Österreich bis 2000. Linz: Trauner Verlag.

GÖRGMAIER, D., 1973. Zweitwohnungen – Krebszellen der Kulturlandschaft. Politische Studien 24/20: 275-290.

HAIMAYER, P., 1979. Zweitwohnungen für Freizeit und Erholung. Freizeitwohnsitze in Österreich. Im Auftrag des Bundesministeriums für Handel, Gewerbe und Industrie.

HALASZ, L., 1987. Veränderte Konsumgewohnheiten der Wiener. Mitteilungen aus Statistik und Verwaltung der Stadt Wien 1: 3-17.

HANSELY, H. J., 1986. Zweitwohnungen in der Länderregion Ost. Der Aufbau 1986/2: 114-117.

HANSELY, H. J., 1987. Kleingartenbesitz und Kleingartenwunsch. Mitteilungen aus Statistik und Verwaltung der Stadt Wien 1: 18-25.

HANSLIK, H., 1971. Bestand und Neubautätigkeit von Sommer- und Ferienwohnungen. Statistische Nachrichten 26, N. F. 12: 970-972.

HENCKEL, D., 1987. Auswirkungen neuer Technologien auf Wohnen und Stadtentwicklung. (= Beitrag zum internationalen Symposium: Lebensqualität in der Großstadt. Wohnbau und Wohnumfeld unter Einbeziehung biologischer Aspekte. Wien 14. – 15. 9. 1987).

HUSA, K., 1983. Struktur und Ursachen der Stadt-Umland-Mobilität im Raum Wien. Dargestellt am Beispiel der Zuwanderung in die Gemeinden Bisamberg, Langenzersdorf und Korneuburg. In: Österreich in Geschichte und Literatur 27/6: 347-374.

JANIK, W., 1979. Besitz von Zweitwohnungen. Ergebnisse des Mikrozensus 1978. Statistische Nachrichten 34/N. F. 2,3: 70-72, 134-136.

JAWECKI, P., 1983. Zweitwohnungen – erläuternde Erklärung aus der Sicht des Landes Wien. Berichte und Veröffentlichungen der Planungsgemeinschaft Ost (Fachseminar: „Zweitwohnungen) 1983/1: 27-28.

KAUFMANN, A., KNOTH, E., und B. HARTMANN, 1979. Wohnkosten und ökonomische Situation der Haushalte.(= Institut für Stadtforschung 65).

KLEIN, K., 1986. Wochenend- und Ferienhäuser. Ergebnisse der Häuser- und Wohnungszählung 1981. Statistische Nachrichten 41/NF 6: 471-475.

KLEINGARTENKONZEPT für Wien 1985. Magistrat der Stadt Wien. Nicht veröffentlicht.

LADSTÄTTER, J., 1985. Volkszählung 1981: Personen mit weiteren Wohnsitzen in der Ostregion. Statistische Nachrichten 4o/N. F. 4: 239-242.

LICHTENBERGER, E., 1976. Der Massentourismus als dynamisches System. Das österreichische Beispiel. Tagungsbericht und wissenschaftliche Abhandlungen des Dt. Geographentages Innsbruck 1975. Wiesbaden: 637-692.

LICHTENBERGER, E., 1980. Die Stellung der Zweitwohnungen im städtischen System. Berichte zur Raumforschung und Raumordnung 1: 3-14.

LICHTENBERGER, E., 1983. Perspektiven der Stadtentwicklung. Geographischer Jahresbericht aus Österreich 40 (1981): 7-49.

LICHTENBERGER, E., 1987. Zweitwohnungen im Stadtumland. Berliner Geographische Arbeiten Sh. 4 (= Jubiläumskonferenz 1986 der Sektion Geographie der Humboldt-Universität zu Berlin): 68-74.

MALEK, P., 1980. Wer hat eine Zweitwohnung? Ergebnisse des Mikrozensus Juni 1979. Statistische Nachrichten 36/NF. 8: 447-448.

MAXIAN, M., 1979. Problematik von Badeteichsiedlungen. Raumordnung. Aktuelle Vierteljahresschrift für Raumplanung, Raumforschung und Umweltschutz des Landes Niederösterreich 3/4: 3-11.

ÖSTERREICHISCHE RAUMORDNUNGSKONFERENZ (ÖROK) (Hrsg.), 1987. Zweitwohnungen in Österreich. Formen und Verbreitung, Auswirkungen, künftige Entwicklung.(= ÖROK Schriftenreihe Nr. 54) (Bearbeitung: Institut für Stadtforschung, Kommunalwissenschaftliches Dokumentationszentrum, Österreichisches Institut für Raumplanung; rechtliche Aspekte : G. WEBER). Wien.

ÖSTERREICHISCHES INSTITUT FÜR RAUMPLANUNG, 1972. Zweitwohnungen für Freizeit und Erholung. Wien.

ÖSTERREICHISCHES INSTITUT FÜR RAUMPLANUNG, 1975. Freizeit-Zweitwohnungen der Wiener. Ergebnisse aus der Untersuchung: Freizeitverhalten der Bevölkerung im Wiener Raum. Im Auftrag des Wiener Magistrats.

ÖSTERREICHISCHES STATISTISCHES ZENTRALAMT, 1981. Wohnungsdaten 1980/81. Beiträge zur Österr. Statistik 632.

ÖSTERREICHICHES STATISTISCHES ZENTRALAMT, 1983. Volkszählung 1981 – Wohnbevölkerung nach Gemeinden (revidierte Ergebnisse). (= Beiträge zur österreichischen Statistik 630/1A).

ÖSTERREICHISCHES STATISTISCHES ZENTRALAMT, 1983. Häuser- und Wohnungszählung 1981. Hauptergebnisse in Bundesländerheften und Österreich gesamt. Beiträge zur Österr. Statistik 640/1-640/10.

ÖSTERREICHISCHES STATISTISCHES ZENTRALAMT, 1986. Konsumerhebung 1984. Sozialstatistische Auswertungen. (= Beiträge zur österreichischen Statistik 817).

ÖSTERREICHISCHES STATISTISCHES ZENTRALAMT, 1988. Wohnungsqualität und Wohnungsmiete (in Österreich). Wien.

PLANUNGSGEMEINSCHAFT OST (PGO) (Hrsg.), 1983. Fachseminar „Zweitwohnungen". Berichte. (= Veröffentlichungen PGO 1/1983).

PLANUNGSGEMEINSCHAFT OST (PGO) (Hrsg.), 1987. Ergebnisse der Gemeindebefragung im Rahmen der „Nachher-Untersuchung des Schnellbahnastes Wien – Mistelbach". Durchgeführt vom ÖIR im Zeitraum Dezember 1985 – Februar 1986 im Auftrag der PGO. Veröffentlichungen PGO 2: 27-29.

Die PRESSE, 1984. Ausländern gehören halbe Gemeinden. Landesgesetze gegen Überfremdung. Die Presse vom 17./18. Maerz 1984: 13.

REICHEL, R., KAITNA, W., POHL, E., und K. SMETANA, 1984. Das Zweitwohnungswesen im Rahmen der Wohnungswirtschaft (= Wohnbauforschung Forschungsvorhaben F 756).

RUHL, G., DANZ, W., HOFMANN, G., und A. RINGLER, 1977. Zweitwohnungen in Bayern. Schriftenreihe des Alpeninstituts (München) 7.

RUPPERT, K., 1973. Der Freizeitwohnsitz im Freizeitraum. Berichte zur Raumforschung und Raumplanung 17/4: 3-8.

RÜSCH, G., 1983. Zur gemeinwirtschaftlichen Bedeutung von Freizeitwohnsitzen am Beispiel von zwei Gemeinden im Naherholungsbereich Wien. PGO (Hrsg.): Fachseminar „Zweitwohnungen". Berichte-Veröffentlichungen 1: 43-51.

SAUBERER, M., und A. SPITALSKY, 1987. ÖROK-Bevölkerungsprognose 1981-2011. Gutachten des Österreichischen Instituts für Raumplanung. (= ÖROK-Schriftenreihe 58).

SCHNELL, P., 1977. Naherholungsraum und Naherholungsverhalten untersucht am Beispiel der Solitärstadt Münster. Spieker 25: 179-217.

SCHNELL, P., 1980. Wohnen als Determinante des Freizeitverhaltens am Beispiel des Ruhrgebietes. In: SCHNELL, P., u. P. WEBER (Hsg.). Agglomeration und Freizeitraum. = Münstersche Geographische Arbeiten 7: 61-72.

SCHNIEDERS, C., 1974. Einfluß von Zweitwohnungen auf die Finanz- und Wirtschaftsstruktur einer Gemeinde. (= Schriftenreihe Landes- und Stadtentwicklungsforschung des Landes Nordrhein-Westfalen. 1.004).

SCHREIBER, G., 1983. Feriensiedlungen und Zweitwohnungen im Burgenland. Berichte und Veröffentlichungen der Planungsgemeinschaft Ost (Fachseminar: „Zweitwohnungen") 1983/1: 21-23.

SCHULZ, H., U. P. WALD, 1983. Zweitwohnungen in der Länderregion Ost. Berichte und Veröffentlichungen der Planungsgemeinschaft schaft Ost (Fachseminar: „Zweitwohnungen") 1983/1: 9-15.

SILBERBAUER, G., 1983. Können wir uns Zweitwohnungen als Massenerscheinung ökologisch leisten? Berichte und Veröffentlichungen der Planungsgemeinschaft Ost (Fachseminar: „Zweitwohnungen") 1983/1: 25–26.

VACHA, E., 1979. Die Wochenendhausperipherie der Wiener im Süden des Wiener Neustädter Beckens. Diss. Wien.

VIELHABER, B., 1977. Reisegewohnheiten der Österreicher – Besuch von Zweitwohnungen. Ergebnisse des Mikrozensus, September 1976. Statistische Nachrichten 32/NF. 11: 520-521.

VIELHABER, CH., 1983. Freizeitwohnsitze in einem großstädtischen Naherholungsraum. Ein sozialgeographischer Beitrag zur Erforschung des Phänomens Freizeitwohnen am Beispiel des Neusiedlersee-Raumes. Diss. Wien.

VOCELKA-ZEIDLER, S., 1986. Zweitwohnungen und Ferienhäuser in Österreich. In: Berichte zur Raumforschung und Raumordnung 30/1-3: 65-73.

WALDMANN, R., und D. WALDMANN, 1985. Timesharing von Ferienwohnungen in Österreich. Wien. Eigenverlag.

WALTER, R., u. H. MAYER, 1985. Grundriß des österreichischen Bundesverfassungsrechts. (5. Auflage). Wien.

WEBER, G., 1987. Zweitwohnungen in Österreich – Rechtliche Aspekte. In: ÖROK (Hrsg.). Zweitwohnungen in Österreich (= ÖROK-Schriftenreihe 54): 123-136.

ZOTTL, B., 1983. Fallstudien zur Typologie des Zweitwohnungswesens der Wiener im Weinviertel. Diss. Wien.

8. Optionen für Europa

von Elisabeth LICHTENBERGER, Wien

Die Schaffung des europäischen Binnenmarktes ist mit 1.1.1993 in greifbare Nähe gerückt. Eine euphorische Aufbruchsstimmung hat breite Wirtschaftskreise, aber auch die Wirtschaftswissenschaftler erfaßt. Pessimistische Befürchtungen einer „Eurosklerose“, welche – genährt aus der SPENGLER'schen Vision vom Untergang des Abendlandes nach dem Zusammenbruch der Mittelmächte – zu Beginn der achtziger Jahre zu hören waren, sind überwunden.

Diese Euphorie ist in mehrfacher Hinsicht berechtigt:

1. Technologische Großprojekte, wie der Ärmelkanaltunnel, sind als Jahrhundertbauwerke im Entstehen, die Untertunnelung von Alpenketten ist in realisierbare Nähe gerückt.

2. Ein Gitterwerk von Autobahntrassen wird alle Verdichtungsräume der EG verbinden. Dieser zunächst spürbare positive Effekt auf den Straßenverkehr wird jedoch auch massive Investitionen in die nationalen Netze der Bahnlinien erzwingen und ein EG-Bahnnetz entstehen lassen.

3. Wachstumseffekte sind in allen metropolitanen Gebieten mit einem jetzt bereits hohen Anteil des quartären Sektors und von Forschungs- und Entwicklungseinrichtungen aller Art zu erwarten.

4. Die Regionalpolitik der Europäischen Gemeinschaft wird die europäische Wirtschaftskarte verändern und, so lautet die Zielsetzung von Art. 130c, die hohen Investitionen – von allein 200 Milliarden S im Jahr 1992 – geographisch und sachlich konzentrieren, wobei es in erster Linie darum geht, den Entwicklungsrückstand von strukturschwachen Regionen aufzuholen und niedergehenden Industrieregionen bei der Umstrukturierung zu helfen.

5. Die Konzentrationseffekte auf die Betriebe werden die Produktionskosten reduzieren, der Konsument wird billigere Güter in noch größerer Auswahl erwerben können. In den bisher schwächer entwickelten Gebieten wird der Konsumstandard angehoben werden.

Die zu erwartenden positiven Auswirkungen des gemeinsamen Binnenmarktes sollten jedoch nicht über potentielle Konflikte und Probleme hinwegsehen lassen. Wenn ab 1992 in der Europäischen Gemeinschaft, und damit einem Raum mit 322 Millionen Menschen, die völlige Freizügigkeit für die Bewegung von Waren, Dienstleistungen, Personen und Kapital bestehen wird, so handelt es sich um das größte wirtschaftspolitische Experiment aller Zeiten, bei dem die Reaktionen von nichtökonomisch determinierten Organisationssystemen der einzelnen Mitgliedstaaten nicht abzuschätzen sind.

1. Es ist u.a. völlig ungewiß, ob die Administration zentralistisch organisierter Staaten, wie Frankreich, oder föderalistisch aufgebauter, wie die Bundesrepublik Deutschland, mit dieser neuen, von wirtschaftspolitischen Zielen bestimmten, mit übergeordneten legistischen und finanziellen Mitteln ausgestatteten Raumkonstruktion besser zurande kommen wird. Der österreichische Föderalismus könnte im Falle des Beitritts Österreich zu der EG sich bereits die Erfahrungen der Bundesrepublik Deutschland zunutze machen.

2. Es ist nicht abschätzbar, in welcher Weise nationalstaatliche kulturelle Separatismen zum Tragen kommen, und ob und in welchem Ausmaß die von der Produktionsseite her geschaffene europäische Wirtschaftsgemeinschaft auch auf der multiethnischen und multilinguistischen Ebene von den Bürgern dieser Vielvölkerkonstruktion akzeptiert werden wird.

3. Es ist ferner schwierig abzuschätzen, ob und in welchem Umfang auf diesem europäischen Binnenmarkt die auf der Basis der sozialen Wohlfahrtsstaaten entwikkelten institutionellen Instrumente zum sozialen und räumlichen Disparitätenausgleich uneingeschränkt weiter greifen werden bzw. ob und in welchem Umfang Profitinteressen der multinationalen kapitalistischen Unternehmen Boden gewinnen und einerseits die vorhandenen Schutzschilder der Arbeitnehmer durchlöchern und andererseits die bereits bestehenden Umweltbelastungen und -schäden nicht nur nicht reduzieren, sondern vergrößern werden.

Es ist damit offen, ob und in welchem Ausmaß sich die Sozialpolitik von der Wirtschaftspolitik abkoppeln und wieweit eine „Nationalisierung der Sozialpolitik“, ähnlich wie dies in den abgelaufenen Jahrzehnten bei der Wohnungspolitik der Fall gewesen ist, erfolgen wird. Es ist ferner offen, welche Instrumente und welche Maßnahmen zur Umweltpolitik die EG schaffen und mit welchen Organen deren Einhaltung kontrolliert wird und ob auch auf diesem Feld mittelfristig „nationale Strategien“ unabhängig weiterlaufen müssen.

4. Damit schließt die Gretchenfrage an die bereits angesprochene Regionalpolitik der EG an, ob die Investitionen stärker für die Umstrukturierung in den alten Industriegebieten des nordwestlichen Europa oder zum Aufholen des Entwicklungsrückstandes in den Agrargebieten Südeuropas verwendet werden sollen. Für beides werden die Mittel nicht ausreichen. Bereits jetzt steht fest, daß sich mittelfristig die Förderung auf diejenigen rückständigen Regionen konzentrieren wird, deren Bruttoinlandsprodukt pro Kopf unter 75 v.H. des Gemeinschaftsdurchschnitts liegt. Konkret-geographisch handelt es sich um Irland, Portugal, große Teile Spaniens, Süditalien und Griechenland und damit um einen Raum, in dem rund 20 v.H. der Bevölkerung der EG leben. Diese Zielsetzung gibt zu erkennen, daß zumindest in nächster Zukunft die europäische Regionalpolitik eine „Erweiterungsstrategie" und nicht eine „Erneuerungsstrategie“ betreiben wird.

Da die Schaffung des Binnenmarktes in den einzelnen Staaten die Zentrum-Peripherie-Gradienten verstärken wird, ist ferner anzunehmen, daß der Bedarf an „nationalen“ regionalpolitischen Maßnahmen in den nicht von Gemeinschaftsprogrammen „privilegierten“ peripheren Gebieten steigen wird. Ob die Mittel aus den nationalen Budgets hierfür ausreichen werden, bleibt abzuwarten und erscheint eher fraglich. In Österreich gibt es jedenfalls keine für Förderprogramme der EG „ausreichend unterentwickelten" Gebiete.

5. Die Arbeitslosigkeit bildet mit rund 17 Millionen Menschen ein gravierendes Problem. Man muß die Frage stellen: Was geschieht mit den Arbeitslosenheeren in der EG, werden sie wie seinerzeit die Auswanderer nach Amerika über künftige Großorganisationen in die Gebiete mit Bedarf transferiert, kommt in der EG selbst eine neue Arbeiterwanderbewegung in Gang, wieweit werden hierbei die bereits vorhandenen Schienen der Gastarbeiterwanderung benützt werden, Portugiesen weiter nach Frankreich gehen, Italiener in die Bundesrepublik Deutschland? Wohin gehen die Iren und wohin die Griechen; werden nationale Sortiermechanismen greifen, ausländische Arbeitnehmer diskriminiert werden? Wir wissen es nicht, die Schätzgrößen für die Zahl der dank der EG-Effekte zu erwartenden neuen Arbeitsplätze liegen bei rund 10 v. H. der genannten Arbeitslosenzahl.

Das Problem der Arbeitslosigkeit wird durch die Schaffung des Binnenmarktes nicht gelöst werden. Es ist vielmehr zu befürchten, daß bei Abbau sozialer Programme im Wohnungswesen und einem Erstarken neokapitalistischer Wohnungsmarktmechanismen das weit gravierendere Problem der Obdachlosigkeit von Großbritannien aus auch auf den Kontinent übergreifen wird.

Österreich ist bisher, wie betont, von der Arbeitslosigkeit der westlichen Welt nur randlich erfaßt worden. Es ist daher naheliegend, bei einem Anschluß an die EG eine Angleichung an die Arbeitslosenraten der Bundesrepublik Deutschland und damit eine Erhöhung der Arbeitslosigkeit zu erwarten.

6. Wird schließlich, und das ist für Österreich eine nicht unwichtige Frage, eine gemeinsame Immigrationspolitik der EG entstehen, eine restriktive Einwanderungspolitik den Binnenmarkt abschirmen? Die Morgendämmerung einer neuen Visapolitik der Mitgliedstaaten zieht bereits herauf. Es ist zu befürchten, daß sich der Binnenmarkt mit Visamauern umgürtet, um den Zustrom von Ausländern zu bewältigen. Die Einführung der Visapflicht Frankreichs gegenüber den EFTA-Staaten außer der Schweiz, der Bundesrepublik Deutschland gegenüber Polen und Jugoslawien und damit gegenüber östlichen, nicht direkt anrainenden Staaten könnten als erste Anzeichen gedeutet werden, bedauerlich genug zu einem Zeitpunkt, in dem einzelne Oststaaten den Visazwang abzuschaffen beginnen.

Österreich gerät damit möglicherweise zwischen potentielle Visamauern. Es erhebt sich die Frage, wird es zu einem Wartebahnhof für Zuwanderer vor allem aus den Oststaaten in die EG werden, wenn es nicht der EG beitritt bzw. werden Visamauern im Osten des Staates im Falle eines Beitritts Österreichs hochgezogen, welche den Wiener Raum und die Ostregion von potentiellen Zuwanderern abschließen?

7. Der kurzfristige Zeithorizont von Diskussionen über Wachstums- und Inflationsraten hat ernsthafte Überlegungen zu den Konsequenzen der Trendwende in der europäischen Bevölkerungsentwicklung, allen voran dem Rückgang der Fertilität, in die Zukunft weitergeschoben. Durch das Trauma des Dritten Reiches bedingt ist Bevölkerungspolitik – anders als in Frankreich – in der Bundesrepublik Deutschland und in Österreich ein Tabu-Thema geblieben. Es ist erstaunlich und

erschreckend zugleich, feststellen zu müssen, daß unabhängig von der politischen Zweiteilung Europas die Nachfolgestaaten der einstigen Mittelmächte besonders niedrige Geburtenziffern aufweisen. Hier kommt es in einer Zeit der Überproduktion von Sachgütern und Arbeitskräften zu einer sehr ausgeprägten Verweigerung der bevölkerungsmäßigen Reproduktion durch das Individuum, zynisch könnte man sagen, daß der „ohnmächtige Bürger" in dieser privaten Sphäre seiner persönlichen Lebensziele seinen letzten negativen Freiraum wahrnimmt.

Das Problem der Hypothek der fehlenden Kohorten wird auch von den gegenwärtigen institutionellen Entscheidungsträgern in die Zukunft weitergeschoben, seine künftigen Auswirkungen werden nicht erkannt, und es wird vielfach sogar mit dem Mäntelchen des durch die Reduzierung der Kinderzahl bewirkten „sekundären Wohlstandssyndroms" verkleidet positiv interpretiert. Die Geisteshaltung des „deficit spending" des Keynesianischen Wirtschaftsstils findet damit in einer derartigen sozialwissenschaftlichen Interpretation ein bemerkenswertes Pendant. Dabei sind die künftigen Altersstruktureffekte in den nordwestlichen Staaten der EG bereits programmiert, das Fehlen von Arbeitskräften, das Leerstehen von Schulen, Wohnungen, Betrieben ist vorausberechenbar, neue Verfallsphänomene und Wüstungserscheinungen kommen auf die europäische Kulturlandschaft im nächsten Jahrtausend zu.

Auch die Rangordnung in der Größenstruktur der Mitgliedstaaten der EG wird sich rasch ändern, die Bundesrepublik Deutschland, derzeit der größte Staat, wird auf den 3. Platz zurückfallen.

8. Es wird darauf verzichtet, in Analogie zum nordamerikanischen Binnenmarkt auch die sozialen Desorganisationserscheinungen aufzulisten, welche durch die Liberalisierung um sich greifen können. EG-Exekutivorgane werden notwendig sein, um den neuen Organisationsmöglichkeiten internationaler und nationaler Kriminalität zu begegnen.

Diese wenigen Punkte mögen genügen, um die bevölkerungsmäßigen und gesellschaftlichen Probleme zumindest ahnen zu lassen, mit denen sich die EG über kurz oder lang konfrontiert sehen wird.

Wenden wir uns nun Österreich zu, so stellt sich als erstes die Frage, was dieser kleine Staat, der mit 7,5 Millionen Einwohnern nur rund 2,5 v. H. zur Bevölkerung der EG beitragen könnte, anzubieten hat.

Als erstes und mit Abstand wichtigstes „Beitrittsgeschenk" sind zwei geopolitische Schlüsselpositionen zu nennen, die Österreich in den europäischen Binnenmarkt einbringen würde. Österreich bildet gegenwärtig gemeinsam mit der Schweiz einen neutralen Gürtel in der Mitte Europas. Dadurch ist sein Wert für die Supermächte definiert. Sein Wert für die EG besteht darin, daß es gemeinsam mit der Schweiz über den Zugang zu allen wichtigen Alpenpässen verfügt und damit den N-S-Verkehr aus der Bundesrepublik Deutschland nach Italien und umgekehrt blockieren kann und, unabhängig davon, ferner imstande ist, den Verkehr nach Südosteuropa und in die Türkei weitgehend abzuriegeln. Im österreichischen Staat summieren sich damit zwei Lagepotentiale: einerseits diejenigen der historischen Paßstaaten Tirol, Salzburg und Kärnten im Westen für den N-S-Verkehr und andererseits die Mittelpunktlage von Wien im Donau- und Karpathenbecken, am Schnittpunkt historischer N-S-Wege von der Adria bis zur Ostsee. Es ist verständlich, daß diese Lagepotentiale unterschiedliche externe Verflechtungen und damit ökonomische und kulturelle Interessen bedingen, welche in den Gegensätzen zwischen den westlichen Bundesländern und der Ostregion, insbesonders von Wien, verschiedentlich aufbrechen, und es wird, wie bereits betont, der Anstrengungen aller politischen Entscheidungsträger bedürfen, um diese Belastungsprobe eines Staates in der Mitte des geteilten Europa zu bewältigen.

Beitrittsentscheidungen mit derartigen, alle Lebensbereiche umfassenden Konsequenzen wie der potentielle Beitritt Österreichs zur EG bedürfen von seiten des einzelnen Bürgers und von seiten der politischen Entscheidungsträger einer ebenso umfassenden Information über eben diese Konsequenzen, sie bedürfen aber auch einer Reflexion über den und einer Identifikation mit dem österreichischen Staat, seiner räumlichen Ausstattung und seinen Menschen. Es stellt sich daher die Frage: Was hat dieser österreichische Staat an besonderen Qualitäten anzubieten, mit denen sich seine Bürger identifizieren können? Im ersten Kapitel wurde auf die kleinzügige territoriale Organisation, die ausbalancierten regionalen Bezüge von zentralen Orten und ländlichen Räumen hingewiesen, auf die spezifischen Formen von Doppelexistenzen, welche zur Integration von ausländischer städtischer Freizeitgesellschaft und lokaler Gesellschaft in weiten Teilen der österreichischen Alpen geführt haben.

Viel zuwenig bewußt ist dem Österreicher zumeist der geringe Grad sozialer Desorganisationserscheinungen selbst in der Millionenstadt Wien, verglichen mit ähnlichen Agglomerationen des westlichen Auslands, der weitgehende Abbau der sozialen und räumlichen Disparitäten durch den sozialen Wohlfahrtsstaat, das Funktionieren der Schnittstelle von Sozial- und Wirtschaftspolitik dank der Einrichtung der Sozialpartnerschaft. Österreich ist ein Staat mit sozialem Frieden, einer weit niedrigeren Arbeitslosigkeit als in allen Mitgliedstaaten der EG, einschließlich der Bundesrepublik Deutschland.

Nun könnte man einwenden, daß aufgrund der niedrigeren Löhne die österreichischen Arbeitnehmer bisher nicht den materiellen Wohlstand der Bundesrepublik Deutschland und der Schweiz erreicht haben. Dies ist richtig. Wenn man als Meßlatte für den Konsumstandard das Durchschnittsalter von Autos vergleicht, so schneidet Österreich wesentlich schlechter ab, dasselbe gilt für den Verbrauch anderer Konsumgüter. Die niedrigeren Löhne haben jedoch den Fortbestand sehr vieler kleiner Existenzen ermöglicht, darunter von zahlreichen Kleingewerbetreibenden – welche eine Bereicherung der Wohnmilieus darstellen – und sogar in jüngster Zeit eine Neugründungswelle kleiner Geschäfte durch junge Leute als Gegenbewegung zu den großen Einkaufszentren bewirkt. Nur auf dieser Grundlage konnten sich die genannten Doppelexistenzen entwickeln, insbesonders die Lebensform der Nebenerwerbslandwirte.

Insgesamt wurden bisher in Österreich nichtökonomische Wertvorstellungen nur mäßig von ökonomischen Kalkülen verdrängt. Diesen tradierten nichtökonomischen Normen und Verhaltensweisen ist es u.a. zu danken, daß sich die Kulturlandschaft in den österreichischen Alpen trotz aller Einzelanpassungen an neue

Agrartechnologien in erstaunlichem Maße erhalten hat und im Hinblick auf den Pflegezustand einen ersten Rangplatz unter den Hochgebirgen Europas einnimmt.

Österreich ist aber auch ein Vorreiter geworden der sicher wichtigsten Bewegung an der Schwelle zum nächsten Jahrtausend, einer Bewegung des Widerstands gegen den technischen Fortschritt, dort wo dieser die Umwelt und die Lebensbedingungen der heutigen und künftigen Generationen zerstört. Nur beispielhaft seien angeführt: die Volksabstimmung gegen das Atomkraftwerk Zwentendorf, die Verhinderung des Baus des Donaukraftwerks in der Aulandschaft von Hainburg aufgrund des Widerstands der Bevölkerung. Dieser Widerstand war erfolgreich auf der politischen Szene eines Kleinstaates, er wäre in einem Staat wie der Bundesrepublik Deutschland bei gleichen lokalen Rahmenbedingungen nicht erfolgreich gewesen.

Mit dieser Aussage treten wir ein in die Frage nach den Optionen für Österreich in einem Europa von morgen.

Eine Beantwortung dieser Frage bedarf einer Rückkopplungsschleife zu den Ausführungen über die programmierte und die ungewisse Zukunft sowie über die innenpolitische Trendwende vom sozialen Wohlfahrtsstaat zu einer Periode der Liberalisierung. Es ist ein historischer Zufall, daß sich der österreichische Staat gleichzeitig in einer innenpolitischen Übergangsphase befindet und außenpolitisch ebenfalls an einem Scheideweg steht, von dem der eine Ast mit dem potentiellen Beitritt Österreichs in die EG klar markiert erscheint, die Faszination der Zugehörigkeit zu einer großen Wirtschaftsmacht der Erde auch als Pullfaktor wirken mag, ein Teil des wirtschaftlichen existenziellen Risikos auch gleichsam externalisiert wird, während der zweite einer Beibehaltung der gegenwärtigen Wegrichtung eines kleinen neutralen Staates bei gleichzeitiger Öffnung nach dem Osten hin, zweifellos der Überzeugung von der Vermittlerfunktion und damit einer primär kulturpolitischen Rollensicht des Staates durch die Bürger bedarf. Hierzu gibt die für 1995 geplante gemeinsame Weltausstellung von Wien und Budapest eine Sichtmarke ab, welche in Westösterreich jedoch kaum wahrgenommen wird.

Die angesprochene *Liberalisierung* ist durch eine ganze Reihe von Indikatoren zu erfassen.

1. Hierzu zählt die rasche Steigerung der Boden- und Grundstückspreise sowie der Mieten. Begünstigt durch die Steuerreform und die Überlegungen bezüglich eines potentiellen EG-Beitritts ist ein verstärktes Interesse an Grundstückskäufen zu verzeichnen, das vermutlich anhalten dürfte. Die Bodenpreise sind in Österreich in letzter Zeit stärker gestiegen als in der Bundesrepublik Deutschland. Am Alpenrand gelegene Wiener Vororte erreichen bereits die Grundstückspreise von norddeutschen Städten wie Hamburg.

2. Gleichsam hinter der Szene ist der Abbau der verstaatlichten Industrie in Gang gekommen. Verkehrsgünstige Standorte in den Agglomerationsräumen und längs der Verdichtungsränder werden laufend von internationalen Konzernen übernommen. Die Stillegungen von Produktionsstätten in den ländlichen Randgebieten werden weiter zunehmen. Bis zur Jahrtausendwende werden nach Einschätzung von H. PALME die Produktionsstrukturen im Montangebiet kompromißlos bereinigt werden und der österreichischen Industrie insgesamt 30 v. H. der Arbeitsplätze

verlorengehen. Statt 545.000 Industriebeschäftigten im Jahr 1986 gäbe es nur noch 380.000.

3. Später als im westlichen Ausland ist eine Neugründungswelle von Shopping-Centers in der Konkurrenz der Standorte an Bundesländergrenzen und Autobahnknoten und in Richtung auf die ungarische Grenze hin in Gang gekommen. Im ersten Kapitel wurde auf die Stabilität des Netzes der österreichischen Zentralen Orte der Mittleren Stufe hingewiesen. Hier zeichnet sich nunmehr ein deutlicher Aussiebungsprozeß, vor allem im Osten des Staates und bei Orten mit ungünstiger Verkehrslage ab. Dieser Vorgang hat in den abgelaufenen Jahrzehnten bereits die Untere Stufe der Zentralen Orte, in erster Linie die Gerichtsorte, betroffen und erfaßt nunmehr auch die Bezirkshauptorte. Durch den Rückzug von Einzelhandel und Gewerbe aus der Fläche wird eine weitere Peripherisierung ländlicher Räume in der Ostregion erfolgen.

4. Auf die Kommerzialisierung des Fremdenverkehrs, den Abbau der Privatzimmervermietung wurde hingewiesen. Die lokale Kapitaldecke reicht vielfach nicht mehr aus, um die notwendigen Investitionen in die Anhebung des Komfortstandards und die technische Infrastruktur zu tätigen. Unabhängig vom Beitritt zur EG wird sich ausländisches Finanzkapital stärker als bisher in die Entwicklung einschalten.

Möglichkeiten der Liberalisierung von bisher staatlichen Einrichtungen zeichnen sich erst unscharf ab.

1. Auf den bisher ausschließlich von der öffentlichen Hand bestimmten Sektoren des sozialen Sektors und der Bildung sind Neugründungen von privatwirtschaftlich geführten Institutionen, Kindergärten, Schulen, Spitälern, zu erwarten.

2. Auf dem Wohnungssektor ist eine Privatisierung zumindest eines Teils des kommunalen Wohnbaus, die derzeit vom Stadtmagistrat noch heftig abgelehnt wird, in mittelfristiger Perspektive, vor allem bei den Reihenhausanlagen aus der Zwischenkriegszeit am Wiener Stadtrand keineswegs unwahrscheinlich.

3. Untergenutzter staatlicher Besitz wird an Privatinteressenten verkauft werden, angefangen von Schlössern bis zu den Bundesforsten hin.

4. Ebenfalls hinter der Szene ist Bewegung in die Aktionen des staatlichen Bankenwesens gekommmen, das seine Investitionen aus der industriellen Produktion zurücknimmt und in den tertiären Sektor verlagert.

5. Ob und in welchen Gebieten die Möglichkeiten der Telearbeit genutzt werden, ist schwer abzuschätzen Die Geschwindigkeit der Ausbreitung hängt nicht zuletzt mit dem Ausbau der räumlichen Telekommunkationsnetze zusammen. Es ist zu vermuten, daß ein staatliches Postmonopol die österreichischen Randgebiete früher und dichter versorgt als private Netzanbieter.

Nun ist es äußerst schwierig die Effekte dieser in Gang gekommenen Liberalisierung von den räumlichen Effekten abzugrenzen, die im Falle eines Beitritts Österreichs zur EG zu erwarten sind. Es handelt sich im wesentlichen um Effekte auf drei Ebenen:

1. auf dem Bodenmarkt
2. auf dem Arbeitsmarkt und
3. auf dem Kapitalmarkt.

ad 1. Die *Bodenfrage* zählt grundsätzlich zu den wesentlichen Bedingungen von politischen Systemen und Ordnungsstrukturen. Eine Liberalisierung des Bodenmarktes hätte über das Niederlassungsrecht von Betrieben eine indirekte Aufhebung der derzeit in den meisten österreichischen Bundesländern in den Grundverkehrsgesetzen inkludierten Sperrklausel für Ausländer zur Folge. In allen landschaftlich für die Freizeitgesellschaft der EG attraktiven Gebieten des Westens würden sich ausländische Vermarktungsagenturen von Boden- und Realitätenbesitz niederlassen und aus den derzeit noch bestehende Bodenpreisdifferenzen zwischen der Bundesrepublik Deutschland und Österreich enorme Profite ziehen. In diesem Zusammenhang sei eingeblendet, daß die Bodenpreise im Umkreis Münchens siebenmal höher sind als im Wiener Umland. Gerade die Schweizer Fremdenverkehrsgebiete, in denen gebietsweise immer wieder ausländische Interessenten als Käufer zugelassen wurden, bieten uns bereits eine Vorstellung davon, was geschieht, wenn riesige Appartementhauskomplexe für Ausländer mit ausländischem Kapital gebaut werden, ausländische Arbeitskräfte hereingeholt werden müssen, um dem Bedarf an Serviceleistungen zu genügen, und sich schließlich die Schere zwischen den Einkommen der ortsständigen und der ausländischen Bevölkerung so weit öffnet, daß der Wohnungsbedarf für die erstere am Ort nicht mehr befriedigt werden kann, so daß „Proletarisierung" oder Abwanderung als Alternative übrigbleiben.

Binden wir diese Aussagen ein in die regionale Differenzierung der Bevölkerungs- und Wohnungsbedarfentwicklung in Österreich, so ist einsichtig, daß besonders im Westen Österreichs ein außerordentlich großes Konfliktpotential zwischen den Interessen der als Wohnungswerber neu auf den Markt tretenden jungen Haushalte und denen ausländischer Käufer entstehen würde. Solche Konflikte würden jedoch nicht auf Westösterreich beschränkt bleiben, da in Nachfolge historischer Trends in den östlichen und südlichen Bundesländern der Aufkauf von Großforsten für Jagdzwecke, möglicherweise sogar indirekt unterstützt durch die Privatisierungsabsichten der Staatsforste, ferner von Schlössern, Weingütern und dergleichen von seiten ausländischer Oberschichtsangehöriger durchaus zu erwarten wäre.

ad 2. Die gegenwärtige externe Verflechtung des österreichischen *Arbeitsmarkts* ist gekennzeichnet durch ein annäherndes zahlenmäßiges Gleichgewicht zwischen Grenzgängern und Fernpendlern ins westliche Ausland einerseits und in Österreich arbeitenden ausländischen Arbeitskräften – in erster Linie aus Südosteuropa und der Türkei – andererseits (rund 200.000). Mit der Liberalisierung des Arbeitsmarktes würde sich diese Polarisierung vergrößern und zahlenmäßig zumindest verdoppeln. Nicht zuletzt das niedrige Lohnniveau in Österreich würde Wanderungseffekte auslösen. Analog zur Gastarbeiter-Wanderung in Jugoslawien wäre folgendes räumliches Muster einer potentiellen EG-Wanderung von österreichischen Arbeitskräften zu erwarten:

(1) Ebenso wie Slowenien als erste jugoslawische Republik Gastarbeiter ins westliche Ausland entsandt hat, würde sich zunächst aus Westösterreich der Strom von Arbeitskräften und Fernpendlern in die Bundesrepublik Deutschland verstärken, wobei selbst bei beachtlicher Zunahme der Zahl österreichischer Arbeitskräfte in der Bundesrepublik Deutschland und im sonstigen EG-Raum dort keinerlei Staueffekte zu erwarten wären.

(2) Ein zweiter sehr wichtiger Abwanderungspol wäre Wien, wobei hier vor allem Abgänger der Technischen Universität und der Höheren Technischen Lehranstalten in erhöhtem Maße, und sei es zunächst als Zeitwanderer, abgeworben werden würden.

(3) Eine dritte nicht unwesentliche Gruppe würde sich aus den im Zeichen der Entindustrialisierung und des Abbaus der Arbeitskräfte in den Grundstoffindustrien in Österreich freigesetzten Facharbeitern rekrutieren. Erst mit einer gewissen zeitlichen Verzögerung würden die angesprochenen Problempendelwanderungsräume in Südösterreich in diese neue Welle einer EG-Arbeitswanderung einschwenken.

Die Konsequenzen für die Struktur des österreichischen Arbeitsmarktes liegen auf der Hand:

- Das Defizit an qualifizierten, mit technischem Know-how ausgestatteten Arbeitnehmern würde die Entwicklung der österreichischen Betriebe behindern.
- Es käme, wie schon in der Wachstumsphase der siebziger Jahre, zu einem Hinaufschieben von schlechter qualifizierten Beschäftigten in bessere Positionen.
- Schließlich wäre aufgrund der Zunahme kapitalistischer Arbeitsmarktregelungen auf der anderen Seite mit einer Zunahme der Arbeitslosigkeit zu rechnen.

ad 3. Die Effekte auf dem Kapitalmarkt über das Eindringen neuer Organisationsformen wurden bereits bei den Ausführungen über die Vermarktung des Bodens gekennzeichnet. Sie würden, der Struktur Österreichs entsprechend, vor allem auf dem Sektor von Managementaufgaben, bei Großhandelsketten, Transportfirmen und dergleichen zur Geltung kommen.

Die Eingliederung in einen größeren Wirtschaftsraum würde ferner alle Doppelexistenzen besonders betreffen und ihre Zahl reduzieren. Ein starker Kommerzialisierungs-und Professionalisierungsschub des Fremdenverkehrs wäre zu erwarten und damit eine weitgehende Eliminierung der Privatzimmer-Vermietung.

Die eigentliche Kernfrage des Alpenstaates Österreich im Falle eines EG-Beitritts liegt insgesamt im Bereich der *Schnittstelle von Raumordnung, Umwelt- und Agrarpolitik.* Wie in der Übersicht betont, gibt es in Österreich keine Bundesraumordnung. Legistische Regelungen und finanzielle Maßnahmen sind Angelegenheit des Föderalismus, die Kleingemeinden sind als Entscheidungsträger hinsichtlich der Flächennutzung und Verbauung überfordert. Eine räumliche Integrationsebene, wie es die Schweizer Kantone sind, fehlt. Die räumliche Organisationsstruktur Österreichs ist daher durch externe Kapitalinteressen relativ leicht aufzubrechen. Es sei mit allem Nachdruck darauf verwiesen, daß im Falle eines EG-Beitritts von Österreich die oben angesprochene Schnittstelle in der Staatsverfassung verankert werden muß.

Die unmittelbar weitaus gravierendsten Auswirkungen hätte ein EG- Beitritt auf die Landwirtschaft in den Alpen. H. PENZ hat berechnet, daß bei einer Umstellung auf EG-konforme hochtechnisierte Familien-Vollerwerbsbetriebe nur rund ein Fünftel der landwirtschaftlichen Betriebe übrigbleiben, und sich das Überschußproblem der Agrarproduktion verstärken würde. Riesige Flächenstillegungen wären nicht zu vermeiden. Man könnte auf nahezu alle Bergbauernbetriebe verzichten, die derzeit rund 40 v.H. der reduzierten agrarischen Nutzfläche Österreichs bewirtschaften. Gegenwärtig noch kaum vorstellbare Probleme würden auf die Umweltpolitik im Hochgebirge zukommen, auch der Sommerfremdenverkehr wäre durch eine derartige Entwicklung schwer gefährdet.

Spannen wir andererseits ein Szenario einer weiteren Öffnung Österreichs zu den Oststaaten hin auf, so gelangen wir zu folgenden Aussagen:

Das Einströmen von Arbeitskräften durch die Öffnung der Grenzen zu den COMECON-Staaten zählt zweifellos zu den entscheidenden Vorgängen der Zukunft. Es ist nicht unrealistisch anzunehmen, daß die Zahl der ausländischen Bevölkerung auf rund 500.000 um die Jahrtausendwende ansteigen wird. Hierbei würde in erster Linie der Osten Österreichs betroffen sein – gründerzeitliche Zuwanderungsmuster würden im Wiener Raum, in Niederösterreich und in der Steiermark nachgezeichnet werden. Neue Entwicklungen sind ferner zu erwarten im Hinblick auf den Touristenstrom und die Möglichkeit, vor allem für Wien, zu einem Einkaufszentrum für die COMECON-Staaten zu werden. Ein weiterer Bereich des konsumenten- und arbeitsmarktorientierten grenzübergreifenden Verkehrs mit bedeutenden zahlenmäßigen Ausmaßen zeichnet sich ab. Ebenso würde bei einer derartigen Entwicklung die Chance Wiens, den quartären Sektor (Banken, Versicherungen, internationale Organisationen und dgl.) auszubauen, weiter ansteigen.

Blenden wir zum Abschluß zurück auf die räumlichen Strukturen des österreichischen Staates:

Unabhängig von den insgesamt die Zukunft bestimmenden externen politisch-ökonomischen Entscheidungen ist eine weitere innere räumliche Differenzierung des Staates nach Bundesländern und Siedlungsräumen in Gang gekommen. Folgende Probleme zeichnen sich ab:

1. die Überbeanspruchung der Talräume Westösterreichs durch die weitere Neubautätigkeit der ortsständigen Bevölkerung und die wachsenden Ansprüche der Freizeit-Gesellschaft bei gleichzeitigen Schwierigkeiten für die auf den Arbeitsmarkt kommende junge Generation, einen Arbeitsplatz im Herkunftsgebiet zu finden,

2. das Problem des Bevölkerungskraters und potentieller Industrieruinen in der Obersteiermark, das nicht nur als das Problem eines Bundeslandes, sondern als gesamtösterreichisches gesehen werden muß,

3. die bevölkerungs- und siedlungsmäßigen Extensivierungsvorgänge in Südösterreich und

4. die potentiellen Zuwanderungsprobleme der Stadtregion Wien und damit Niederösterreichs, wo einerseits die Zweitwohnungsbevölkerung und andererseits eine ausländische Bevölkerungsgruppe in einzelnen Stadträumen in Kürze die wohnhafte ortsständige Bevölkerung zahlenmäßig überrunden wird – völlig neue kommunalpolitische Probleme sind damit im Entstehen.

Literaturverzeichnis: ÖSTERREICH UND DIE EG

AGRA-EUROPE, 1987. Zwanzig Jahre europäische Landwirtschaft (EG). Bonn.

ALTHALER, K., ALTZINGER, W., BAUER, J., et al., 1988. Ausweg Europa? Wirtschaftspolitische Optionen für Österreich. Wien.

BADURA, B., 1978. Europa Plus 30. In: BRUCKMANN, G. (Hsg.). Perspektiven für Österreich. Schriftenreihe des Instituts für sozio-ökonomische Entwicklungsforschung 2: 107-123.

BERGMANN, K., u. E. HOFBAUER, O. J. Europa – die große Herausforderung. Wien.

BREUSS, F., HANDLER, H., u. J. STANKOVSKY (Hsg.), 1988. Österreichische Optionen einer EG-Annäherung und ihre Folgen. WIFO Gutachten. Studie des Österreichischen Instituts für Wirtschaftsforschung im Auftrag des Bundesministeriums für Finanzen. Wien.

BREUSS, F., u. J. STANKOVSKY, 1988. Österreich und der EG-Binnenmarkt. Institut für Angewandte Sozial- und Wirtschaftsforschung (Hsg.). Wien.

BUNDESKAMMER DER GEWERBLICHEN WIRTSCHAFT (Hsg.), 1987. Vollendung des EG-Binnenmarktes – Herausforderung für Österreich. Wirtschaftspolitische Blätter 3, Wien.

BUNDESMINISTERIUM FÜR VERKEHR UND VERSTAATLICHTE INDUSTRIE (Hsg.), 1989. Studie und Gutachten über Vor- und Nachteile eines EG-Beitritts für die Verstaatlichte Industrie und den Verkehr (insbesondere Post und Bahn). Wien.

CECCHINI, P. (Hsg.), 1988. Europa 92 – Cecchini-Bericht – der Vorteil des Binnenmarktes (EG). Baden-Baden.

CERWENKA, P., 1988. Mögliche verkehrliche Konsequenzen eines EG-Beitritts – Ängste und Hoffnungen. Der öffentliche Sektor 14/3, 4: 69-77.

COMMISSION OF THE EUROPEAN COMMUNITIES (Hsg.), 1988. Panorama of EC Industry 1989. Over 125 Sectors of Manufactoring and Service Industries in Focus. Bruxelles, Luxembourg: Office for Official Publications of the European Countries.

DENK, H., 1987. Segen oder Katastrophe? Vor- und Nachteile eines EG-Beitritts für Österreichs Landwirtschaft. Neue Agrarzeitung 7.

DIWOK, F., 1987. Freier Kapitalverkehr – Finanzinstitutionen. In: Österreichische Nationalbank (Hsg.). Vollendung des Binnenmarktes in der Europäischen Gemeinschaft. Folgen und Folgerungen für Österreich. Wien: 35-50.

GENERALDIREKTION DER KOMMISSION DER EUROPÄISCHEN GEMEINSCHAFTEN (Hsg.), 1987. Die Lage der Umwelt in den Europäischen Gemeinschaften. Brüssel, Luxemburg: Amt für amtliche Veröffentlichungen in den europäischen Gemeinschaften.

GLATZ, H., u. H. MOSER, 1989. Herausforderung EG Binnenmarkt. Wien.

GROSS, M., 1988. Der Stahl, die EG und wir. Wege und Ziele 1, Wien.

HAIN, F., 1987. Das Europäische Währungssystem und Österreich. Österreichs Weg nach Europa (1). Wirtschaftsanalysen der Ersten 1/87, Wien: 43-50.

HENKE, R. W. (Hsg.), 1987. Die Weichen in Richtung EG. Herausforderung für Österreich. Beiträge von: H. Chr. BINSWANGER, H. HAUMER, H. KREJCI, A. MOCK, N. VAN DER PAS, R. RACK. Reihe: ORF Im Brennpunkt. Wien.

HOLLES, K. H., WEVER, E., u. H.-U. WEBER (Hsg.), 1986. Technology and Industrial Change in Europe. Bochumer Geographische Arbeiten. Bochum: Ruhr-Universität.

HUBER, S., U. P. PERNTALER, (HSG.), 1988. Föderalismus und Regionalismus in Europäischer Perspektive. Wien.

HUMMER, W. u. M. SCHWEITZER, 1987. Österreich und die EWG: autonomer Nachvollzug – präinstitutionelle Zusammenarbeit – Beitritt unter Neutralitätsvorbehalt? Österreichs Weg nach Europa (2). Wirtschaftsanalysen der Ersten 2/87, Wien: 11-22.

HUMMER, W., u. M. SCHWEITZER, 1987. Österreich und die EWG. Neutralitätsrechtliche Beurteilung der Möglichkeiten der Dynamisierung des Verhältnisses zur EWG. Wien.

JÜRGENSEN, H., 1988. Entwicklungsperspektiven der Weltwirtschaft im Konjunktur- und Wachstumsverband der USA, Japans und Europas. Jahrbuch für Sozialwissenschaft (Göttingen) 39/1,2: 25-40.

KITZMANTEL, E., 1988. Fiskalische Auswirkungen eines allfälligen EG-Beitritts. Der öffentliche Sektor 14/3,4: 106-117.

KNOCHE, M., u. W. SEUFERT, 1987. Prognosen zur Entwicklung der Kommunikationsinfrastruktur in den Ländern der Europäischen Gemeinschaft bis zum Jahr 2005. Media Perspektiven 2: 111-129.

KOCH, H., 1987. Wirtschaftliche Verflechtungen zwischen Österreich und der EG. Österreichs Weg nach Europa (1). Wirtschaftsanalysen der Ersten 1/87, Wien: 17-28.

KOMMISSION DER EUROPÄISCHEN GEMEINSCHAFTEN, 1988. Die Lage der Landwirtschaft in der Gemeinschaft. Bericht 1987. Brüssel, Luxemburg: Amt für amtliche Veröffentlichungen der Europäischen Gemeinschaften.

KRONER, W., 1989 (im Druck). Der Presse-Report. Wirtschaft 2000 (Österreich). Wien.

MATZNETTER, Ch., 1988. Wirtschaftsrechtliche Harmonisierungsbestrebungen Österreichs mit der EG im Lichte einer Teilnahme am entstehenden Binnenmarkt. Der öffentliche Sektor 14/3,4: 78-105.

NOVOTNY, I., 1987. Freizügigkeit auf dem Arbeitsmarkt; Niederlassungsfreiheit. In: Österreichische Nationalbank (Hsg.). Vollendung des Binnenmarktes in der Europäischen Gemeinschaft. Folgen und Folgerungen für Österreich. Wien: 23-28.

ÖHLINGER, T., 1988. Verfassungsrechtliche Aspekte eines Beitritts Österreichs zu den EG. Wien.

ÖSTERREICHISCHE INVESTMENTKREDIT AKTIENGESELLSCHAFT (Hsg.), 1988. Österreichs Weg in die EG – Industriepolitische Auswirkungen. Symposium am 21. April 1988. Schriftenreihe der Österreichischen Investmentkredit Aktiengesellschaft (Wien) 17.

ÖSTERREICHISCHER ARBEITERKAMMERTAG (Hsg.), 1989. Memorandum zum EG-Beitritt. Wien.

ÖSTERREICHISCHES INSTITUT F. WIRTSCHAFTSFORSCHUNG (Hsg.), 1988. Die volkswirtschaftlichen Aspekte einer Weltfachausstellung 1995 (Wien). Wien, Studie im Auftrag des „Vereins Weltausstellung Wien."

ÖSTERREICHISCHES INSTITUT FÜR WIRTSCHAFTSFORSCHUNG (Hsg.), 1989. Prognose über die Zahl der Beschäftigten im österrreichischen Fremdenverkehr bis zum Jahr 2000. Wien.

ÖSTERREICHISCHES INSTITUT FÜR WIRTSCHAFTSFORSCHUNG (Hsg.), 1989. Studie über Auswirkungen eines EG-Beitritts auf die staatlichen Monopolbetriebe

(Tabak, Salz, Branntwein) und öffentliche Wirtschaftsförderung. (Gutachten im Auftrag des Finanzministeriums). Wien.

PROGNOS, 1988. Industrieländer 2000 – Euro-report 1988. Basel.

RÜRUP, B., 1988. Die Verwirklichung des europäischen Binnenmarktes bis 1992: Maßnahmen, Chancen, Risiken. Der öffentliche Sektor 14/3,4: 2-14.

SCHEICH, M., 1987. Maßnahmen zur Verwirklichung der Zielsetzungen der österreichischen Integrationspolitik. Österreichs Weg nach Europa (2). Wirtschaftsanalysen der Ersten 2/87, Wien: 23-25.

SCHENK, W., 1987. Österreich und die europäische Forschungs- und Technologiepolitik. Österreichs Weg nach Europa (1). Wirtschaftsanalysen der Ersten 1/1987, Wien: 51-62.

SCHERB, M., u. I. MORAWETZ (Hsg.), 1988 (2. Auflage). Der unheimliche Anschluß. Österreich und die EG. Österreichische Texte zur Gesellschaftskritik 35, Wien.

SEIDL-HOHENVELDERN (Hsg.), 1988. Österreich als einheitliches Wirtschaftsgebiet und die Europäische Gemeinschaft. Festschrift für Hans Klinghoffer. Wien.

STADLER, G., 1988. Auswirkungen einer Teilnahme an der EG für die österreichische Industrie – Schwerpunkt ÖIAG-Konzern. Wirtschaft und Gesellschaft. Wirtschaftspolitische Zeitschrift der Kammer für Arbeiter und Angestellte für Wien 1. Wien.

STANKOVSKY, J., 1987. Österreich und der gemeinsame Markt. Alternativen und Konsequenzen. Österreichs Weg nach Europa (1). Wirtschaftsanalysen der Ersten 1/87, Wien: 29-41.

STEGER, G., 1988. Grünbuch. Krise und Perspektiven der österreichischen Landwirtschaft. Wien.

STEGER, G., 1988. Bauernopfer? Die Auswirkungen eines EG-Beitritts auf die österreichische Landwirtschaft. Wien.

SWIETLY, E., 1988. Countdown zur EG. Anleitungen zum Überleben im europäischen Markt. Wien.

TICHY, G., 1986. Neue Anforderungen an die Industrie- und Innovationspolitik. In: AIGINGER, K. (Hsg.). Weltwirtschaft und unternehmerische Strategien. Stuttgart – Wien.

TICHY, G., 1987. Österreich und die Integration der europäischen Forschung. Herausforderung und Chancen. Wien.

TROBERG, P., 1987. Niederlassungsfreiheit und grenzüberschreitende Dienstleistungen in der EG. Wirtschaftspolitische Blätter 3: 335-346.

UNO-ECE, 1986. Overall Economic Perspective to the Year 2000. Genf.

VEREINIGUNG ÖSTERREICHISCHER INDUSTRIELLER (Hsg.), 1987. Europa, unsere Zukunft. Eine Stellungnahme der Vereinigung Österreichischer Industrieller zur europäischen Integration. Wien. Schriftenreihe der Vereinigung Österreichischer Industrieller.

WAGNER, M. (Hsg.), 1988. Weltausstellung Wien 1995 – Perspektiven und Planungsvoraussetzungen. Regensburg.

WEBER, G., 1987. Forderungen der österreichischen Industrie an die Integrationspolitik. Österreichs Weg nach Europa (2). Wirtschaftsanalysen der Ersten 2/87, Wien: 3-9.

WURSTBAUER-HEISS, L., 1988. Bedeutung von Marktöffnung und Steuerharmonisierung für die Nahrungsmittelindustrie. Der öffentliche Sektor 14/3,4: 43-68.

ZOKLITS, M., 1988. Die Agrarpolitik der EG – Konsequenzen für Österreich Der öffentliche Sektor 14,3/4: 15-42.

Zusammenfassung

Die vorliegende Publikation trägt den anspruchsvollen Titel: Österreich, Raum und Gesellschaft zu Beginn des 3. Jahrtausends. Sie weist drei Hauptkennzeichen auf:

1. Sie ist ein erster Beitrag der Geographie zur Zukunftsforschung und bewegt sich an einer Forschungsfront der Disziplin.

2. Sie bietet den Prototyp einer strukturierten kooperativen Forschungsstrategie von Sachwissenschaftlern.

3. Sie verwendet das heuristische Prinzip eines politökonomischen Produktzyklus, welcher in der Distanz zur Vergangenheit die abgelaufenen Jahrzehnte der Nachkriegszeit unter dem Gesichtspunkt des Auf- und Ausbaus des sozialen Wohlfahrtsstaats zu erklären unternimmt und der Zukunft als nächsten Produktzyklus eine Liberalisierung zuschreibt.

Vor diesem Hintergrund wird die Stellung Österreichs als Staat zwischen West und Ost in geographischer und sozioökonomischer Hinsicht interpretiert und durch 57 Tabellen und 32 Karten dokumentiert und abschließend die Optionen für Europa diskutiert.

ad 1. Die geographische Forschung hat bisher die Zukunftsforschung den Vertretern systematischer Disziplinen und Statistikern überlassen. Die Veröffentlichung bietet erstmals räumlich disaggregierte Prognosen, Modellrechnungen und Szenarien zu wichtigen Grundfunktionen der Gesellschaft, wie Bildung, Wohnen und Arbeiten, sowie zu Sektoren der Wirtschaft, nämlich Landwirtschaft, Fremdenverkehr und Industrie.

Die räumlichen Aussagen beziehen sich auf 3 Ebenen:

(1) Entsprechend der grundsätzlichen Problematik der West-Ost-Gegensätze werden in der tabellarischen Dokumentation Bundesländergruppen vorgestellt.

(2) Aufgrund der Bedeutung des Föderalismus wird ferner durchgehend auf die historischen Territorien der Bundesländer im Informationsangebot Bezug genommen.

(3) Noch eine Stufe tiefer, nämlich auf die Ebene der Politischen Bezirke, geht die kartographische Darstellung von Strukturen und Prognosen der Gesellschaft und Wirtschaft. Diese räumliche Aussageebene entspricht annähernd den Einzugsbereichen der in Österreich sehr wichtigen Mittleren Stufe der Zentralen Orte, den sogenannten Bezirkshauptorten, welche ein äußerst stabiles Gerüst für die Investitionen und Maßnahmen der föderalistischen Regionalpolitik bilden.

ad 2. Prognosen, Modellrechnungen und Szenarien bedürfen der gründlichen Sachkenntnis. Die Ergebnisse der Veröffentlichung beruhen auf einer Forschungskooperation, welche im Herbst 1986 auf universitärer Kontaktebene entstanden ist.

Im folgenden wird die Strategie der Forschungskooperation an Hand von Hauptgesichtspunkten vorgeführt.

Sachbereich	Zeit- horizont	Normative Leitbilder	methodisches Instrumentarium	Daten- grundlage
Bevölkerung	2030 2 Abschnitte 1. bis 2000 2. 2000 – 2030	„keine“ Bevölkerungs- politik	(1) multiregio- nales Bevölke- rungsprognosen- modell (2) Cohort- Survival-Modell	ÖROK ISIS-Datenbank
Haushalte	2011	Aufspaltung der Haushalte	Modellrechnung (Wiener Haus- haltsquote)	ISIS-Datenbank
Wohnungsbedarf	2011	Aufspaltung der Wohnfunktion in Freizeit- u. Ar- beitswohnung „perfekte Sanie- rung“	Modellrechnung (Wiener Haus- haltsquote) Substandard- wohnungen	ISIS-Datenbank
Volksschulen	2011	föderalistische Leitbilder: wohnortnahe versus Groß- schule	Trendprognose	ÖIR Segment der 5 – 9jährigen Primärdaten über die österr. Volksschulen (Klassengrößen Schülerzahl)
Arbeitsmarkt	2011 2000	segmentierter Arbeitsmarkt	(1) Mengen- problematik Trendprognose (2) Sektoraler Wandel: Fortschreibung eines Kohorten- modells	Erwerbstätige (WIFO, ÖSTZ, ÖIR) Mikrozensus der Berufslauf- bahnen
Landwirtschaft	2000	ökologische/ hochtechnisierte Landwirtschaft	Modellrech- nungen (1) Erwerbstätige (2) Betriebe (3) Agrarproduk- tion	ÖIR Erwerbstä- tige in der Land- wirtschaft landwirtschaft- liche Primär- daten über rin- derhaltende Be- triebe, Nebener- werbslandwirt- schaften

Sachbereich	Zeit-horizont	Normative Leitbilder	methodisches Instrumentarium	Daten-grundlage
Fremdenverkehr	2000	Kommerzialisierung	Modellrechnungen (1) Angebot nach Bertriebsarten (2) Nachfrage nach Herkunft der Gäste	Fremdenverkehrsstatistik Gemeindebefragung über Angebot und Nachfrage im Fremdenverkehr Delphi-Befragung
Zweitwohnungen	2011	segmentierter Wohnungsmarkt	Modellrechnungen f. d. Wiener Zweitwohnbevölkerung Szenarien für Nachfrage von Ausländern	Mikrozensus; Großenquete über die Zweitwohnungen der Wiener

Im folgenden sei auf wichtige Gesichtspunkte eingegangen. Gesellschaftliche und wirtschaftliche Phänomene besitzen eine unterschiedliche räumliche Stabilität und ein große Spannweite im Tempo der Veränderungen. Es erwies sich als notwendig, die einzelnen Sachkategorien auf insgesamt drei Prognosehorizonte auszurichten.

Bevölkerungsprognosen bieten die am besten abgesicherten Ergebnisse. Die einmal geborene Bevölkerung unterliegt dem „eisernen Regime der Absterbeordnung". Sie ist daher mittels multiregionaler Bevölkerungsmodelle mit sehr guter Wahrscheinlichkeit auch für einen längeren Zeitraum prognostizierbar. Dementsprechend hat M. SAUBERER mit seinen Modellrechnungen zur Bevölkerungsentwicklung bis zum Jahr 2031 vorgegriffen. Eine mengenmäßige Abschätzung der Entwicklungstrends im Laufe einer Generation, d.h. bis zum Jahre 2011, ist für alle Sachbezüge möglich, die in direktem Zusammenhang mit dem Altersaufbau der Bevölkerung stehen. Hier ordnen sich die Prognosen und Modellrechnungen zur Entwicklung des Volksschulwesens (P. MEUSBURGER) ein. Die Prognoserechnungen über die Angebotsentwicklung auf dem Arbeitsmarkt und den Bedarf an Arbeitsplätzen (H. FASSMANN) schließen ebenfalls an die Bevölkerungsprognose an. Dasselbe gilt für die Prognosen über die Entwicklung von Haushalten, die jedoch ebenso wie der künftige Wohnungsbedarf sehr viel schlechter abschätzbar ist als die Bevölkerungsentwicklung.

Eine Verkürzung des Prognosezeitraums bis zum Jahr 2000 erwies sich dort als unumgänglich notwendig, wo konjunkturelle Zyklen der Wirtschaft die Betriebsseite betreffen. Dies gilt für die Landwirtschaft (H. PENZ), die überdies in hohem

Maße von agrarpolitischen Entscheidungen determiniert wird, und den Fremdenverkehr (F. ZIMMERMANN), bei dem Investitionszyklen und Urlaubsstile in immer rascherer Folge einander ablösen. Würde man der Wohnbevölkerung, Arbeitsbevölkerung und Freizeitbevölkerung im Hinblick auf die künftige Verortung ihrer Standorte in räumlichen Systemen „Standorttreue" als Meßkriterium für Prognosezwecke zuordnen, so steht außer Zweifel, daß die räumliche Allokation der Freizeitgesellschaft in der Zukunft, einschließlich des Zweitwohnungswesen (H. BAUMHACKL) am schwierigsten zu prognostizieren ist.

Wohl bot das genannte in jahrelanger Arbeit entwickelte multiregionale Bevölkerungsprognosemodell von M. SAUBERER die rechentechnische Verbundschiene für die verschiedenen Sachbereiche, die sachspezifisch interessanten Ergebnisse beruhen jedoch auf den umfangreichen Datensets, welche von den einzelnen Kollegen in die Forschungskooperation eingebracht wurden. Auf die wichtigsten Ergebnisse wird weiter unten eingegangen.

ad 3. Österreich ist nicht nur geographisch ein Staat zwischen West und Ost, sondern in seinen tragenden politischen, gesellschaftlichen und ökonomischen Institutionen sind auch privatkapitalistische Organisationsformen mit Teilelementen des Staatskapitalismus östlicher Prägung auf der Grundlage einer zentralistisch-föderalistischen Verfassung zu einem spezifischen Amalgam verschmolzen. Als Interpretationshorizont für die einzelnen Sachaussagen wurde eine politökonomische Perspektive verwendet. Die Hauptaussage lautet: Österreich befindet sich derzeit in der Spätphase eines durch 17 Jahre Alleinregierung definierten sozialdemokratischen Produktzyklus. Eine ganze Reihe von Entwicklungen, welche in den einzelnen Beiträgen dokumentiert werden, sind in der Nachkriegszeit mit zum Teil unterschiedlichem Tempo, teils gebündelt, teils unabhängig davon abgelaufen. Im folgenden hierzu einige Stichworte:

(1) Von der Millionenstadt Wien und ihrer sozialdemokratischen Mehrheit aus wurde eine „Decke der sozialen Wohlfahrt" über den gesamten Staat ausgebreitet.

(2) Aufgrund der Koppelung von Sozial-und Wirtschaftspolitik wurden sozioökonomische Disparitäten ausgeglichen, Segregationsvorgänge reduziert.

(3) Räumliche Disparitäten wurden durch umfangreiche subjekt- und objektbezogene Maßnahmen weitgehend abgebaut.

(4) Die Aussage über Österreich als Staat zwischen West und Ost auf der Landkarte Europas gilt auch für die Strukturen des Wohnungs- und Arbeitsmarktes, in denen große Teile der Einwirkung von privatkapitalistischen Marktmechanismen entzogen sind. Es ist dadurch eine räumliche Segmentierung des Wohnungsmarktes, des Freizeitmarktes und des Arbeitsmarktes entstanden.

(5) Auf dem Wohnungsmarkt wurde durch die lange Zeit beibehaltene Mieterschutzgesetzgebung das enorme Zweitwohnungswesen der Wiener mitsubventioniert und aufgrund des Fehlens von privaten Kapitalgesellschaften eine chaotische Urbanisation, d.h. eine Zersiedlung der Landschaft durch den individuellen Grundstückstransfer, bewirkt.

(6) Auf dem Arbeitsmarkt vollzog sich der Ausbau der verstaatlichten Großindustrie und des gesamten staatlichen Dienstleistungssektors. Das geschützte Arbeitsmarktsegment umfaßt rund 40 v. H. aller Arbeitnehmer, dies ist ein Spitzenwert

in der westlichen Welt und macht verständlich, daß die hohe Arbeitslosigkeit innerhalb der EG Österreich bisher nur randlich erreicht hat.

(7) Aufgrund der Schatteneffekte der von der Wiener Problematik bestimmten Gesellschafts- und Wirtschaftspolitik sind im ländlichen Raum zwei Formen der sozioökonomischen Doppelexistenz entstanden, nämlich die Privatzimmervermietung und die Nebenerwerbslandwirtschaft, welche für den Fortbestand der Siedlung im Hochgebirge äußerst wichtig sind.

Das Ende eines Produktzyklus wird durch Rückbauphänomene angezeigt. Es sind mehrere zu nennen, als erstes ist der Vorgang der Entindustrialisierung anzuführen, der in der Wiener Kernstadt begonnen hat, ohne daß die Möglichkeiten der Sachgüterproduktion ausgeschöpft worden wären. Die peripheren Räume in der Ostregion sind davon besonders betroffen. Ein massiver Rückbau der verstaatlichten Grundstoffindustrie ist dagegen erst in letzter Zeit in Gang gekommen. Vom Rückbau erfaßt wurden infolge geänderter Urlaubsstile auch der Sommerfremdenverkehr und die oben angesprochene Privatzimmervermietung.

Auch Modellrechnungen und Szenarien über die Entwicklung von Raum und Gesellschaft in einer ungewissen Zukunft bedürfen eines politischen Paradigmas. Es lautet: Wir stehen vor einem Zyklus der Liberalisierung der Gesellschafts- und Wirtschaftspolitik, der staatliche Einfluß wird abgebaut, private wirtschaftliche Intentionen werden gefördert, dem einzelnen Bürger wird wieder mehr „Lebensverantwortung" zugemessen.

Die Konsequenzen einer durchgreifenden Liberalisierung auf das Siedlungssystem und die Gesellschaft wären:

(1) eine Auseinanderschichtung von Nutzungen und Bevölkerungsgruppen, d. h. eine Verstärkung von Segregationsprozessen in sozialer, ethnischer und demographischer Hinsicht,

(2) eine stärkere Marginalisierung bereits jetzt randlicher Gruppen und

(3) ein Konzentrationsprozeß der Betriebe und damit eine Vergrößerung der Arbeitsmarktregionen über die Pendelwanderung,

(4) eine Versteilung von Zentrum-Peripherie-Gradienten und dadurch eine weitere Peripherisierung bereits jetzt abgelegener Gebiete,.

(5) das Auftreten von sehr vielfältigen Blight-Phänomenen bis hin zum Wüstfallen von Siedlungen, wobei insbesonders durch Umweltschäden in den Verdichtungsräumen der bisher gültige Parameter der Erreichbarkeit aufgehoben und ins Gegenteil verkehrt werden wird.

Insgesamt würde freilich die innenpolitische Trendwende nur vorhandene Gegensätze akzentuieren und keine grundsätzlich neuen regionalen Strukturen erzeugen. Um aus dem Nullsummenspiel und den Trendfortschreibungsmodellen herauszukommen, bedarf es der Annahme externer politischer Effekte.

Zwei Extremszenarien bilden die Optionen Österreichs für Europa ab: Ein West-Szenario mit der Eingliederung Österreichs als Vollmitglied in die EG auf der einen Seite, in dem der Phantasie des Wissenschaftlers aufgrund des Neutralitätsstatus des österreichischen Staates freilich Grenzen gesetzt sind, und ein Ost-Szenario mit einer weiteren Öffnung Österreichs gegenüber den COMECON-Staaten und einer Rückgewinnung der zentralen Position Wiens in der Mitte Europas.

Hierzu einige Ergebnisse der Prognoserechnungen:

(1) Österreich beteiligt sich an der drastischen Reduzierung der Fertilität der Staaten des Europarates. In den Alternativszenarien für 2000 – 2030 wurden daher einerseits eine Abnahme der Fertilität auf die Werte von Wien in der Zwischenkriegszeit (GFR = 1,0) und andererseits ein Wiederanstieg auf die Werte der siebziger Jahre und ebenso eine Zunahme der Zuwanderung – im Extremfall in der Ostregion auf die Werte vor dem Ersten Weltkrieg – angenommen. Entsprechend den optimistischen bzw. pessimistischen Annahmen wurde bis zum Jahr 2030 eine Zunahme bzw. Abnahme der Bevölkerung um 1,2 Mill. gegenüber 1981 berechnet.

Während in der räumlichen Differenzierung die potentiellen Verschiebungen von Fertilität und Zuwanderung sehr stark zu Buche stehen, gilt dies nicht für den Altersaufbau. Selbst im günstigsten Fall steigt der Anteil der über 60-jährigen weiter an und der Anteil der Erwerbsbevölkerung bleibt unter dem gegenwärtigen Stand. Damit wird belegt, daß die Hypothek der drastischen Reduzierung von ganzen Altersklassengruppen im Altersaufbau der Bevölkerung nicht storniert werden kann.

Mengenmäßig und qualitativ nicht abschätzbar sind die Integrationsprobleme von kulturell und ethnisch andersartigen Bevölkerungen, vor allem im Wiener Raum. Sicher ist, daß aufgrund der internationalen Zuwanderung in Wien die Phase der „Verprovinzialisierung" der Nachkriegszeit wieder durch eine Phase der „Internationalisierung" abgelöst wird.

(2) Der prognostizierte Rückgang der Geburtenzahlen wird sich auf allen Ebenen des Bildungswesens auswirken. Im Volksschulwesens werden die Strukturveränderungen und räumlichen Konsequenzen am stärksten spürbar sein. In den ländlichen Gebieten wird durch die Auflassung von Volksschulen eine weitere soziale Erosion erfolgen, in den Großstädten über die ausländische Zuwanderung sich das Konfliktpotential im Schul- und Wohnmilieu durch Ausländerkinder drastisch erhöhen. In beiden Fällen wird die Ostregion besonders betroffen sein, wo bereits in der Nachkriegszeit eine Aussiebung des Volksschulnetzes erfolgt ist und neue Schulmodelle in dünnbesiedelten ländlichen Gebieten erforderlich sein werden.

(3) Für den Alpenstaat Österreich ist das Funktionieren der Schnittstelle zwischen Agrarpolitik, Umweltpolitik und Raumordnung von vorrangiger Bedeutung. Der Beitritt zur EG würde den bisher aufgrund des im Verhältnis zu den benachbarten Staaten Schweiz und Bundesrepublik Deutschland niedrigeren Lohnniveaus möglichen österreichischen Weg der Klein- und Nebenerwerbsbetriebe beenden. Bei einer Umstellung auf hochtechnisierte Familien-Vollerwerbsbetriebe würde nur rund ein Fünftel der Betriebe übrigbleiben, und sich das Überschußproblem der Agrarproduktion verstärken. Riesige Flächenstillegungen wären die Folge. Man könnte auf nahezu alle Bergbauernbetriebe verzichten, die derzeit rund 40 v. H. der reduzierten agrarischen Nutzfläche Österreichs bewirtschaften. Gegenwärtig noch kaum vorstellbare Probleme würden für die Umweltpolitik im Hochgebirge entstehen, auch der Sommertourismus würde schwer gefährdet sein.

(4) Die auf der Basis von Betriebs- und Produktionsrechnungen beruhenden Alternativprognosen eines österreichischen und eines EG-Weges der Landwirtschaft

lassen sich mit den Ergebnissen der Fortschreibung des Kohortenmodells des österreichischen Arbeitsmarktes verknüpfen und führen zu folgenden Aussagen: Wenn der österreichische Weg der Agrarpolitik weiter verfolgt und der Agrarsektor auf einem im europäischen Vergleich überdurchschnittlichen Niveau gehalten wird, so wird der Weg in die postindustrielle Gesellschaft keineswegs verlassen, sondern sogar abgekürzt. Andererseits würden über die Rationalisierung von volltechnisierten EG-konformen Familienbetrieben nochmals Arbeitskräfte im Sinne einer industriellen Reservearmee freigesetzt werden und damit ein Potential für einen letzten, kurzfristigen Industrialisierungsschub Österreichs zur Verfügung stehen.

(5) Auf das Ende des Wachstums des österreichischen Fremdenverkehrs wurde hingewiesen. Folgende Prozesse sind zu erwarten:

- eine Kommerzialisierung im Angebot, welche mit dem Trend zur Verbesserung des Ausstattungsstandards und der Professionalisierung im Management verbunden ist,
- eine Substitution des Sommertourismus durch den Winterfremdenverkehr,
- ein räumlicher Konzentrationsprozeß im Westen und eine Umdrehung der ehemaligen Bewegungsfront des Ausländertourismus vom Salzkammergut bis zu den Kärntner Seen in eine Rückzugsfront mit Blight-Phänomenen.

Im Falle eines EG-Beitritts käme es hier freilich zu einem Comeback-Szenario über Zweitwohnsitzdruck von Seiten der Münchner Bevölkerung. Der Kapitaltransfer nach Österreich würde eine fremdgesteuerte Tourismusentwicklung in Gang setzen, in Extremfällen würden ähnlich wie in den französischen Alpen lokale Gesellschaft und touristische Gesellschaft sich räumlich separieren.

Fassen wir zusammen: Unter der Decke des sozialen Wohlfahrtsstaates sind die föderalistischen Unterschiede bisher verdeckt geblieben, sie werden bei einem Liberalisierungskurs in Erscheinung treten und aufgrund der externen politischen Effekte aufbrechen. Es wird großer Anstrengungen von seiten der politischen Entscheidungsträger, auch neuer Formen föderalistischer Verankerung in zentralistischen Entscheidungsprozessen bedürfen, um diese Unterschiede zu überbrücken.

Summary

An ambitious title was chosen for this book: „Austria. Space and Society at the Beginning of the Third Millenium". Its three main features can be summed up as follows:

1. This book is geography's first contribution to research into the future and, thus, part of this field's research frontier.

2. It mirrors the prototype of a systematic cooperative research strategy that was realized by a group of experts in this field.

3. It makes use of the heuristic concept of a politico-economic cycle in trying to interpret objectively the past decades of the post-war period with respect to the creation and development of the social welfare state and anticipating a new product cycle marked by liberalism for the time to come.

Against this background, Austria's position as a state between West and East in both its geographical and socio-economic structure is being discussed and illustrated by means of 55 tables and 32 maps.

ad 1. Geography had not entered into research into the future so far and left it to representatives of systematic disciplines and statisticians. Global or national models were the result. This book, for the first time, offers spatially detailed prognoses, models and scenarios with respect to basic categories of the society, such as education, housing and labour, as well as economic sectors, namely agriculture, tourism and industry.

Spatial aspects are being discussed on three levels:

(1) With respect to the basic problem of differences between the west and the east of the country and the fact that no mention has been made of the special position of Upper Austria and southern Austria in discussions so far, facts and estimates for these regions are presented in the tables.

(2) Because of the importance of federalism and the specific features of the historical territories constituting „Bundesländer" now, information is given on this level, too.

(3) In even more detail, namely on the level of „Politische Bezirke" („political districts"), present and possible future social and economic structures are depicted in the cartograms. These areas largely correspond to those served by the medium-level central places that are so very important in Austria as a stable basic pattern for institutions and measures of federal regional politics.

ad 2. Prognoses, models and scenarios require sound professional knowledge. Fortunately a number of Austrian experts were ready to participate in this cooperative research project initiated via university contacts in the autumn of 1986. The scheme below gives an outline of the basic structural features of this project.

subject matter	temporal range	normative goals	methods and techniques	data basis
population	2030	(no demographic politics)	1) multiregional demographic prognosis model 2) cohort survival model	ÖROK prognosis ISIS data sets
households	2011	splitting up of households	dynamic model (Vienna household size)	ISIS data sets
housing demand	2011	splitting up of housing: leisure and work-time housing; complete restoration of housing stock	dynamic model (Vienna household size); substandard housing	ISIS data sets
elementary	2011	federalistic	trend prognosis	ÖROK prognosis
schools		goals: neighbourhood or large central schools		(5 – 9 years cohort) primary data on elementary schools (number of pupils, form sizes)
labour market	2011	segmented labour market	1) problem of extent: trend prognosis 2) sectorial changes: dynamic cohort modell	employees: WIFO, ÖSTZA, ÖIR, micro-census referring to careers
agriculture	2000	agro-political goals, ecological versus highly mechanized agriculture	dynamic models: 1) employees 2) farms 3) Agricultural produce	ÖIR: employees in agriculture; primary data on farms rearing cattle and part-time farming; general data on agriculture

subject matter	temporal range	normative goals	methods and techniques	data basis
tourism	2000	increasing liberalism and comercialisation	dynamic models: 1) supply offered by different types of enterprises, 2) demand with respect to native countries of guests	tourism statistics: enquiry directed to communes: Delphy enquiry directed to experts
second homes	2011	segmentation of housing market	dynamic models (Vienna citizens with second homes), scenarios for foreigners' demand for second homes	micro-census extensive enquiry with respect to Vienna citizens possesing or not possessing second homes

Below an attempt is made to present the main aspects and results: Social and economic phenomena show differences in spatial stability and a wide variation in the rate of change. Therefore, the individual subject-matters are presented within three different temporal ranges. Population studies provide the most reliable results. Once people have been born, they are subject to the regime of mortality. Therefore, population development can safely be prognosticated for a fairly long period, and M. SAUBERER was justified in chosing 2031 as his target date. Within a generation, i. e. up to 2011, trends as to aspects connected with the age structure can be estimated quite well. P. MEUSBURGER's dynamic model of the development of elementary schools fits in here as well as H. FASSMANN's as to jobs. The same is true of the model of household development.

The range was of needs shortened to the period up to 2000 wherever economic cycles influence the position and structure of enterprises, i. e. for discussing agriculture (H. PENZ) – which is determined to a large extent by agro-political decisions, too – and tourism (F. ZIMMERMANN), which is characterized by a quick succession of innovation cycles and leisure styles. Though it is, for the purpose of the prognosis, supposed that population on the whole, the employees and the leisure population do not migrate, it is obvious that it is most difficult to prognosticate the future spatial allocation of the leisure society, including the second homes (H. BAUMHACKL).

The multiregional population development model carefully elaborated by M. SAUBERER over a number of years was the common denominator für all of the studies, but the most interesting results are based on the extensive data sets provided by the individual participants in the research project. They are referred to in the scheme given above.

ad 3. Austria is not only a state between West and East in a geographical sense, there are, moreover, basic political, social and economic institutions which constitute a special sort of amalgam of elements of private and East-European-type state capitalism, informed by a centralistic plus federalistic foundation.

A political and economic perspective is central to the presentation of all subject-matters. The most important result can be defined as follows: At present Austria is in the final phase of a product cycle determined by 17 years of social-democratic government. A wide spectrum of developments that are described in the individual studies have taken place in the postwar-period, differing in speed though, partly interconnectedly and partly independently. Let me mention a few of them:

(1) It was from the million city of Vienna and its social-democratic majority that the „blanket“ of the social welfare state was spread over all of the country.

(2) Due to an interplay of social and economic politics socio-economic disparities have been smoothed, tendencies toward segregation reduced.

(3) Spatial disparities have, to a large extent, been compensated by extensive support provided for individuals or objects.

(4) The fact that Austria is a state between the west and the east on the map of Europe also put its stamp on the structures of the housing and labour markets in which large segments are out of reach of the market mechanisms of private capitalism. This results in a spatial segmentation of the housing, leisure and labour markets.

(5) The effects of the Tenants' Protection Act that has been existing for a long time consisted in an indirect subsidizing of the enormous number of second homes owned by the Vienna citizens and a chaotic urbanization i. e. a highly irregular settlement pattern taking up large areas, because of the individual plot transfers taking place.

(6) The labour market was affected by the development of the nationalized large-scale industry and all of the public services. About 40 percent of all employees enjoy the advantages of work security in this sector, a ratio to be found hardly anywhere else in the Western World. This also accounts for the fact that the high rate of redundancy existing in the EEC did not encroach Austria.

(7) Due to shadow-effects of the social and economic politics based on the Vienna problems two types of socio-economic „double existences“ developed in the rural areas, namely people letting rooms and part-time farmers who are extremely important for the further existence of settlements in the high mountainous areas.

The end of a product cycle is being marked by regression phenomena. There are a number of those to be observed: First of all the process of desindustrialization ought to be mentioned that had started in the Vienna central city before the possibilities of commodity goods manufacturing were fully exploited. Peripheral areas of the „Eastern Region“ („Ostregion“ = Vienna, Lower Austria and Burgenland) were hit most severely. A massive retrogression of the nationalized base industry set in recently, however. A similar development takes place with summer tourism and the letting of private rooms mentioned above due to a change in the duration of leisure periods and the way they are spent.

Dynamic models and scenarios of the development of space and society in future cannot do without a political paradigm. It can be formulated in this way: A cycle of liberalization of social and economic politics is about to start, with a reduction of state influence and a promotion of private capitalistic enterprise, thus returning some of the responsibility for his/her personal welfare to the individual. Massive liberalization might have grave consequences for both the settlement system and the society:

(1) a separation of land-uses and population groups, resulting in increasing social, ethnic and demographic segregation processes,

(2) a further marginalization of already marginal groups and

(3) a concentration process as to enterprises and, thus, an increase in the size of labour market regions by means of commuting,

(4) steeper centre-periphery gradients, thus isolating remote areas to an ever larger extent,

(5) the development of extensive diversified blight phenomena, occasionally resulting in the complete abandonment of settlements, leading to environmental damages mainly in densely settled areas, thus invalidating the present parameter of accessibility and even reversing it.

On the whole, the reversal of trends in domestic policy will, however only accentuate existing differences and not create fundamentally new regional structures. The overall stability and the continuation of present trends can only be unbalanced by assuming external political effects.

There are two extreme scenarios that might be used for delimiting Austria's options with respect to Europe: a „West-Scenario", with Austria becoming a full member of the EEC, on the one hand – for which limits were imposed on the scholar's imagination due to the status of neutrality -, and an „East-Scenario", with a further strengthening of the contacts with the COMECON countries and a restoration of Vienna's importance in the middle of Central Europe.

Let me present a few results of the dynamic modelling:

(1) Austria reduces the fertility rate as drastically as the EEC countries do. Thus, for the alternative scenarios for 2000 to 2030, on the one hand a rate as low as that of Vienna in the interwar period (GFR = 1,0) is assumed and, on the other hand, an increase to the value reached in the seventies plus a growing immigration rate as high as that (in the extreme case) in the Eastern Region before World War I. Accordingly, the optimistic and the pessimistic variants would lead to, respectively, an increase in or a decrease of, the population by 1,2 million people by 2030 as compared with the 1981 census figure.

Whereas spatial differences would increase considerably with potential changes in fertility and immigration, this would not be true for the age structure. Even in the most optimistic variant the ratio of those over 60 will keep increasing, and that of the active population will be lower than now, thus showing that a drastic reduction of a number of cohorts can never be remedied.

There is no way to estimate the quantitative and qualitative extent of the integration problems those immigrants will have who differ from the native population in cultural and/or ethnic aspects, especially in the Vienna area. For certain Vienna has, however, overcome the post-war phase of becoming „provincial“ and is in a phase of becoming more „international“ now. No one can answer the question yet of whether Austria would become a sort of waiting-room for immigrants, mainly from countries behind the Iron Curtain, wanting to enter the EEC when not becoming an EEC-member herself and of whether the immigration into the Vienna area from the west that had been dominant up to the railroad era would ever occur again if Austria were integrated into the EEC.

(2) The decrease in fertility prognosticated will affect all levels of education, but structural changes and spatial consequences will be most obvious with elementary schools. A closing of elementary schools in rural areas will cause further social erosion. In urban areas, the immigration of foreigners will bring about a drastic increase in the conflict potential both in the school and home neighborhoods through their children. In both cases the Eastern Region will be affected to a higher degree, as a great number of schools were closed in the post-war period here. New types of schools will have to be found for the sparsely settled rural areas.

(3) For an Alpine country like Austria a functioning interface between agricultural and environmental politics as well as regional planning is of utmost importance. Becoming a full member of the EEC would make it impossible for Austria to continue her way of retaining small and tiny enterprises only feasible because of the much lower wages as compared with the neighbouring countries Switzerland and the Federal Republic of Germany. Only one fifth of the farms would survive if an attempt was made to turn them into fully mechanized enterprises providing a living for a family, and the problem of the surplus of farm produce would increase. Large areas would fall fallow, most of the mountain farms occupying 40 percent of the arable land now could be given up. This would cause enormous environmental problems in the high mountainous areas and bring about grave disadvantages for summer tourism.

(4) The alternative scenarios für agriculture based on data on farms and produce for an „ Austrian“ and an „EEC variant“ can be combined with the dynamic cohort model for the labour market, providing the following results: If Austria will keep to her own way of agricultural politics and the agricultural sector will retain an above average level in the number of employees, she will not leave the path leading to a postindustrial society, the development will even gain pace. On the other hand fully mechanized family farms conforming to EEC-standards would provide extra labour for a short comeback of industrialisation.

(5) As was mentioned above the growth period of tourism in Austria has come to an end. Processes like those listed below are to be expected:

- a commercialization of the supply, linked with a trend towards higher standards of comfort and professional management,
- a substitution of summer tourism by winter tourism,
- a spatial concentration process in the west and a reversal of the former dynamic frontier of tourism characterized by foreigners from the Salzkammergut to the Carinthian lakes forming a retrogression zone with blight phenomena.

In the case of an EEC membership a comeback scenario might apply due to an increasing demand for second homes by the Munich population. Capital influx would result in a development of tourism managed from outside the country. In extreme cases there might develop a complete spatial separation of the local and the tourism society like in the French Alps.

Let us sum up: The „blanket“ constituted by the social welfare state has obscured the differences between the federal states („Länder“) which will emerge, however, once a course towards liberalism is taken, and problems will flare up due to external political influences. Political decision-makers will have to make every effort to alleviate these differences, and a new style of federal participation in centralistic jurisdiction will have to be found.

Kartenverzeichnis

B Farbkarten

ad 1: Elisabeth LICHTENBERGER:

Karte 1.1: Die Bevölkerungsentwicklung Österreichs 1961 – 1981 (B)
Karte 1.2: Die Eigennutzung von Wohnungen 1981
Karte 1.3: Die Umsatzrate von Industriebetrieben 1974 – 1986
Karte 1.4: Geringere Feminisierung des Lehrkörpers von Volksschulen 1981
Karte 1.5: Der Anteil der Einfamilienhäuser 1981
Karte 1.6: Wohnbevölkerung und aufgestockte Bevölkerung 1981 (B)
Karte 1.7: Die Bevölkerungsentwicklung Österreichs 1981 – 2011 (B)
Karte 1.8: Haushaltsgründungen als Motor des Wohnungsbedarfs bis 2011 (B)
Karte 1.9: Die Substandardwohnungen 1981
Karte 1.10: Der Wohnungsbedarf aufgrund der Haushaltsaufspaltung und des Sanierungsbedarfs an Wohnungen 2011 (B)

ad 2: Michael SAUBERER:

Karte 2.1: Trendprognose der Wohnbevölkerung 1981 – 2001 (B)
Karte 2.2: Trendprognose der Berufstätigen 1981 – 1991
Karte 2.3: Trendprognose der Berufstätigen 1991 – 2001
Karte 2.4: Modellrechnung zur Bevölkerungsentwicklung 2001 – 2031 ohne Wanderung = Altersstruktureffekte (B)

ad 3: Peter MEUSBURGER:

Karte 3.1: Der Rückgang der 5- bis 9jährigen bis 2011
Karte 3.2: Der Anteil an Kleinstschulen 1987/88
Karte 3.3: Der Anteil an Kleinstschulen 2011

ad 4: Heinz FASSMANN:

Karte 4.1: Arbeitslosenquote 1984
Karte 4.2: Nichttagespendler 1981
Karte 4.3: Anteil der Hilfsarbeiter an der Arbeitsbevölkerung 1982
Karte 4.4: Jährliche Bedarfsrate an Arbeitsplätzen 1981 – 2011 Modell A: Bundesländerquote der Erwerbstätigen 1981
Karte 4.5: Jährliche Bedarfsrate an Arbeitsplätzen 1981 – 2011 Modell B: Wiener Quote der Erwerbstätigen 1981

ad 5: Hugo PENZ:

Karte 5.1: Der Anteil der Bergbauernhöfe 1980
Karte 5.2: Prognose der Berufstätigen in der Land- und Forstwirtschaft 2001
Karte 5.3: Status-quo-Prognose der landwirtschaftlichen Betriebe 2001
Karte 5.4: Prognose bei Umstellung auf hochtechnisierte Vollerwerbsbetriebe 2001

ad 6: Friedrich ZIMMERMANN:

Karte 6.1: Prognose der 5-, 4- und 3-Sternebetriebe und der Privatvermietung 2000
Karte 6.2: Prognose der Bettenentwicklung 2000
Karte 6.3: Prognose der Nachfrage aus der Bundesrepublik Deutschland 2000
Karte 6.4: Prognose der Nachfrage im Hoffnungsmarkt-Szenario 2000

ad 7: Herbert BAUMHACKL:

Karte 7.1: Zweitwohnungen im Eigentum von Ausländern 1981
Karte 7.2: Die Zweitwohnungsregion von München um 2000

Tabellenverzeichnis

ad 1: Elisabeth LICHTENBERGER:

Tabelle 1.1: Die Bevölkerungsentwicklung in den Großregionen Österreichs 1910 bis 1981
Tabelle 1.2: Reichweite und Ausmaß der Wanderung 1976 – 1981
Tabelle 1.3: Zentrale Orte, zentralörtliche Bereiche und öffentliche Dienste der Mittleren und Unteren Stufe in Österreich 1981
Tabelle 1.4: Der relative Wert der Einfamilienhäuser in den österreichischen Bundesländern 1973
Tabelle 1.5: Die Segmentierung des Wohnungsmarktes in Österreich 1981
Tabelle 1.6: Die Wohnbevölkerung und die „aufgestockte Bevölkerung" in den Großregionen Österreichs 1981
Tabelle 1.7: Das geschützte Arbeitsmarktsegment
Tabelle 1.8: Die Gewerkschaftszugehörigkeit in den österreichischen Bundesländern 1987
Tabelle 1.9: Die Entwicklung der Industriebeschäftigten nach Bundesländern 1974 – 1986
Tabelle 1.10: Die Bevölkerungsentwicklung in den Großregionen Österreichs 1910 – 1981 – 2011
Tabelle 1.11: Die Zunahme der Haushalte in den Großregionen Österreichs durch Haushaltsteilungen 1961 – 1981 – 2011

ad 2: Michael SAUBERER:

Tabelle 2.1: Gesamtfertilitätsziffer in den Mitgliedstaaten des Europarates und in den sozialistischen Staaten Europas 1986
Tabelle 2.2: Entwicklung der Gesamtfertilitätsziffer in der Bundesrepublik Deutschland, in Österreich und in der Schweiz 1970 – 1986
Tabelle 2.3: Gesamtfertilitätsziffer in Österreich 1981 – 1986
Tabelle 2.4: Hauptphasen der regionalen demographischen Entwicklung Österreichs 1945 – 1988
Tabelle 2.5: Bevölkerungsentwicklung 1951 – 1981 nach Gemeindegrößenklassen und Komponenten
Tabelle 2.6: Trendprognose wichtiger Altersgruppen 1981 – 2001 in Österreich
Tabelle 2.7: Trendprognose für Bundesländergruppen, Großstädte, zentrale und periphere Bezirke für 2001 und 2011 in Österreich
Tabelle 2.8: Kennziffern der jüngsten Entwicklung der internationalen Wanderungsbilanz Österreichs
Tabelle 2.9: Schema der Annahmen der Modellrechnungen für die Bevölkerungsentwicklung Österreichs 2001 – 2031
Tabelle 2.10: Hauptergebnisse der Modellrechnungen des Österreichischen Statistischen Zentralamtes zur Bevölkerungsentwicklung Österreichs 1981 – 2050
Tabelle 2.11: Hauptergebnisse der Modellrechnungen für die Wohnbevölkerung Österreichs im Jahr 2031 nach Varianten
Tabelle 2.12: Mögliche Extremkonstellationen der Entwicklung Ostösterreichs im Verhältnis zu Westösterreich für das Jahr 2031
Tabelle 2.13: Ergebnisse der Modellrechnungen nach Altersgruppen für 2031

ad 3: Peter MEUSBURGER:

Tabelle 3.1: Die Entwicklung der Schülerzahlen der Volksschulen nach Bundesländern 1948/49 – 1986/87
Tabelle 3.2: Die Entwicklung der durchschnittlichen Klassengrößen an den österreichischen Volksschulen 1948/49 bis 1985/86
Tabelle 3.3: Die Entwicklung des Anteils der ein- und zweiklassigen Volksschulen in Österreich zwischen 1934/35 und 1986/87
Tabelle 3.4: Die absolute und relative Veränderung der Zahl der Volksschulen von 1948/49 bis 1985/86

ad 4: Heinz FASSMANN:

Tabelle 4.1: Wohnhafte Berufstätige im Jahr 2011: Modell A und B
Tabelle 4.2: Erforderliches jährliches Arbeitsplatzwachstum bis 2011 bei Gleichgewicht von Erwerbsbevölkerung und Arbeitsplätzen
Tabelle 4.3: Der sektorale Wandel der Wirtschaft zwischen 1985 und 2000
Tabelle 4.4: Sektorale Struktur der Erwerbstätigen 1982 und deren sektorale Abwanderung und Zuwanderung

Tabelle 4.5: Sektorale Erstplazierung der Erwerbstätigen nach 5-jährigen Geburtsjahrgängen 1982
Tabelle 4.6: Sektorale Ergebnisse des Kohortenmodells 1982–2002 (Variante A und B)

ad 5: Hugo PENZ:

Tabelle 5.1: Entwicklung der land- und forstwirtschaftlichen Betriebe Österreichs nach Erwerbsarten 1970–1986
Tabelle 5.2: Zahl und Anteil der Bergbauernbetriebe in den österreichischen Bundesländern 1980
Tabelle 5.3: Der Anteil der Vollerwerbsbetriebe nach Bundesländern und Erschwerniszonen 1980
Tabelle 5.4: Abdeckung des Inlandsverbrauches von Agrarprodukten 1950–1987
Tabelle 5.5: Verteilung der Agrarproduktion auf die österreichischen Großregionen im Jahre 1986
Tabelle 5.6: Prognose der Berufstätigen in der Land- und Forstwirtschaft für 2001 nach Bundesländern und Siedlungsräumen (1981 = 100)
Tabelle 5.7: Status-quo-Prognose der land- und forstwirtschaftlichen Betriebe für 2001 nach Bundesländern und Siedlungsräumen
Tabelle 5.8: Status-quo-Prognose der land- und forstwirtschaftlichen Betriebe nach der Umstellung auf hochtechnisierte Vollerwerbsbetriebe
Tabelle 5.9: Verteilung der Agrarproduktion auf die österreichischen Großregionen im Jahre 2001

ad 6: Friedrich ZIMMERMANN:

Tabelle 6.1: Die West-Ost-Differenzierung des österreichischen Fremdenverkehrs 1961, 1973, 1985 nach Bundesländern, nach Zahl der Betten und Einwohnerquoten 1961, 1973, 1985
Tabelle 6.2: Die West-Ost-Differenzierung des österreichischen Fremdenverkehrs 1961, 1973, 1985 nach Bundesländern und Indikatoren
Tabelle 6.3: Die Bettenentwicklung bis zum Jahr 2000
Tabelle 6.4: Übernachtungsfrequenzen im Bundesrepublik-Szenario
Tabelle 6.5: Die internationale Nachfrage im Jahr 2000

ad 7: Herbert BAUMHACKL:

Tabelle 7.1: Daten zum Zweitwohnungswesen aus den Großzählungen 1981 nach Bundesländern (revidierte Ergebnisse)
Tabelle 7.2: Entwicklung des Zweitwohnungswesens der Wiener nach Bau- und Rechtsformen (Hochrechnung)
Tabelle 7.3: Indizes der Entwicklung des Zweitwohnungswesens der Wiener nach Bau und Rechtsformen (1955 = 100)
Tabelle 7.4: Wiener Haushalte mit Zweitwohnungen 1984 nach Bauformen und Rechtsformen einschließlich Mitbenützung (Hochrechnung und v. H.-Werte)

Tabelle 7.5: Überblick über die Prognoseannahmen
Tabelle 7.6: Die Zweitwohnungem der Wiener: Prognosevarianten I, II, III, IV für 2001 und 2011 nach Bau- und Rechtsformen
Tabelle 7.7: Indexwerte der Prognosevarianten I, II, III, IV für 2001 und 2011 nach Bau- und Rechtsformen (1984 = 100)
Tabelle 7.8: Vorgesehene Umwandlungen von Zweitwohnungen in Hauptwohnungen (Hochrechnung)
Tabelle 7.9: Effekte der Herkunft auf die Umwandlung von Zweitwohnungen in Hauptwohnungen (Hochrechnung)

Abbildungsverzeichnis

ad 4: Heinz FASSMANN:

Abbildung 1: Schema der Erwerbsbeteiligung 1981
Abbildung 2: Schema der altersspezifischen Erwerbsbeteiligung im Jahr 2000

Schlagwortverzeichnis

Erläuterung:
K . . . Karte, T . . . Tabelle, S . . . Schema, B . . . Farbkarte

Agrarentwicklung 153
Agrarpolitik 7, 44, 167
Agrarprodukte, Inlandsverbrauch 152: T 5.4
Agrarproduktion 153: T 5.5, 163, 166 ff., 169: T 5.9, 170
Agrartechnologien 168
Agrarische Vorranggebiete 7, 147, 149
Allokationsprobleme 123, 140
Almbauerngebiet 156, 159 f., 166
Altersgruppen 56, 81: T 2.6, 81 f., 88, 92: T 2.13, 94 f., 125, 189
Altersklassenstruktur 47
Altersstruktureffekte 93
Appartement 32, 196 f., 205 f., 21 8, 223 ff., 229 f.
Arbeitslosenrate 120: K 4.1, 121 ,161
Arbeitsmarkt 5, 6, 12 f., 15, 25 f. , 28, 32 ff., 43 ff., 52, 83, 86 f., 119 ff., 136 ff., 210
Arbeitsmarkt, Angebotsentwicklung 123
Arbeitsmarktregion 26, 36, 52, 57, 122 ., 210, 223
Arbeitsmarktsegment, geschütztes 35: T 1.7
Arbeitsmarktstruktur 6, 119 ff., 141,
Arbeitsmarktzentren 43
Arbeitsplatz
Arbeitsplatzdefizite 28, 45, 52, 130, 2
Arbeitsplatzwachstum 131: T 4.2
Arbeitsplätze, Bedarfsrate 128: K 4.4, 129: K 4.5
Ausländerfremdenverkehr 22, 30, 178, 180
Ausländergrunderwerb 204, 224 f., 230
Ausländerzweitwohnungswesen 9, 203, 206: K 7.1, 223 ff
Autotourismus 180, 194

Bautypen 8, 203, 215, 218
Beherbergungsbetriebe 183, 194, 197
Belgien 75, 149
Bergbauern 7, 40, 149, 150, 157 f., 161 f., 164, 168 f., 197, 225.
— Betriebe 150, 151: T 5.2, 161, 168
— Höfe 150: K 5.1, 157, 162
Berufstätige 13, 54, 57, 82, 83: K 2.2, 84: K 2.3, 87, 123, 127, 133, 141, 154 ff.
— Land- und Forstwirtschaft 155: T 5.6, 156: K 5.2
Bettenangebot 184 f.
Bettenentwicklung 184, 185: T 6.3, 187: K 6.2
Bevölkerung
— Aufgestockte B 1.6, 33: 1.6
Bevölkerungsentwicklung B 1.1, B 1.7, B 2.4, 46: T 1.10, 78: T 2.5, 82: T 2.7, 89: T 2.9
Bevölkerungsprognose 12 f., 17, 88, 105,108, 125, 193, 219
Bevölkerungsprognosemodell 5, 12, 74
Binnenwanderung 25, 80
Binnenwanderungsbilanz 86
Blight
— Commercial 52 f., 58
— Industrial 53
— Residential 52, 58
— Umwelt 53, 59
Bundesrepublik Deutschland 22 f., 38, 46, 120, 141, 149, 177, 182, 185, 188 f., 191 ff.,218, 223 ff.
Burgenland 17 ff., 34 ff., 45, 55, 104 ff., 121 ff., 148 ff., 170, 185, 205 ff., 211 ff.

Cohort-Survival-Modell 74, 88
COMECON-Staaten 20, 43, 58, 179, 183, 192 f., 194 f.
CSSR 18, 74 f., 87, 195

Dänemark 74 f., 149
Delphi-Expertenbefragung 13, 178, 182, 196, 197, 198: S 1

Dienstleistungssektor 6, 37, 44, 54, 119, 132f., 136, 141
Disparitätenabbau 40, 51
DDR 74f.

Eigennutzung von Wohnungen 19: K 1.2
Einfamilienhäuser 28ff., 31: K 1.5, 32, 56
— Wert 30: T 1.5
Entagrarisierung 17, 134, 138, 141, 160
Entindustrialisierung 12, 36f., 44, 51, 135, 137ff., 160
Entwicklung, Ost- und Westösterreich 91: T 2.12
Erwerbsbeteiligung 6, 119, 124ff., 128ff., 132
Erwerbsbevölkerung 7, 12, 17, 37, 54, 119, 127, 130ff., 138, 140, 142
Erwerbsprognose 6, 119, 124f.
Erwerbstätige, 136: T 4.5., 138
— Mobilität 119, 133, 137, 140, 142
— Struktur 135: T 4.4
— Strukturwandel 6, 119, 124, 132
— Wandel 7, 119, 133: T 4.3, 134, 141
Erwerbsverhalten 125, 129f.
Externe politische Effekte 5, 15ff., 183
Extremszenarien 88

Feminisierung
— des Lehrkörpers 11, 21: K 1.4, 10
Fernpendler 26, 161
Fertilität 5f., 6, 13, 46f., 54, 73ff., 78ff., 85ff.
Flachgau 166
Flächenwidmungsplan 225, 229
Flächenwidmungspolitik 196
Föderalismus 23 ff.
Forschungskooperation 5, 11f., 13: S
Frankreich 22, 39, 75, 149, 191ff.
Freizeitbevölkerung 13, 32ff., 51, 59
Freizeitgesellschaft 5, 15, 82
Freizeitzentren 43, 226
Fremdenverkehr 177 ff.
Fremdenverkehrsentwicklung 8, 119, 132, 140, 22
— BRD 190: K 6.3,
— Internationale 192: T 6.5
Fremdenverkehrsgebiete 22f., 204, 206, 211, 218, 226, 230
Fremdenverkehrsstruktur 178, 197

Gastarbeiterwanderung 57, 86
Geburtendefizit 79
Geburtenrückgang 6, 12, 76, 85, 101, 113
Gemeindeverfassung 27 f.
Generationswechsel 183
Gesamtfertilitätsziffer 74, 75: T 2.1, 75: T 2.2., 76: T 2.3, 85, 88
Gewerkschaftszugehörigkeit 39: T 1.9, 40
Ghettoisierungseffekt 58
Graz 22, 30, 58, 63, 65, 79, 123, 160, 185
Grenzgürteleffekte 18
Großbritannien 27, 39, 191f., 193, 212
Grunderwerb 196

Haushalte 48: 1.11, 49, 56
Haushaltsaufspaltung B: 1.10
Haushaltsgründungen B: 1.8, 48
Haushaltsteilungen 48: T 1.11
Hilfsarbeiter 122: K. 4.3, 123
Hoffnungsmarkt d. Fremdenverkehrs 188, 191, 193: K 6

Industriebeschäftigte 37: T 1.8
Innerösterreich 161
Innsbruck 79, 81
Innsbruck-Land 109, 130
Inntal 53
Intensivlandwirtschaft 169, 170
Irland 74f., 149
Italien 39, 75, 191ff.

Japan 149
Jugoslawien 18, 22, 74f., 86

Kapitaltransfer 196
Kärnten 22, 26f., 45ff., 79ff., 81, 93, 104ff., 130f., 151, 158, 179ff., 225ff.
Kärntner Nockberge 179
Kärntner Seen 192
Kernstädte 8, 28, 30, 47, 79, 84, 93, 102, 203, 208, 211ff.
Klagenfurt 30, 121, 123
Klagenfurter Becken 22, 159, 166
Kitzbühel 123, 195
Klassengrößen von Volksschulen 13, 105: T 3.2, 112f.
Kleinstädte 26 f.
Kleinschulen 102, 107ff., 110: K 3.2, 111: K 3.3, 112ff.
Kohortenanalyse 134

Kohortenmodell 138, 139: T 4.6, 140, 142
Kommerzialisierungsszenario 184

Landeck 109, 112, 195
Landwirtschaft 147 ff.
Landwirtschaftliche Betriebe 149: T 5.1, 158: T 5.7, 159: K 5.3, 164: T 5.8
— Hochtechnisierte Betriebe 165: K 5.4, 166, 168, 170
Landwirtschaftliche Vorranggebiete 157, 170
Ländlicher Raum 27 f.
Langfristszenarien 90, 92
Leoben 108, 123, 159
Liberalisierung 51
Linz 36, 79, 81, 122
Lungau 122 f.

Mansholt-Plan 7, 147, 162
Mödling 43, 123
Mühlviertel 18, 150, 166
Mürzzuschlag 109, 123, 159
Mur-Mürz-Furche 207
Mürztal 166

Nächtigungszahlen 178,180
Nebenerwerbsbetriebe 7, 147 ff., 160
Nebenerwerbslandwirtschaft 42, 44
Nebenerwerbsmöglichkeit 7, 147, 160
Neusiedlersee 218
Nichttagespendler 121: K 4.2, 122 f., 210
Niederösterreich 17 f., 25 f., 29 f., 39 f., 106 ff., 127, 151, 155, 164 f., 179 ff., 205 ff.
Niedere Tauern 166, 179
Niederlande 75, 148 f., 192
Nordtirol 156, 159, 166
Norwegen 75, 149
Nordwestdeutschland 148
Nutzungssukzession 208, 214

Oberkärnten 166
Oberinntal 122, 159, 166
Oberösterreich 18 f., 33 f., 45 f., 104 ff., 140, 151 ff., 164 f., 179 ff., 185, 208, 226
Oberösterreichischer Zentralraum 123, 160
Obersteiermark 22, 44, 45 f., 52, 81 ff., 93, 108, 160
Ökologische Landwirtschaft 170 f.
Osteuropa 87
Ostösterreich 27, 34, 81, 83, 87 ff., 91, 93, 156
Ostregion 17 ff., 22 ff., 25 ff., 30 ff., 34, 55 f., 84 ff., 120, 169, 215, 223, 228
Oststeiermark 34, 121, 159, 166
Osttirol 22, 122 f., 159, 166
Overspill-Effekte 55

Periphere Räume 84, 223
Poebene 148
Polen 58, 74 f., 87
Potentielle Rückwanderer 208
Postindustrielle Gesellschaft 139, 141
Primate City 5, 15, 25
Privatzimmervermietung 32, 42, 44, 50, 180, 182, 184 f.,186: K 6.1, 196
Produktzyklus 5, 15, 42, 44, 51, 66, 182, 184
Protektionistische Politik 196

Raumordnung 24 f., 213 f., 224, 226, 228, 230
Raumordnungspolitik 60, 196
Realteilungsgebiet 156,158,166
Regionaldemographische Entwicklung 77: T 2.4
Reproduktionsniveau 74
Rheintal 53, 156

Salzburg 22, 30, 45, 79 ff., 106 f., 122 f., 140, 155 f., 170, 179 ff., 191, 208, 224
Salzburg-Umgebung 109, 130
Salzkammergut 166, 179, 192, 194, 226
Sanierungsbedarf B 1.10, 49
Schülerzahl 6, 13, 56, 101 f., 104 f., 107 ff., 112 ff.
— Volksschulen 104: T 3.1
Schweiz 16, 25, 32, 38, 74 ff., 187 f., 191 ff., 218
Segmentierter Arbeitsmarkt 34, 134
Segmentierter Wohnungsmarkt 5, 13, 15, 28, 29: T 1.4
Siedlungsentwicklung 3, 15, 51, 211, 22
Sommersaison 44, 176, 178, 180, 188, 190 f., 195
Sommertourismus 182 f.
Sozialbrache 21
Soziale Erosion 21
Sozialpartnerschaft 29
Sozio-ökonomische Doppelexistenz 44
Spanien 75, 187 f.,
Sporttourismus 194
Stadtumland 8, 203, 209, 213 f., 220, 223

Städtetourismus 32, 194f.
Steiermark 22, 26f., 37, 55, 79, 104ff., 123, 130f., 151ff., 164ff., 179ff., 225f.
Steirisches Randgebirge 179
Substandardwohnungen 49: K 1.9
Suburbanisierung 30.47, 79, 185
Südösterreich 45, 91, 93, 156
Südsteiermark 121, 123
Südtirol 22, 156

Tertiärisierung 36f., 44, 132, 138, 140
Tirol 21f., 30ff., 79, 104ff., 113, 127ff., 140, 151ff., 179ff., 205, 223ff.
Tiroler Unterland 83
Tourismus 183
— Marketing 199
Tourismusorte 191
Touristenpotential 22
Touristische Nachfrage 8, 177, 187
Tschechoslowakei 18, 74f., 87, 159
Türkei 159

Überalterungsquote 47
Übernachtungsfrequenz 189: T 6.4.
Übernachtungsrückgang 189
Überschußproduktion d. Landwirtschaft 7, 147, 167
UdSSR 74f., 162
Umsatzrate der Industriebetriebe 20: K 1.3
Ungarn 18, 58, 74f., 87, 148, 159, 194
Urlaubsreiseintensität 192

Villach 30, 121, 123
Voitsberg 108, 123
Volksschulen 106: T 3.3
— Struktur 13, 20, 101
— Zahl 105f., 107: T 3.4
Völkermarkt 109, 112
Vollerwerbsbetriebe 147, 151: T 5.3., 160, 162ff., 171
Vorarlberg 53, 79, 104ff., 122ff., 140, 151ff., 170ff., 185, 205

Waldbauerngebiet 159, 166
Waldviertel 36, 53, 121, 123, 161, 207, 227
Waidhofen a. d. Thaya 109, 112, 123
Wanderung 18, 24: T 1.2, 27, 76, 79f., 80, 86ff., 95, 140
Wanderungsbewegung 6, 46, 73, 79, 85f.
Wanderungsbilanz
— Österreich, 45, 86: T 2.8
Wanderungsregionen 25
Weinviertel 160, 166, 185
Westösterreich 22, 45, 79, 82ff., 87ff., 91f.
West – Ost – Differenzierung 7, 27, 39, 45, 158, 177f., 179: T 6.1, 180f.: T 6.2, 206
West – Ost – Gefälle 22, 40, 78, 81f., 107, 120, 122f., 131, 141, 150, 206
Weststeiermark 122, 159
Wien 28f., 36ff., 52ff., 79, 82ff., 104ff., 127ff., 151ff., 179, 204ff.
Wiener Becken 53, 55
Wiener Neustadt 26, 43, 123
Wintersaison 44, 180f., 186, 188f.
Wintertourismus 182, 188
Wohnbevölkerung B 1.6, B 2.1, 13, 22, 33: T 1.6, 56, 78, 80ff., 90f: T 2.11, 205, 214
Wohnhafte Berufstätige 87, 123. 127: T 4.1
Wohnungsbedarf B 1.8, 47, 49f.
Wohnungsmarkt 5, 8, 15, 28f., 32, 50, 55f., 58, 203, 209, 220
Wohnungsmarktmechanismen 50
Wohnungspolitik 8, 50, 20, 208f., 219, 228

Zentrale Orte 26: T 1.3
Zentralismus 23 ff.
Zentralörtliche Bereiche 26: T 1.3
Zentralörtliche Hierarchie 27, 43
Zentralräume 36, 161, 170
Zukunftsforschung 15
Zweitwohnungen 8, 13, 19, 32, 205, 208ff., 217: T 7.4, 220: T 7.6, 230
— Boom 206f., 213
— Peripherie 210f., 213, 223, 228
— Prognosen 218, 220f., 221: T 7.7
— Region München 227: K 7.2
— Umwandlung 219, 222: T 7.8, T 7.9
— Wiener Region 215 ff.

Kurzbiographien der Autoren

Herbert BAUMHACKL: geboren 1943 in Wien, Studium der Geographie und der Geschichte an der Universität Wien, 1972 Promotion, bis 1977 im zentralen Einkauf bei Touristik-Union International in Hannover tätig, seit 1978 Assistent am Institut für Geographie an der Universität Wien mit Forschungsschwerpunkt Fremdenverkehrs- und Freizeitgeographie. Wichtige Publikationen: „Modellanalyse des Fremdenverkehrs: Die Keutschacher-See-Talung"; „Kapitaleinsatz im Fremdenverkehr"; „Landschaftsbewertung für das Burgenland"; „Die Landschaft in der klassischen und in der modernen Geographie"; „Das Zweitwohnungswesen im Rahmen der Wohnungswirtschaft: Das Wiener Beispiel"; Mitarbeit am Forschungsprojekt MAB (Man and Biosphere): „Ökosystemstudie Donaustau: Modellstauraum Altenwörth".

Heinz FASSMANN: geboren 1955 in Düsseldorf (BRD), Studium der Geographie und der Wirtschafts- und Sozialgeschichte an der Universität Wien, Promotion 1980, Post-Graduate-Ausbildung am Institut für Höhere Studien (Soziologie); seit 1981 an der Österreichischen Akademie der Wissenschaften tätig. Arbeitsschwerpunkte: Arbeitsmarkt, Migration und Methoden der empirischen Sozialforschung. Wichtige Veröffentlichungen in „Gastarbeiter – Leben in zwei Gesellschaften" (Elisabeth LICHTENBERGER, 1984), „Stadtentwicklung und dynamische Faktorialökologie" (gemeinsam mit Elisabeth LICHTENBERGER und Dietlinde MÜHLGASSNER, 1987), in Vorbereitung: „Räumliche Effekte segmentierter Arbeitsmärkte".

Elisabeth LICHTENBERGER: geboren 1925 in Wien, Studium Geographie, Geologie, Biologie, Geschichte, Wirtschaftswissenschaften, 1949 Promotion, 1965 Habilitation für das Gesamtgebiet der Geographie, 1968 – 1970 Visiting Professor Kent State Ohio und Ottawa, 1971 Gastprofessor Erlangen, BRD, 1972 o. Prof. für Geographie, Raumforschung und Raumordnung und Einrichtung des gleichnamigen Studienzweiges am Institut für Geographie der Universität Wien, 1976 k. M., 1987 w. M. der Österreichischen Akademie der Wissenschaften, 1984 k. M. Ak. f. Raumforschung Hannover, 1984 Obmann der Kommission für Raumforschung, 1989 geschäftsführender Direktor des neu gegründeten Instituts für Stadt- und Regionalforschung der Österreichischen Akademie der Wissenschaften. Forschungsschwerpunkte: Hochgebirgsforschung, Großstadtforschung, vergleichende Kulturforschung, Theorien und Methoden der Stadt- und Regionalforschung, 10 Bücher, 120 Aufsätze.

Peter MEUSBURGER: geboren 1942 in Lustenau (Vorarlberg), Studium der Geographie an der Universität Innsbruck, 1969 sub auspiciis präsidentis promoviert (Dissertation: „Vorarlberger Grenzgänger"), Assistent am Institut der Geographie der Universität Innsbruck, 1980 Habilitation: „Beiträge zur Geographie des Bildungs- und Qualifikationswesens. Regionale und soziale Unterschiede des Ausbildungsniveaus der österreichischen Bevölkerung", 1982 Ruf an die Universität in Heidelberg, seit April 1983 Direktor des Geographischen Instituts der Universität Heidelberg. Arbeitsschwerpunkte: Regionale Bildungsforschung, Regionale Arbeitsmarktforschung, Wirtschafts- und Sozialgeographie. Wichtige Publikationen: „Ausländer in Liechtenstein"; „Landesschulentwicklungspläne von Vorarlberg"; „Entwicklung, Stellung und Aufgaben einer Geographie des Bildungswesens"; „Bildungsgeographische Probleme der österreichischen Berggebiete"; „Ausbildungsniveau und schulische Situation der Slowenen in Kärnten von 1848 bis 1978"; „Vorarlberg" (erschienen im Österreichischen Handbuch der Geographie); „Die Heidelberger Professoren im Jahre 1984 mit besonderer Berücksichtigung ihrer regionalen und sozialen Herkunft"; „Software zur computerunterstützten Kartographie".

Hugo PENZ: geboren 1942 in Obernberg am Brenner, Tirol, Studium der Geographie an der Universität Innsbruck, 1966 Promotion, 1968 bis 1970 wissenschaftlicher Assistent am Wirtschaftsgeographischen Institut der Universität München, ab 1970 Universitätsassistent am Geographischen Institut der Universität Innsbruck, 1982 Habilitation, derzeit Assistenz-Professor in Innsbruck. Schwerpunkte der Forschung: Ostalpen; Geographie des ländlichen Raumes mit besonderer Berücksichtigung der Agrargeographie. Wichtigste Publikationen: „Almwirtschaft in Österreich" (1978); „Das Trentino" (1984).

Michael SAUBERER: geboren 1942 in Wien, Studium der Geographie und Statistik an der Universität Wien, 1973 Promotion zum Dr. phil., seit 1971 Geschäftsführer des Arbeitskreises für Regionalforschung, nach der Promotion langjährig Mitarbeiter, von 1978 bis 1986 Direktor des Österreichischen Instituts für Raumplanung, 1988 Habilitation, derzeit freischaffender Wissenschaftler – Geograph und Regionalforscher – und Dozent am Institut für Geographie an der Universität Wien. Forschungsschwerpunkte: Regionalprognostik, Bevölkerungsgeographie, raumbezogene mathematische Modelle, räumliche Disparitätenforschung, Strategien der Raumplanung.

Friedrich ZIMMERMANN: geboren 1951 in Villach, Studium der Geographie an der Universität Graz, ab 1977 als Assistent am Institut für Geographie der Universität Klagenfurt tätig mit Forschungsschwerpunkt Fremdenverkehr, Habilitation 1988. Mitarbeiter des Forschungsteams „Western European Tourism Research Project" (Universität Exeter), des Forschungsprojekts „Les Grandes Stations Touristiques de l'Arc Alpin" (Universität Grenoble), Mitglied des „Ausschusses für längerfristige Entwicklungsperspektiven" des Bundesministeriums für wirtschaftliche Angelegenheiten. Jüngste Arbeiten : Expertenbefragung zur „Zukunft des Fremdenverkehrs in Österreich"; „Kommunalpolitische Perspektiven im österreichischen Tourismus" wird 1989 erscheinen.